让 我 们 一 起 追 寻

COLIN WOODARD

A HISTORY OF THE ELEVEN RIVAL REGIONAL CULTURES OF NORTH AMERICA

献给我的父亲

詹姆斯·斯特罗恩·伍达德

他教会了我阅读和写作

本书获誉

记者兼历史学家科林·伍达德的《美利坚的民族》是一本佳作。伍达德提出了一个令人信服的论点：美利坚合众国建立在相互矛盾的区域信念之上。这些信念继续在国家层面影响着当前的态度和政策……《美利坚的民族》一书打破了政治边界这一概念……在这本上乘之作中，有许多困难要克服。

——《波特兰和新闻先驱报》

科林·伍达德驳斥了西海岸、红州、蓝州的简单想法和其他勾勒美利坚差异性的努力……《美利坚的民族》完成了这一不太可能的壮举：既为更广泛、更深入的理解提供了工具，又从更深层的意义上证明了为什么这种努力注定要失败……这本书的有效性关键在于伍达德的技巧——以及不敬——他毫无顾忌地钻研历史，既敏锐又逆反……通过为我们提供一种更好地了解当前美利坚政治风云变幻的方法，科林·伍达德取得了真正的胜利。我要马上给我的父亲和妹妹各订一本《美利坚的民族》，而且我希望伍达德精彩的研究能得到广泛的认可。

——《每日野兽》

如果你想更好地了解美利坚合众国的政治、历史和文化，就必须阅读《美利坚的民族》一书……通过揭示这片遍布竞争对手的大陆，《美利坚的民族》一书将彻底改变美利坚人思考自己的过去、自己的国家以及自身的方式，肯定会引发诸多争议。

——《先锋公报》

研究充分，分析透彻，既能吸引普通读者，也能吸引学者。

——《图书馆学刊》

那些对美利坚合众国历史和社会学感兴趣的人，一定要读一读《美利坚的民族》。

——《圣路易斯邮报》

富有洞察力。

——《波特兰每日快报》

引人入胜。

——克里斯滕森

科林·伍达德颇具启发性地向人们展示了北美的历史，打破了红州和蓝州的神话……伍达德的《美利坚的民族》一书别出心裁、发人深省地诠释了美利坚的多重身份，以及它们之间的冲突如何塑造了我们国家的过去，并将如何打造我们国家的未来。

——MaineBusiness. com

伍达德令人信服地论证了，自美利坚合众国建国以来，联邦内形成了11个独具特色的地理"民族"，每个民族都有各自的身份和价值观。

——《军事史季刊》

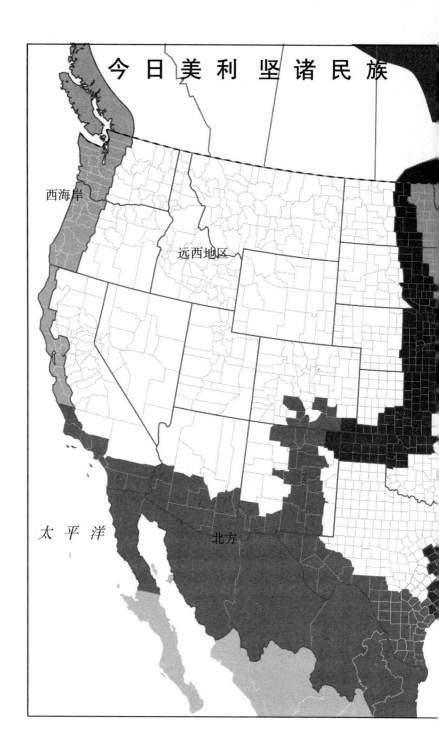

今 日 美 利 坚 诸 民 族

西海岸

远西地区

太 平 洋

北方

第一民族

内陆地区

新法兰西

新英格兰

新英格兰

内陆地区

新尼德兰

大阿巴拉契亚

沿海低地

南方腹地

大　西　洋

新法兰西

西班牙加勒比
海属地的一部分

图 1

目　录

第四部分　文化之战：1878～2010

序　言

2010 年 8 月下旬的一天，天气炎热。著名电视工作者格
伦·贝克（Glenn Beck）在林肯纪念堂的台阶上举行集会，纪
念马丁·路德·金发表《我有一个梦想》演讲四十七周年。贝
克先生站在金牧师曾经站过的地方，向环绕着国家广场倒影池
的白人（大多数是中年人）发表讲话。他开玩笑说："我们是
一个民族。老实说，我们民族的状态和我的状态差不多，并不
是很好。""我们正在分裂我们自己，"他说，"但我们的价值观
和我们的信条可以将我们团结在一起。我们必须再次发现这些
价值观和信条。"

这是一个在危机时分反复听到的主题：美国人由于偏离了
国家创建的核心原则——在贝克先生的分析中提到的"坚定不
移地遵循上帝的旨意"和"人可以掌控自己的思想"——而变
得四分五裂，如果要恢复统一，那么美国就必须回归这些共同
的价值观。20 世纪和 21 世纪之交，社会因大规模移民而发生
翻天覆地变化之时，知识分子们声称，美国正面临着失去本应
将国家团结在一起的"盎格鲁 - 新教徒"文化及与之相关的
"美国信条"的危险。在经历过动荡不安的 20 世纪 60 年代之
后，像欧文·克里斯托尔（Irving Kristol）这样的保守分子谴责
自由派知识分子、慈善家以及社会工作者放弃美国传统的资本
主义价值观并转而支持乌托邦式的社会工程。自由派人士狂热
地支持这些工程，认为这些工程促进了公平、公正以及免遭压

迫的共同国家原则。据说，在 2008 年美国选举中，各州因立场
分为红州和蓝州时，总统候选人贝拉克·奥巴马承诺"击退令
人恐惧不安、充满疑虑以及愤世嫉俗的政治"，以充满希望的政
治取而代之。据称，这一情绪曾使美利坚人民紧紧团结起来共
同对抗不列颠，反抗及击败纳粹主义，并直面南方的种族隔离。
"我们选择希望，抛弃恐惧，"奥巴马在艾奥瓦州党团会议前
说，"我们选择团结，拒绝分裂。"[1]

2　　　此类对团结的呼吁忽视了一个明显的历史事实：自创建詹
姆斯敦和普利茅斯以来，美国人就一直处于严重的分裂状态。
最初，来自不列颠群岛的不同地区、法兰西、尼德兰以及西班
牙的移民创建北美殖民地并在此定居。每个民族都有自己的宗
教、政治以及种族特征。在整个殖民地时期，他们视彼此为竞
争对手——争夺土地、移民、资本——偶尔也视彼此为仇敌，
就如同英国内战期间保王党弗吉尼亚反对清教徒马萨诸塞，或
者新尼德兰和新法兰西遭到了讲英语的士兵、政治家和商人的
入侵和占领一般。只有当伦敦开始将殖民地作为一个整体来对
待并通过了几乎威胁到所有人的政策时，这些各具特色的民族
才暂时走到一起，赢得了一场革命，成立了一个联合政府。几
乎所有民族都认真考虑在约克敦战役之后的 80 年间脱离联邦。
19 世纪 60 年代，一些民族为此发动了战争。所有这些有着数
百年历史的文化至今依然与我们同在，并将各自的民众、思想
及影响传播至北美大陆相互排斥的地区。现在不存在，也从来
没有存在过一个美利坚，而是几个美利坚。

　　任何企图"恢复"美国基本价值观的努力都会遇到更大的
障碍：我们的每一种创始文化都有一套值得珍视的原则，这些
原则常常相互矛盾。到 18 世纪中叶，在北美南部和东部边缘地

带已经出现了八种互不相关的欧式美国文化。显而易见，过了一代又一代，这些独具特色的文化源头是在孤立的状态下发展起来的，强调各自的价值观、习俗、语言以及理想。一些文化支持个人主义，另一些文化则支持乌托邦式的社会改革。一些文化认为自己受到上帝旨意的指引，另一些文化则崇尚对内心的探索。一些文化接受盎格鲁－撒克逊新教徒身份，另一些文化则信奉种族宗教多元化。一些文化重视平等和民主参与，另一些文化则强调服从传统贵族秩序。时至今日，各种文化都继续支持各自建国理想的某些版本。当然，美国有建国之父，但他们是那些签署了《独立宣言》、起草了前两部宪法的伟人的祖父、曾祖父或高祖父。真正的创建者们并没有一个我们在充满挑战的时代可以参考的"初衷"，他们有自己的**初衷**。

美利坚最基本且最持久的分歧不是红州和蓝州、保守派和自由派、资本家和劳工、黑人和白人、虔诚和世俗。相反，我们的分歧源于这样一个事实：美利坚合众国是一个由十一个区域民族的全部或部分组成的联邦，其中的一些区域民族与其他民族的看法并不一致。这些民族跨越了州界和国界，就像他们分割加利福尼亚、得克萨斯、伊利诺伊或宾夕法尼亚一样轻而易举地在美利坚与加拿大或墨西哥的边界上抛洒热血。六个民族联合起来将自己从不列颠统治中解放出来。四个民族被其讲英语的竞争对手征服，但并未被彻底击败。19 世纪后半叶，美利坚拓荒者们在西部又创建了两个民族。一些民族盛行文化多元主义，另一些民族则坚守法兰西、西班牙或"盎格鲁－撒克逊"传统。几乎没有任何迹象表明各个民族正在融入某种统一的美利坚文化之中。相反，自 1960 年以来，这些民族之间的分歧越来越大，助长了文化战争、宪法斗争，以及越来越频繁地呼吁团结的呼声。

我有意用民族（nation）这个词来描述这些区域文化，因为到同意共享一个联邦制国家时，每个民族早已显示了其民族性。由于这种特殊的历史环境，美利坚人经常混淆国家（state）和民族（nation）这两个词，是世界上唯一能交替使用国家（statehood）和民族（nationhood）的民族。国家是一个像大不列颠及北爱尔兰联合王国、肯尼亚、巴拿马或新西兰这样具有主权的政治实体，有资格成为联合国成员国，并可以在兰德·麦克纳利（Rand McNally）或美国国家地理学会（National Geographic Society）绘制的地图上标注出来。民族是一个享有——或者认为他们自己享有——共同文化、民族血统、语言、历史经历、文物以及符号的群体。一些民族目前是无关国籍的，如库尔德民族、巴勒斯坦民族①或魁北克民族。一些民族控制和支配着通常以自己名字命名的民族国家，如法国、德国、日本或土耳其。相反，有很多国家——其中一些是联邦制国家——并非由单一民族主导，如比利时、瑞士、马来西亚、加拿大，以及事实上的美利坚合众国。北美的十一个民族都是无关国籍的，尽管目前至少有两个民族渴望改变这一状况，其他大多数民族也曾做过尝试。

这就是这十一个民族的故事。这个故事解释了我们北美人是谁，我们来自哪里，我们可能将走向何方。

《美利坚的民族》揭示了北美各民族从各自创立的那一刻起直到现在，各自在北美大陆三个联邦，即加拿大、墨西哥和美利

---

① 原文如此。——译者注

坚合众国中地位的历史。本书展示了各个民族相互冲突的议程如何塑造了美国独立战争、《邦联条例》、《美利坚合众国宪法》，以及共和国初期一系列反对共和国的暴力公民起义的范围和性质。虽然美国人都知道内战这一巨大的区域内冲突，但事实上这场冲突并非史无前例（大阿巴拉契亚和新英格兰在美国独立战争后的几十年里一直谋求分离），也并非严格意义上的双方之间爆发的战争。（这场战争实际上涉及一场有关美国西部未来的复杂的六个民族外交小步舞步。）几个世纪以来，北方墨西哥人——包括那些创建了今日美国最西南部文化的墨西哥人——一直认为自己同墨西哥中部和南部的所谓同胞是分离开来的；他们联合起来策划了许多分裂行动，包括 1836 年的得克萨斯革命。讲英语的加拿大人无休止地思考着自己身份的弱点，这也难怪：加拿大联邦是由非常强大的魁北克人、遥远的北方土著民，以及四个向北延伸并讲英语的区域民族（文化核心位于现在的美国）组成的。

　　无须理会将北美大陆划分为三个联邦，即十三个加拿大行省和地区、三十二个墨西哥州以及五十个美利坚州①的传统地图。在很大程度上，这些边界同欧洲殖民大国为瓜分非洲大陆而选择的边界一样随意。地图上的线条割断了密切相连的文化，在马里兰、俄勒冈、纽约等州制造了巨大的文化裂痕。这些州的居民经常发现，同本州的邻居相比，自己同其他州的邻居有更多的共同点。请打消试图通过毫无意义的"地区"来分析国家政治的念头——"东北部"、"西部"、"中西部"或"南部"——这些地区的边界以组成本地区内各州的边界为标志，

5

---

① 　此处的五十个州包括太平洋的夏威夷州。——译者注

完全无视了北美大陆实际移民的历史和区域竞争。当然，北美大陆的各州、各省乃至各联邦固然很重要，因为它们是行使和表达政治权力的官方论坛。但是，仔细审视过去四个多世纪的事件，我们就会意识到，这些行政区域划分只是一种幻觉，掩盖了一直推动着这片幅员辽阔的大陆事务的真正力量：北美大陆无关国籍的十一个民族。

那么这些民族是哪些民族？这些民族的关键特征是什么？这些民族各自控制了北美大陆的哪些部分？他们来自哪里？让我简单地介绍一下各个民族、他们的统治范围，以及我为他们选取的名字。

新英格兰（Yankeedom）是由激进的加尔文主义者在马萨诸塞湾海岸创建的一个新的天国（Zion），一个新英格兰荒野中的宗教乌托邦。从一开始，新英格兰文化就非常强调教育、地方政治控制，以及追求社区"利益更大化"，即使这需要个人自我否定。新英格兰人非常相信政府改善人民生活的潜力，常常将政府视为全体公民的延伸，以及对抗贪婪贵族、公司或者外部势力之阴谋的重要堡垒。四个多世纪以来，新英格兰人一直谋求通过实施社会工程、公民相对广泛地参与政治进程和积极同化异族，以在地球上建造一个更加完美的社会。因为定居新英格兰的这些家族稳定、受过教育，所以新英格兰一直洋溢着一种中产阶级的风气，对智力成果也相当尊重。随着时间的推移，新英格兰的宗教热情有所减弱。但是，新英格兰改善世界的根本动力，以及被学者们时不时地称为"世俗清教主义"的道德观和社会价值观没有发生丝毫变化。

新英格兰文化从新英格兰的核心区域跟随新英格兰移民的

步伐向上纽约州传播，蔓延至宾夕法尼亚、俄亥俄、印第安纳、伊利诺伊和艾奥瓦的北部地带，达科他东部的部分地区，然后传入密歇根、威斯康星、明尼苏达以及加拿大滨海诸地。为了争夺对联邦政府的控制权，自成立伊始新英格兰就一直同南方腹地处于无休止的争斗之中。

虽然昙花一现，但是17世纪的荷兰殖民地**新尼德兰**（New Netherland）为今日大纽约市奠定了文化基础，对北美大陆的发展产生了持久的影响。以荷兰的阿姆斯特丹为原型，新阿姆斯特丹从一开始就是一个全球性的商贸社会：多民族、多宗教、投机、物质至上、商业及自由贸易，一个从来没有被一个民族或宗教团体真正控制的、熙熙攘攘、并不完全民主的城邦。新尼德兰还孕育了两项当时绝大多数其他欧洲国家认为具有颠覆性的变革：对多样性的彻底包容，以及对自由质疑权力的坚定承诺。这些理念在制宪大会上被强加给了其他民族，并且已作为《权利法案》传给我们。

虽然1664年英国人打败了荷兰人，但是新尼德兰依然保留了自己的基本价值观和社会模式，很早便取代阿姆斯特丹成为西方世界商业、金融以及出版业的中心。几个世纪以来，新尼德兰的土地面积不断缩水，南部地区（特拉华和新泽西南部）并入了内陆地区，北部地区（奥尔巴尼和哈得孙河上游流域）并入了新英格兰。今天，新尼德兰包括纽约市的五个行政区、哈得孙河下游河谷、新泽西北部、长岛西部、康涅狄格西南部（这里波士顿红袜队的球迷数量比新英格兰队的球迷数量多）。作为全球商业中心，新尼德兰长期以来一直是移民们的门户，成为北美人口最稠密的地区。新尼德兰的人口——在创作此书时是1900万——比许多欧洲国家人口都要多，而且新尼德兰对北美大陆媒体、出版、时尚、精神生活和经济生活的影响难以估量。

内陆地区（Midlands）可以说是所有民族中最"美国化"的，其由英国贵格会教徒创建。贵格会教徒欢迎其他民族和宗教信仰的人来到其位于特拉华湾沿岸的乌托邦殖民地。围绕着多元化和中产阶级组织起来的内陆地区孕育了美国中部和中心地带的文化。在内陆地区，种族和意识形态的纯洁性从来都不是被优先考虑的问题，政府一直被视为不受欢迎的擅入者，而政治舆论一向是温和的，甚至是冷漠的。1775年，内陆地区是英属北美殖民地中唯一的一个英国人没有占人口多数的地区。内陆地区一直都是种族大拼盘。自17世纪末以来，德意志人的后裔——而非"盎格鲁－撒克逊人"的后裔——构成了本地区最大的群体。像新英格兰一样，内陆地区的人认为社会应该组织起来造福普通百姓，但对自上而下的政府干预甚为怀疑，因为他们自己的许多祖先逃离了欧洲的暴政。内陆地区存在一种长期以来被认为是"标准美利坚人"的方言，该地区是国家政治态度的风向标，也手握从废除奴隶制到2008年总统大选的每一次全国辩论的"摇摆选票"。

内陆文化自宾夕法尼亚东南部、新泽西南部、特拉华和马里兰北部的文化核心地带向外传播，遍布美国整个中心地带：俄亥俄中部、印第安纳和伊利诺伊，密苏里北部，艾奥瓦大部分地区，南达科他、内布拉斯加以及堪萨斯东部不太干旱的地区。内陆文化（和新英格兰）共享主要的"边境城市"芝加哥，（和大阿巴拉契亚）共享圣路易斯。内陆文化在安大略南部也有重要的延伸。许多内陆地区的人在美国独立战争之后移民到这一地区，创造了加拿大英语区的核心地带。虽然对其民族身份知之甚少，但内陆地区在北美大陆政治中仍然是一股具有巨大影响力的缓和力量，因为内陆地区只同意自己邻居提出的那咄咄逼人的议程中的部分议程。

沿海低地（Tidewater）是殖民地时期和共和国早期最强大的民族，这里一直以来基本上都是一个趋于保守的地区，高度尊重权威和传统，极少重视平等或公众参政。鉴于沿海低地是由英格兰南部贵族的幼子创建的，此种态度也就不足为奇。这些幼子的目的是复制英格兰乡村贵族地主管理经济、政治和社会事务的半封建庄园社会。这些自我标榜的"骑士党"在很大程度上成功地实现了自己的目标，将弗吉尼亚、马里兰、特拉华南部以及北卡罗来纳东北部的低地打造成了一个乡绅天堂，这里有契约用人和后来出现的奴隶，后者承担起农民的角色。

沿海低地的精英们在创建美利坚合众国的过程中发挥了核心作用，对宪法中许多贵族化的变化负有责任，包括选举人团（Electoral College）和参议院（Senate）。选举人团和参议院的成员由立法者任命，而不是由选民选出。但是，到了19世纪30年代和40年代，该地区的势力逐渐衰落，在重要的国家政治事务上，地区精英们一般都追随正在崛起的南方腹地的种植园主。今天，该民族正在衰落，迅速失去自己的影响力、文化凝聚力以及领地面积，让位给自己内陆地区的邻居。沿海低地的失败是地理问题：其竞争对手阻止沿海低地势力在阿巴拉契亚山脉扩张。

18世纪初期，一批又一批粗暴好战的移民创建了**大阿巴拉契亚（Greater Appalachia）**，他们来自北爱尔兰、英格兰北部以及苏格兰低地饱受战争摧残的边境地区。这些排他的苏格兰-爱尔兰人、苏格兰人和英格兰北部的边民被作家、记者、电影制作人以及电视制作人嘲讽为"红脖子""乡巴佬""饼干人""白人垃圾"，遍布南方高地和南部的俄亥俄、印第安纳和伊利诺伊，阿肯色和密苏里的欧扎克，俄克拉荷马东部三分之二的地区，以及得克萨斯的丘陵地带。在迁徙的过程中，这些边民时常同印第安人、墨西哥人以及新英格兰人发生冲突。

在不列颠群岛，这一文化几乎是在持续不断的战争和动乱中形成的，它培养了一种武士道德观，并坚定守护个人自由和权利。这些美利坚边民对贵族和社会改革者极不信任，对新英格兰的教师、沿海低地的领主以及南方腹地的贵族不屑一顾。在内战期间，大阿巴拉契亚的大部分地区为联邦而战，弗吉尼亚西部（创建了西弗吉尼亚州）、田纳西东部以及亚拉巴马北部脱离了联邦。在重建时期，大阿巴拉契亚抵制新英格兰人解放非洲裔奴隶的努力，同先前的敌人——沿海低地的领主和迪克西南方腹地的奴隶主——结成了永久联盟。从安德鲁·杰克逊（Andrew Jackson）、戴维·克罗克特（Davy Crockett）和道格拉斯·麦克阿瑟（Douglas MacArthur）这样的军官到在阿富汗和伊拉克作战的士兵，边民的好战文化为美国军队提供了很大一部分兵士。这里还为北美大陆贡献了包括蓝草音乐在内的乡村音乐、改装车大赛以及福音派原教旨主义。大阿巴拉契亚民众长期以来对自己的文化起源不甚了解。一位苏格兰－爱尔兰学者称他们为"无名民族"。美国人口普查员询问大阿巴拉契亚人他们自己的国籍或种族时，他们几乎总是回答自己是"美利坚人"甚至"美洲土著人"。[2]

9　　**南方腹地（Deep South）**是由巴巴多斯奴隶主创建的类似于西印度群岛式的奴隶社会。这一社会制度如此残酷和专制，以至于 17 世纪时的英国人对此制度亦深恶痛绝。在美国的大部分历史里，这一地区一直是白人至上、贵族特权的堡垒，是仿照古代世界奴隶制国家的古典共和主义建立起来的。在这一地区，民主是少数人的特权，接受奴役是大多数人与生俱来的命运。这一地区仍然是最不民主的地区，是实行一党制的实体。种族仍然是决定一个人政治归属的主要因素。

从查尔斯顿滩头开始，南方腹地将种族隔离和独裁主义推广至整个南方低地，最终囊括了南卡罗来纳、佐治亚、亚拉巴马、密西西比、佛罗里达和路易斯安那的大部分地区，田纳西西部，以及北卡罗来纳、阿肯色和得克萨斯的东南部。南方腹地在拉丁美洲扩张领土的野心受挫。19世纪60年代，南方腹地使共和国陷入一场可怕的战争深渊，意图在一些不大情愿的沿海低地和大阿巴拉契亚盟友的支持下创建属于自己的民族国家。在成功抵抗了由新英格兰人领导的占领行动之后，南方腹地成为各州民权运动、种族隔离、劳工环境恶化的中心。南方腹地也是非洲裔美国人文化的源泉。在被迫允许黑人投票40年后，出于种族原因，南方腹地在政治上依然两极分化严重。19世纪70年代，南方腹地同大阿巴拉契亚和沿海低地结成了令人不安的"迪克西"联盟。为了联邦的未来，南方腹地同新英格兰人及其西海岸和新尼德兰的盟友进行了一场史诗般的战斗。

新法兰西（New France） 是各民族中民族主义最明显的一个民族，拥有一个类似魁北克省形式的呼之欲出的民族国家。创建于17世纪初的新法兰西文化融合了法国北部农民的传统习俗以及他们在北美东北部遇到的土著印第安人的传统和价值观。最近，民调机构证明，在脚踏实地、平等主义以及普遍共识驱使之下的新法兰西人无疑是北美大陆最自由的民族。自20世纪中叶以来，长期受到不列颠领主压迫的新法兰西人向多元文化盛行和协商一致备受珍视的加拿大联邦表明了自己的许多态度。

10　　新法兰西人还对第一民族的复兴负有间接责任。第一民族要么是历史最为悠久的民族，要么是最新出现的民族，这取决于你如何看待它。[3]

今天，新法兰西包括魁北克的三分之一（南部）、新不伦瑞克北部和东北部，以及路易斯安那南部的阿卡迪亚（或"卡津人"）飞地。（新奥尔良是边境城市，融合了新法兰西元素和南方腹地元素。）新法兰西是最有可能建立独立国家的地区，尽管它首先必须同第一民族的居民协商魁北克的分治问题。

北方（El Norte）是历史最为悠久的欧美民族，可以追溯到 16 世纪末期，当时西班牙帝国建立了蒙特雷、萨尔蒂约以及其他北方前哨基地。今天，这个充满生机活力的地区从美墨边境向南北方向各延伸了 100 多英里。北方包括得克萨斯南部和西部、加利福尼亚南部、因皮里尔河谷、亚利桑那南部、新墨西哥大部和科罗拉多的部分地区，以及墨西哥的塔毛利帕斯、新莱昂、科阿韦拉、奇瓦瓦、索诺拉和下加利福尼亚。绝大多数北方人是西班牙人后裔，长期以来一直是盎格鲁人和拉美裔美洲人的混血。北方的经济一直面向美国而不是墨西哥城。

大多数美国人清晰地意识到，美国南部边境地区是一个独特的地区。在这里，西班牙的语言、文化以及社会规约占据主导地位。很少有人意识到在墨西哥人中，墨西哥北部边境的墨西哥人在外人看来过度美国化了。北方人声誉很好。同来自墨西哥核心区域、人口更加稠密的等级社会的墨西哥人相比，北方人更加独立自主、自给自足、适应能力强、以工作为中心。长期以来，墨西哥北部各州一直是民主改革和革命情绪的温床。同墨西哥的其他地区相比，墨西哥北部各州在历史、文化、经济以及美食方面同美国西南部拉美裔边境地区有着更多的共同之处。美

墨边界两边的边境地区实际上是单一的北方文化的一部分。⁴

　　北方被日益军事化的边界分割开来，在某些方面像极了冷战时期的德国：拥有共同文化的两个民族被一堵巨大的墙隔离开来。虽然违背了华盛顿特区和墨西哥城的政治主导者的意愿，但是许多北方人宁愿联合起来创建第三个属于自己的民族国家。在新墨西哥大学从事奇卡诺研究的查尔斯·特鲁西洛（Charles Truxillo）教授预测，到 21 世纪末，这一主权国家将成为现实。教授甚至给这个国家起了一个名字：北方共和国（La República del Norte）。不管未来民族国家的愿景如何，北方正在成为一股对美国影响力越来越大的力量。皮尤研究中心（Pew Research Center）预测，到 2050 年，自称为拉美裔美国人的人口比例将达到29%，是 2005 年的两倍多。大部分增长将出现在拉美裔人口已占人口大多数的北方，并将强化这一地区在国家和国家政治中的相对影响力。墨西哥作家卡洛斯·富恩特斯（Carlos Fuentes）预言，在 21 世纪，只要宽容占了上风，边境地区将形成一种相互融合、相互依存的文化。"我一直说这是一块伤疤，不是一条边界，"他说，"但是，我们不想伤疤再次流血。我们希望伤疤愈合。"⁵

　　西海岸（Left Coast） 是一个夹在太平洋、喀斯喀特山脉和沿海山脉之间的地区，形状如同智利，从加利福尼亚的蒙特雷一直延伸到阿拉斯加的朱诺，包括四个绝对稳定发展的大都市：旧金山、波特兰、西雅图以及温哥华。这一地区自然风光迷人，气候潮湿。最初，有两个族群殖民这一地区：来自新英格兰的商人、传教士和伐木工人（他们从海上抵达这一地区并控制了城镇），以及来自大阿巴拉契亚的农民、探矿者和毛皮商人（他们乘马车抵达这一地区并统治着乡村）。最初，按照新英格兰人的计划，西海岸将成为"太平洋上的新英格兰"——新英格兰颇具献身精神的传教士的奋斗目标。西海岸虽然接受了实现个人成就感的文化，但保留了新英格兰的知性主义和理想主义的巨大影响力。

今天，西海岸将新英格兰民众对善政和社会改革的信念同个人自我探索和发现的承诺结合在一起，后来证明这种结合的成果是相当丰硕的。西海岸是现代环境运动和全球信息革命的发源地（这里是微软、谷歌、亚马逊、苹果、推特以及硅谷所在地），还（同新尼德兰一道）是 20 世纪 60 年代同性恋权利运动、和平运动以及文化革命的共同发起地。欧内斯特·卡伦巴赫（Ernest Callenbach）1975 年出版的科幻小说《生态乌托邦》（*Ecotopia*）将这一地区的美利坚部分想象成一个独立、环境稳定的国家，与北美大陆的其他地区格格不入。现代分离主义运动试图通过吸纳不列颠哥伦比亚和阿拉斯加南部来成立一个卡斯卡迪亚主权国家，建立一个"生物区域合作联邦"。作为新英格兰最亲密的盟友，西海岸不断同自己的邻居——远西地区的自由主义企业议程进行斗争。

气候和地理在某种程度上塑造了所有民族。但是，在**远西地区（Far West）**，环境因素真正战胜了种族因素。西部内陆地势高、气候干燥、位置偏僻。西部条件如此之恶劣，有效地打消了那些企图在本地区推行大阿巴拉契亚、内陆地区或其他民族所使用的农业技术和生活方式的人的念头。除了作为例外的少数地区，若不部署大量的工业资源和设施（铁路、重型采矿设备、冶炼厂、水坝以及灌溉系统），就根本无法有效殖民这一广袤地区。结果，本地区大部分的殖民开拓都是由总部设在遥远的纽约、波士顿、芝加哥或旧金山的大公司，或是在控制着大部分土地的联邦政府的推动和指导下进行的。即使不为其中一家公司工作，移民们也依赖铁路来运输货物、人员以及商品，往返于遥远的市场和制造中心之间。不幸的是，对移民来说，他们所在的这一地区被视为一块内部殖民地，为了沿海民族的利益而惨遭剥削和掠夺。这一地区尽管在第二次世界大战以及冷战期间实现了大规模工业化，但仍然处于一种半依赖状态。该地区的政治阶层倾向于斥责联邦政府干涉自己的事务——这一立场常常使之同南方腹地结盟——同时要求继续接受联邦政府的慷慨援助。然而，该地区极少挑战对自己事务仍然保持着近乎镀金时代的影响力的企业主。今天，这一地区囊括了从北方的北部边界到第一民族南部边界间西经100度以西的内陆地区，包括亚利桑那北部，加利福尼亚、华盛顿以及俄勒冈腹地，不列颠哥伦比亚、艾伯塔、萨斯喀彻温、马尼托巴和阿拉斯加的大部分地区，育空地区和西北地区的部分地区，达科他、内布拉斯加和堪萨斯的干旱西部，犹他、科罗拉多、内华达和爱达荷的所有地区或者近乎所有地区。

同远西地区一样，**第一民族（First Nation）**涵盖气候恶劣的广袤地区：极北的北方森林、冻土带以及冰川。然而，不同的是本地区土著居民仍然主要占据着这一地区——大多数土著居民从未按照条约放弃土地——并且仍然保留着自己的文化习俗和知识，使他们能够按照自己的方式在这片土地上生存。在阿拉斯加、努纳武特以及试图从丹麦完全独立的格陵兰自治民族国家，土著居民最近开始收回自己的主权，赢得了相当大的自治权。作为一个新生的——也非常古老的——民族的居民，第一民族的民众有机会在文化上、政治上以及环境上使北美土著民重新出现在北美的地图上。

第一民族正迅速控制着先前远西地区北部边缘的大部分地区，包括育空地区、西北地区和拉布拉多的大部分地区，整个努纳武特和格陵兰，安大略、马尼托巴、萨斯喀彻温和艾伯塔的北部地区，不列颠哥伦比亚西北部大部分地区，以及魁北克三分之二（北部）的地区。

纵观美利坚合众国的历史，这十一个民族一直隐藏在我们的视线之中。你可以在语言学家的方言地图、文化人类学家的物质文化区域地图、文化地理学家的宗教区域地图、竞选战略家的政治地理地图，以及历史学家的整个北美大陆定居模式地图上看到这些民族的轮廓。加利福尼亚州划分为三个地区。在2008年各县投票支持或反对同性婚姻的地图上，这种分歧显而易见、简单明了。在2000年和2004年大选的各县地图上，俄亥俄州新英格兰人定居的部分很明显：在一个主要是红州的顶部有一蓝条。大阿巴拉契亚几乎完美地呈现在人口统计局的地图上。这张地图按县列出了最大的祖先群体：大阿巴拉契亚公民几乎居住在美国唯一的一个多数人回答"美利坚人"的县。2008年，盖洛普向超过35万名美国人发出问卷调查：宗教信仰是不是他们日常生活的重要组成部分？做出肯定回答排名靠前的十个州都是由边民和（或）南方腹地人控制的州，而最后十个州中有八个州都是由新英格兰控制的。马萨诸塞州和新英格兰北部的三个州是最缺乏宗教信仰的州。密西西比人对这个盖洛普问题做出肯定回答的可能性是佛蒙特人的两倍多。2007年，受教育程度最高的州（以拥有高级学位的人的百分比计算）是新英格兰的马萨诸塞州（16.0），受教育程度最低的州是南方腹地的密西西比州（6.4）。位居前列的包括新英格兰人控制的康涅狄格州（第3名）、佛蒙特州（第6名）、罗得岛州（第9名）以及纽约州（第5名）；倒数的是大阿巴拉契亚人控制下的阿肯色州（第48名）和西弗吉尼亚州（第46名）。哪些州率先加入减少温室气体排放的碳交易协定？新英格兰人和西海岸人控制的州。哪些州的法律禁止工会车间合同？南方腹地人控制的所有州和大阿巴拉契亚人控制的大多数州。太平洋西北部和加利福尼亚北部的哪些县投票给共和党人？远西地区的那些县。哪些县投票给民主党人？西海岸的那些县。得克萨斯州和新墨西哥州的哪些地区以压倒多数的选票支持民主党人？北方地区。民族亲和力一直胜过各州亲和力，而且几个世纪以来一向如此。[6]

我并非认识到这些区域文化对北美历史、政治以及治理的重要意义的第一人。1969年，共和党竞选策略师凯文·菲利普斯（Kevin Phillips）发现了其中几个民族独特的边界线和价值观，并用它们在《新兴的共和党多数派》（*Emerging Republican Majority*）一书中准确地预言了里根革命。《新兴的共和党多数派》一书是政治崇拜的经典案例。1981年，《华盛顿邮报》编辑乔尔·加罗（Joel Garreau）写了一本畅销书——《北美九民族》（*The Nine Nations of North America*）。书中指出，北美大陆被划分为几个跨越国家、州或行政区域界限的相互对立的权力集团。乔尔划分的区域范式表明未来将由这些北美民族的相互竞争、相互冲突的愿望塑造。但由于这本书的非历史性——这本书只是一种抓拍而不是对过去的探索——加罗无法准确地识别出这些民族，这些民族是如何形成的，或者各个民族的愿望是什么。

1989年，布兰迪斯大学历史学家大卫·哈克特·费舍尔

（David Hackett Fischer）在其经典著作《阿尔比恩的种子》（*Albion's Seed*）一书中详细描述了这些民族中的四个民族——我称之为新英格兰、内陆地区、沿海低地和大阿巴拉契亚——的起源和早期演变，并在二十年后出版的《尚普兰的梦想》（*Champlain's Dream*）一书中添加了新法兰西。2004年，萧拉瑟（Russell Shorto）在《世界中心的岛》（*The Island at the Center of the World*）一书中描述了新尼德兰的显著特征。事实上，弗吉尼亚州参议员吉姆·韦布（Jim Webb）的《生来战斗》（*Born Fighting*, 2005）一书向边境的同胞们呼吁民族自我觉醒，而新美国基金会的迈克尔·林德（Michael Lind）则号召得克萨斯州的同胞们推翻南方腹地的独裁统治，转而支持进步的阿巴拉契亚山区的丘陵地带。在过去几十年间，这些美利坚民族的觉醒一直处于缓慢酝酿之中。本书的目的便是要见证这些民族最终进入大众意识之中。

任何声称要发现北美大陆上一系列离散民族的研究者都必须解决一个显而易见的问题：几个世纪前形成的民族真的能将各自的特性一直保留到今天吗？毕竟，我们身处一个由移民和内部移民组成的大陆，而且那些代表着每一种文化、种族以及信仰的数以千万计的新移民肯定会削弱和驱散古老的文化。如果说纽约市独特的文化是荷兰人创建并留下的遗产，那么这难道不是异想天开吗？毕竟拥有荷兰血统的人现在只占纽约总人口的0.2%。在马萨诸塞州和康涅狄格州——新英格兰各州中最新英格兰化的州——最大的族群分别是爱尔兰人和意大利人。人们可能会自然而然地认为北美大陆的各个民族肯定早就融为一体，成为一桌丰富多元的炖煮佳肴。但是，正如我们将要看到的，预期的事件进程实际上并未发生。北美的多元文化和源源不断的移民大大丰富了北美的生活。我个人是赞扬我们大陆多样性的，但我也知道，我曾祖父在艾奥瓦州西部的同胞——来自丹麦菲英岛的路德教农民——融入了内陆中西部地区占主导地位的文化之中，尽管他们为其发展做出了贡献。我信奉天主教的爱尔兰籍曾祖父母在西部内陆的铁矿和铜矿工作，但他们的孩子长大后却成了远西地区人。和未来的堂兄妹一样，我的五世祖母的家人从爱尔兰的同一个地方逃了出来。但是，他们找到工作的矿井正好位于魁北克，所以他们的后代讲着法语长大，出游时穿着土著人的雪鞋。毫无疑问，他们都改变了自己移民的地方——我希望是朝着更好的方向——但是经过几代人的努力，他们都融入了周围的文化，而不是周围的人融入了他们的文化。他们可能接受亦可能拒绝主流文化，但并没有取而代之。他们所面对和谈判协商的并不是"美利坚"文化或"加拿大"文化，而是早就确定了的各自"民族"文化中的某一种文化。[7]

　　几十年前，文化地理学家得出了类似的结论。宾夕法尼亚州立大学的威尔伯·泽林斯基（Wilbur Zelinsky）在 1973 年就已经提出这一重要理论，称其为第一有效移民原则（Doctrine of First Effective Settlement）。"每当人们来到空旷的领土定居，或早期的人口遭到侵略者的驱逐时，不管最初的移民队伍有多小，能够影响一个具有生存能力、自我延续的社会的第一个群体的具体特征，对这一地区后来的社会和文化地理具有至关重要的意义，"泽林斯基写道，"因此，对一个地方的文化地理而言，最初几百名甚至几十名殖民者的活动可能比几代人之后数万名新移民的持久影响力和贡献都要大。"他指出，殖民地时期的大西洋海岸就是一个典型的例子。荷兰人可能在哈得孙河下游河谷几乎已经绝迹——地主贵族可能已经失去了对切萨皮克地区的控制——但他们的影响一直都在。[8]

北美大陆久负盛名的流动性——以及促进这种流动性的交通技术和通信技术——一直在增强而不是消除各民族之间的差异。正如记者比尔·毕晓普（Bill Bishop）和社会学家罗伯特·库欣（Robert Cushing）在《大归类》（*The Big Sort*，2008）一书中所展示的那样：自 1976 年以来，美利坚人就一直在往人们共享其价值观和世界观的社区迁移。因此，生活在给予一个政党或另一个政党压倒性支持（定义为以超过 20% 的优势获胜）的县的选民比例从 1976 年的 26.8% 增加至 2004 年的 48.3%。人口流动意义重大。仅在 1990 年至 2006 年，就有 1300 万民众从民主党人占绝对优势的县移居到共和党人占绝对优势的县。相比之下，移民避开了深红县，2004 年只有 5% 的人生活在深红县，而深蓝县的这一比例为 21%。毕晓普和库欣没有意识到的是，实际上，民主党占压倒性优势的县都位于新英格兰、西海岸或北方地区，而共和党则控制着大阿巴拉契亚和沿海低地，几乎垄断了远西地区和南方腹地。（这一模式的唯一例外就是南方腹地和沿海低地中非洲裔美国人占人口多数的各个县，绝大多数非洲裔美国人是民主党人。）美利坚人在将自己归类为志同道合的群体时，也将自己归类为志同道合的民族。[9]

当然，如果查阅这本书的民族地图，读者可能会对属于一个民族或另一个民族的特定县或市提出异议。毕竟，文化界限通常并不像政治界限那么明确，某一特定地区可能同时受到两种或多种文化的影响。这样的例子比比皆是：法德边境的阿尔萨斯－洛林，横跨信奉东正教的拜占庭帝国和信奉伊斯兰教的奥斯曼帝国边界的伊斯坦布尔，在新英格兰和大苹果城（Big Apple）不协调的引力场中苦苦挣扎的康涅狄格州费尔菲尔德县。文化地理学家们也认识到了这一因素并按照区域绘制文化影响图：力量源泉的**核心**区域，强度较低的**区域**，温和但影响显著的较广**范围**。所有这些区域都会随着时间的推移而发生变化。事实上，有很多例子表明文化甚至失去了对核心区域的支配力量，实际上不再作为一个民族而存在，如拜占庭人或切罗基人。本序言前面的地图根据 2010 年左右各个民族的核心支配区域划分了边界。如果我们添加上每个民族的范围，那么就会出现大量的重叠区域，如多个民族对路易斯安那州南部、得克萨斯州中部、魁北克省西部或巴尔的摩大部施加了影响。这些界限并非一成不变：在此之前这些界限就已发生变化，而且随着每个民族影响力的兴衰，这些界限无疑还将再次发生变化。[10]

　　深入研究任何某一特定地区，你可能就会发现存在大量的少数族裔飞地，甚至是镶嵌在我在这里概述的主要民族中的微型民族。有人可能会说，摩门教徒在远西地区的中心地带建立起一个独立的民族，或者密尔沃基是一个夹在新英格兰中西部的内陆地区城市。你可能会认为肯塔基州的蓝草县是一块嵌入大阿巴拉契亚的沿海低地飞地，或者纳瓦霍人在远西地区创建了一个民族国家。在新斯科舍省的布雷顿角岛和北卡罗来纳州的菲尔角半岛上存在着独特的苏格兰高地文化。一个人可以写一整本书来描述"新英格兰的核心"缅因州和马萨诸塞州之间尖锐的文化和历史差异——事实上，这正是我在《龙虾海岸》（*The Lobster Coast*，2004）一书中涉及的一个主题。发掘区域文化就像剥洋葱皮一样。我已经停止了我的研究工作，因为我相信我划分的十一个民族的价值观念、情感态度以及政治偏好确

18

确实实地支配了分配给各自的领土，胜过了细粒度分析可能带来的影响。

我还特意选择不去讨论其他几个核心领地不在现在的美国和加拿大，却影响了北美大陆的民族。古巴人占主导地位的南佛罗里达州是讲西班牙语的加勒比海地区的金融和交通枢纽。夏威夷是大波利尼西亚民族文化的一部分，曾经是一个独立的民族国家。当然，中墨西哥和中美洲是北美大陆的一部分，可能包括六个不同的民族——西班牙－阿兹特克族（Hispanio-Aztec）、大玛雅族（Greater Mayan）、盎格鲁－克里奥尔族（Anglo-Creole），等等。甚至有学者提出了颇具说服力的论点：非洲裔美国人文化构成了一个以海地为核心，版图覆盖了加勒比海盆地大部分地区并一直延伸到巴西的大克里奥尔民族的外围。这些地域文化当然值得探索，但作为一个实际问题，需要在某个地方划清界限。华盛顿特区也是一个反常存在：一个为了发起国内血腥运动竞赛的巨大政治舞台。在这一政治舞台上，其中一支队伍更喜欢把车停在沿海低地的郊区，而另一支队伍则选择把车停在内陆地区。

最后，我想强调一个事实：成为一个民族的一员通常与基因无关，与文化有关。[①] 同获得头发、皮肤或眼睛颜色的方式不一样，人们并非**继承**了民族身份；人们是在童年时期，或是在以后的生活中通过自主同化而**获得**了自己的民族身份。甚至欧洲那些通过"血缘"建立起来的民族也支持此种说法。（民

---

① 一些民族团体会拒不承认少数族裔或少数宗教团体的成员资格。在写作本书时，德国人仍在思考一个出生在德国、讲德语的土耳其穆斯林是否真的可以成为"德国人"，而一个出生在法国具有西非血统的人可以相对轻松地宣称自己是法国人。

族主义非常盛行的）匈牙利民族的一员可能是奥地利德意志人、俄罗斯犹太人、塞尔维亚人、克罗地亚人、斯洛伐克人或其他任何混合族群的后裔，但是，如果他说匈牙利语，并接受匈牙利国民的国民性，那么人们就认为他是一个同阿帕德国王的马扎尔后裔一样"血统纯洁"的匈牙利人。同样，没有人会否认法国前总统尼古拉·萨科齐的法国血统，尽管他的父亲是匈牙利贵族，外祖父是出生于希腊的塞法迪犹太人。① 北美各民族亦是如此：如果你说话像内陆地区人，行动像内陆地区人，思维像内陆地区人，你很可能就是内陆地区人，不管你的父母或祖父母来自南方腹地、意大利，还是厄立特里亚。[11]

19

　　本书其余部分按时间顺序分为四个部分。第一部分是至关重要的殖民地时期，分章讲述了前八个欧美民族的创建及其创建的特点。第二部分揭示了民族内部斗争如何影响了美国独立战争、联邦宪法以及共和国初期的一些重要事件。第三部分展示了这些民族如何在北美大陆相互排斥的地区扩大各自的影响力，以及民族内部为了控制和界定联邦政府而进行的相关斗争如何引发了内战。第四部分涵盖了19世纪末、20世纪以及21世纪初的事件，包括"新"民族的形成，在移民、"美利坚"身份、宗教和社会改革、对外政策和战争，当然还有大陆政治等问题上日益加剧的内部分歧。尾声部分则对未来的道路进行了一些思考。

　　让我们开启旅程吧！

---

① 当一位具有北非血统的女士在竞选过程中质问其出身时，萨科齐的回答表明了他对民族认同的态度："你不是阿尔及利亚人，而是法兰西人。同样，我不是匈牙利人。"

第一部分

追本溯源：1590～1769

第一章 打造北方

　　美国人从小接受的教育一直都是这样看待欧洲人移民北美大
陆的：他们是自东向西推进的，从马萨诸塞和弗吉尼亚的新英格
兰滩头一直扩展至太平洋沿岸。六代精力充沛的拓荒者将自己的
盎格鲁－撒克逊血统推进至荒无人烟的地区。为了完成其作为上
帝选民的使命——建立一个由一群品行端正、热爱自由的人士组
成的，从一片大海延伸至另一片大海的联合共和国——这些开拓
者同大自然及其未开化的孩子进行殊死搏斗，直至对手屈服投
降。至少19世纪新英格兰的历史学家们愿意让我们这样认为。

　　事实的真相是，当时西班牙帝国正在新大陆不断扩张，而欧洲
文化最初就是由这些西班牙战士及传教士从南方携带而来的。

　　在欧洲人看来，一支西班牙远征队于1492年发现了美洲。
一百多年后，第一批英格兰人在詹姆斯敦下船时，西班牙的探
险家们已经长途跋涉穿越了堪萨斯的平原，领略了田纳西大雾
山的风采，站在了亚利桑那大峡谷的边缘。这些探险家已经绘
制了俄勒冈海岸和加拿大滨海诸地的地图——更别提拉丁美洲
和加勒比地区——并且命名了自芬迪湾至火地岛的一切。16世
纪初，西班牙人在佐治亚和弗吉尼亚海岸创建了短暂存在的殖
民地。1565年，西班牙人在佛罗里达创建了圣奥古斯丁——今
日美利坚合众国最古老的城市。① 到16世纪末，西班牙人已经

---

　　① 然而，就文化而言，几个世纪之前，圣奥古斯丁被南方腹地吞并。

在索诺拉和奇瓦瓦的荒漠之中生活了几十年，他们的新墨西哥殖民地正在欢庆其五周岁生日。

24   的确，美利坚合众国最古老的亚文化并不是在大西洋沿岸的科德角或者下切萨皮克发现的，而是在新墨西哥北部和科罗拉多南部干旱的群山之中发现的。自 1595 年起，西班牙裔美利坚人就一直生活在北方这个地区，坚决捍卫自己的遗产，又因自己同墨西哥裔美利坚人被归为一类而耿耿于怀。墨西哥裔美利坚人直到 19 世纪和 20 世纪才出现在这一地区。这些西班牙裔美利坚人的领导人对系谱学抱有极大的热情，这份热情可与乘坐"五月花号"来到美洲的那群移民的后代的热情相提并论。同时，这些人也认为自己承担着将文化火炬一代一代地传递下去的使命。1610 年，他们修建了圣菲总督府，即现在美国最古老的公共建筑。他们将 17 世纪西班牙的传统、技术以及宗教庆典一直保存到 20 世纪。他们用木犁犁地，用中世纪笨拙的手推车运输羊毛，四旬期时仍然坚持中世纪西班牙的习俗——**确确实实地**将他们中的一个人钉在了十字架上。时至今日，现代技术已经降临——将人绑在十字架上时使用的是绳子而不是钉子——但古老的西班牙的影响保留了下来。[1]

    同 16 世纪的其他竞争对手相比，西班牙人先发制人。西班牙是当时世界上的超级大国，富有强大，以至于英格兰人将其视为对所有新教徒的致命威胁。事实上，教皇亚历山大六世（Pope Alexander Ⅵ）认为西班牙是欧洲诸多君主国中"最天主教"的国家，并于 1493 年授予西班牙几乎整个西半球的所有权，尽管当时人们尚未发现美洲大陆。这是一份大得令人咋舌的礼物：1600 万平方英里的土地——几乎是西班牙本土的 80 倍大，跨越两大洲，人口约 1 亿，其中一些人已经建立起了结构复杂的帝国。当时西班牙人口不足 700 万，只答应了一个附加条件便获得了人类历史上最大的馈赠：教皇亚历山大命令西班牙，让这一半球所有的居民都皈依天主教，并且"培养他们良好的道德品质"。这一首要任务将影响西班牙在新大陆的政策，并深深地影响南美三分之二地区的政治和社会制度，包括北方地区。这将使欧洲陷入诸多战争中也许是破坏性最大的战争，并且在美洲引发了现在人口统计学家认为的史上最严重的人口毁灭。[2]

历史常常将美洲土著居民描绘成仅仅是由欧洲人和非洲人的后代主演的西方戏剧中的临时演员或者舞台布景。因为本书主要关注的是那些主导北美事务、基于族群文化认同感的民族（ethnocultural nations），所以本书将极其不情愿地采用此类模式。但是，从一开始，我们就应该牢记关于新大陆土著文化的几个因素。在与欧洲人接触之前，许多土著民族的生活水平比同时期欧洲人的生活水平高；他们身体更加健康，饮食更加营养，生活更加稳定，有更加良好的卫生、医疗和营养。土著文明极其复杂：大多数土著人从事农业生产，事实上所有的土著人都被编织进了一张横跨美洲大陆的贸易网络，一些土著人修建了先进的城市中心。西班牙人在新墨西哥遇到的普韦布洛人并非石器时代的狩猎采集者，他们生活在带有地下室和阳台的土坯房中，这些土坯房有五层，周围是宽敞的集市广场。阿兹特克人位于墨西哥中部的都城特诺奇蒂特兰是当时世界上最大的城市之一，人口为 20 万，公共用水通过石渡槽供给。特诺奇蒂特兰的宫殿和庙宇让西班牙的任何一个地方都相形见绌。当时，美洲人口占世界总人口的五分之一多。墨西哥中部有 2500 万居民，是当时世界上人口密度最大的地区。[3]

26

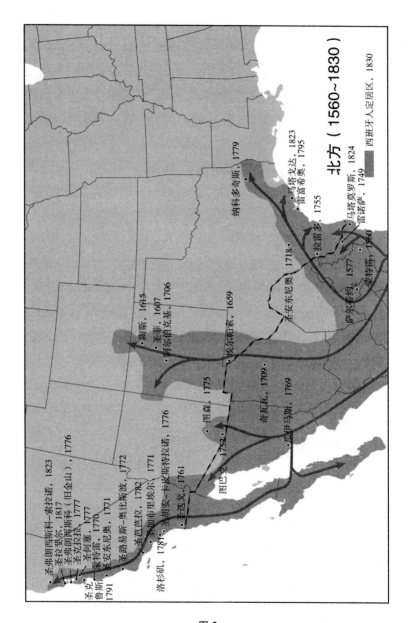

图 2

随着同西班牙人的零星接触，传染病和战争传播开来。到1630年，美洲土著人的数量骤减80%～90%。从缅因的森林到秘鲁的丛林，由于没有足够多的幸存者来掩埋尸体，印第安人的定居地到处都是死尸。大多数欧洲人认为瘟疫是上帝对他们自己征服行径认可的一种表现。西班牙士兵贝尔纳尔·迪亚斯·德尔卡斯蒂略（Bernal Díaz del Castillo）的反应就极具代表性，这位参加过征服阿兹特克人和玛雅人战役的老兵如此回忆道："基督徒因战争而筋疲力尽之时，上帝认为是时候传播天花给印第安人了。"[4]

事实上，迅速征服阿兹特克和玛雅帝国以及随之发现的金矿和整座银山使得西班牙国王相信，上帝不仅朝着他们微笑，而且希望他们继续坚定不移地创建"普遍君主制"。先知们曾经预测普遍君主制终将带来末日审判。16世纪末，西班牙国王腓力二世（Philip Ⅱ）曾经利用从美洲攫取的大量财富来建立规模庞大的陆军和强大的海军舰队，以此征服新教徒掌控的欧洲。腓力二世动用这些军队之时，欧洲陷入了一系列宗教战争的旋涡。宗教战争持续了大半个世纪，削弱了西班牙政府的债务清偿能力，使得数百万人丧生。在宗教战争中，有人曾向他的儿子腓力三世谏言：时之终结即将降临，他必须打败土耳其人，然后继续征战"非洲，亚洲，包括加尔各答、中国、日本及其邻近岛屿，在他们来之前征服所有的一切"。[5]最后证明这是一个馊主意。1648年三十年战争临近尾声之时，新教徒势力较先前更加强大，而西班牙则沦落为一支势单力薄、负债累累、逐渐土崩瓦解的力量。

那么，所有这一切又与北方有什么关系呢？

首先，通过带头扼杀新教改革，西班牙人招致了英格兰人、苏格兰人以及荷兰人旷日持久的仇恨，他们将西班牙人视为梵蒂冈密谋奴役世界的腐朽堕落、愚蠢无知的工具。这种强烈的反西班牙情绪深深植根于新英格兰、大阿巴拉契亚、沿海低地以及南方腹地的文化之中。19世纪，在时至今日依然影响着反墨西哥种族主义的维多利亚时代有关种族混合观点的支撑下，这种强烈的反西班牙情绪在北方人中表现得更为明显。

其次，企图消灭欧洲的新教徒耗费了西班牙帝国如此之多的精力、能源和资源，以至于西班牙实际上无力支持其美洲帝国向北扩张。结果，即使按照西班牙殖民地的标准来看，西班牙在北方的殖民地——尤其是新墨西哥、得克萨斯、上加利福尼亚以及索诺拉北部地区——都人手短缺，供给不足，极其贫穷。许多虔诚的天主教夫妇则生活在罪恶之中，因为他们请不起神父来为自己主持婚礼。由于没有学校，读书识字的人不多。就在1778年，北方最著名的定居点之一圣安东尼奥依然只是一个贫穷的小村庄。由于没有更好的选择，总督被迫住在监狱之中。北方殖民地只是一个远在天边的偏远边陲，不受正在崩溃的帝国的重视，在接下来的250年中仍是如此。由于同欧洲其他文化的定期接触被阻断，北方形成了自己的文化特色，其中的很多文化特色同墨西哥中部截然不同。[6]

28 最后，在西班牙人到达北方时，帝国的宗教使命已成为殖民政策的关键因素。西班牙人的计划是通过使美洲土著居民皈依天主教，并且通过神父管理的特别定居点来监督土著居民的信仰、工作、穿着及行为，使美洲土著居民融入西班牙文化之中。同英国人的计划相比，这一计划至少在理论上是针对印第安人的开明计划。美洲土著居民被视为低等民族，并不是因为他们固有的种族特征，而是因为他们的文化习俗。西班牙人称美洲土著民族为"缺乏理性的民族",但认为经过十多年的教育和训练,这些土著民族可以成为拥有理性的民族。在训练期间,这些印第安学徒被称为"新信徒"(neophyte),生活的方方面面都要受到监控。当然了,这需要非凡的努力。整个边境地区都要设立布道团,每个布道团都配备自给自足的大院和教堂;都要为传教士们修建舒适的住所;都要设立纪律严明的哨所以保障纪律的执行;都要修建制革厂、作坊、窑炉以及磨坊,如此一来,新信徒可以学习西班牙人的各种手艺;都要修建男女宿舍;都要修建马厩、谷仓,以及用于圈养马匹、骡子和其他牲畜的附属建筑。修士们会保护这些新信徒免遭贪婪的定居者或敌对印第安人的毒手——为了防止驻防士兵强奸她们,修士们在日落时分将七岁以上的女性锁在营房之中。当修士们认为这些新信徒已经成功地内化了天主教信仰、西班牙式工作习惯以及卡斯蒂利亚语时,这些布道所就成为他们的新村庄,传教士们则会继续在不断扩张的边境地区监督新的任务。或者说计划是如此进行的。[7]

这种对土著印第安人相对包容的态度反映了西班牙新大陆殖民地特有的种族人口学。因为西班牙帝国的女性殖民者一直匮乏,所以西班牙士兵和官员便娶阿兹特克人为妻,或者通过其他途径孕育印第安人和西班牙人的混血儿(梅斯蒂索人)。到18世纪初,在现在的墨西哥和北方,梅斯蒂索人占当地人口的很大一部分。[8]西班牙世界存在种姓制度(caste system)——纯种白人占据最高职位——但是,在新大陆,尤其是帝国的北部边疆,这一种姓制度崩溃了。在这些地区,每个人都至少拥有一个非白种人先祖。本身就具有部分印第安人血统的殖民地高层当然不愿意出于种族原因诋毁印第安人。

29   如果这一社会重组工程成功了，那么北方可能将其混血社会延伸至现在美利坚合众国的西部，也许就会获得足够的力量来维护自己在这一地区对抗政治对手的霸权地位。但这一工程进展得并不顺利，北方文化的影响力仅仅局限于一片毗邻新西班牙人口较为稠密的定居部分的相对狭窄地带。新西班牙是从加利福尼亚一直延伸至巴拿马地峡的西班牙领地。

这并非因为不够努力。1598 年至 1794 年，西班牙人在现在的新墨西哥州创建了至少 18 个布道团，在现在的得克萨斯州创建了 26 个布道团，在亚利桑那州创建了 8 个布道团，在上加利福尼亚创建了 21 个布道团——在这一过程中创建了后来发展成图森、圣安东尼奥、圣迭戈和旧金山的城市。[9]但这一系统存在几个严重缺陷。通过将这些新信徒同西班牙主流文化隔绝开来，这些修士使得新信徒很难被同化。实际上，这一系统被滥用了。修士们不允许新信徒改变他们自己关于同化的看法，并且不允许他们回归土著人生活。那些逃跑的新信徒遭到追捕并且在公共广场遭受鞭刑。传教士们还用鞭子驱赶新信徒前往教堂做礼拜，强迫他们在恰当的时间下跪，并用鞭子维持田间、作坊以及皮革厂的纪律。到访过加利福尼亚圣卡洛斯（现在的卡梅尔）的法兰西人称："一切都让我们想起了……西印度群岛的（奴隶）殖民地……我们一提到它就觉得痛苦万分，（因为）一切如此似曾相识。我们看到男男女女都戴着镣铐，一些人带着足枷。最后，我们听到了鞭子鞭打的声音。"[10]因为不用支付新信徒的劳动报酬，所以相对来讲教士们很容易获利。因此，这些教士几乎没有动力宣布这些新信徒已经开化了，并把布道团的财产转交给这些新信徒。营养不良、天花以及梅毒导致死亡率极高，分娩率极低，因此这些社区本身也很难有所发展。[11]

布道团墙外的北方生活同样专横，使得文明更加难以传播和发展。

大多数西班牙人来到北方是因为帝国或者教会当局命令他们来的。几乎每一个文明前哨——布道团、堡垒以及城镇——都是由政府的远征队建立的。这些文明前哨都是受到法规高度约束的孤立社区。士兵、神职人员、农民、农场主、工匠、仆人（以及牲畜）成群结队地前往他们被指派到的地区，当局希望他们在余生中服从命令。未经官方许可，任何人不得从一个城镇前往另一个城镇，或者在新开辟的地区从事农业生产或者牧场经营活动。西班牙帝国的政策禁止他们从事大多数生产活动，并要求一切进口活动都要由官方垄断进行。得克萨斯人不能从自己的墨西哥湾海岸进出口货物；相反，得克萨斯人不得不推着笨重的木车，穿过数百英里干旱的平原，运输货物往返穿梭至韦拉克鲁斯。届时，消费税和运输成本已使进口商品的价格翻了两番，既阻碍了经济的发展，又打击了个人的主动性。在整个殖民地时期，这一地区仍将是南方各地区中惨遭剥削的一个殖民地。[12]

北方不存在自治政府，不举行选举，当地人也不可能在政治生活中发挥重要作用。地方军事指挥官通常会担任总督，在毫无任何民主可言（比如管理委员会或者立法机构）的情况下行使统治权。在这一地区为数不多的城镇，如圣菲、圣安东尼奥、图森和蒙特雷，市镇议会是由社区最富有的市民组成的自我延续的寡头政体。到18世纪末，大多数市镇议会都已不再发挥任何作用，市政事务落入地方军官之手。[13]

30

普通人应该向当地的保护者效忠。保护者一般是负责普通人福祉的家长式的精英人物。保护者提供就业机会，照顾孤寡病残，举办宗教盛宴，开展教会活动。保护者的雇农服从他，尊敬他。这一制度——类似于中世纪的农奴主与农奴之间的关系——在整个拉丁美洲很普遍，时至今日仍然影响着北方的政治和社会行为。[14]直至 20 世纪 60 年代末，政治评论员们经常指出，北方的选票就如同牛的期货一样可以买卖；如果一个人贿赂了一个社区的保护者，那么他通常就可以获得这一地区 90% 以上选民的支持。在 1941 年的得克萨斯州参议员竞选中，林登·B. 约翰逊（Lyndon B. Johnson）给当地的大佬乔治·帕尔（George Parr）打了一个电话就赢得了北方 6 个县中 90% 的选票。然而，就在前一年的州长竞选中，这 6 个县中 95% 的人都给他的竞争对手投了支持票。1948 年，约翰逊在帕尔的家乡"赢得"99% 的选票进入参议院，家乡的选民投票率高达 99.6%。[15]

虽然这一地区继承了新西班牙的政治遗产，但在其他方面与总督府所在的人口稠密、封建制度盛行的热带地区有很大不同。在新西班牙——后来的墨西哥——人们认为北方人的适应能力更强，更能自给自足，更加勤奋，更加好斗，更加容忍不了暴政。事实上，在 20 世纪 80 年代的墨西哥革命和 90 年代反对腐败的革命制度党（PRI）的政治叛乱中，墨西哥的北方人都发挥了主导作用。19 世纪，新墨西哥的北方人提议脱离墨西哥，加入加利福尼亚，以及现在的内华达、亚利桑那和科罗拉多，以创建一个民主的墨西哥北方共和国（República Mexicana del Norte）；1836 年，得克萨斯的北方人支持成立独立的得克萨斯共和国（Republic of Texas），而他们在塔毛利帕斯、新莱昂以及科阿韦拉的邻居则宣布成立格兰德河共和国（Republic of the Rio Grande，格兰德河共和国惨遭武力镇压）。难怪，令人尊敬的墨西哥历史学家西尔维奥·萨瓦拉（Silvio Zavala）将北方戏称为这个国家的"自由卫士"。[16]

所有这些特征都是为了应对北部边境的特殊情况而演变出来的。新墨西哥、得克萨斯以及加利福尼亚的定居点远离拉美裔美洲文明的中心。人力、通信、工具、食品、宗教物品以及其他物品都是通过政府的官方补给特派团获得的，这些特派团然后将各布道团和各村生产的所有商品运走。以新墨西哥为例。新墨西哥距墨西哥城 1500 英里，要花费 6 个多月的时间才能走完这一痛苦的旅途，所以由牛拉木车组成的供给车队每三四年才来一次。加利福尼亚同帝国其他地区的陆路交通被敌对的印第安人切断，所以这一地区完全依赖为数不多的政府船提供给养，这些船只往返航行于索诺拉太平洋沿岸的瓜伊马斯，航程为 1000 多英里。所有货物、旅客以及信件必须继续经由陆路运送到墨西哥城。由于北方所有地区都被禁止同外国人进行贸易，所以只能通过韦拉克鲁斯而不能通过更近的旧金山或是得克萨斯的马塔戈达向西班牙运送货物和乘客。到 19 世纪初，西班牙短暂试用帝国某一立法机构之时，新墨西哥的代表将 3 年任期的大部分时间都花在了试图前往西班牙这件事上，而得克萨斯连派一个代表的钱都没有。[17]在整个殖民地时期，由于没有道路连接北方各个地区，所以这些地区也无法相互帮助。似乎这种孤立状态还不够糟糕，北方的定居点（无可非议地）不断受到敌对的印第安人和后来欧洲其他列强的威胁。

因为地理位置偏僻，所以同生活在墨西哥城附近的中部地区的人相比，北方人在日常生活中享有更大程度的自由，从而塑造了这一地区的性格。那些想要摆脱修士和军官严格审查的西班牙裔美洲人在偏僻地区安家，甚至在印第安人中间安家。由于保存记录不够严格，梅斯蒂索混血儿、黑白混血儿或者被同化的印第安人往往都可以绕过帝国的种姓制度，通过口头声明成为正式的白人。18 世纪中叶的一位耶稣会教士自索诺拉报告称："实际上，所有希望被视为西班牙人的人都是混血儿。"在北方，劳动者也拥有更多的选择。农民们可以选择成为佃农，如此一来他们就可以从大地主那里获得更大的自主权。在牧场和布道团的土地上，牛倌们可以在远离上级监视的边远地区长时间活动，那些尚未皈依的人为了寻找最佳条件可以从一个牧场迁移到另一个牧场。事实上，正是这些独立自主、自给自足、居无定所的牧场工人发展了颇具传奇色彩的美国西部牛仔文化。[18]

一个鲜为人知的事实是：大多数美利坚偶像、开放型的畜牧产业起源于北方，并且是以西班牙先例为基础的。西班牙是由干旱的平原、海拔很高的沙漠以及地中海海岸线组成的混合体，在自然环境上与北方地区相似。在西班牙南部，西班牙人发展了他们后来在美洲殖民地使用的技术，例如利用牧人（牛仔）在广阔无垠且没有围栏的牧场上围捕、放牧、驱赶大量牛群，以及给牛群打烙印。西班牙人向新大陆引入了马、牛、绵羊、山羊，以及经营农场所需要的衣服、工具以及技术，为后来的牛仔文化奠定了共同基础。这种牛仔文化从智利的骑手一直延伸至美国西部的牛仔。大型牧场自墨西哥中部的墨西哥湾沿岸地区向北蔓延。到 18 世纪 20 年代，这些农场蔓延至得克萨斯时，拉索（lazo）、套索（la reata）、皮套裤（chaparreras）

以及阔边帽（sombrero）已经发展起来。得克萨斯的宽边呢子高帽就是从阔边帽发展而来的。讲英语的牛仔后来会使用其他西班牙词语，包括 redeo、bronco、牛仔（来自 vaquero）、野马（来自 mesteño）、子弹带（bandolera）、溃败（来自 estampida）和牧场（rancho）。[19]

奇怪的是，正是方济各会修士们把牛仔文化带到了现在的得克萨斯和加利福尼亚，因为动物脂肪和兽皮是布道团运输到墨西哥其他地方唯一有利可图的产品。由于劳动力不足，修士们无视西班牙禁止印第安人骑马的法律，将新信徒训练成牧人。当加利福尼亚总督抱怨此种做法时，一位修士回应道："那么布道团中牧人的工作怎样才能完成呢？"事实上，美洲的第一批牛仔是印第安人。[20]

18 世纪末，虽然西班牙的牧场技术正逐渐占据主导地位，但是北方人发现他们自己面临着来自北部和东部的双重威胁。北方有了新的欧裔美洲人邻居以及在人力和资源方面都具有优势的竞争文化。第一个挑战来自新法兰西。新法兰西位于密西西比河谷尽头的新奥尔良，分布在一个以法兰西国王路易十四的名字命名的辽阔地区。在路易斯安那东北部有一个不稳固的民族联盟。这一联盟刚刚脱离不列颠赢得了独立——一个四分五裂、人口众多，自称美利坚合众国的独立实体。

第二章 打造新法兰西

　　1604 年秋——"五月花号"扬帆起航 16 年之前——一群法兰西人即将成为对抗新英格兰寒冬的第一批欧洲人。

　　按照当时的标准，他们的这次航行是一个经过精心策划的浩大事业。79 人乘坐两艘满载预制构件的大船横渡大西洋，这些构件将用来建造教堂、锻造厂、磨坊、营房以及两艘海岸勘察船。他们仔细地勘察了有朝一日将成为新斯科舍、新不伦瑞克以及缅因东部的这些地区的海岸，为法兰西的第一个美洲基地寻找理想的创建地点。他们选择在现在缅因州最东边圣克罗伊河中央的一座小岛上修建自己的防御工事。这个地点似乎完全符合他们的需要：这座小岛易于抵御欧洲的竞争对手，大陆海岸有充足的木材、水源以及可耕种的土地。最重要的是，这一地区有很多印第安人，因为这条河是印第安人贸易的主干路。法兰西人的领导人决定，同印第安人保持良好的关系是实施法兰西北美计划的关键。[1]

　　这次探险是由两个完全不搭的人率领的。蒙斯爵士皮埃尔·迪加（Pierre Dugua, Sieur de Mons）是一位法兰西贵族，从小在高墙大院的城堡中长大，担任过国王亨利四世的私人顾问。萨米埃尔·德·尚普兰（Samuel de Champlain）是其助手，时年 34 岁，据说出身平民，是小镇商人之子。但不知怎么地，无论何时只要愿意他总是能够获得国王本人的直接接见。同样难以解释的是，他一直从国王那里获得王室抚恤金和特别宠爱

（现在很多学者相信他是亨利四世众多私生子中的一员）。在法兰西，蒙斯爵士和尚普兰一直都是邻居，两人都生活在圣通日（Saintonge），相离几英里。圣通日是法兰西西部的一个临海地区，以其异乎寻常的混合种群和对文化多样性的包容态度而闻名于世。两人都参加过法国的宗教战争，亲身经历了盲从引发的种种暴行，希望今后不要再看到这些暴行。两人都渴望在北美荒野中建立一个兼容并包、乌托邦式的社会。他们的这一共同憧憬不仅深刻地影响了新法兰西的文化、政治及法规，也影响了 21 世纪加拿大的文化、政治及法规。[2]

　　蒙斯爵士构想了一个比法兰西农村更加完善的封建社会。这一封建社会将建立在中世纪的等级制度之上，由伯爵、子爵和男爵统治着平民和自己的仆人。民主和平等并未出现在此画面之中。这里没有代表大会，没有镇政府，没有言论和新闻自由；普通人会按照上级和国王的吩咐行事——正如他们一如既往的那样。不过，这个封建社会也有不同于法兰西之处。虽然官方宗教是天主教，但新法兰西将向法国新教徒敞开大门，他们可以自由地信奉自己的信仰。平民可以狩猎和打鱼——这在法兰西是闻所未闻的权利，因为在法兰西娱乐专属于贵族。平民还可以租赁农田，有可能提高自己的社会地位。这将是一个保守且明显的君主政体社会，却是一个比法兰西更加包容、提供更多进步机会的社会。让人意想不到的是，这一计划将遭到殖民地普通民众的抵制。

　　尚普兰关于新法兰西的憧憬比蒙斯爵士更加激进，也更加影响深远。虽然和蒙斯爵士一样致力于在北美创建一个封建的君主制社会，但尚普兰认为这个社会应该建立在同美洲土著民族相互友好、相互尊重的同盟关系之上。这一社会将深深地扎

35

根于美洲土著民族的领土之中。新法兰西将会接纳这些印第安人，而不是像西班牙人那样征服、奴役这些印第安人，或是像英格兰人那样驱逐他们。他们故意靠近印第安人定居，了解印第安人的习俗，在诚实守信、公平交易以及相互尊重的基础上同印第安人结盟和贸易。尚普兰希望将基督教及其他法兰西文明带到土著民中，但是希望通过循循善诱以及以身作则来达到这一目的。尚普兰认为印第安人和他自己的同胞一样聪明伶俐、富有人情味，并且认为两个民族之间的跨文化婚姻不仅是可以接受的而且是值得拥有的。这一想法非同寻常，出人意料地取得了巨大成功。历史学家大卫·哈克特·费舍尔恰如其分地将这一想法戏称为"尚普兰的梦想"。[3]

36

　　这两位法国人的理想社会开始得并不顺利，主要是因为他们低估了新英格兰的寒冬。10月初，圣克罗伊岛就飘起了第一场雪。12月，河水结冰，芬迪湾的强大潮汐冲碎了冰层，将水道变成了一片无法通行的锯齿状浮冰。移民们被困在小岛上，很快就用光了柴火、肉类、鱼以及饮用水。他们谁都没有料到会这么冷。"在这个冬天，除了西班牙生产的葡萄酒之外，我们所有的酒都结了冰，"尚普兰回忆称，"苹果酒是按磅配给的……我们不得不使用非常糟糕的水，喝融化的雪水。"移民们完全依靠腌制的咸肉维持生活，不久之后便有人开始死于坏血病，死亡原因是细胞组织因缺乏维生素 C 而分解。要是这些殖民者没有同帕萨马科迪（Passamaquoddy）部落建立友好的关系，那么他们有可能挨不过这个冬天。帕萨马科迪部落的印第安人在破冰期紧急为他们提供了新鲜的肉类。即便如此，那年冬天仍有将近一半的殖民者丧生，殖民地的墓地堆满了饱受疾病摧残的尸体。（19 世纪，在河水开始侵蚀墓区时，当地人开始称这个地方为骨岛。)[4]

法兰西人从他们自己的悲惨错误中汲取了教训。春天,蒙斯爵士搬到了芬迪湾对面一个宽敞的港口,就是现在的新斯科舍省安纳波利斯皇家酒店所在地。他们的新定居点罗亚尔港将成为未来新法兰西定居点的典范。这一新的定居点就像法国西南部的一个小村庄,几乎所有移民都来自此地。农民们开垦出大片田地,种植小麦和水果。拥有一技之长的劳工们为士绅们修建了水力谷物磨坊和舒适的小屋。这些士绅表演戏剧,创作诗歌,到田野野餐。尽管社区很小——增援力量从法兰西抵达后,将所有人计算在内也不到 100 人——但这些士绅很少注意到自己的下属。在那浩如烟海的记录自己经历的书面叙述中,他们几乎从来不会提及其中任何一个人的名字。在冬季,这些士绅组建了一个名为"欢乐勋章"的餐饮俱乐部,竞相使用当地的野味和海鲜烹制出最美味的佳肴。虽然詹姆斯敦的早期移民们拒绝品尝陌生的食物而去吃那些饿死的邻居,但是罗亚尔港的士绅们却大口大口地享用着"鸭子、大鸨、灰白鹅、鹧鸪、百灵鸟……驼鹿、驯鹿、海狸、水獭、熊、兔子、野猫(或豹子)、浣熊以及野人捕获的其他动物等"。平民们不会受邀参加这些宴会,只能靠葡萄酒和"从法兰西带来的普通口粮"勉强度日。[5]

相反,这些士绅对印第安人却一视同仁,邀请他们参加宴会和戏剧。"他们坐在桌边,像我们一样吃喝,"尚普兰提到过印第安人的首领,"我们很高兴见到他们。他们的缺席却让我们很忧伤。有三四次,他们去了他们熟悉的狩猎地而未能赴宴。"反过来,法兰西人也受邀参加米克马克人(Mi'kmaq)的节日活动。米克马克节的主要特色就是演讲、抽烟和跳舞。尚

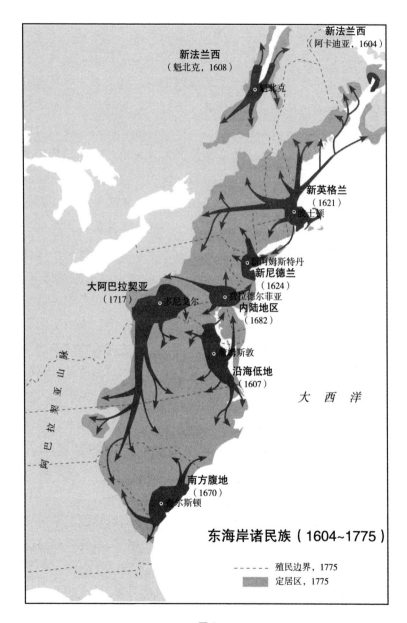

图 3

普兰及其同事很快便接受了这些社会习俗。蒙斯爵士觉得有必要带个翻译到新大陆。这个翻译叫马蒂厄·德科斯塔（Mathieu de Costa），是一个受过教育的非洲仆人或奴隶，此前到过米克马克人的领地，并且了解他们的语言。起初，他们需要这个翻译在场帮助他们。但是这些法兰西的士绅也自学了米克马克语，安排自己家中三个十几岁的少年同印第安人生活在一起，让他们学习后者的风俗、技术和语言。这三个年轻人学会了用桦树皮做独木舟，用雪鞋跟踪驼鹿，以及悄无声息地穿越森林。这三个人都将成为新法兰西未来的阿卡迪亚的领军人物。从理论上讲，阿卡迪亚跨越现在加拿大的大部分滨海诸省。两人将担任阿卡迪亚的总督。[6]

这种开放型的文化模式在魁北克重现（1608 年尚普兰创建了魁北克）。只要新法兰西依然是法兰西王国的一部分，这种文化模式就将在整个新法兰西得以执行。尚普兰访问了当地村庄的各个部落，加入各部落的议会，甚至冒着生命危险在这些部落反抗强大的易洛魁人（Iroquois）的战斗中与他们并肩作战。为了了解这些印第安人的风俗习惯，尚普兰派了几个年轻人同休伦人（Huron）、尼皮辛人（Nipissing）、蒙塔格奈人（Montagnais）以及阿尔贡金人（Algonquin）一起生活。同样，一抵达新法兰西，新来的耶稣会教士团的上级就把属下送到当地人中间，让他们学习当地人的语言，以便更好地说服当地人皈依基督教。1628 年，蒙塔格奈人做出回应，将三个十几岁的女孩托付给法兰西人。这样一来，这些女孩同法兰西人一起生活在未来的魁北克城，"能像法兰西女孩那样接受教育"，也许有可能嫁入魁北克城。尚普兰支持种族通婚，告诉蒙塔格奈人的酋长："我们的年轻小伙将娶你的女儿们，从今往后我们就是一家人。"以尚普兰为榜样，魁北克的法兰西移民们对一些非同寻常的印第安人习惯表现了极大的容忍，比如"一句话不说，一声招呼不打"就进入房间和建筑。[7]其他法国人走得更远，他们搬到森林里同印第安人一起生活。17世纪大部分时间里，魁北克地区妇女极其匮乏，这个举动也受到了这一现实的鼓舞。所有人都采用印第安人的技术——制造独木舟、雪鞋，生产玉米的技术。同重型船只、马匹和小麦相比，这些东西更适合新法兰西地区的生活。

在阿卡迪亚，60个法兰西农民家庭世世代代幸福地生活在芬迪湾滩头，同当地的米克马克人通婚。通婚程度如此之高，以至于耶稣会传教士预言，这两个族群会变得"如此混杂……以致不可能把他们区分开来"。同耶稣会教士共事的其他印第安部落一样，米克马克人皈依了基督教，但继续信奉自己的宗教，并且不认为这两种宗教是相互排斥的。人们认为耶稣会教士有一种药物，而传统的萨满巫师则有另外一种药物。这一混合的信仰体系同阿卡迪亚农民所信奉的世俗天主教并没有太大的区别。这些农民被灌输了基督教出现之前的某些传统，时至今日这些传统依然存在于他们在路易斯安那的卡津人后裔中间。在官方权威和监督薄弱的阿卡迪亚，法兰西文化和米克马克文化相互融合为一种文化。

虽然法兰西人希望通过和平方式让印第安人融入他们自己的文化、宗教以及封建的生活方式，但是最终法兰西人自己反而融入了米克马克人、帕萨马科迪人和蒙塔格奈人的生活方式、技术以及价值观之中。事实上，新法兰西既有土著文化也有法兰西文化，并且最终将这一特征传递给加拿大本身。

法兰西人努力要把封建主义移植到北美大陆，但最终失败了。印第安人的影响也是这一努力失败的原因之一。自 1663 年起，路易十四的奴仆们就一直试图让新法兰西日益强大的土著社会屈服于国王的意志。这位太阳王想要的是一个这样的社会：这个社会的大部分土地被贵族们瓜分；普通百姓被束缚在土地之上，在田间劳作，服从上级的命令。政府官僚机构试图控制人们生活的方方面面，包括他们应该如何同彼此打招呼，某一特定阶层的人们应该穿什么衣服、装备什么武器，可以同什么人结婚，可以读什么书，以及可以从事何种类型的经济活动。曾有规定禁止单身汉狩猎、捕鱼，甚至禁止他们踏进森林（为了防止他们"入乡随俗"），也有规定惩罚女儿 16 岁还未出嫁或者儿子 20 岁尚未娶妻的父亲（为了促进殖民地的发展）。在圣劳伦斯山谷，为了使那些出身高贵的士绅成为拥有土地的贵族或者领主，几乎所有未留给教堂的可耕地都分给了他们。新教徒不再受欢迎，因为正如拉瓦勒的弗朗索瓦·格扎维埃主教（Bishop François Xavier de Laval）所说，"增加加拿大新教徒的数量将为革命的爆发提供时机"。[8]

40

　　路易十四还向新法兰西派遣了数千名移民。这些移民的费用由国王承担，其中包括 774 个国王的女儿——这些一贫如洗的年轻女性为了换取一点点嫁妆而同意嫁给魁北克的殖民者。[9]凡尔赛宫的官员们雇招聘人员来招募契约用人，这些契约用人将以低廉的价格被卖给有远大抱负的领主，给他们当三年的奴隶。17 世纪，虽然足足有 30% 的移民来自圣通日和比斯开湾中部的三个相邻省份，但大多数被运送到加拿大的移民都来自诺曼底（20%）、邻近的海峡地区（6%）或巴黎周边地区（13%）。这些来源地的遗产仍然可以在魁北克城周围的诺曼风格的田野石屋中看到，也可以在保留了法兰西西北部早期现代语言古老特征的魁北克方言中听到。（在养育了大多数移民的比斯开海岸的阿卡迪亚，人们讲一种反映了这一遗产的不同方言。）来自法兰西东部和南部的移民很少，因为这些地区远离那些对北美至关重要的港口。在17世纪60年代移民高峰期，大多数殖民者来到北美时无依无靠，三分之二是男性，大多数殖民者要么非常年轻，要么非常年老，几乎没有什么农业生产经验。1667年，形势如此严峻，魁北克的高级经济官员让·塔隆（Jean Talon）请求凡尔赛宫不要再往这里输送孩子、40岁以上的人，或者"傻瓜、瘸子、慢性疾病患者以及被捕的任性年轻人"，因为"他们将成为这片土地上的负担"。[10]

41   无论出身如何，大多数殖民者发现在领主的土地上劳作是沉重的负担。一旦缔结了契约，很少有人能够接受自己被分配的温顺农民的角色。由于条件恶劣、同易洛魁人冲突不断以及法兰西新娘匮乏，三分之二的男仆不顾政府的劝阻返回了法兰西。那些留在新法兰西的殖民者常常逃离牧场，到荒野中谋生，在那里同印第安人交换毛皮，或者干脆"入乡随俗"。很多殖民者同土著酋长的女儿缔结婚约以巩固联盟。正如加拿大最著名的公共知识分子之一约翰·罗尔斯顿·索尔（John Ralston Saul）所描述的那样，这些法兰西人"攀上了高枝"。到17世纪末，约有三分之一的契约用人逃进森林，并且越来越多有教养的人紧跟他们的步伐。"他们生活在丛林里，那里没有牧师约束他们，没有父亲、总督管制他们，"1685年，总督德农维尔的雅克－勒内·德布利赛（Jacques-René de Brisay de Denonville）向自己的上级解释道，"我不知道，先生，如何向你描述土著人的生活对我们年轻人的吸引力。这种生活就是什么也不做，不受任何约束，遵循土著人的所有习俗，把自己置身于无法纠正的境地。"[11]

　　用同时代的人的话来讲，这些伐木工人——或者是非法皮毛贩子（coureurs de bois）——是土著社会的第一代移民，他们有所保留地接受了土著人的文化和价值观。他们的众多孩子既可以说是米克马克人、蒙塔格奈人或休伦人，也可以说是法兰西人。事实上，他们形成了一个新的种族——梅蒂斯人（métis）。不同于新西班牙的梅斯蒂索人，无论是在土著社会，还是在欧洲移民点，梅蒂斯人都生活得非常惬意。这些皮毛贩子引以为傲的是自己的自主独立和相对自由的半游牧、狩猎采集的生活方式。"我们是恺撒，没有人反对我们。"1664年，他们中最著名的皮埃尔－埃斯普里特·拉迪松（Pierre-Esprit Radisson）解释称。在这群新恺撒中，有一个叫让·文森特·达巴迪·德·圣卡斯坦（Jean Vincent d'Abbadie de Saint-Castin）的人。此人是法兰西男爵，曾经在阿卡迪亚的行政首都五角堡（现缅因州的卡斯廷）服役。1674年，荷兰海盗摧毁了这座堡垒。三年后，圣卡斯坦回到这里时并不打算费心重建这座堡垒。相反，他在佩诺布斯科特人（Penobscot）的一个印第安村庄的中心设立了一座贸易站，娶了佩诺布斯科特酋长马多卡万多（Madockawando）的女儿，并且按照佩诺布斯科特的方式养育了一个梅蒂斯家庭。在为了控制这一大陆而发动的血腥帝国战争中，他的儿子约瑟夫和伯纳德将领导佩诺布斯科特人突袭英格兰人。两人成了在新英格兰最令人闻风丧胆的人物。[12]

　　随着大部分劳动力选择了印第安人的生活方式，领主们发现自己陷入了贫穷状态。在磨坊工人被征召入伍之后，至少其中的一位领主被迫自己经营谷物磨坊。另外一位领主因自己年纪太大不能耕地，而把自己的土地捐赠给了女修道院。即使是圣乌尔（Saint-Our）和韦谢尔（Verchère）这样的大家族也被迫向路易十四祈求抚恤金、预支工资以及毛皮贸易许可证。"有必要通过给他们提供……生计来帮助他们，"德农维尔总督在给国王的信中写道，"因为，事实上，如果没有生计，我们非常担心贵族子孙会因没有谋生的手段而成为盗匪。"[13]

与此同时，普通百姓则表现出不同寻常的独立和对等级制度的蔑视。在蒙特利尔岛，移民们在领主们的保护区狩猎、捕鱼，毁坏他们的栅栏，威胁他们的监工。阿卡迪亚农民的一意孤行激怒了 18 世纪的一位殖民地官员。"我真的认为阿卡迪亚人疯了。他们认为我们想要成为他们的**领主**吗？"他曾问道，"我们要像对待农民那样对待他们，这一事实似乎冒犯了他们。"在整个新法兰西，基本上的平等和自力更生战胜了旧世界的封建模式。法兰西人本想同化印第安人，但无意间创造了一个梅蒂斯社会，其核心价值观和文化优先权中的美洲本土元素和法兰西元素一样多。[14]

到 18 世纪中叶，新法兰西也几乎完全依靠美洲土著民族来保护他们共同的社会免遭侵略者的侵害。即使在罗亚尔港建成后的一个半世纪，生活在魁北克和阿卡迪亚的法兰西人也只有62000 人，生活在一望无垠的路易斯安那领地（Louisiana Territory）的法兰西人只有几千人。路易斯安那领地几乎囊括了北美大陆的腹地。然而，在南部，法兰西的宿敌正在以惊人的速度发展壮大，因为在切萨皮克的沿海低地和新英格兰，两个声势浩大、野心勃勃、获得公开承认的新教社会已经扎根。在如何看待种族、宗教和"野蛮人"的地位等问题上，这两个新教社会的文化有着截然不同的态度。这两个社会共有750000 多人，另有300000 人生活在英格兰控制下的大西洋沿岸其他殖民地。[15]

　　魁北克和阿卡迪亚的领导人只希望新英格兰和沿海低地能保持各自一开始的样子：宣称彼此为敌人。这两个民族除了来自欧洲同一岛屿之外，几乎没有任何共同之处。

第三章　打造沿海低地

　　在讲述詹姆斯敦的传统故事中，英俊潇洒的约翰·史密斯（John Smith）船长率领一群积极进取的冒险家寻找黄金，同野蛮人搏斗，诱拐印第安人公主。他们建造了一座要塞，熬过了一个又一个寒冬，"真真正正"奠定了美利坚社会的基础：勇于冒险、支离破碎、特立独行。他们来寻求更美好的生活，创立了新大陆第一个代表大会，这预示着伟大民主制度的到来。

　　事实上，英格兰在新大陆的第一个永久殖民地是一个百年难遇的地狱。只有从它延续下来的角度来讲，我们才能称这块殖民地是成功的。这一永久殖民地由私人投资者创建，规划糟糕，领导不善，选址错误。由于大部分美洲海岸尽在掌控之中，弗吉尼亚公司的领导层选择在詹姆斯河里一座四周疟疾肆虐、沼泽环绕的低洼岛屿上建造这块殖民地。詹姆斯河是一个流动缓慢的水体，无法带走殖民者倒入河中的垃圾和人类排泄物，变成了一个大型疾病孵化器。更糟糕的是，几乎没有一个移民对农业有所了解。一半的移民是傲慢的士绅冒险家，另外一半则是聚集在伦敦街头被强行送至新大陆的乞丐和流浪汉。"地狱里再也找不出这么一群该死的人了。"弗吉尼亚公司主席后来谈及这些移民时如是说道。

　　1607年4月抵达的移民有104人。9个月后，只有38个移民还活着。同年春天，约翰·史密斯带着一群新移民抵达。在伤寒夺走前任领导人生命之后，他在几周内便成为殖民地的新

领导人。史密斯只担任了 2 年殖民地的领导人，主要是因为他
强迫殖民者每天在田间工作 6 个小时，殖民者们觉得无法忍受。
（"他们中的大多数人宁愿饿肚子也不劳作。"史密斯后来回忆
称。）殖民者们不是种植粮食作物以熬过来年的冬天，而是花
费大把时间挖了一大堆云母。殖民者们以为挖到了黄金，于是
说服补给船延迟 3 个月，直至船上装满一文不值的矿物后才出
发。在此期间，补给船上的船员们吃掉了为殖民地带来的大部
分食物。结果，1609～1610 年的冬天，食物再一次被吃完了，
他们被迫吃老鼠、猫、蛇，甚至他们自己的靴子和马。他们把
那些已经死去的人的尸体挖出来吃掉。一个男人杀了自己怀孕
的妻子，用盐腌制然后吃掉。220 名殖民者中只有 60 人活到了
来年春天，此时他们把自己所有的物品装上了一艘船，并且放
弃了这块殖民地。不幸的是，在詹姆斯河入口处，他们被一条
补给船切断了去路。这条补给船载有 300 名新的殖民者和他们
那毫无幽默感可言的新总督。这位总督强迫他们返回岛上。岛
上布满了浅坑，坑里的尸体脸朝下被丢在泥土里。虽然有了这
些发人深省的经历，但是殖民者们宁愿继续在大街上闲逛，也
不愿种植庄稼。[1]

　　后来证明，第一批弗吉尼亚人是如此无能的移民，因为他
们来到新大陆并不是为了耕种和建立一个新社会，而是像西班
牙人一样征服和统治新大陆。弗吉尼亚公司的创始人希望自己
的雇员能够像征服者那样行事，控制那些令人敬畏的印第安人
王国，让新臣民去开采金银或在田间劳作以供养他们的新主人。
毕竟，在爱尔兰，英格兰人一直以来都实施着同样的计划。在
爱尔兰，讲盖尔语的"野蛮人"在英格兰人拥有的种植园里劳
作。詹姆斯敦不是用来养活自己的，这就是这里缺少农民的原

45

因。詹姆斯敦本质上是一块归公司所有的军事基地，配备有防御工事，实行军事化管理，由一小部分精英军官和一大群普通士兵构成。[2]

但是，弗吉尼亚公司的计划是基于这样一个错误的假设：印第安人会被英格兰人的技术吓倒，相信自己的雇主是神灵，并且像阿兹特克人一样服从英格兰人的统治。事实上，这些事都没有在印第安人中发生。当地的酋长波瓦坦（Powhatan）将英格兰人的哨站只看成一个哨站：虽不堪一击且易受攻击，却是欧洲颇有用途的技术（如金属工具和武器）的潜在来源。波瓦坦统治着一个横跨下切萨皮克的联盟，该联盟由 30 个部落组成，有 24000 人。波瓦坦住在约克河畔的一个大屋舍里，由 40 个保镖、100 个妻子和一小队仆人伺候。所有人都由下级酋长上供的贡品养活。创建詹姆斯敦时，波瓦坦 60 多岁，一点一滴地打造自己的联盟，打败敌对的酋长，在领养仪式上收养他们为自己的养子。波瓦坦的计划是孤立英格兰人，让英格兰人成为自己的附庸，给自己上供工具和枪炮。接下来的冲突将沿海低地变成了一个战区。[3]

虽然新法兰西的士绅们邀请米克马克酋长们前来参加自己的美食比赛，但是饥肠辘辘的弗吉尼亚人使用武力从波瓦坦的印第安人手中抢夺玉米，引发了一轮暴力冲突。印第安人伏击了一支突击队，杀死了全部 17 名士兵，往这些士兵嘴里塞满玉米，尸体任由英格兰人寻找。约翰·史密斯率领另一支突击队试图抓捕波瓦坦，却遇到了另一场伏击。史密斯被带到酋长面前，被迫参加印第安人的收养仪式——一场模拟处决［被酋长 11 岁的女儿波卡洪塔斯（Pocahontas）打断］的夸张仪式。在印第安人看来，这一仪式使史密斯和他的手下成为波瓦坦的附庸。史密斯对此情形却有不同的解释：那孩子被他的魅力倾倒，乞求宽恕他。史密斯回到詹姆斯敦，好像什么都没有改变，我行我素，这让印第安人目瞪口呆。小规模冲突最终导致了大屠杀。1610 年，英格兰人把一整个印第安村庄夷为平地，将印第安儿童扔进河里并朝他们开枪取乐。（1613 年，波卡洪塔斯被捕，嫁给了一位殖民者，被带回英格兰。几年之后，她因病在英格兰去世。）1622 年，印第安人报仇雪恨，突然袭击了不断扩张的殖民地，使 347 名英格兰人丧生——弗吉尼亚总人口的三分之一。来年春天，英格兰人提出议和，但在签约仪式提供的饮料中下了毒，杀害了所有 250 名印第安人与会者。战争将断断续续地持续几十年。[4]

尽管詹姆斯敦的领导人很无能，但印第安人在消耗战中始终是失败的一方。弗吉尼亚公司继续一波又一波地向切萨皮克输送殖民者，尤其是发现那里的烟草长得惊人之后。1607 ~ 1624 年，7200 名殖民者来到这里；尽管只有 1200 人幸存了下来，但每死一名弗吉尼亚人，就会有两名殖民者来接替他或她的位置。印第安人的损失——来自战争、疾病以及战争所引起的饥饿——则无法轻易弥补。到 1669 年，沿海低地印第安人的人口减至 2000 人，是起初人口的 8%。英格兰人的人口已增至 40000 人，遍布整个沿海低地。这些英格兰人清理了印第安人的土地以种植烟草。[5]

两件大事改变了沿海低地社会发展的轨迹，形成了至今依然存在的文化模式。第一件大事发生在 1617 年。波卡洪塔斯的丈夫约翰·罗尔夫（John Rolfe）成功地将西印度群岛的烟草移植到切萨皮克，几乎在一夜之间就将弗吉尼亚从一个企业的军事基地变成了一个蓬勃发展的出口导向型种植园社会。第二件大事是发生于17世纪40年代的英国内战。内战导致大批家族外逃，而这些家族形成了沿海低地的贵族阶层。

虽然烟草是一种有利可图、可以被运回英国的作物，但种植烟草是劳动密集型作业，涉及很多非技术性的工作。必须准备、耕耙，并护理好苗床，直到这些幼小的植物准备好被迁移到主田里。每张苗床都要挖成膝盖高的小山，每周都要清除杂草和消灭害虫。作物必须经过手工修剪、收割、除潮，之后包装好以待装船运输。烟草很快就使土壤贫瘠，那些新清理的土地上的烟草长得最好。

沿海低地的领导层从那些拥挤在伦敦或者英格兰其他城市街头、濒临绝望、营养不良的工人当中招募自己的劳动力。他们免费将这些未来的劳工送往弗吉尼亚和马里兰，并为这些劳工免费提供一块50英亩的土地，以换取他们三年的"白奴"或契约用人服务。大多数回应者是15~24岁的单身男子。他们很快就占到了沿海低地欧洲人口的大多数。学者估计，在17世纪移居沿海低地的150000名欧洲人中，契约用人占80%~90%。很少有契约用人能活过自己的奴役期：每年的死亡率高达30%。那些活下来的契约用人有机会成为独立农民，其中一些人变得非常富有。

从一开始，沿海低地就是一个由少数富人和大量穷人组成的社会。处于社会顶层的是一小部分越来越富有的种植园主，他们很快就控制了殖民地的经济和政治事务。处于社会底层的是一支被束缚的劳工大军，实际上没有政治权利；他们被要求按照吩咐行事，如果不照做，就可能受到体罚。这一模式将一直持续到20世纪。

48

社会底层的生活是凄惨的。契约用人——其中一些曾在英格兰遭到绑架——被人买来买去，被当作牲畜一样对待。较富裕的殖民者尽可能多地购买个人通行许可（和工作合同）：他们每运送一名仆人，弗吉尼亚公司就会给他们25英亩土地。在打造自己的土地帝国时，如果一个人最后有多余的劳动力，那么多余劳动力的契约可以被出售、交易或者拍卖。18世纪，随着边境进一步向内陆推进，被称为"灵魂司机"的臭名昭著的经销商将大批仆人携带至此。这些"灵魂司机"给他们戴上手铐脚镣，然后在武装人员的看守下"像驱赶羊群似的驱赶他们通过这一地区"，来到边远的法院，给他们标价后卖给当地的种植园主。为了最大限度地榨取在他们身上投资的价值，买主只想着尽可能多地让自己的仆人辛勤劳作。主人可以鞭打自己的工人。弗吉尼亚的一位士绅威廉·伯德（William Byrd）不断鞭打一个年轻的男仆，当这个男仆开始尿床时，他强迫男仆喝一品脱的小便——伯德实事求是地在自己的日记中记录了这些事实。如果仆人反抗、不服从命令或者试图逃跑，主人可以在他们的服务条款上增加服务年限。如果仆人觉得自己被人冤枉了或受到了虐待，他们在沿海低地法庭上获得赔偿的概率也很小。法庭处于与其主人地位对等的人的控制之中。[6]

17世纪沿海低地的大部分仆人来自伦敦、布里斯托尔以及利物浦的腹地，但也有少数非洲人后裔，他们是1619年从荷兰商人那里买的20个非洲人的后代。然而，同南方腹地不同的是，17世纪60年代的沿海低地像对待白人仆人那样对待非洲仆人。白人移民和黑人移民并没有隔离开来，至少一些黑人享有平民所拥有的为数不多的民权。一些仆人甚至自己也变成了主人，比如安东尼·约翰逊（Anthony Johnson）。17世纪50年代，约翰逊在弗吉尼亚东岸拥有几名非洲仆人和 250 英亩土地。沿海低地是个充满不公的地方，但还不是一个种族奴隶社会。[7]

49　　仆人的生活是悲惨、残酷、侮辱人格的，但这种生活并不会持续一辈子，也不会传给下一代。那些熬过了契约期的仆人获得了土地、工具以及自由。像安东尼·约翰逊一样，他们中的许多人都能成为地主，而在英格兰他们是永远不可能获得这一地位的。对于少数几个能自掏腰包到达沿海低地的移民来说，获得土地就更容易了：在弗吉尼亚一下船，他们就有权获得 50 英亩的土地。此外，每带一名亲戚或用人，他们就可以多得到 50 英亩的土地。有了土地和仆人，有抱负的种植园主便可以通过种植用于出口的烟草来赚大钱。获得的利润可以用来投资更多的土地和买更多的用人，最终建造大量地产。1634 年之后，新移民可以在新殖民地马里兰得到更好的待遇——每人 100 英亩的土地——这一提议促使许多雄心勃勃的种植园主向海湾上游迁移。有了良好的健康状况、坚忍不拔的毅力以及一点点好运气，一些种植园主逐步取得了大量与生俱来的权利以传给自己的孩子，这些孩子在很多方面都开始像国内的士绅。

　　马里兰从一开始就是寡头政治集团。它是第二代巴尔的摩勋爵塞西利厄斯·卡尔弗特（Cecilius Calvert）的庞大封建领地。时至今日，巴尔的摩勋爵的盾形纹章仍旧点缀着马里兰州旗。信奉天主教的国王查理一世将这片 1200 万英亩的土地赐给了卡尔弗特。卡尔弗特曾提议建立一块名义上的天主教殖民地，在那里一切宗教都将得到容忍。国王非常喜欢他的这一提议。最初的定居点在圣玛丽斯城，是英国天主教徒和新教徒的混合前哨，在距离詹姆斯敦 80 英里的海湾上游处。由于吸引了来自海湾对面的移民，马里兰很快就变得如同沿海低地的弗吉尼亚一般：一个由新教徒主导的烟草殖民地，契约用人在土地上劳作，而新兴的贵族阶层控制了大部分利润。[8]

事实上，正如我们将看到的那样，沿海低地和新英格兰处于 17 世纪中叶英语世界的两极，拥有截然不同的价值观、政治和社会优先权。17 世纪 40 年代英国内战爆发时，他们支持敌对双方，开启了为美利坚的未来而进行的长达数个世纪的斗争。

在 17 世纪的大部分时间里，英格兰一直忙于内战，在忠于中世纪传统的人们与信奉更现代的权力、贸易和宗教治理理念的人们之间摇摆不定。一方是议会——由来自伦敦和英格兰东部的清教徒和律师主导——抵制君主在巩固权力、镇压宗教异见、阻止我们现在所说的"自由市场改革"方面所做出的努力。反对议会的是国王查理一世的保守盟友，或者"骑士党"：来自英格兰北部和西部半封建的士绅、英格兰的大多数贵族及受其影响的农村贫困人口。1642 年，战斗打响时，清教徒的新英格兰支持议会，而沿海低地依然忠于国王。

时任弗吉尼亚总督的威廉·伯克利爵士（Sir William Berkeley）不仅是一位保王党成员，而且是国王的密友。在过去的和平岁月里，他曾是国王的私人顾问之一。伯克利家族是英格兰最古老的贵族家族之一，于 1066 年同征服者威廉一起来到这里，至今仍生活在他们 11 世纪的家族城堡里。伯克利家族坚决支持君主制。伯克利的一个兄弟率领了一支王家军队，而他的另一个兄弟则担任国王的战时顾问。伯克利本人曾于 1644 年短暂地返回英格兰，在带着一堆武器回到沿海低地之前在英格兰西部为国王而战。在弗吉尼亚，他驱逐了这块殖民地上的清教徒少数派。这些清教徒跟随在马萨诸塞受训的传教士，穿过海湾重新定居到马里兰。① 在国王战败并被处决之后，伯克利宣布效忠国王流亡中的儿子查理二世，服从后者的命令。弗吉尼亚议会的士绅们赞同这一观点，通过了一项法律，规定质疑查理二世权威的人可被判处死刑。9

伯克利努力将自己的殖民地打造成保王党的据点，国王的高贵盟友们可以在这里继续同清教徒及其盟友作战。通过自己的兄弟和其他支持者，伯克利邀请了数百名这样"忧心忡忡的骑士"来到弗吉尼亚，并且在他们到达时给予他们大量的地产和要职。这些顽固的保王党成员——其中许多人是贵族地主的小儿子或孙子——是沿海低地绝大多数主要家族的创始人。其中包括理查德·李（什罗普郡庄园主的孙子，罗伯特·李的五世祖父）、约翰·华盛顿（约克郡庄园主的孙子，乔治·华盛顿的四世祖父），以及乔治·梅森（保王党议员，同名开国元勋的四世祖父）。10

对于切萨皮克这两个殖民地的新精英来说，首要目标不是建立一个宗教乌托邦（像早期的新英格兰或内陆地区一样）或一个复杂的印第安联盟网络（像新法兰西一样）。无论是出身高贵抑或是白手起家，这些了不起的种植园主对新国家的未来都持有一种极其保守的看法：他们希望在新大陆重建优雅的英格兰乡村庄园生活。他们取得了难以想象的成功，这算得上是历史上的一件奇事。

17 世纪的英格兰士绅实际上是各自领地的国王。在自己那

---

① 伯克利正确地将清教徒视为保王党的威胁：他们曾在马里兰同巴尔的摩勋爵的保王党武装力量发生小规模的冲突，短暂占领了殖民地的首府，并在1655 年赢得了一场决定性的海战，使卡尔弗特家族失去权力长达十年。

体面的庄园里，他们指挥着那些生活在与自己庄园息息相关的村庄里的佃农和打零工的人的生活和劳动。作为治安法官，他们主持地方法院，而他们自己的儿子、侄子和弟弟则常常担任乡村教堂的牧师。当然，这些乡村教堂属于英格兰官方教会（英格兰圣公会教会，美国独立战争后在美国更名为新教圣公会教堂）。他们的一位同僚在议会中代表这一地区。士绅们要善待自己的下级，为仆人举办婚礼，赞助穷人的葬礼，对邻居要热情好客。只有这些士绅才有权狩猎，这常常是他们最喜欢的消遣活动之一。他们的庄园基本上自给自足，生产自己的食物、酒水、牲畜饲料、皮革以及手工艺品。（盈余物品则出售到英格兰的各个城镇。）贵族死后，几乎所有的一切都传给自己第一个出生的儿子，这个儿子接受的训练就是如何统治；女儿要嫁给最有前途的人；通常会给其他儿子一笔钱，然后打发他们各自去谋生，去当兵、当牧师、当商人。一位士绅曾说，要把孩子们当作一窝小狗对待："拿一只，放在腿上，用一切好东西喂它，然后溺死（另外）五只！"[11]

沿海低地成功的烟草种植园主和保王党移民努力复制这个世界。他们建造了优美的砖砌庄园，将契约式的佃户安置在仿照国内村社修建的小屋内，这些村社聚集在类似村庄的住宅区。他们买入一些有一技之长的仆人来建造和经营磨坊、酿酒厂、烟馆以及面包店，这样他们的种植园就可以满足自己的所有需要。在交通便捷的十字路口，他们同邻居们一道监督建造整洁的圣公会教堂和庄严的法院——通过垄断教堂的法衣室（雇用和解雇牧师）和治安法官办公室（主持法庭），他们控制了这些机构。在弗吉尼亚，他们设立了一个类似于英国议会的机构，称其为移民议会（House of Burgesses），要求议会的所有成员都必须是富人。（马里兰的议会也有类似的规定。）人们也希望他们承担起对普通居民的慈祥家长的角色，他们也把自己的剩余物品送往英格兰的城市。但在一个关键方面，他们偏离了英格兰人的做法：他们并未剥夺自己小儿子的继承权，沿海低地的士绅们总是对自己的小儿子有一种特殊的情感。大多数人之所以来到美洲，就是因为他们本身就是失去了继承权的士绅的小儿子。[12]

沿海低地志向远大的士绅们创造了一个没有城镇甚至村庄的彻彻底底的乡村社会。这个社会不需要商业港口，因此也不需要城市，因为这片土地被分割为切萨皮克可通航的狭长地带，使得每一个大种植园主都能建造自己的码头。在清关时，远洋船只可以直接驶入种植园，卸下来自伦敦的最新书籍、时装和家具，装载成桶烟草。（后来，奴隶也会以此种方式到达。）一位英格兰观察家说道："任何东西都可以从伦敦、布里斯托尔等地送到（弗吉尼亚）士绅手中，而遇到的麻烦和所需的费用比送到英格兰乡下一英里以外的地方要少得多也低得多。"很少有本地制品能与英格兰的廉价货物相竞争，这使得当地的手工艺人和工业受挫。[13]

直到 17 世纪末，除了詹姆斯敦和圣玛丽斯城之外，沿海低地根本没有任何城镇，就连这两座城市也只不过是有数百名居民的大村庄而已。士绅们偶尔会前往这两座城市开会，或者偶尔去拜访总督，但跟城市没什么关系。这两座城市都很原始，而且在议会休会期间看起来像被遗弃了似的。许多房屋无人居住，酒馆空空荡荡。最终威廉斯堡和安纳波利斯将建成新的首府，但它们也只是政府所在地，而不是城市社区。[14]同新英格兰形成鲜明对比的是，沿海低地没有公立学校（士绅家的孩子都有家庭教师）或镇政府（县法院就足够了）。

到18世纪初，骑士党人及其后代已将沿海低地变成了士绅们的乌托邦，他们的庄园把切萨皮克的小溪和支流连在了一起。在北卡罗来纳的新殖民地、特拉华南部的大西洋海岸以及下德尔马瓦半岛，种植园也在阿尔伯马尔湾和帕姆利科湾成形。

在沿海低地，权力变成了世袭制。主要家族在美洲和英格兰通婚，创造了联系密切的堂表亲家族，通常支配着沿海低地，尤其是弗吉尼亚。弗吉尼亚王家议会是本殖民地的参议院、最高法院、行政内阁，并且控制着土地的分配。到1724年，议会成员之间都有血缘或婚姻关系。两代人之后，在美国独立战争前夕，每一位议员都是曾于1660年担任议员的人的后裔。在17世纪和18世纪之交，他们通过利用殖民者控制下的大部分公共土地和任命彼此担任（非常有利可图的）关税征收官来相互奖励。在各县，士绅们利用自己治安法官的身份来控制正义和慈善活动，并且可以随心所欲地雇用和解雇教堂法衣室的牧师。一个新来的人回忆称，一位士绅曾警告他"不要违背殖民地任何一位显要人物的旨意或者冒犯我们，因为无论是通过血缘还是婚姻关系，我们几乎都是有联系的。我们的利益是如此息息相关，以至于任何陌生人只要冒犯了我们中的任何一位，就一定会成为我们所有人的敌人"。[15]

冒犯沿海低地的士绅是一件危险的事。17世纪末和18世纪初的到访者经常提及他们那傲慢的个人荣誉感和对一点点侮辱的激烈反应。新英格兰的精英们一般通过成文法典来解决争端，但沿海低地的士绅们更可能通过决斗来解决。平民也同样傲慢自大：酒馆里的争吵常常演变成恶斗。在恶斗中，踢对手、

54 咬对手、掐对手、剜对手的眼睛，甚至割下对手的生殖器都是可接受的。地位较低的人因担心受到野蛮的报复而几乎从不挑战自己的上司，因为士绅们可能会因为一些轻罪而鞭打小喽啰。某位平民公开反对总督时，法院下令 40 个大汉凶狠地殴打他，罚他 200 英镑（一个农民 10 年的收入），在他的舌头上钻一个洞，然后将他永远驱逐出弗吉尼亚。事实上，上诉到法院的案件是由士绅法官们裁决的。这些法官认为决定判决结果的应该是自己的正义感，而不是法律文书上的先例，即使生死攸关的问题也是如此。法庭记录显示了一个清晰的模式：对主人和男性要宽大处理，对仆人和女性要从重判决。在奴隶制全面蔓延之前，沿海低地的等级制度就是通过暴力威胁来维持的。[16]

人们可能会问，一个如此专制的社会是如何造就诸如托马斯·杰斐逊、乔治·华盛顿以及詹姆斯·麦迪逊这样最伟大的共和主义拥护者的。答案是沿海低地的士绅们信奉**古典**共和主义，即一个仿效古希腊和古罗马的共和国。这些士绅仿效古代雅典那些博学、蓄奴的精英，将自己开明的政治哲学建立在古老的拉丁自由（libertas）概念的基础上。这完全不同于影响了新英格兰和内陆地区政治思想的日耳曼民族的自由（Freiheit）概念。理解这一区别是我们理解那些根本分歧的关键。这些分歧一方面困扰着沿海低地、南方腹地和新西班牙的关系，另一方面也困扰着新英格兰和内陆地区的关系。

对于挪威人、盎格鲁－撒克逊人、荷兰人以及北欧的其他日耳曼部落来说，"自由"是自由民族与生俱来的权利，他们认为自己就是自由民族。个人可能在地位和财富上有差异，但所有人都是"生而自由的"。法律面前人人平等，人人都生来便拥有在面临驱逐威胁时必须得到尊重的"权利"。部落有权通过冰岛国会（Iceland's Althingi）这样的议会统治自己，冰岛国会被认为是世界上最古老的议会。1066年诺曼人入侵之前，英格兰的盎格鲁－撒克逊部落就是这样统治自己的。诺曼人入侵后，诺曼底的贵族们把庄园封建主义强加于英格兰，但从未完全废除盎格鲁－撒克逊人和（盖尔－北欧）苏格兰人的"自由"机构。这些机构在乡村议会、英格兰的普通法以及下议院中得以保留。清教徒正是带着这一传统来到新英格兰的。

　　沿海低地的士绅们所信奉的古希腊和古罗马的政治哲学则恰恰相反：大多数人生来就是受奴役的。自由是被授予的，因此自由是一种特权，而不是一种权利。一些人被允许享有很多自由，一些人享有的自由很少，很多人一点自由也没有。罗马共和国就是一个这样的共和国：只有少数人享有完全的言论权（参议员、地方法官），少数人有权就上级的决定进行投票（公民），大多数人完全没有发言权（奴隶）。自由是宝贵的，因为大多数人没有自由；如果没有了等级制度，自由就会被认为是毫无意义的。在古希腊人和古罗马人看来，共和主义与奴隶制、自由和奴役并不矛盾。这就是沿海低地的领袖们信奉并小心翼翼捍卫的政治哲学，他们那出身高贵的家族认为自己并不是"普通"盎格鲁－撒克逊人的后代，而是诺曼征服者的贵族后代。这是一个带有种族色彩的哲学分歧，是一个后来会把美利坚民族推向全面战争的分歧。[17]

　　沿海低地的领导人通过无数种方式将自由强加于自己的社会。他们称自己为各自庄园的"首领"，向自己的"手下"及其他下属发号施令。他们发现詹姆斯敦和圣玛丽斯城过于简陋，于是受罗马启发，在威廉斯堡和安纳波利斯集中规划，修建了新的政府区域。在威廉斯堡，为总督打造的豪华且庄严的"宫殿"（周围是凡尔赛宫式的庄严花园）和装饰着朱庇特浮雕的优雅的"国会大厦"（不是"州议会"）被建造起来。朱庇特神庙是罗马公民生活的中心。他们以上位者的名字命名各县、各市和各殖民地：英国王室（乔治王子、威廉王子、安妮公主、詹姆斯敦、威廉斯堡、安纳波利斯、乔治敦、弗吉尼亚、马里兰）或高级贵族（阿尔伯马尔、巴尔的摩、博福特、卡尔弗特、塞西尔、坎伯兰、加罗林、安妮·阿伦德尔、特拉华）的名字。他们虽然热衷于捍卫自己的自由，但永远也想不到有朝一日可能会与自己的臣民分享这些自由。"我是一位贵族，"弗吉尼亚人约翰·伦道夫（John Randolph）在美国独立战争爆发几十年后这样解释，"我爱自由，我讨厌平等。"[18]

56   虽然士绅们享有的自由越来越多——包括闲暇（无须工作的自由）和独立（不受他人控制的自由）——那些处于社会底层的民众享有的自由却越来越少。沿海低地的半封建模式需要一个庞大固定的下层阶级来扮演农奴的角色，整个体系依赖农奴的辛勤劳动。然而，自 17 世纪 70 年代开始，士绅们越来越难找到愿意担当这一角色的足够英国穷人。那些完成了各自契约的穷人在一个越来越被大种植园控制的农业出口经济体中往往无法养活自己。1663 年、1675 年以及 1683 年，这些曾经的仆人领导或加入了叛乱。

奴隶贩子为解决这一不足提供了一个解决办法。这个办法就是购买非洲人后裔。此方法是在英属加勒比群岛发展起来的，最近才被推广到他们在南方腹地创建的定居点。这些非洲人连同他们的子孙后代将成为主人的**永久**财产。这一奴隶阶层在沿海低地人口总数中所占的比例从 1700 年的 10% 增长到 1720 年的 25%，再增长到 1760 年的 40%。正如一位学者后来所指出的那样："创建南方，并不是为了制造奴隶制；是为了使南方存续下去，才引入了奴隶制。"正如我们将看到的那样，这一说法并不适用于整个"南方"，而只适用于沿海低地这一独特的文化民族。[19]这是一个将沿海低地推上毁灭之路的策略。

第四章 打造新英格兰

　　由于历史的安排，新英格兰的主要殖民地是由那些完全反对沿海低地士绅们视若珍宝的几乎所有价值观的人士创建的。这些科德角的朝圣者和马萨诸塞湾的清教徒对有地贵族、贵族特权、英国国教以及保王党事业充满了敌意，对自己的新社会有着完全不同的憧憬。新英格兰是一个由教堂和学校组成、注重道德的民族。在新英格兰，每个社区都是一个自治共和国。新英格兰将在美洲大陆这片广袤的土地上留下不可磨灭的印记。

　　这些朝圣者和（在更大程度上的）清教徒来到这片新大陆并不是为了重建英格兰乡村生活，而是为了创建一个全新的社会：一个实用的宗教乌托邦，一个基于约翰·卡尔文（John Calvin）教义的新教神权政体。他们将在新英格兰的荒野之中建立一个新的天国（Zion），一个"山巅之城"，以在动荡不安的年代为世界其他地方树立榜样。他们相信自己会成功的，因为他们是上帝的选民，通过一种类似《旧约》式协议同上帝绑定在一起。如果他们都按照上帝的意愿行事，那么他们就会得到回报。如果一位成员不这么做，他们就都可能受到惩罚。早期的马萨诸塞并不存在所谓的各人自扫门前雪这种情况：整个社区的救赎有赖于大家各司其职。

　　根据美利坚历史上一个重要的神话记载，新英格兰的创始人是逃避国内迫害、捍卫宗教自由的人士。对于那些朝圣者而言——数百名英格兰加尔文宗教徒于 1620 年在科德角定居——

这一说法有一定的道理，但对于马萨诸塞湾的清教徒来说，这一说法是完全错误的。这些清教徒很快将控制普利茅斯和新英格兰的其他殖民地。大批清教徒于 17 世纪 30 年代离开英格兰——短短 12 年之内就有 25000 人离开——因为他们不愿在宗教政策问题上做出让步。当其他殖民地欢迎所有人到来时，清教徒禁止所有未能通过宗教一致性测试的人在自己的殖民地定居。持异议者遭到驱逐。贵格会教徒因容易辨认而惨遭毁容：鼻孔会被割开，耳朵会被割掉，或者脸上会被烙上代表"异教徒"（heretic）的字母 H。清教徒对犯下通奸、亵渎神明、偶像崇拜、鸡奸甚至青少年叛逆等违法行为的人判处死刑。他们对在安息日照料奶牛、耙干草或猎鸟的农民处以罚金。因为离家三年归来后在家门口吻了自己的妻子——在法庭看来这是"猥亵和不得体的行为"——波士顿地方法官曾于 1656 年将托马斯·肯布尔（Thomas Kemble）船长关入监狱。和被移民们抛在脑后的英格兰相比，早期的新英格兰不太容忍道德或宗教方面的越轨行为。[1]

但在其他方面，清教徒创造了一个彻底变革的社会。通过欺骗，清教徒为自己的殖民地获得了一份王家宪章（特许状）。如此一来，他们便不再承担封建贵族（就像早期的马里兰和新法兰西一样）或遥远公司（就像弗吉尼亚和后来的卡罗来纳一样）的义务。新英格兰人打算自己统治自己。

新英格兰早期的移民中近一半移民来自不列颠群岛中经济最发达的地区——东安格利亚。东安格利亚最东边的七个郡是英格兰人口最稠密、城市化程度和受教育程度最高的地区。中产阶级队伍不断壮大，反抗独裁统治的历史悠久。东安格利亚地区深受尼德兰的影响。尼德兰是欧洲经济和政治最发达的国家，就位于英吉利海峡对面。尼德兰的加尔文主义、共和主义、农业、建筑、艺术以及商业都在这一地区留下了烙印。这一地区有郁金香花园、山墙式房屋，还有一批文化水平很高的手艺人、工匠以及自耕农。作为日耳曼自由观念的拥护者，东安格利亚人参加城镇会议，挑选行政委员来管理地方事务。在英国内战中，这一地区坚决支持议会并反对国王也就不足为奇了。东安格利亚的这些特征中许多都被移植到了新英格兰。

离开英格兰的清教徒的人口特征与沿海低地、新法兰西以及北方地区的人口特征完全不同。这些新英格兰移民都是一家人一起来的，通常是中产阶级，受过良好教育，物质财富大致相当。沿海低地的移民大多是一些年轻的、没有一技之长的男性仆人；新英格兰的殖民者都是技艺娴熟的工匠、律师、医生以及自耕农，没有一个移民是契约用人。早期的新英格兰人抛弃国内舒适的生活，选择难以预料的荒野，并非为了逃避贫困以寻找更好的生活。70% 的新英格兰人来自名门望族，这使得早期新英格兰的性别和年龄比例比其他民族更加典型。这一人口优势——以及新英格兰流行病相对较少这一事实——使得新英格兰的人口从最初的定居基地开始就迅速壮大。虽然 1640 年后的一个世纪里很少有移民进入这一地区，但殖民地时期新英格兰的欧洲人口每隔一代都翻了一番。到 1660 年，新英格兰人口已经达到 60000 人，是沿海低地人口的两倍多，尽管沿海低地有领先一代的优势。作为格兰德河以北最大的人口中心，新英格兰已经成为最有凝聚力的地区，因为几乎每个人都是出于几乎同样的原因同时抵达这里的。[2]

清教徒移民并不是由出身高贵的贵族或士绅——实际上这些人从未来过新英格兰——领导，而是由受过教育的精英领导。

"这些人拥有和我们这个时代的任何一个欧洲国家相比更高比例的高智力人士，"法国贵族亚历克西斯·德·托克维尔（Alexis de Tocqueville）在 1835 年就早期的新英格兰如此写道，"也许无一例外，所有人都受到了良好的教育，而且他们中的许多人凭借自己的才干和取得的成就闻名于欧洲。"[3]

国内清教徒一直敌视王室和贵族的特权，在美洲他们依然如此。从一开始，新英格兰就反对创建土地贵族阶层，对继承特权和炫耀财富持怀疑态度。在殖民地中独一无二的是，新英格兰的领导人并没有将大片土地分给朋友、家人以及盟友，否则后者就可以通过向其他人零售大量土地来致富。相反，清教徒将城镇特许状赠予了获得批准的移民团体。这些移民团体反过来选举由同龄人组成的委员会，从而选择公共道路、教堂、校舍以及城镇绿地的位置，并划分家族土地。虽然较强大或较富有的家族可能会得到较大片的土地，但分配出人意料地公平。小镇居民常常用自己抛诸脑后的英格兰东部城镇的名字命名定居点：黑弗里尔、伊普斯威奇和格罗顿（在萨福克），斯普林菲尔德、莫尔登和布伦特里（在埃塞克斯），林恩、欣厄姆和牛顿（在诺福克），以及林肯郡南部波士顿港。小镇居民应该为了社区的共同利益而共同努力。人们认为为土地和其他物质方面的东西争吵会干扰他们在上帝面前履行自己真正的使命。[4]

新英格兰的定居模式不仅在城镇的存在方面与沿海低地不同，在赋予城镇的权力方面也与之不同。清教徒认为，上帝选民的每一个社区都应该在不受主教、大主教或国王干涉的情况下管理自己的事务，每一位会众都应该是完全自治的。世俗事务也要以同样的方式来处理。每个城镇都是一个小小的共和国，完全控制着法律的执行、学校和房产的管理、税金的征收和（大部分）支出，以及组织民兵自卫。虽然各县几乎没有任何权力，但每个城镇都有自己的政府：一群由教会成年男性选举产生的行政委员。这些行政委员担当多重行政人员角色，而城镇的合格选民参加镇上各种大会，并承担微型议会的职责。虽然新英格兰是一个不宽容、在许多方面都很独裁的生活场所，但是按照当时的标准，新英格兰的民主程度令人震惊：60%～70%的成年男性（占成年人总人口的30%～35%）享有选举权，富人和出身好的人无论是在政治上还是在法律面前都没有特权。这种自我统治、地方管理以及直接民主的传统依然是新英格兰文化的核心所在。直至今天，遍布新英格兰各地的农村社区依旧通过一年一度的镇民大会来管理大多数地方事务。在镇民大会上，对每项开支进行辩论和表决的不是通过选举产生的代表，而是居民们自己。

事实上，新英格兰人对政府的信任在某种程度上是其他美利坚民族无法理解的。新英格兰人从一开始就认为，政府可以保护公众利益免遭有钱阶层自私阴谋的危害。政府可以通过禁止或管制不良活动来提升公民道德。政府可以通过增加基础设施和学校上的公共开支来创造一个更加美好的社会。同美利坚其他任何一个群体相比，新英格兰人更加认为政府应该由他们自己管理，并且认为他们是在为自己管理政府。每个人都应该参与其中，没有比操纵政治进程以谋取私利更令人愤怒的事了。新英格兰的理想主义从未死去。

61　　　清教徒认为每个人都必须通过阅读《圣经》来获得神的启示，这一信念影响深远。如果希冀每个人都读《圣经》，那么每个人都必须识字才行。因此，每建立一座新的城镇，就随之创立由带薪教师担任职员的公立学校。17 世纪中叶，美利坚其他民族没有任何类型的学校制度——教育是富人的特权——新英格兰的法律则强制要求所有的孩子都要被送到学校接受教育。1660 年能读书识字的英格兰人少之又少，而马萨诸塞三分之二的男性和三分之一以上的女性都可以自己签名。基础教育普及了，那些受过高等教育的人得到了其他社会出身名门望族者才享有的尊重和敬重。新英格兰初期存在一个精英阶层。这一阶层由通过联姻开始主导政治和宗教事务的名门望族组成，但是这一精英阶层的基础并非财富而是教育。在最初来到马萨诸塞湾的 15000 名移民中，至少有 129 名移民是牛津或剑桥的毕业生，在那个年代这是一个相当惊人的数字；这 129 名移民中，几乎所有人都担任了领导职务。在早期的马萨诸塞或康涅狄格担任总督的人中没有一个是贵族，但许多人都毕业于英格兰的大学或哈佛。哈佛是在第一批清教徒到来仅仅六年后便创建的本土大学。（根据 1645 年的一本小册子，创建哈佛学院的目的是"促进学习，使之延续到后代；害怕把目不识丁的牧师送进教堂"。）据说，今日的波士顿是北美大陆的智慧之都；事实上，自创建之日起，波士顿便一直是北美大陆的智慧之都。[5]

如果清教徒闭门不出，邻居可能就不会注意到他们。但是，最终导致其他民族如此厌恶新英格兰的正是新英格兰的欲望（实际上是它的**使命**），即把自己的各种方式强加给其他人。因为清教徒不仅相信他们自己是上帝的选民，他们还相信上帝已经责成他们每一个人在这个腐败罪恶的世界宣扬上帝的旨意。人们认为新英格兰的加尔文主义者担负着一个"使命"。通过这个使命，他们将像牧师一样延续上帝的事业。无论是传教士、商人还是鞋匠，他们在履行这一使命时都务必时刻保持警惕。游手好闲是不虔诚的表现。人们希望个人财富重新投资到自己的善事上面——专业的或慈善的——从而使这个世界更符合神的规划。其他社会和文化群体可能会看到"山上之光"并希望遵从，且为那些不遵从的人感到悲伤。

清教徒往往会因差异性而受到冒犯，并且恐惧差异性，这会使他们成为相当危险的邻居。清教徒尤其害怕荒野，即位于他们自己领地边缘撒旦潜伏、混乱无序、令人冲动的地方。在这里，撒旦时刻准备诱惑那些远离社区监视的人。森林里的人和新英格兰的印第安人显然受到了魔鬼的影响：他们举止放荡，性行为开放，衣着暴露，信仰幽灵，无视安息日。同新法兰西的移民不同，清教徒认为印第安人是"野蛮人"，正常道德义务——尊重条约、公平交易、拒绝屠杀无辜——并不适用于他们。1636 年，在一群心怀不满的清教徒移民进入荒野，擅自创建康涅狄格殖民地时，马萨诸塞当局策划了一场针对佩科特（Pequot）印第安人的种族灭绝战争，希望以此为借口，通过征服从占领者手中夺取这一地区。在一次臭名昭著的事件中，他们包围了一个防守薄弱的佩科特村庄，几乎屠杀了在那里发现的每一个男人、女人以及孩子，大部分人是被活活烧死的。这场屠杀震惊了清教徒的临时盟友纳拉甘西特（Narragansett）印第安人，他们称这一事件"太让人愤怒了"。普利茅斯总督威廉·布拉德福德（William Bradford）承认，"看着他们在烈火中燃烧、血流成河真是一个可怕的场景"，但他最后总结道，"胜利似乎是一种上帝为他们策划的如此美妙的甜蜜牺牲"。同印第安人的全面冲突贯穿了整个殖民地时期，清教徒在同一个部落交战时攻击中立或友好部落的行径使得许多冲突升级和恶化。被俘的印第安儿童要么惨遭杀害，要么被卖给英属加勒比海地区的奴隶主。清教徒传教士威廉·哈伯德（William Hubbard）赞同这一做法，将捕获如此之多的"同一窝蛇崽儿"视为"上帝保佑英格兰"的另一征兆。[6]

清教徒的征服计划并不只是针对印第安民族。在英国内战期间和内战结束之后不久，马萨诸塞的士兵和传教士企图在马里兰和巴哈马发动由新英格兰人领导的政变，吞并保王党殖民地缅因，并将康涅狄格、普利茅斯和新罕布什尔纳入自己《圣经》联邦的外围地带。四十年来，波士顿一直作为新英格兰联合殖民地（United Colonies of New England）的首府统治着这一地区，这一联合殖民地包括了除罗得岛以外的所有新英格兰定居点。清教徒法庭将加尔文主义道德观强加在生活困难的缅因渔民身上，还驱赶了来自新罕布什尔的圣公会牧师。[7]

这里是美国帝国主义时代两种政治意识形态，即美国例外论（American Exceptionalism）和天定命运论（Manifest Destiny）的核心。美国例外论认为美国人是上帝的选民，而天定命运论则认为上帝希望美国人统治从这片海到那片海的这块大陆。这两种思想都起源于新英格兰的清教徒思想，并由新英格兰之子加以发展和捍卫。直至19世纪初期，虽然此时已经非常明显，他们自己的文化不会像主宰整个新英格兰般主宰整个美利坚合众国，但是这些概念在新英格兰依然很流行。令新英格兰人失望的是，其他民族会积极抵制他们的霸权。

从一开始，新英格兰人就反对在沿海低地正在形成的为贵族社会所珍视的价值观，包括他们的"诺曼"文化身份。英国内战爆发时，数以百计的清教徒返回国内，在奥利弗·克伦威尔（Oliver Cromwell）的新模范军中作战。新模范军是一支建立在激进观念基础之上的军队，这种观念为个人的晋升应该基于个人水平高低而非个人社会地位。当与保王党军队作战时，这些清教徒开始相信他们是为了从诺曼侵略者手中解放盎格鲁－撒克逊这片土地而战的。600 年前，这些诺曼侵略者同征服者威廉一起来到了这里。"英格兰的领主是什么，"一群普通的士兵向造访自己营地的一位战时来访者宣称，"只不过是征服者威廉的上校而已？"他们认定，国王查理是"征服者威廉的最后继承人"。人民如果想要"从诺曼人的枷锁中解放出来"，就必须将其赶走。士兵们起草了一份名为《人民协定》（Agreement of People）的崇高文件。这份文件肯定了他们生来便享有的自由，要求每个教区挑选自己的神职人员，并要求在法律上终结贵族特权。"我们的法律是由征服者制定的，"一位新模范军退伍军人断言，"我们现在是在为我们的自由而战。"[8]

64　　同沿海低地的紧张关系并没有随着英国内战的结束而终结。新模范军的胜利（以及随之而来的军事独裁）引发了"骑士出走"弗吉尼亚，也使马萨诸塞的清教徒得以吞并他们的邻地。对于沿海低地的士绅来说，新英格兰——叛国叛乱以及处决国王的帮凶——是一片煽动人心之地，生活在这片土地上的激进分子致力于摧毁整个社会的根基。对新英格兰人而言，沿海低地是反动势力的堡垒，沿海低地的领主们致力于延续由他们的诺曼先祖开启的对英格兰人民的奴役。1658 年克伦威尔死后，君主制很快便被恢复了，在威斯敏斯特召开了由保王党同情者组成的"骑士议会"。新英格兰人的担心又变得紧迫起来。弗吉尼亚的士绅们和马里兰的卡尔弗特家族再次得到伦敦方面的支持，清教徒的年轻民族则面临着致命威胁。

　　美洲的英国殖民地正迈向第一次革命。但首先，有一些外国人要对付。

第五章 打造新尼德兰

大多数美国人都知道是荷兰人创建了现在的大纽约市（Greater New York City）。很少有人意识到荷兰的影响在很大程度上决定了纽约的与众不同：纽约是这片大陆上最具活力、最强大的城市，有着不同于美国其他任何地方的文化和身份。令人难以置信的是，纽约形成自己的特色时，曼哈顿还是一片荒野，世界上最伟大的城市不过是依附于小岛南端的一个小村庄。

新尼德兰创建于1624年。四年前，"五月花号"扬帆起航；六年后，清教徒抵达马萨诸塞湾。新尼德兰首府兼主要定居点新阿姆斯特丹环绕着木制阿姆斯特丹堡（现在是美国印第安人博物馆所在地），毗邻巴特里公园和鲍灵格林（曾经是荷兰人的牛市所在地）。1664年，新阿姆斯特丹被英格兰人占领时，这座城市只延伸到华尔街（事实上，荷兰人曾在华尔街砌了一堵墙）。主干道布里德路（百老汇）穿过城墙上的一扇大门，继续穿过农场、田野和森林，一直延伸到岛北端的哈勒姆村。摆渡船工们横渡东河，划船运送货物和人到长岛、布勒克伦（布鲁克林）、弗利辛恩（法拉盛）、弗拉克博斯（弗拉特布什）和新乌得勒支（现在是布鲁克林的一个街区），或穿过港口到达霍博肯和斯塔滕岛。本地区只有1500名居民。[1]

然而，这个小村庄已经不同于北美其他任何地方了。作为一个皮毛贸易站，这个小村庄是一个不加任何掩饰的商业据点，不太在意社会凝聚力或创建模范社会。荷兰西印度公司是一家全球性公司，在最初的几十年里主导着城市事务，正式统治着新尼德兰。这座城市位于新英格兰和沿海低地之间，已经成为这两个地区间的贸易中心。这里的市场、船舶和仓库里满是弗吉尼亚的烟草、新英格兰的腌制鳕鱼、印第安人捕获的海狸皮、亚麻布、菜肴，还有其他来自宗主国的工艺制品以及来自哈勒姆和布鲁克林的农产品。这座城市的人口同样呈现出多样化的特征，包括讲法语的瓦隆人，来自波兰、芬兰和瑞典的路德宗教徒，来自爱尔兰和葡萄牙的天主教徒，以及来自新英格兰的圣公会教徒、清教徒和贵格会教徒。犹太人被禁止涉足新法兰西、新英格兰以及沿海低地。但是，在17世纪50年代，几十个阿什肯纳兹犹太人（Ashkenazim）和讲西班牙语的塞法迪犹太人（Sephardim）在新阿姆斯特丹定居，最终形成了世界上最大的犹太人社区的核心。印第安人在街上游荡，非洲人——奴隶、自由人和半自由人——已经占总人口的五分之一。一个来自摩洛哥的穆斯林已经在城墙外务农30年了。这座村庄的宗教、种族以及语言多样性让游客们大吃一惊。1643年，在新法兰西传教的耶稣会教父伊萨克·若格（Isaac Jogues）估计，新阿姆斯特丹人口为500人，语言数量为18种，这种"巴别塔式的傲慢"对"所有人都造成了极大伤害"。[2] 不同的种族和民族群体常常互不来往，相互争夺权力。在定居点内，即使是荷兰人也没有占多数。地方精英几乎都是那些出身卑微、在商业和房产领域白手起家的人。政府首先希望促进贸易，即使回避民主也欣然接纳多样性。简而言之，这座村庄就是纽约，它的许多特征一直延续到今天。

　　这些特征——多样性、宽容性、向上流动性，以及极度重视私营企业——已经和美利坚合众国融为一体，但这些特征其

66

实是荷兰共和国的遗产。事实上，在列克星敦战役前的两个世纪，美国独立战争中许多具有历史意义的成就都是由荷兰人取得的：成功地发动了一场对抗一个庞大君主制帝国（西班牙王国）的独立战争，宣布了一项人们与生俱来的反抗压迫政府的权利（1581 年的《誓绝法案》），并建立了一个没有国王的共和国。

67 　　17 世纪初，荷兰是世界上最现代化、最先进的国家，其创造的艺术、法律、商业惯例和制度成为西方世界其他国家的标准。荷兰人发明了现代银行业，在阿姆斯特丹银行建立了世界上第一个不同货币和硬币的结算所。所有货币都可以兑换成荷兰弗罗林，荷兰弗罗林成为国际兑换中的首选媒介。1602 年，随着荷兰东印度公司的成立，荷兰人又创立了全球企业。不久之后，荷兰东印度公司就在印度尼西亚、日本、印度以及非洲南部拥有了数百艘船只、数千名员工和广泛的业务。来自社会各阶层的股东——上至富商，下至女佣和打零工的人——为公司业务提供了广泛的社会支持。荷兰远洋船只——1600 年达到10000 艘——设计先进，主宰着北欧的航运。到荷兰西印度公司创建新阿姆斯特丹时，荷兰人在世界经济中担任着等同于 20世纪末美利坚合众国的角色，为国际商业、金融以及法律制定标准。[3]

　　和 17 世纪其他欧洲人不同，荷兰人允许自由质疑。荷兰的大学是首屈一指的，吸引了思考和推理受限的各个国家的思想家们。生活在荷兰的知识分子移民有法国哲学家勒内·笛卡尔（René Descartes）。笛卡尔认为调查应该建立在"理智"的基础上，而不是建立在《圣经》或古代哲学家的权威之上。笛卡尔的思想将构成现代科学的基础，这些思想最先在荷兰出版——

正如伽利略的《关于两门新科学的对谈》（1638）一书一样。在意大利，伽利略的这本书永远没有获得教皇审查机构的批准，而这本书实际上创立了现代物理学。巴鲁赫·斯宾诺莎（Baruch Spinoza）——一个出生于阿姆斯特丹的塞法迪犹太人，被自己的拉比逐出教会——出版了哲学著作。这些哲学著作被认为激发了从《圣经》批评到深层生态学的一切。约翰·洛克（John Locke）流亡阿姆斯特丹时写了《论宽容》（1689）一书，主张政教分离。荷兰科学家发明了望远镜和显微镜，并用它们来发现从土星环到精子细胞的一切事物。荷兰科学家能够同世界分享自己的发现和观点，是因为荷兰官方认可出版自由。现代学者估计，荷兰印刷商出版的书籍占 17 世纪出版的全部书籍的一半。夹在北海和天主教宗教裁判所之间的荷兰知识自由的小绿洲孕育了现代世界。[4]

68

　　荷兰共和国也成了全欧洲遭受迫害人士的避难所。西班牙的异教徒被烧死在火刑柱上时，1579 年荷兰共和国的成立基础——乌得勒支同盟条约规定："人人应当在宗教上保持自由…… 任何人不得因宗教而遭到迫害或调查。"当法兰西或英格兰禁止犹太人入境时，成千上万来自西班牙和葡萄牙的塞法迪犹太难民生活在阿姆斯特丹，在世界上最大的犹太教堂里做礼拜，投资并创建了新尼德兰和荷兰东印度群岛的贸易公司。天主教徒、门诺派教徒以及路德宗教徒同占多数的加尔文宗教徒和平共处。1607 年，英格兰人威廉·布拉德福德和一群朝圣者来到荷兰。在荷兰，只要他们承诺"诚实待人，服从法律"，便能受到人们的欢迎。在莱顿——一个外国难民占人口总数三分之一的大学城——朝圣者们出版了谴责国王查理的小册子。甚至在英格兰君主要求镇压之后，当地官员也拒绝镇压此类活动。但是，荷兰的多元宗教并不适用于所有人，包括这些朝圣者。布拉德福德解释说，"他们的许多孩子被邪恶的例子吸引"，被"各种各样的诱惑"、"那个国家年轻人的极大放荡"，以及"奢侈而危险的课程"吸引，而这些课程使他们"成了脱缰的野马"。荷兰太自由了；朝圣者们最终会逃往美洲荒野，在那里他们可以对孩子的成长施以更大的控制。[5]

然而，相对而言，很少有人愿意为了一个不确定的生活而横渡大西洋并离开荷兰。没有任何一群穷困潦倒的人愿意被卖为临时奴隶，没有任何一个受压迫的宗教派别会寻求一个更加宽容的环境来保护自己的信仰。新尼德兰和新法兰西一样将面临殖民者短缺的挑战。那些来到的人往往要么是寻求财富的冒险家，要么是同荷兰关系一般的外国人。这些外国人可能同朝圣者一样渴望一个更简单、更可控的环境。1655 年，在创建 31 年之后，新尼德兰殖民地仍然只有 2000 名居民。1664 年，英格兰人控制该殖民地时这里只有 9000 人，是新英格兰相对年轻的殖民地人口的四分之一。[6]

新尼德兰显而易见的公司性质也阻碍了自身的发展。荷兰人创建该殖民地的目的是阻止英格兰人主导美洲大陆，但他们企图以尽可能低的成本来经营这块殖民地。荷兰政府已经在亚洲、非洲、巴西和加勒比海地区进行了投资，不希望在北美投入太多资源。这是一个相对次要的项目，缺乏香料、蔗糖和茶叶贸易所带来的明显经济回报。相反，荷兰共和国将这一项目外包给私营企业，将北美殖民地的统治权转交给西印度公司。新尼德兰人将享有宗教宽容和相当大的经济自由，但他们不会拥有一个共和政体的政府。相反，西印度公司将任命自己的总督和顾问委员会，在不受任何选举机构干涉的情况下统治殖民地。所有同宗主国的贸易都必须在西印度公司的船上进行，西印度公司垄断了最赚钱的商品——海狸皮。即便如此，西印度公司发现很难承担将殖民地扩大至曼哈顿地区以外的成本。为了有所作为，西印度公司为富裕的投资者提供了一个机会：在哈得孙河上游河谷按照庄园模式建立自己的贵族庄园，从而换取运送移民到新尼德兰。这些未来的庄园主被授予一个县那么大的土地，在那里他们将担任所有民事和刑事诉讼的法官和陪审团，包括死刑。这实际上赋予了他们决定佃农生死的权力。大部分大庄园都失败了，因为在其他地方有可供征用的自由土地时，很少有移民愿意成为佃农（奥尔巴尼附近的大范伦塞拉尔庄园是一个例外）。大庄园主本人常常通过贸易赚得盘满钵满，除了个别例外，在新尼德兰没有出现土地贵族阶层。[7]

其结果是形成了一个和宗主国一样宽容且多样化的殖民地。1654 年，一船来自荷兰殖民地巴西的身无分文的犹太战争难民遭到了反犹总督彼得·施托伊弗桑特（Peter Stuyvesant）的敌意。彼得·施托伊弗桑特称这些难民为"骗子种族"，并试图将他们赶出殖民地。他在阿姆斯特丹的上级驳回了他的请求，称他的计划"不合理且不公平"，并指出犹太股东在他们的公司投入了"大量资本"。当施托伊弗桑特试图限制贵格会教徒的移民（"这种全新的、闻所未闻的、可憎的异端邪说"）时，法拉盛的人民提出抗议，写道："各地区博爱、和平以及自由的法律适用于犹太人、土耳其人（穆斯林）以及埃及人（吉卜赛人），这是荷兰这个外向国家的荣耀。"公司官员警告这个顽固不化的总督"不要把道德观念强加给人们，而是要让每个人都有自己的信仰，只要他奉公守法，不冒犯邻居，不反对政府"。他们指出，宽容非常适合宗主国，对殖民地的成功至关

70

重要。今天，宽容仍是纽约市的核心所在。[8]

虽然同印第安人的关系大体上是公平友好的，但这更多是为了荷兰的自身利益，而不是开明思想的结果。同东部沿海地区的欧洲竞争对手不同，在荷兰统治期间，印第安人人数仍然大大超过新尼德兰人的人数。冒犯易洛魁人的五个部落不仅是自寻死路，而且对生意也不利，因为这五个部落是新阿姆斯特丹大部分毛皮的供应来源。哈得孙河下游讲阿尔贡金语的弱势部落则是另一回事。阿尔贡金人占据了主要的农田，并且在 1640 年之后几乎没有任何海狸，这些阿尔贡金人阻碍了殖民地的扩张。在 17 世纪 40 年代、50 年代和 60 年代，紧张的土地关系引发了一系列血腥战争。双方都发生了可怕的流血事件。新尼德兰人不认为印第安人是魔鬼的仆人——异族通婚完全合法——但并不特别看重他们的存在，以高出其他种族的标准对待他们。[9]

荷兰人对待宽容的态度就是如此。他们不提倡多样性，但**容忍**多样性，因为他们知道采取另外一种态度的话情况会更糟糕。荷兰人，和尚普兰的老乡圣通日人一样，已经内化了欧洲可怕的（且正在进行的）宗教战争的教训，他们的许多同胞在宗教战争中失去了生命。坚持一致性——文化、宗教或者其他方面——反而会弄巧成拙，引发冲突，破坏贸易和商业。这种对差异性勉为其难的接受仍然是今日大纽约市的一大显著特征，在这里，似乎世界上所有文化、宗教和阶级都聚集在同一条街上，为了在商业市场、政治市场以及思想市场上凸显自己的优势而相互角力。

17 世纪晚期统治这一地区的精英家族是由一个非常荷兰式的白手起家的人创建的。范科特兰特王朝（Van Cortlandt dynasty）的创始人是新阿姆斯特丹的一名士兵，他后来做过木匠、商人、市议员，并最终成为该市市长。弗雷德里克·菲利普斯（Frederick Philipse）到达这座城市时是一名屠夫，开过当铺，做过皮草商人，吸引了一个管理自己商船活动的富有寡妇玛格丽特·德弗里斯（Margaret de Vries）。到 1679 年，菲利普斯已经成为纽约最富有的人，在巴巴多斯有一个种植园，在扬克斯有一个庄园。1650 年，扬·阿尔岑·范德比尔特（Jan Aertsen Van der Bilt）以契约用人的身份来到这里；他的第三个曾孙科尼利厄斯（Cornelius）——出生在斯塔滕岛——将使范德比尔特家族成为历史上最富有的家族之一。第一代范布伦（Van Buren）是伦塞拉尔庄园的佃农；他们的子孙后代成为独立自主的农民，他们的第五个曾孙是美利坚合众国总统。[10]

　　新尼德兰主要是一个商业社会。在这个社会，许多统治精英都同荷兰西印度公司有着千丝万缕的联系。这家公司同其英格兰同行一样没有什么道德可言：如果一种商品有利可图，那么这种商品就会受到追捧，包括交易被俘的人。事实上，完全将奴隶制引入现在的美利坚合众国的并非弗吉尼亚或南卡罗来纳的士绅种植园主们，而是曼哈顿的商人们。1626 年，在沿海低地的非洲人仍被当作契约用人对待时，这家公司为解决劳动力短缺的问题而进口了 11 个奴隶。1639 年，在城北 5 英里处有一个奴隶大本营。这个大本营可能为公司提供了掌管农场和码头的工人。1655 年，这家公司的贩奴船"维特·佩尔特号"（Witte Paert）载着 300 名奴隶自西非抵达新阿姆斯特丹，使这座城市的人口增加了 10%。这些奴隶被公开拍卖。在英格兰人征服这里之前的最后十年间，新阿姆斯特丹正迅速发展成北美最大的奴隶市场。尽管大多数奴隶被贩运到了沿海低地，但据估计，到 1670 年新阿姆斯特丹 20% 的人口来自非洲。然而，并非所有人都遭受奴役。一些人被自己的主人赋予了自由，许多公司的奴隶最终获得了"一半自由"，可以结婚、旅行和拥有财产，不过要为自己支付固定的租金。等到新阿姆斯特丹变成纽约时，这座城市已经具备了多种族特征和流传数代的奴隶制；奴隶制将继续存在于大纽约，直至19世纪60年代。[11]

72

1664年8月，一支敌对英国舰队抵达时，新尼德兰开始在奴隶贸易的支持下繁荣昌盛起来。新阿姆斯特丹遭到突然袭击——当时两国尚未开战——敌人不仅在靠岸船只上占据优势，而且长岛东部的新英格兰叛军大举进攻布鲁克林，准备洗劫这座城市。英格兰人大获全胜。在剑拔弩张的对峙中，荷兰人通过谈判达成了一项不同寻常的投降协议，从而确保荷兰人的各项准则和各种价值观得以延续。新尼德兰人将保留自己的商业和继承法、财产、教堂、语言，甚至地方官员。他们可以继续同荷兰进行贸易，使得新阿姆斯特丹成为世界上唯一与两个主要贸易帝国同时保持关系的城市。最为重要的是，宗教宽容得到了保证。新尼德兰被重新命名为纽约，但新尼德兰的文化得以延续下去。[12]

不幸的是，新政权仍然保留了新尼德兰的独裁政府。纽约这块新殖民地归国王查理的兄弟兼继承人约克公爵詹姆斯个人所有。事实上，詹姆斯本人在国王将这片土地赏赐给自己之后亲自策划了针对荷兰人的突然袭击。詹姆斯是一个着眼于建立独裁帝国的军人，将行政权和立法权都集中到总督一个人手中。"公爵领地"不存在选举产生的议会。至于长岛东部的新英格兰人定居点（宣誓效忠于康涅狄格），不管愿意与否，它们都将成为纽约的一部分。詹姆斯无视新英格兰人的抗议，将位于哈得孙河和特拉华河之间人烟稀少的土地的所有权赠送给自己的两位战友，从而创建了新殖民地新泽西。1673 年，荷兰人曾短暂夺回了新尼德兰。在经历了 1673 年至 1674 年这一短暂的插曲之后，詹姆斯解雇了政府中所有的荷兰人，禁止在法庭上使用荷兰语，并派遣毫无纪律可言的帝国军队驻扎在整个地区。

公爵自由行使全部权力。几年后，当他成为国王时，他针对北美的独裁计划将引发第一次美洲革命。[13]

第六章　殖民地的第一次叛乱

　　虽然大家都知道英国控制下的北美殖民地发生了叛乱，反抗远在天涯的国王的暴政，但是很少有人意识到殖民地第一次发动叛乱并不是在 18 世纪 70 年代，而是在 17 世纪 80 年代。而且殖民地并不是作为一支渴望建立一个新国家的统一美洲力量而发动叛乱，而是在一系列不相关的反叛活动中，每个殖民地都在寻求维护一种受到遥远帝国政府威胁的独特的区域文化、政治制度以及宗教传统。

　　这些威胁源自 1685 年继承王位的新国王詹姆斯二世。詹姆斯一门心思想把统一的纪律和政治一致性强加给自己那极不安分的北美殖民地。受到法兰西国王路易十四专制君主政体的启发，詹姆斯国王计划合并各殖民地，解散各殖民地的代表大会，对各殖民地征收重税，并且派遣军人担任总督以确保自己的意志得到贯彻执行。如果他成功了，那么新生的美利坚的民族就可能失去许多独特性。随着时间的推移，这些民族可能逐渐融合成一个更加同质、更加温顺的殖民社会，类似于新西兰社会。

　　但是，即使在各自发展的早期阶段——创建后的两三代人的时间里——为了保护自己独特的文化，这些美利坚的民族仍然愿意拿起武器，犯下叛国罪。

　　詹姆斯很快就开始实施自己的计划。他下令将新英格兰地区的殖民地、纽约和新泽西合并为一个单一的超级独裁殖民地，

称其为新英格兰自治领（Dominion of New England）。新英格兰
自治领取消了代表大会和定期的镇民大会，取而代之的是得到
帝国军队支持的无所不能的王家总督。在整个新英格兰，清教
徒的财产所有权被宣布无效，这迫使土地所有者从王室购买新
的土地，永久向国王缴纳地租。自治领总督强取豪夺了剑桥、
林恩和马萨诸塞其他城镇的部分公共用地，将这些价值不菲的
土地赠给自己的朋友。詹姆斯国王还对沿海低地的烟草和最近
在查尔斯顿建立的定居点周围生产的蔗糖征收高得离谱的关税。
所有这一切都是在未经被统治者同意的情况下进行的，侵犯了
《大宪章》（Magna Carta）赋予所有英国人的权利。当一位清教
徒牧师提出抗议时，一位新任命的自治领法官便将其投进了监
狱。这位法官告诉牧师，他的教众现在"已经不再享受更多特
权了……除了不被卖作奴隶"。在詹姆斯的统治下，英国人的
权利只局限在英国本土。在殖民地，国王为所欲为。[1]

　　不管有多不满，如果英国国内没有出现严重抵制国王统治
的话，那么殖民地恐怕也不敢反抗国王。在人们对欧洲宗教战
争记忆犹新的时刻，詹姆斯皈依天主教，任命众多天主教徒担
任公职，允许天主教徒和其他信仰追随者自由礼拜，这让他的
许多同胞感到震惊。英格兰的新教徒多数派害怕教皇阴谋，
1685 年至 1688 年发动了三次反对詹姆斯统治的国内叛乱。前
两次叛乱被王家军队镇压，但第三次叛乱通过创新战略获得了
成功。这些叛乱策划者并没有亲自拿起武器，而是邀请荷兰的
军事领导人代为行事。奥兰治的威廉王子（William of Orange）
从海上入侵英格兰，受到许多高级官员的欢迎，甚至詹姆斯的
亲生女儿安妮公主也欢迎他的到来。（支持异国侵略者反对自
己的父亲似乎有点奇怪。但事实上，威廉是詹姆斯的外甥，并

74

且娶了他的女儿玛丽。）在计谋上被朋友和家人击败的詹姆斯于 1688 年 12 月流亡法国。威廉和玛丽加冕为国王和王后，结束了一场被英国人戏称为"光荣革命"的不流血政变。

由于几个月后政变的消息才传到殖民地，1688 年的整个冬天和 1689 年的早春，关于荷兰计划入侵殖民地的传言不断，殖民地面临艰难的选择。谨慎的做法是耐心等待确认英格兰的事件发展进程。另外一种较大胆的选择是通过反抗压迫者来保卫自己的社会，希望威廉真的入侵英国并且会取得成功。如果成功，他将对殖民者的行为表示友好。每个美利坚的民族都出于自身的原因而做出了自己的选择。最后，只有费城和查尔斯顿周围的新殖民地没有选择叛乱。这些殖民地各自只有几百名移民，即使他们愿意，也无法参与地缘政治。不过，新英格兰、沿海低地和新尼德兰的许多人做好了准备，愿意为了各自的生活方式冒一切风险。

新英格兰一马当先也就不足为奇了。

由于致力于自治、地方控制和清教徒宗教价值观，新英格兰人因詹姆斯国王的政策而遭受了最为惨重的损失。自治领总督埃德蒙·安德罗斯爵士（Sir Edmund Andros）生活在波士顿，特别渴望新英格兰能够自愿服从。在马萨诸塞下船后的几个小时内，总督颁布了一条触及新英格兰身份核心的法令。他命令开放清教徒教堂来为圣公会服务，收回新英格兰人的政府宪章——波士顿人将这份宪章描述为"保护我们免受田间野兽侵袭的树篱"。英国圣公会教徒和受到怀疑的天主教徒被授予政府和民兵组织的最高职位，得到了粗鄙不堪的王家军队的支持。目击者说这些王家军队"开始教新英格兰人如何嫖妓、酗酒、亵渎、诅咒、咒骂"。城镇不能使用纳税人的钱来供养清教徒牧师。在法庭上，清教徒面对着英国圣公会陪审团，在宣誓时被迫亲吻《圣经》（一种类似"崇拜偶像"的英国圣公会习俗），而不是按照清教徒习惯举起右手。即使当他在后来的波士顿公共墓地里修建了一座新的圣公会教堂时，安德罗斯也下令，宗教信仰自由是可以被容忍的。一个相信自己同上帝确立了某种特殊盟约的民族正在失去自己执行上帝旨意的工具。[2]

波士顿居民总结道，自治领的政策一定是"天主教阴谋"的一部分。他们后来解释说，他们的"国家"是"新英格兰"，一个"以真正宣传并纯粹实践新教著称"的地方，因而吸引了"罗马异端教会"（the great Scarlet Whore）的注意。这些"罗马异端教会"试图"粉碎和破坏"新教，使清教徒"遭受彻底剥削之苦"。上帝的选民绝不允许此类事件发生。[3]

1686 年 12 月，马萨诸塞托普斯菲尔德的一个农民煽动自己的邻居参加后来被称为城镇民兵的"暴乱集会"，他们在集会上宣誓效忠新英格兰的旧政府。与此同时，邻近城镇拒绝任命税务官员。总督安德罗斯逮捕了煽动闹事者，并对他们进行罚款。马萨诸塞精英阶层无视安德罗斯的权威，秘密派遣神学家英克里斯·马瑟（Increase Mather）横渡大西洋，亲自向詹姆斯国王提出上诉。在伦敦，马瑟警告这位君主，"如果一个外国君主或者政府……向新英格兰派一艘护卫舰，并承诺像（我们的）前政府那样保护（我们），那么这将是一个无法抗拒的诱惑"。马瑟提出的抛弃帝国的威胁并未能促使詹姆斯改变其政策。马瑟在觐见结束之后称，新英格兰将处于"流血状态"。[4]

1689 年 2 月，当威廉入侵英格兰的谣言传到新英格兰时，自治领当局竭尽所能阻止这些谣言的传播，逮捕那些给新英格

76

兰"带来不忠和叛国诽谤"的旅客。这只会强化新英格兰人关于天主教阴谋的妄想，设想新法兰西同印第安人盟友一道入侵新英格兰。"同我们的现状相比，现在是时候加强自我保护了，"马萨诸塞的精英们考虑，"趁着政府最近仍然处于我们的掌握之中。"[5]

新英格兰人迅速做出令人惊讶的反应，而且几乎得到了所有人的支持。1689 年 4 月 18 日上午，密谋者在波士顿比肯山高高的旗杆上升起一面旗帜，标志着起义即将开始。市民们伏击受命保护城市的皇家海军护卫舰"罗斯号"（Rose）指挥官约翰·乔治（John George）船长，将其拘留。由 50 名全副武装的民兵组成的连队护送前自治领官员代表团走上城市主要街道，夺取了议会大楼（State House）的控制权。数百名其他民兵抓获了自治领官员和工作人员，将这些人投进镇监狱。到下午 3 点左右，大约 2000 名民兵从邻近城镇涌入市区，包围了安德罗斯总督及其军队驻扎的堡垒。配备 28 门火炮的"罗斯号"的大副派出一整船水手前去营救总督，但这些水手一上岸便被制伏了。"投降，交出统治权和防御工事"，政变领导人警告安德罗斯，否则他们将"强攻防御工事"。第二天，总督投降了，和部下一起被关进了镇监狱。面对叛军控制的堡垒所射出的炮火，"罗斯号"代理船长也毅然决然地投降，把战舰交给了新英格兰人。自治领政府在短短一天之内便被推翻了。[6]

新英格兰叛乱的消息几天内便传到了新阿姆斯特丹，让镇上许多荷兰人兴奋不已。这不仅是一个终结独裁政府，而且是一个有可能结束英国对自己国家占领的机会。纽约可能再次成为新尼德兰，荷兰人、瓦隆人、犹太人以及胡格诺派教徒可能从生活在一个无法容忍宗教多样性和言论自由的国家的压力中被解救出来。当殖民地自治领副总督弗朗西斯·尼科尔森（Francis Nicholson）宣布纽约人是"一个被征服的民族"，因而"不能期望与英国人享有同样的权利"时，他们轻而易举便做出了选择。[7]

桀骜不驯的新尼德兰人将自己的希望寄托在奥兰治的威廉身上，毕竟他是祖国的军事领袖，因此有可能会被说服，将荷兰殖民地从英国人的统治之下解放出来。正如纽约的荷兰会众后来所解释的那样，威廉的"先辈们把我们的先辈们从西班牙人的奴役中解放出来"，"现在又来拯救英格兰王国，使之摆脱教皇的统治和暴政"。事实上，那年春天拿起武器反抗政府的绝大多数人是荷兰人，领导他们的是出生在德国的荷兰加尔文主义者雅各布·莱斯勒（Jacob Leisler）。反对者们后来将他们的叛乱斥责为一场"荷兰人的阴谋"。[8]

但是，第一次骚乱来自长岛东部的新英格兰人定居点也并不奇怪，这里的新英格兰人从来就不想成为纽约的一部分。这些新英格兰人渴望加入康涅狄格，又担心法国天主教的入侵，因此推翻了当地自治领官员并取而代之。数百名全副武装的新英格兰民兵随后向纽约和奥尔巴尼进军，打算控制自己的堡垒，没收自治领官员从他们那里巧取豪夺的税款。"我们像他们在波士顿那般在专制权力下呻吟"，他们解释道，"想想那些被强加给我们的义务……保护那些敲诈勒索我们的人"，这一行动"不过是我们对上帝的责任"。在副总督尼科尔森组织与他们的领导人会面之前，长岛居民抵达了离曼哈顿不到14英里的地方。尼科尔森成功地向集结的士兵提供了一大笔现金，表面上看相当于拖欠的工资和免税额度。新英格兰人停止前进，但是 78

已经损害了自治领权威。[9]

在长岛新英格兰居民的鼓舞下，心怀不满的城市民兵们拿起了武器。商人们不再缴纳关税。"人民无法克制，"城里的一群荷兰居民报告称，"他们大声喊道，这里的治安官也应该向奥兰治王子宣誓。"副总督尼科尔森撤退到堡垒之中，命令将大炮对准城里。"这个镇上流氓太多了，我几乎不敢在街上走动。"他怒气冲冲地对一名荷兰副官说。他还斩钉截铁地补充说，如果起义继续下去，他将"把整个小镇付之一炬"。[10]

尼科尔森的威胁传遍全城。短短数小时，这位副总督便听到了召唤反叛民兵集结的鼓声。全副武装的市民向堡垒进军，荷兰副官打开大门放他们进去。一名目击者回忆说："半个小时内，堡垒里就挤满了全副武装、义愤填膺的士兵。这些士兵大声叫喊道自己被人背叛了，是时候各顾各人了。"城市安然无恙，荷兰人及其同情者们焦急地等待，以确认自己的同胞能否将新尼德兰从毁灭中拯救出来。[11]

从表面上看，沿海低地似乎是一个不大可能发生叛乱的地区。毕竟，弗吉尼亚是一个公开的保守地区，在政治上是保王党，在宗教上信奉圣公会。马里兰更是有过之而无不及，巴尔的摩勋爵们就像中世纪的国王们一般统治着自己在切萨皮克的领地。巴尔的摩勋爵们的天主教背景只会让他们自己对詹姆斯二世更加有吸引力。国王可能希望自己的美洲殖民地更加统一，但沿海低地的士绅们有理由相信他们自己的贵族社会可以成为这一项目的典范。

当英格兰的当权派开始攻击詹姆斯的时候，沿海低地的许多人出于相同的原因紧跟其步伐。在国内，国王正在削弱英国圣公会，任命天主教徒担任要职，侵害贵族地主的权益，破坏切萨皮克精英阶层视若珍宝的英格兰生活结构。在美洲，詹姆斯试图否定沿海低地贵族们的代表大会，通过征收高额新烟草税来威胁所有种植园主的财富。随着人们越来越担心国王是天主教阴谋的同谋，公众开始认为信奉天主教的卡尔弗特家族也可能参与其中。在切萨皮克湾两岸，新教徒们担心自己的生存方式遭到攻击，而马里兰的新教徒则认为自己有生命危险。

79

1688～1689 年冬，关于英格兰危机的报道越来越耸人听闻，切萨皮克的圣公会和清教徒移民开始担心马里兰的天主教领导层正在同塞内卡印第安人秘密协商，以屠杀新教徒。根据一位弗吉尼亚官员的说法，弗吉尼亚斯塔福德县——就在马里兰的波托马克对面——的居民部署了武装部队，以抵御疑似袭击，并且"准备公然对抗政府"。在马里兰，管理委员会报告称"整个地区都在骚动"。在弗吉尼亚的反天主教歇斯底里情绪失控之前，威廉和玛丽加冕的消息传来了，但这不足以平息马里兰日益加剧的动乱。[12]

在马里兰，卡尔弗特家族一手提拔、天主教徒控制的管理委员会拒绝宣布对新君主效忠。1689 年 7 月，在加冕仪式的消息正式传到沿海低地两个多月后，这块殖民地的新教徒多数派决定不能再坐以待毙了。新教徒——几乎所有人都是从弗吉尼亚移民而来的——决定推翻卡尔弗特家族的统治，取而代之的是一个更符合沿海低地主流文化的政权。

叛乱分子组成了一支衣衫褴褛的军队，被恰如其分地称为新教徒会员（Protestant Associators）。在一位前英国圣公会牧师的率领之下，数百名叛乱分子向圣玛丽斯城进发。殖民地民兵无视保卫议会大楼的命令，在这些叛乱分子面前四处逃窜。巴尔的摩勋爵的军官们试图组织反击，但一个报到的士兵都没有。数天内，会员们便在一门从英国船只上夺取的大炮的支援下来到了巴尔的摩勋爵官邸大门前。躲在官邸里面的管理委员会的委员们别无选择，只能投降。卡尔弗特家族的统治永久结束了。会员们发表了一份宣言，谴责巴尔的摩勋爵叛国、歧视圣公会教徒，并伙同法国耶稣会信徒和印第安人一道反对威廉和玛丽的统治。投降条款禁止天主教徒担任公职和参军，有效地将权力移交给圣公会教徒——大多数是在弗吉尼亚出生的精英。[13]

80　　叛乱分子成功地按照家乡弗吉尼亚的路线改造了马里兰，巩固了切萨皮克地区的沿海低地文化。

　　虽然1689年的美洲"革命者"能够推翻曾经威胁自己的政权，但并非所有革命者都得到了自己希望得到的一切。三个叛乱组织的领导人都请求威廉国王祝福他们所取得的成就。但是，尽管新国王支持这些行动并尊重沿海低地叛军的要求，他还是没有撤回詹姆斯在新英格兰或新尼德兰进行的所有改革。威廉的帝国可能比詹姆斯的帝国更能适应新情况，但这个帝国在任何方面都不愿意向殖民地居民做出让步。

　　新尼德兰的荷兰人最为大失所望。威廉不想疏远自己的英格兰新臣民，拒绝将纽约还给荷兰人。与此同时，叛乱本身也陷入了政治内讧，各种族和经济群体为争夺殖民地控制权而大打出手。叛军临时领导人雅各布·莱斯勒无力巩固权力，而且为了巩固权力又四处树敌。两年后，一位新王家总督走马上任，莱斯勒的敌人设法以叛国罪将其绞死，又加深了城市的分裂。正如一位总督后来所说："任何一方都不会仅仅满足于将自己的对手置之死地。"新尼德兰人并没有回到荷兰的统治之下，反而发现自己生活在一块难以控制的王家殖民地，同长岛东部、哈得孙河上游河谷和新英格兰的新英格兰人争吵不止。[14]

　　最重要的是，新英格兰人希望自己的各种统治宪章重新启动，恢复每一块新英格兰殖民地以前的自治共和国地位。（"马萨诸塞宪章……是我们的《大宪章》，"马萨诸塞殖民地的一个居民解释说，"没有它，我们就完全没有了法律，英格兰的法律就只是为英格兰制定的。"）然而，威廉命令马萨诸塞和普利茅斯殖民地保持合并，由一位有权否决立法的王家总督统治。新英格兰人重新获得了自己的民选议会、土地所有权以及不受干预的镇政府，但必须允许新教徒财产所有者投票，而不仅仅是那些被授予清教徒教会成员资格的财产所有者。康涅狄格和罗得岛可以像以前一样自我统治，但是强大的海湾殖民地将受到更加严格的约束。上帝的选民如果希望继续建设自己的乌托邦，那么将不得不进行另外一场革命。[15]

第七章 打造南方腹地

1670~1671 年，南方腹地的创建者们乘船抵达这里，他们乘坐的船在现在的查尔斯顿抛锚。和沿海地区、新英格兰、新尼德兰以及新法兰西的建设者不同，他们并非直接来自欧洲。相反，他们是一块历史更为悠久的英国殖民地创建者的后代，即英语世界最富有且最恐怖的社会——巴巴多斯。

这些创建者在查尔斯顿建立的社会并没有刻意复制英格兰乡村的庄园生活，也没有试图在美洲荒野中创建一个宗教乌托邦。相反，这个社会几乎复制了被这些巴巴多斯人抛诸脑后的西印度群岛奴隶制国家。这个奴隶制国家即使在当时也因其惨无人性而臭名昭著。这个不折不扣的奴隶社会对于那些控制它的人来说非常有利可图，并将迅速蔓延到现在的南卡罗来纳低地，吞并了佐治亚的乌托邦殖民地，催生了在密西西比、亚拉巴马低地、路易斯安那三角洲、得克萨斯东部和阿肯色、田纳西西部、佛罗里达北部，以及北卡罗来纳东南部占主导地位的文化。从一开始，南方腹地的文化就建立在悬殊的财富和权力基础之上，一小撮精英阶层要求完全服从，并通过国家支持的恐怖活动来执行自己的命令。南方腹地的扩张野心将使其与新英格兰的竞争对手发生冲突，进而引发军事、社会和政治冲突。这些冲突时至今日依然困扰着美利坚。

17 世纪晚期，巴巴多斯是英属北美最古老、最富有、人口最多的殖民地。财富和权力都集中在一个由贪婪无比、爱出风头的种植园主组成的寡头统治集团手中。这些大种植园主在整个大英帝国内都以道德败坏、傲慢无礼以及过度炫耀财富而闻名。开国元勋约翰·迪金森后来将他们斥责为"残忍的人……一些被赋予了对众多封臣行使专制权力并受到奴隶制度支持的领主"。另一位到访者宣称："在豪华的房子、服饰和自由娱乐方面，即使宗主国也无法超越这里。"第三位到访者说："这里的士绅要比我们英国的士绅生活好得多。"他们为他们自己购买骑士头衔和英格兰地产，把孩子送到英格兰的寄宿学校，家里摆满了最新且最昂贵的家具、时装和奢侈品。通过对选举权施加繁重的财产要求，大种植园主垄断了岛上通过选举产生的议会、管理委员会以及司法机关。由于如此多的种植园主返回在英格兰新购入的庄园而在缺席的情况下进行统治，巴巴多斯人在英格兰议会也拥有最有效的殖民游说力量，从而确保帝国赋税负担转移到其他人身上。"巴巴多斯人，"哲学家约翰·洛克警告称，"努力统治一切。"[1]

巴巴多斯种植园主的财富建立在奴隶制度的基础之上，而奴隶制的残暴程度震惊了同时代人。同沿海低地的种植园主一样，他们先是在种植园里雇用契约用人，但是他们对这些契约用人相当残暴，英格兰的穷人开始主动避开这个地方。种植园主们随后用船运来数百名奥利弗·克伦威尔征服期间被俘虏的苏格兰和爱尔兰士兵。当这些补给耗尽时，他们开始绑架儿童。他们绑架了如此之多的儿童，以至于一个新词应运而生了："被巴巴多斯"（barbadosed），它在 17 世纪末的意思等同于 20 世纪的"被诱拐"（shanghaied）的意思。奴仆们的待遇不可避免地吸引了英国官方的注意，特别是在 1647 年一场几乎终结种植园主政权的全岛奴仆起义之后。必须找到廉价、温顺的劳动力新来源，巴巴多斯人完善培育极其珍贵的甘蔗方法之后尤其如此。[2]

种植园主们的解决办法是一船接着一船地进口非洲奴隶。种植园主把这些非洲人看成自己的固定财产，就像他们自己的工具或牲畜一样，从而将奴隶制度引入英语世界。巴巴多斯人从南美引入了另一个新奇事物——黑帮劳动制度，奴隶被迫在甘蔗田和工棚里劳作至死。巴巴多斯的奴隶死亡率是弗吉尼亚的两倍。当沿海低地士绅们的奴隶供应通过自然增长得到补充时，巴巴多斯的种植园主们不得不每年引入大批奴隶来替代那些死去的奴隶。然而，蔗糖利润如此丰厚，以至于种植园主们负担得起在甘蔗地养活更多张口。但到了1670年，种植园主们已经耗尽了小岛上的土地，使得他们的小儿子没有希望获得属于自己的地产。巴巴多斯社会需要壮大——至背风群岛上的其他英格兰岛屿，至牙买加，以及最重要的是，至北美东海岸的亚热带低地。[3]

这就是孕育了查尔斯顿并延伸至南方腹地的文化。和北美大陆的其他欧洲殖民地不同，南卡罗来纳从一开始便是一个奴隶社会。"西印度群岛的卡罗来纳"由一群巴巴多斯的种植园主创建。根据创建宪章，卡罗来纳是西印度群岛奴隶主的保护区。约翰·洛克起草的这份宪章规定，种植园主每带到这片殖民地一个仆人或奴隶便可以得到150英亩土地。很快，一小撮巴巴多斯人便拥有了南卡罗来纳低地的大部分土地，创建了一个可以同古希腊奴隶制国家相媲美的寡头政治集团。大种植园主带来了大量的奴隶，数量如此之多，以至于奴隶人口几乎立刻就占到了该殖民地总人口的四分之一。种植园主们投入大量奴隶来种植水稻和蓝草，以便出口到英格兰。除了西印度群岛的同行之外，这一贸易使得那些大种植园主比殖民帝国的任何人都富有。到美国独立战争前夕，查尔斯顿地区的人均财富达到令人目眩的2338英镑，是沿海低地的四倍多，几乎是纽约或费城的六倍多。这些财富的绝大多数集中在统治南卡罗来纳的家族手中，这些家族控制着绝大多数的土地、贸易和奴隶。富人数量惊人，在殖民地时期末期占白人人口总数的四分之一。"我们是一个士绅的国度，"一位居民在1773年宣称，"我们中间没有平民。"当然，这一说法忽略了占白人人口总数四分之三、地位较为低下的白人和遭受奴役的大多数黑人。此时，黑人占当时低地总人口的80%。在大种植园主看来，其他人都无关紧要。事实上，这些精英家族坚信南方腹地政府和人民存在的目的就是满足他们自己的需要和愿望。[4]

　　种植园主不愿在闷热的种植园里虚度年华，于是为自己修建了一座城市，在那里他们可以享受生活中更加美好的事物。查尔斯顿——独立战争前的"查尔斯镇"——迅速成为东海岸最富有的城镇。查尔斯顿很像巴巴多斯首府布里奇敦。一排排精美的连栋别墅沿着布满碎贝壳的街道拔地而起，这些别墅被粉刷成了彩色，配备有瓷砖屋顶和露天广场。和威廉斯堡或圣玛丽斯城不同，查尔斯顿是一座充满活力的城市，种植园主们尽可能多地在这里度过自己的光阴，把庄园的日常管理工作交给雇用的监工。他们使自己的城市充满了各种各样的娱乐活动：剧院、酒吧、酒馆、妓院、斗鸡场，可供吸烟、就餐、饮酒和赛马的私人俱乐部，堆满了从伦敦舶来的各种时尚品的商店。

85

如同各地暴发户一样，他们专注于获取适当的地位象征，并追逐英格兰士绅的最新时尚和习俗。这份执着让旁观者大为吃惊。"他们的一生都是一场持续不断的竞赛，"一位居民写道，"在这场竞赛中，每个人都在努力与自己身后的任何人拉开距离，并经过和超越自己前面所有的人。"[5]

和沿海低地的贵族一样，许多种植园主的先祖曾在英国内战中为国王而战，接受英格兰贵族的服饰和象征，如果不是理应随之而来的社会责任的话。国内清教徒统治的结束让他们欣喜若狂，他们以复辟国王查理二世的名字来命名卡罗来纳和查尔斯顿。出生于巴巴多斯的贵族通过在他们自己进口的法国瓷器上展示他们的盾徽来宣扬自身同英格兰骑士和贵族的遗传关系。这些盾徽通常包括为小儿子们制作的纹章符号：一轮弯弯的新月，月牙向佩戴者的右边倾斜。这一设计后来融入南卡罗来纳旗帜之中。在美国独立战争时期，无论是保王党还是叛乱分子，都将其作为军队制服的象征。[6]

种植园主们虽然并不十分笃信宗教，但他们接受英国圣公会，并将其作为另一种已经确立起来的属性象征。洛克起草的殖民地宪章保障宗教自由——大量塞法迪犹太人和法国胡格诺派教徒移民这一地区——但是在 1700 年，精英阶层推翻了这些规定，自己垄断了教会和政府职位。这些精英阶层的圣公会宗教倾向也让南方腹地的精英阶层畅通无阻地进入伦敦上流社会、英国的大学及寄宿学校。这些社交圈子一般都会对清教徒、贵格会教徒以及其他异见者紧闭大门。无论是来自英格兰还是法兰西，南方腹地的种植园主都会接受沿海低地士绅们的观念，认为自己是诺曼贵族的后代，统治着各自殖民地粗俗的下层阶

86

级——盎格鲁－撒克逊人和凯尔特人。[7]

　　低地的财富完全依赖于大批遭受奴役的黑人，在某些地区黑人和白人的人数比高达9∶1。为了控制这一占绝对优势的人群，种植园主们几乎一字不差地引入巴巴多斯残酷的奴隶法典。种植园主们于1698年颁布的法律宣称非洲人具有"缺乏教养、无法无天、野蛮无知的天性"，这些天性使非洲人"自然而然地表现出非人性"的一面，因此需要对其严加约束和严厉惩罚。法律条款专注于保证没有奴隶逃跑。逃跑的奴隶（在第一次尝试逃跑之后）将被狠狠地鞭打一顿，（在第二次尝试逃跑之后）右脸被烙上字母R，（在第三次尝试逃跑之后）遭到鞭打并被割掉一只耳朵，（在第四次尝试逃跑之后）被阉割，然后（在第五次尝试之后）要么被切断跟腱，要么被随随便便处死。未能按照规定进行处罚的奴隶主将被罚款，任何帮助奴隶逃跑的人——无论是白人还是黑人——都将受到罚款、鞭打甚至被判处死刑的处罚。对于那些企图"逃离本地区以避免为男女主人服务"的逃跑奴隶，寡头们则为其准备了更严厉的惩罚。这类奴隶连同那些帮助过他们的白人会被一起被处死。如果一个奴隶"弄残"了一个白人，就要强制对这个奴隶执行死刑。如果一个白人因"肆无忌惮或仅仅出于血腥的思想或残忍的意图"要杀死一个奴隶，那么这个白人只会受到50英镑罚款的处罚，相当于一个士绅一顶不错假发的费用。但很明显，如果凶手碰巧是个仆人，那么他会被判处更重的刑罚：鞭打39次，监禁三个月，同被杀奴隶的主人签订四年的奴役契约。如果主人不给奴隶通行证，奴隶就不得离开他们的种植园。如果奴隶偷了一片面包，就要被抓起来，鞭打40次；再犯的奴隶则会被割掉耳朵，或挖去鼻孔；第四次定罪时，则会被处死。不

过，法典也并非没有同情心……对于奴隶主而言。如果奴隶在

被捕、阉割或鞭打时丧命，那么奴隶主将从国库获得赔偿。法律还允许奴隶接受洗礼，因为"我们所信奉的基督教要求我们祝福所有人的灵魂"。但也明确表示，此类法律"不可被当作解放奴隶以改变任何人财产的借口"。此类条款将一直保留到内战结束，并作为未来南方腹地政府奴隶法典的典范。[8]

当然，1670 年后，南方腹地并不是北美唯一全面实行奴隶制的地区。每个殖民地都容忍这种做法。但其他大多数民族都是存在奴隶的社会，本身并不是奴隶制社会。只有在沿海低地和南方腹地，奴隶制才成为经济和文化的核心组织原则。然而，这两个奴隶制盛行的民族之间存在着根本性的差异，反映了各自寡头统治集团在价值观方面的微妙差异。[9]

我们已经看到了在寻找农奴的过程中，沿海低地的领导人是如何引进两个种族的契约用人的——这些男男女女只要在服役结束后能够幸存下来就可以获得自由。然而，由于士绅们采纳了西印度群岛和南方腹地的蓄奴制度，1660 年后越来越多的弗吉尼亚和马里兰的非洲人后裔被当作永久奴隶对待。到 18 世纪中叶，在梅森 - 狄克森分界线以南的所有地方，黑人都面临着巴巴多斯式的奴隶法律。

即便如此，在沿海低地，奴隶在人口中所占的比例也要小得多（黑人和白人比例为 1∶1.7，而并非 5∶1），比南方腹地的黑人活得更久，家庭生活也更稳定。1740 年后，沿海低地的奴隶人口自然增加，不再需要从国外进口奴隶。由于几乎没有任何新移民可同化，沿海低地的非洲文化变得相对同质，并且强烈受到所嵌入的英国文化的影响。先祖在 1670 年以前就来到切

萨皮克地区的许多黑人自小就在自由环境中长大，拥有土地，雇用用人，甚至担任公职，嫁给白人或者娶白人女子为妻。在沿海低地，非洲血统并不一定使一个人成为奴隶，这一事实很难使人们不把非洲人当人看待。直至 17 世纪晚期，一个人在沿海低地的地位在很大程度上是由其阶级而不是由其种族决定的。[10]

　　相比之下，南方腹地的黑人占人口绝大多数，奴隶死亡率也很高。这意味着每年都要进口成千上万的新奴隶来取代那些死去的奴隶。南方腹地的黑人更有可能集中生活在一起，同白人相对隔离。每艘贩奴船都运来大批新的奴隶，奴隶生活区是国际化的地区，各种各样的语言和非洲文化习俗占据重要地位。在这个大熔炉里，奴隶们创造了一种新的文化，完全拥有自己的语言（嘎勒语、新奥尔良克里奥尔语）、非洲 - 加勒比海烹饪方法以及音乐传统。地狱般的奴隶区孕育了一些南方腹地献给美洲大陆的伟大礼物：蓝调、爵士、福音、摇滚，以及时至今日依然存在于自迈阿密到安克雷奇的南方风格烤肉中的加勒比风情美食。因为南方腹地的气候、风景和生态系统同西非的相似程度远远超过了与英国的相似程度，所以奴隶们的技术和实践指导了本地区农业的发展。1737 年，一个瑞士移民说："卡罗来纳看起来更像黑人国度，而非白人定居的国家。"[11]

　　在南方腹地，非洲裔美洲人创造了一种平行文化，这种文化的独立性被纳入了此民族白人少数派的法律和基本价值观中。事实上，自 1670 年到 1970 年的三个世纪里，南方腹地至少称得上是一个种姓社会。应该注意的是，种姓和阶级完全不同。人们能够也的确离开了自己出生的社会阶级——要么通过努力工作，要么以悲剧形式——而且可以和另一个阶级的人结婚，

88

努力让自己的孩子以一种比自己更好的地位开启生活。种姓是一个人生下来就不能离开的东西，一个人的孩子一出生便被不可撤销地分配了某个种姓。跨种姓婚姻是被严格禁止的。因此，虽然南方腹地存在富有的白人与贫穷的白人、富有的黑人与贫穷的黑人，但是黑人有再多的财富也不被允许加入主人种姓。这个系统的基本原理是黑人天生就低人一等，是一种低等的有机体，不能拥有更高的思想和情感，行为野蛮。虽然黑人被迫当护士、厨师和保姆，但人们认为黑人是"不洁的"。南方腹89 地的白人强烈反感同黑人共享美味佳肴、华丽服饰以及社交空间。至少300年来，南方腹地最忌讳的便是跨种姓结婚或黑人男士拥有白人情人。因为种族一旦开始融合，种姓制度便无法存在下去。一个黑人男性即使遭到一点点违反南方腹地禁忌的怀疑，也会面临死亡。[12]

然而，和南方腹地的诸多体系一样，种姓制度对于那些创造种姓制度的富有白人来说有着便利的漏洞。同遭受奴役的妇女和女孩发生性关系是完全可以接受的，只要你这么做纯粹只是为了"好玩"。沿海低地和南方腹地的许多政治寡头都强奸奴隶和女佣，或者与之有暧昧关系——从弗吉尼亚的威廉·伯德（生于1674年）这样的殖民地隔离主义者到现代南卡罗来纳州参议员斯特罗姆·瑟蒙德（Strom Thurmond，死于2003年）等。南卡罗来纳种植园主的一位新英格兰客人于1764年报告称："享受黑人或混血妇女被认为是一件极其普通的事情。这种事既不勉强，不微妙，又不羞耻。"根据法律，由这种关系所生出的所有孩子都被分配到黑人种姓，并明确地被剥夺对父亲财产提出任何要求的权利，这种做法也一直延续到20世纪晚期。然而，许多种植园主对自己的私生子饶有兴趣，常常将他们充作家庭用人，有时甚至花钱送他们去新英格兰的学校上学。在新英格兰这类事情是被允许的。这有助于建立一个享有特权的混血儿社会群体，这个群体开始主导黑人种姓的中上层。这一社会群体后来在贸易、商业以及其他领域的成功挑战了整个种族隔离制度的潜在合理性。[13]

　　奴隶的数量大大超过了种植园主的数量，所以种植园主担心奴隶们会站起来反抗自己。种植园主把自己组织成骑兵，定期训练以便应对任何起义，并授予自己"上校"或"少校"这样的荣誉军衔。种植园主的担心不无道理。1737 年，一批天主教奴隶试图在西班牙控制下的佛罗里达发动起义并夺取自由。这些奴隶可能是得到教皇承认的西非基督教王国刚果王国的战士。这支由20～30 人组成的训练有素的部队洗劫了斯托诺（Stono）的一个军械库，然后一路敲锣打鼓、旌旗飘飘地向南前进，吸引了数百名奴隶加入他们的逃亡队伍，屠杀了阻挡他们道路的种植园主。大多数奴隶死于同民兵组织的激战中。民兵们之后在每一块里程标上都钉上一名反叛奴隶的头颅，以此来装饰返回查尔斯顿的道路。此后不久，南卡罗来纳的立法委员报告称："在这种情况下，每一个人都充满了忧虑。我们不能像其他人一样享受和平所带来的好处……（因为）我们自己的产业将从我们身上夺走所有生命的甜头，并使我们失去生命和财富。"[14]

　　南方腹地社会不仅军事化、等级制度化、尊重权威，还积极扩张。从位于南卡罗来纳低地的文化发源地，种植园主们扩张至海岸南北的相似地带。北面是北卡罗来纳，一个人烟稀少的边远地区，其沿海地带很快将被贫穷的沿海低地农民（东北部，阿尔伯马尔湾沿岸）和富裕的南方腹地人（东南部）分割开来。但是在佐治亚萨凡纳河（Savannah River）以南，南卡罗来纳的种植园主们在推广自己生活方式时遭到了抵抗。

年轻的佐治亚殖民地一开始并不是南方腹地的一部分。佐治亚创建于 1732 年，是由一群英格兰上层社会改革者策划的一项崇高的慈善事业。这些改革者试图通过将穷人转移到美洲南部来解决城市贫困问题。在那里，这群被慈善家称为"寄生虫"和"可怜虫"的穷人将被安置到他们自己的农场里工作。这一经历有望治愈这群穷人所谓懒惰的疾病。慈善家们禁止在佐治亚实行奴隶制，因为他们认为奴隶的存在阻碍了贫穷白人的努力。为了防止种植园的出现，他们把农场的最大面积限制在 50 英亩。佐治亚的恩主们甚至禁止饮酒，不允许律师存在，因为他们认为两者都会侵蚀人们的道德品质。一旦获得救赎，佐治亚的贫民们将继续为帝国的地缘战略利益服务。这些贫民建立了一个缓冲地区，既可以抵御来自南方西班牙人的袭击，又可以帮助拦截南卡罗来纳的奴隶，因为这些奴隶试图逃往西班牙人掌控的佛罗里达，以便重获自由。[15]

梦想并未实现。南卡罗来纳种植园主的种植园需要新的土地，而佐治亚的贫民则渴望购买奴隶，将自己从最不愉快的琐事中解放出来。18 世纪 40 年代和 50 年代，南卡罗来纳人夺取了佐治亚政府的控制权，确保把最好的土地留给自己和自己的朋友。一套严格的巴巴多斯式的奴隶法典获得通过；在整个沿海低地，种植园如雨后春笋般出现，萨凡纳成了小查尔斯顿。佐治亚低地不再是自耕农的乌托邦，而是始于查尔斯顿的西印度奴隶主统治集团的延伸。[16]

南方腹地在不停地前进。与沿海低地不同的是，不会有欧洲文明阻挡南方腹地迈向密西西比河乃至更远地区道路的步伐。

第八章　打造内陆地区

美利坚的民族中最具美国人特征的民族是最后创建的。从17世纪80年代开始，内陆地区就一直是一个包容、文化多元、多语种的文明社会。生活在这里的家庭——其中许多家庭信奉宗教——经济条件一般，大多希望政府和领导人能够让他们自己和平相处。在过去三百年中，内陆文化从费城及其周边核心地区向西推进，越过阿巴拉契亚山脉，横跨广阔的美国心脏地带，却保留了这些基本特征。这便是内陆美国人（Middle America），美洲大陆最主流的民族文化。在美国历史上的大部分时间里，内陆美国人一直都是国家政治竞赛中的造王者。

具有讽刺意味的是，内陆地区的起源非同寻常。同新英格兰一样，内陆地区原本也意在成为一个模范社会，一个在非正统宗教教义指导下建立起来的乌托邦。事实上，宾夕法尼亚可能是由这一时期最具争议的宗教团体创建的。这个宗教团体被指责破坏"和平与秩序"，"播种立即毁灭……宗教、教会秩序……还有……国家……的种子"。虽然今天的人们很难理解，但当时的人们认为贵格会教徒是一支激进、危险的力量，17世纪晚期的他们相当于嬉皮士运动与科学教会的交集。贵格会教徒拒不接受当时的社会习俗，拒绝向社会高层鞠躬或脱帽致敬，也拒绝参加任何形式庄重的宗教仪式。贵格会教徒反对教会等级制度的权威，认为在精神层面女性和男性是平等的，质疑奴隶制的合法性。贵格会教徒的领袖赤身裸体地在城市街道上大踏步前进，或者用粪便涂抹全身，大踏步走进英国圣公会教堂，努力做出一副谦卑的模样。一位贵格会教徒赤身裸体骑着驴子在圣枝主日进入英格兰第二大城市，以一种不得人心的方式再现了基督进入耶路撒冷时的情形。在欣喜若狂之后，这些贵格会教徒会剧烈痉挛或者"颤抖"，吓坏了那些不信奉贵格会的民众。许多贵格会教徒欣然接受殉道的思想，不断闯进充满敌意的社区或新英格兰城镇绿地，去传教或挑战牧师，陶醉于随之而来的监禁、鞭打、舌头钻孔以及处决。殉道者玛丽·戴尔（Mary Dyer）在一位新英格兰总督宣判她死刑后对这位总督说道："上帝的旨意已经完成了。是的，我要高兴地走了。"[1]

这些破坏性行为体现了根深蒂固的宗教信仰。贵格会教徒相信每个人都有一束"内心之光"（Inner Light），他或她心里面住着一位圣灵。为了获得救赎，这些贵格会教徒并不研究和恪守《圣经》，而是通过个人神秘体验发现上帝——这意味着牧师、主教和教堂是多余的存在。本质上，所有人都被看作善良的，会像希望别人对待自己那样对待彼此。不论教派、种族或性别，上帝面前人人平等，一切世俗权威终将丧失合法性。一些人可能比其他人更富有或更贫穷，但这并没有赋予富人任何特殊的权利来对邻居的生活指手画脚。到17世纪90年代，也就是贵格会成立仅仅半个世纪之后，贵格会便对暴力和战争产生了强烈的反感，全神贯注致力于和平主义，以至于贵格会丧失了对内陆地区的控制权。[2]

那么，一个如此不受欢迎的宗教组织是如何获得创建自己殖民地的许可——尤其是获得钟情于权威、信奉天主教的国王查理二世的许可的呢？

就像许许多多奇怪的实验一样，宾夕法尼亚得以创建是一

位富有的、受人尊敬的人士积德行善的结果。后来，这些善行
得到了回报，让一位桀骜不驯、离经叛道的年轻人获益。在这
一特殊情况下，礼物是主人死后才获得的。威廉·佩恩
（William Penn）海军上将白手起家，在政治上顺风顺水，先是
在英国内战中为议会而战，然后拥护君主复辟。克伦威尔赠送
给他没收的爱尔兰地产，他大发横财，但佩恩上将后来借给国
王查理 16000 英镑。他把自己的儿子威廉培养成一位受人尊敬
的绅士，送他去牛津求学。但是，年轻的威廉因为批评牛津圣
公会仪式而被学校开除。1667 年，时年 26 岁的威廉加入了贵
格会，吓坏了所有人。威廉的父亲想尽一切办法让自己的儿子
回头——殴打，鞭打，放逐，为他在凡尔赛宫路易十四的宫廷
里谋求一个不错的职位，转而让他打理在爱尔兰的家族财
产——但似乎没有任何一种努力能奏效很长一段时间。据佩恩
家的朋友塞缪尔·佩皮斯（Samuel Pepys）称，威廉从法国回
来时"虚荣心极强，穿着法式服装，说话和走路的方式也受到
法国影响"。不过，他依然宣称效忠贵格会或上帝之友（贵格
会教徒当时这样称呼他们自己）。他出版了数十本宣扬贵格会
教义的充满挑衅意味的小册子，曾经四次被捕，并在监狱中待
了一年。他利用父亲在宫廷的人脉来释放贵格会信徒，并作为
一名贵格会传教士，利用自己的津贴在德意志和尼德兰传教。
他和贵格会创始人乔治·福克斯（George Fox）关系密切，帮
助后者确定上帝之友的一些习俗。1670 年父亲去世时，威廉·
佩恩是英格兰最著名的贵格会教徒之一，并且非常非常富有。[3]

　　佩恩喜欢生活中一切美好的事物——被没收的庄园、昂贵的
服饰、芬芳的美酒、成群的仆从——但扶持贵格会是他的当务之
急。佩恩认为，贵格会教徒需要有自己的国家，一个贵格会教徒

94

可以进行"神圣实验"的地方。这个地方可以作为"所有民族的榜样"，激发"全人类都到这里来"。1680 年，为了换取位于巴尔的摩勋爵的马里兰和约克公爵的纽约之间一块 45000 平方英里的不动产，他免除了查理国王欠他已故父亲的所有债务。这一地区（和英格兰一样大）以已故海军上将的名字被命名为宾夕法尼亚。威廉·佩恩有权在那里做任何自己想做的事。[4]

佩恩设想的是这样一个地区：在这里，不同信仰和种族背景的人能够和谐共处。因为佩恩的信仰使他相信人类本质上是善良的，所以他的殖民地将没有武装力量，能够同当地印第安人和平共处，花钱购买印第安人的土地，尊重印第安人的利益。当美洲其他殖民地都严格限制普通人的政治权利时，宾夕法尼亚却将投票范围扩大至几乎所有人。贵格会信仰在殖民地政府中没有任何特殊地位，上帝之友们希望通过榜样的力量而不是胁迫来激励他人。政府权力将受到限制，未得到民选议会的年度批准就不能征税。宾夕法尼亚本身围绕着特拉华河上一个新的集中规划的首府创建，这里有网格状的街道、系统化的街道名称和统一的建筑距离。（事实上，费城这座友爱之城后来将成为美国整个内陆地区城镇的典范。）但是，佩恩创造的文明将远远跨越宾夕法尼亚边界，将由贵格会控制的西新泽西殖民地（现在的新泽西州南部）、沿着特拉华湾下游分散的荷兰、瑞典和芬兰定居点（现在的特拉华州），以及马里兰西北部（佩恩错误地认为这是自己王室补助的一部分）囊括在内。[5]

佩恩的殖民努力组织得有条不紊。他不仅在英格兰和爱尔兰，而且在尼德兰和现在德国的大片地区印刷小册子，以积极宣传宾夕法尼亚这块提供政治和宗教自由及廉价土地的殖民地。他向大约 600 名投资者预售了 75 万英亩的农田，从而筹集到了为第一波殖民者提供担保、建立费城，以及使殖民地政府在不征税的情况下维持几年运作所需的资金。1682 年，佩恩派出 23 艘载着 2000 名殖民者以及工具、给养和牲畜的船只驶往宾夕法尼亚。四年后，生活在费城及其周围的人数超过 8000 人。沿海低地达到这一人口水平需要 25 年时间，而新法兰西则需要 70 年时间。大多数人是技术娴熟的工匠和家境一般的农民，他们拖家带口来到这里，立刻给内陆地区创造了一种安定、文明的氛围。有了充足的食物、同印第安人良好的关系，以及贵格会多数派教徒，"神圣实验"便充满希望地开启了。[6]

佩恩的市场营销活动非常成功，很快就吸引来了更大规模的移民潮，使得内陆地区具有多元化和绝对的非英国特征，对未来美利坚的精神和身份产生了深远的影响。

第二波移民由讲德语的农民和来自巴拉丁领地（Palatinate）的工匠组成。这些移民基本上都是躲避饥荒、宗教迫害以及战争的难民，几代人都曾遭受骇人听闻的帝国冲突和宗教冲突的创伤。这些冲突使得他们位于德意志南部的家园成为屠宰场。这些移民几乎无一例外都是新教徒，他们拖家带口，甚至整个村庄一块移民到这里。他们的到来加强了内陆地区已经存在的中产阶级风气。一些移民来自希望像阿米什人、门诺派或基督徒弟兄会一样，按照某一特定的方式规范自己生活的教派。还有成千上万的移民是主流的路德宗教徒和德国加尔文主义者，他们只想在一个和平的环境中创建欣欣向荣的家庭式农场。佩恩让移民在属于自己的社区定居，这样一来他们就可以保持自己的种族认同，并信奉任何适合自己的基督教派别。最后证明这个计划是非常成功的：一直到 20 世纪，宾夕法尼亚德语——

96

一种德语的巴拉丁方言——在日耳曼敦和其他"宾夕法尼亚的荷兰人"定居地的日常生活中仍然被使用；阿米什人和门诺派教徒一直到今天仍然保留着自己的生活方式。1683～1726年，总共约有5000名讲德语的移民来到了内陆地区，一早就在该地区打上了自己的文化价值烙印。1727～1755年，又有57000名移民涌入，使得宾夕法尼亚成为英国创建的殖民地中唯一的一个英国人没有占多数的殖民地。[7]

德意志人很容易便适应了贵格会教徒对这个新社会的规划。他们一般都满足于让贵格会教徒管理各类事务，支持贵格会候选人参加选举，支持贵格会的各种政策。德意志人的小规模耕作技术成为传奇；他们知道如何选择土壤质量最好的农田，如何通过轮作来保护农田，以及如何通过选择性繁殖来改良家畜。在接下来的两个世纪里，旁人总是对他们那整洁、繁荣的农场赞不绝口，常常出于一番好意将这些农场同非德意志邻居的农场比较一番。1753年，一个出生于威尔士的测量员说："我在我们的定居点后面看到像宫殿一样大的谷仓，真是太美了。我们对德意志人充满了难以言表的感激之情，是他们把经济引入（这个）处于初创期的殖民地的。"德意志人也以手工艺闻名，完善了木屋的构造（从特拉华"低地"的瑞典人和芬兰人那里学来的设计），发明了著名的科内斯托加马车，该马车载着一代又一代的移民穿越阿巴拉契亚山脉。大多数德意志人都属于纪律严明的宗教派别。这些宗教派别崇尚节俭和节制，巩固他们与贵格会邻居的亲密关系。[8]

德意志人和贵格会教徒也都强烈反对奴隶制，这一立场使内陆地区同新尼德兰、沿海低地以及南方腹地区分开来。作为家庭农场主，德意志人不太需要奴隶，但他们反感奴隶制似乎也是出于文化价值观的作用。一小部分德意志人定居在了南方腹地（如北卡罗来纳的新伯尔尼和得克萨斯的新布劳恩费尔斯），但是与同样身为小农场主的英法邻居相比，德意志人的奴隶拥有率明显低得多。事实上，在北美洲，反对奴隶制的第一次正式抗议就是由宾夕法尼亚日耳曼敦的德意志贵格会教徒提出的。"我们要像对待我们自己一样对待所有的人，"1712年，抗议者宣称，"至于他们是哪一代人、什么血统或肤色，我们毫不介怀。"许多富有的贵格会教徒，包括佩恩本人，都是带着奴隶来到宾夕法尼亚的。但十年之内，上帝之友们就劝告彼此，蓄奴违反了黄金法则。1712年，贵格会教徒管理的立法机构甚至对进口奴隶征收禁止性关税，不过这一判决被王家法院撤销了。1773年，在德意志的支持下，贵格会教徒试图再次压制奴隶制，但又被王室否决。到那时，大多数贵格会奴隶主已经释放了自己的奴隶，有些奴隶主还试图补偿奴隶过去的劳动。这一道德立场后来将导致内陆地区同新英格兰一道反对南方邻居的野心。[9]

早期的宾夕法尼亚在经济上取得了成功，由贵格会教徒管理的政府却是一场彻头彻尾的灾难。

事实证明，贵格会教徒的理想和成功治理是格格不入的。贵格会教徒认为所有人都是基督的信徒，生性善良，因此他们认为，只需通过自律和运用黄金法则，公民便可以管理自己。事实并非如此，因为贵格会教徒本质上也常常在紧要关头挑战权威和习俗。每当政府陷入混乱时，社区领袖们常常因教义问题争吵不休，最终导致未能保留公共档案，或者通过对法院系统运转至关重要的法律。管理委员会无法定期召开会议，而殖民地在最初的十年里就曾六次更换总督。"下县"的荷兰人、瑞典人以及芬兰人迫切需要一个适合自己的政府，于是他们脱离原来的政府，成立了自己的政府，于1704年建立了小殖民地特拉华。佩恩在伦敦写道："请停止那些让本地区蒙羞的卑鄙争吵。提到宾夕法尼亚时人们都是赞誉之语，提到宾夕法尼亚人时人们却是唏嘘一片。这些争吵阻止了数百位（定居者）的步伐，10000英镑离我而去，100000英镑与这个国家擦肩而过。"绝望透顶的佩恩最终任命一批外地人来管理这个地区，其中包括一个新英格兰清教徒（约翰·布莱克韦尔，John Blackwell）、一个来自波士顿英国圣公会的成功商人（爱德华·希彭，Edward Shippen），以及一个傲慢自大的英格兰士绅（大卫·劳埃德，David Lloyd）。这批人都未能成功地让贵格会领袖承担起为他们自己创建的社区应该承担的责任。费城的贵格会教徒更愿意关注各自的内心之光，而不倾向于承担管理殖民地的世俗责任。[10]

　　贵格会教徒期望来自其他文化的移民会接受上帝之友的世界观，最后证明这一期许是没有任何根据的。尽管德意志人没有引起什么麻烦，但从1717年开始，一批新的殖民者开始来到费城的码头。这批殖民者的价值观与贵格会教徒珍视的一切观念都背道而驰。这批殖民者是来自不列颠血腥边境地区的一个好战民族，蔑视印第安人，经常使用暴力解决问题，信奉加尔文主义，认为人天生邪恶。这些边民逃离位于苏格兰和阿尔斯特饱受战火摧残的家园，以惊人的数量涌入宾夕法尼亚：到1775年他们的人数已经超过100000人。绝大多数边民径直来到宾夕法尼亚中部的丘陵地带，很快就沿着阿巴拉契亚山脊扩张，创建了一个属于他们自己的强大区域文化。但是，当作为一个文化民族远离内陆地区时，数以万计的边民生活在被称为宾夕法尼亚的不规则长方形领土边界之内。这些边民将证明贵格会已经丧失了对该殖民地的控制权。"看来爱尔兰要把所有的居民都送到这里来，"一个忧心忡忡的殖民地官员报告称，"人们普遍担心，如果他们继续涌来，那么他们将成为本地区的所有者。"[11]

这些边民在没有支付任何钱财的情况下侵占了印第安人的土地，对印第安村庄发起先发制人的攻击，并且推动总体上处于和平状态的部落同新法兰西结盟。在 18 世纪的诸多帝国战争中，新法兰西为这些印第安人提供武器和弹药，以袭击自己的竞争对手英格兰。贵格会政府躲在德意志人和苏格兰－爱尔兰人定居地的同心环后面，高枕无忧，近似瘫痪，除了向印第安人赠送礼物和物资外没有任何作为。即使在法国雇佣兵驶入特拉华湾，开始洗劫距离费城几英里远的种植园时，政府也拒绝考虑做任何防御准备。本杰明·富兰克林是新英格兰人，出生在波士顿，后来又在费城安家，他责怪上帝之友们的傲慢自大。"拒绝保卫自己或国家在人类中是如此不寻常……以至于［我们的敌人］都可能觉得难以置信，"他在 1747 年写道，"直到他们凭借经验顺着我们的河流而上，夺取我们的船只，洗劫我们的种植园和村庄，然后带着战利品安然无恙地撤退。"贵格会教徒坚持自己的和平主义策略，无视富兰克林的忠告，任由他自己筹集私人捐款以组织殖民地的防御力量。[12]

1755 年，伦尼莱纳佩（Lenni Lenape）印第安人对殖民地西部的苏格兰－爱尔兰人定居点和德意志人定居点发动了全面进攻，摧毁了整个城镇，屠杀或俘虏了数百名移民，事情到了万分紧急的关头。数千名幸存者向东逃窜，一些幸存者一路跑到费城，在懦弱的议会前示威。生活在兰开斯特县和平环境中的德意志人定居点的居民突然发现自己生活在交战区，却没有武器弹药来武装自己。由于首府挤满了难民，贵格会政治家拒绝批准军事拨款。贵格会领袖之一丹尼尔·斯坦顿（Daniel Stanton）在自己的日记中写道，很少有上帝之友在战斗中丧生，这表明上帝赞成他们不采取行动。非贵格会教徒中很少有人赞同斯坦顿的分析，指出上帝之友中无人员伤亡更多与他们蜷缩在本地区最安全的角落有关。就连伦敦的贵格会教徒也大吃一惊。"你们应该保护人民，却阻止他们保护自己，"伦敦一位颇具影响力的上帝之友在一封给费城的一位上帝之友的信中写道，"抛洒的鲜血难道没有在你门前流淌吗？"被迫在保护社会和坚持宗教原则之间做出选择的贵格会主要官员递交了辞呈。上帝之友们再也无法垄断内陆地区的政治事务了。[13]

贵格会教徒被一个由相互竞争的利益集团组成的党派体系取代，富兰克林及其盟友经常控制着局势。美国独立战争爆发前夕，内陆地区是一个对自身、领导人以及独立事业都不确定的文明社会。到那时，威廉·佩恩创建的乌托邦的大片土地被其他民族兼并。康涅狄格的新英格兰人正涌向整个北部地区。为了使宾夕法尼亚的怀俄明山谷处于新英格兰的统治之下，如果需要的话，这些新英格兰人随时准备发动一场战争。在西部，一股新势力已经悄然形成，并向南方高地蔓延。这个边民文明并未控制单一的殖民地政府——事实上，在沿海地区几乎没有任何代表——但它将从根本上重塑所有美利坚的民族，以及那个他们很快就会发现自己所处的奇怪联邦的未来。

第九章　打造大阿巴拉契亚

大阿巴拉契亚是殖民地时期最后一个创建的民族，也是最具破坏性的民族。大英帝国边地以宗族为基础的尚武文化传播到了内陆地区、沿海低地以及南方腹地穷乡僻壤的边界地带，打破了这些地区对殖民地政府、武力运用以及同北美印第安人关系的垄断控制。大阿巴拉契亚地区的边民们骄傲自大、独立自主、暴躁不安，时至今日仍然是北美社会一支反复无常的反叛力量。

到目前为止，我们所遇到的各个民族基本上都处于一个或多个殖民地政府管辖之下，殖民地政府则由各自的政治精英控制，但大阿巴拉契亚在刚建立时是一个没有政府的文明社会。边民们并不是真正的殖民者，真正的殖民者是被带到新大陆来为某个领主或股份公司特定的殖民工程提供人力资源的。边民们是家园遭到摧毁后为了避难而来的移民，是通常在没有得到官方鼓励或指导、常常违背自己意愿的情况下抵达的难民。由于不想屈从于"异族"统治或者放弃自己的生活方式，边民们直接冲向18世纪与世隔绝的边疆地区来建立社会。这一社会在一段时间内其实是个法外之地，他们仿造被自己抛诸脑后的无政府世界创建而成。

大阿巴拉契亚的创建者们来自不列颠北部饱受战争蹂躏的边界地区：苏格兰低地、靠近英格兰北部的苏格兰边区，以及苏格兰－爱尔兰人控制下的爱尔兰北部地区。他们的先祖历经近 800 年的持续战争，其中一些人同"勇敢的心"威廉·华莱士或罗伯特·布鲁斯并肩作战或者对抗过他们。到北美洲被殖民时，边界地区已经成为一片废墟。1580 年，一名英格兰间谍在谈及苏格兰时说："这个国家聚集着无数以乞讨为生、四处流浪的穷人。由于物资极端匮乏，这些穷人生活异常艰辛，极其胆大妄为，粗俗无礼。"1617 年，一位外国外交官写道："英格兰北部非常贫穷、荒芜、凄惨……因为这些民族在旷日持久的战争中相互残杀。"[1]

102

在这样的条件下，边民们学会了依靠自己，依靠自己的大家族来保卫家园、家庭以及亲属，免遭入侵者的侵扰，无论这些入侵者是异族士兵、爱尔兰游击队战士还是王家税务官员。生活在持续动荡之中的许多边民选择信奉传统的加尔文主义宗教（长老会），认为他们自己是上帝的选民，是一个由《旧约》中愤怒的神明来守护的神圣圣经民族。由于不相信一切形式的外部权威，边民们最重视个人自由和荣誉，并乐于拿起武器来捍卫自己的自由和荣誉。当需要吃苦耐劳、尚武好斗的民族移民北爱尔兰并粉碎本土抵抗时，伊丽莎白一世女王及其继任者们将目光投向了边界的苏格兰人。这些苏格兰人最终成为阿尔斯特的苏格兰-爱尔兰人。一个世纪后，许多美洲人愿意保护边地免受桀骜不驯的美洲土著居民的入侵，从而为沿海附近更加温顺的移民们建立起一个保护性的缓冲地带。[2]

1717～1776 年，边民们经过五次规模一次比一次大的移民潮抵达这里。每一次移民都是对不列颠群岛一次灾难的回应。第一次移民潮发生于阿尔斯特发生干旱和羊瘟之后。这一事件导致人们对本地区主要出口产品（亚麻布）需求下降。与此同时，远离爱尔兰的英格兰地主在长期租约到期之后开始向佃农索取惊人的租金。"就当前情况而言，我不知道爱尔兰如何能让居民在完全没有肉食和衣服且不挨饿的情况下缴纳比现在更高的税款，"一位造访者于 1716 年警告爱尔兰的英国圣公会大主教，"他们已经拿出自己的面包、肉类、黄油、鞋子、袜子、床铺、家具和房屋来支付地租和赋税。我不明白还能从他们那里得到什么，除非我们把他们的土豆、酪乳和牛奶也拿走，或者剥了他们的皮然后拿去卖掉。"赋税也一直增加，成千上万的佃农别无选择，只能出售自己的租赁权，然后预订一张前往新大陆的船票。新到期租约的租金翻了一番，牛价跌了一半，农作物歉收发生频率增加，因此紧随第一批移民群体步伐的是数万名同胞以及后来的数十万同胞。[3]

　　到 18 世纪 70 年代初，外流人口如此之多，以至于伦敦当局担心爱尔兰和苏格兰边界地区会在经济上陷入瘫痪。"他们成群结队地移民到美洲，"爱尔兰的一位官员警告称，"必须采取措施，给爱尔兰穷人提供养家糊口的生计。如果要挤奶牛的奶，就必须喂它。"斯凯岛上的一位土地经纪人报告称，庄园正变成一片"废墟"。北爱尔兰德里主教告诉帝国官员，当时美洲边远地区酝酿的"反叛精神"是因为 3.3 万名"狂热而饥渴的共和主义者在短短数年内"便自爱尔兰移民到了美洲。英国各地的报纸和杂志都忧心忡忡地预测这个惨遭遗弃的王国的未来。美国独立战争爆发时，英国官员仍在讨论如何最好地限制边民移民。[4]

　　虽然少数边民定居在了新英格兰、南方腹地以及后来的英属加拿大，但绝大多数边民是经由内陆地区到达北美的：到

103

1775 年，人数已经超过 10 万。内陆地区统治下的殖民地非常有吸引力，因为贵格会的官方政策是欢迎所有民族的移民，并让他们在不受任何干扰的情况下信奉自己的信仰。不过，新来移民粗鲁的行为和对宗族的忠诚感让内陆地区人大吃一惊。费城的报纸指责他们一连串的恶行：伪造货币，谋杀，强奸一个六岁的孩子，说出"威胁当局的话"（如果政府胆敢处死他们的一个同胞，以作为对其罪行的惩罚的话）。官员们尽最大努力将他们赶出城市，驱逐到边境，在那里他们可以作为抵抗法国人或美洲土著民族进攻的缓冲。[5]

由于穷困潦倒、土地匮乏，绝大多数边民确实很乐意直接搬到边远地区。用一位高级殖民地官员的话说，在那里边民们"问都不问就夺取任何自己可以找到的空置土地"。一些边民经过长途跋涉之后所剩无几，本可以在离费城不远的定居区租赁土地，但他们没有这么做。正如一个边民所解释的那样："在我们来这里之前，我们在自己的国家受到地主的残酷压迫和骚扰，损失惨重，身处险境，历经千辛万苦来到……这个陌生的世界，以求将自己从这种压迫中解放出来。"苏格兰 - 爱尔兰人是数代同堂的大家族。为了寻找空置的土地，他们在现在宾夕法尼亚中南部森林山丘上狭窄的印第安小路上一走就是好几天。他们在分散的土地上安家定居，建造简陋的小屋，清理小花园，开始在没有围栏的地区放牧。边民们并未尝试生产可供出口的经济作物，而是采用自给自足的林地经济。他们狩猎、捕鱼，并从事刀耕火种的农业活动，每几年就随着土壤贫瘠而进行迁移。英国的生活教会他们不要在固定资产上投入太多时间和财富，固定资产在战时很容易遭到破坏。相反，他们以一种非常灵活的方式储存自己的财富：成群的猪、牛和羊。当确实需要现金时，他们将玉米蒸馏成一种更易携带、更易储存、更值钱的产品：威士忌。在接下来的两个世纪中，威士忌将一直是大阿巴拉契亚实际存在的货币。[6]

这是一种能够长时间休闲的生活方式，一种遭到其他地区之人唾弃的放纵行为。"他们拥有美洲最好的地区，能够培育任何作物。由于极度懒惰，所以他们非常贫穷，"1768 年，一位来自南方腹地的牧师在谈及南阿巴拉契亚人时写道，"他们满足于当前卑微、懒惰、放荡、异教式、地狱般的生活，而且似乎无意改变这种生活。"事实上，边民们的当务之急似乎从来都不是增加自己的财富，而是最大限度地提升自己的自由，尤其是从外部力量中获取。[7]

早期的城镇没有什么值得谈论的，但定居者们维持密切的亲属关系，邻居们散布在整个山间。在整个阿巴拉契亚山脉，边民们经常为自己留下的定居点命名：多尼格尔、加洛韦、伦敦德里（或德里）、新苏格兰、纽卡斯尔、达勒姆和坎伯兰。这些社区开始时与外界相当隔绝，并不效忠于外面的世界。由于道路不通，贸易几乎完全是以物易物。即使去最近的法院也要花费好几天，边民们又回到了自己以前在苏格兰时的做法，将法律牢牢掌握在自己手中。伸张正义的不是法院，正义由受害者个人和亲属通过个人报复来伸张。"每个人都是自己家庭的警长"是边地的一个信条。这个信条彰显了苏格兰式的处理问题方法："敲诈勒索"（作为保护费）、血海深仇（最著名的是哈特菲尔德和麦科伊家族之间的世仇），以及"林奇法则"。"林奇法则"以大阿巴拉契亚的边民威廉·林奇（William Lynch）的姓氏命名，他主张在目无法纪的弗吉尼亚边远地区推

105

行私自执法。介于亡命之徒、贪赃枉法以及同印第安人冲突之间的大阿巴拉契亚很快便臭名昭著。"我的爱尔兰北部同胞们的行为……"佩恩的秘书报告称，"他们对彼此的暴力和不公行径在他们到来之前很少在这一地区出现。"[8]

虽然对外部约束自己的行为极为抵触，但边民们可以毫不妥协地执行内部的文化规约。不满或分歧——无论是邻居、妻子、孩子，还是政敌的——都是无法接受的，常常遭到野蛮压制。边民们对社区内部严重的不平等现象置若罔闻。在许多地区，占人口总数十分之一的最富有的人控制了大部分土地，而占人口总数一半的最底层人士则一无所有，作为佃户或棚户区居民而苟延残喘。这些幸运的十分之一通常是"名门望族"的首领或魅力四射的人物，他们要求人们的忠诚。这份忠诚与其说是他们支持的任何特定政策的结果，不如说是他们的个性、性格和横向家谱联系发挥作用的结果。他们并非通过任何形式的继承，而是依靠个人行为和成就赢得了社会地位。在边民们看来，父母任何一方四代之内的人都可以被看成"家人"，从而有效地建立起庞大的宗族。表兄妹之间通婚司空见惯，从而强化了血缘关系。处于社会底层的是那些靠狩猎，觅食，以及掠夺邻居庄稼、牲畜、贵重物品和女儿为生的家族。随着大阿巴拉契亚文明根深蒂固，遏制后者的掠夺将成为一个重大政治问题。[9]

从最初位于宾夕法尼亚中南部的据点出发，边民们沿着一条长达 800 英里的古老印第安小径向南方崇山峻岭迈进。这条小径后来被称为"大马车之路"。这条简陋的小道始于兰开斯特和约克，途经黑格斯敦（现在马里兰西部的狭长地带），沿着弗吉尼亚的谢南多厄河谷，穿过北卡罗来纳高地，最终终止于现在佐治亚州的奥古斯塔。成千上万的边民带着自己的牧群，沿着这条小径迁移到崎岖不平、几乎未被开发的南部内陆地区。1730～1750 年，阿尔斯特和苏格兰边界地区人去楼空，北卡罗来纳的人口增长了一倍，到 1770 年又增长了一倍。弗吉尼亚西南部人口以每年 9% 的速度增长。在 18 世纪 60 年代的南卡罗来纳边远地区，几乎所有的居民都来自宾夕法尼亚或弗吉尼亚的内陆地区。从技术层面来讲，边民们可能已经迁入了由沿海低地士绅和南方腹地大种植园主控制的殖民地；但从文化层面来讲，大阿巴拉契亚民族有效地切断了沿海低地与内地的联系，阻止了西印度群岛奴隶制度向南方高地推进。直至美国独立战争之后，边民们才控制了一切正规政府；田纳西、肯塔基和西弗吉尼亚这些地方尚未出现。[10]

边民们生活在自己经常入侵的美洲土著居民之中。同新法兰西的情况一样，相当一部分边民移民基本上都"入乡随俗"，放弃农业和畜牧业，过着土著人的生活。移民们打猎，捕鱼，穿着和本地土著居民身上穿的类似的皮草、衣服，采纳印第安人的习俗习惯，娶印第安人为妻，生下一些混血儿。其中的一些混血儿长大后成为美洲土著居民中杰出的政治家。一些移民学习印第安人的语言，长期深入印第安人的领土进行诱捕和贸易考察。其他一些移民则成为四处流浪的不法分子，在穷乡僻壤打家劫舍，从而惹恼了几乎所有人。一个心怀不满的南卡罗来纳人说这些移民"只不过是白人印第安人"，而生活在边远地区的弗吉尼亚人则抱怨那些"像野蛮人一样生活的人"。然而，大阿巴拉契亚主流社会将伦尼莱纳佩人、肖尼人（Shawnee）、切罗基人、克里克人（Creek）以及其他印第安人视为争夺边远地区控制权的竞争对手。这是一种涉及双方的态度，尤其是边民越来越频繁地在印第安人的土地上狩猎、开垦、侵占。结果，双方之间爆发了一系列惨无人道的战争，双方死亡人数都非常惊人。[11]

107 　　在大阿巴拉契亚爆发的印第安人战争和其他暴力事件对其他地区，尤其是内陆地区，产生了深远的影响。我们已经看到，18 世纪 50 年代伦尼莱纳佩人的入侵是如何迫使贵格会教徒放弃对本地区大部分控制权的，但这只是后来一系列冲突中更加不稳定事件的一次预演。1763 年 12 月，一伙来自宾夕法尼亚帕克斯顿及其周边地区的苏格兰 - 爱尔兰人袭击并烧毁了佩恩家族土地上的一处已经皈依了基督教的印第安人定居点，当场打死六名印第安人，又屠杀了 14 名内陆地区人带到兰开斯特监狱保护起来的印第安人。死者中包括两名三岁大、被人剥了头皮的孩子和一位在监狱院子里被人用斧头砍死的老人。杀戮发生之后，这些所谓的"帕克斯顿男孩"集结了一支由 1500 名苏格兰 - 爱尔兰邻居组成的武装部队，向费城进军，打算杀死更多热爱和平的美洲土著居民，这些土著居民受已故创始人的孙子——总督约翰·佩恩的邀请，逃至费城避难。

　　其结果是边民和内陆地区人之间爆发了一场剑拔弩张的军事对决，当时英属北美第一大城市的控制权悬而未决。1764 年 2 月的一个雨天，帕克斯顿男孩们来到费城郊外时，1000 名内陆地区人聚集起来保卫议会大楼。全市民兵们在驻军的阅兵场上部署了一排大炮，每一门大炮都装上了葡萄弹。当边民们的军队包围这座城市时，200 名贵格会教徒不顾自己的原则，拿起武器抵抗。一位目击者声称，在城郊，穿着鹿皮鞋和毛毯外套的帕克斯顿男孩们"模仿（印第安人的）战争呐喊，发出可怕的叫喊声，吓坏了那些不爱惹事的市民，假装要剥他们的头皮"。由于德意志裔的市民普遍保持中立，费城苏格兰 - 爱尔兰人的下层阶级同情入侵者，内陆地区即将被占领。[12]

最后，本杰明·富兰克林化险为夷。富兰克林率领一个谈判小组向边民们承诺，如果边民们同意回家，那么他们就解决边民们的不满。边民中的一些人获准视察城内的印第安人难民，但无法确定其中的敌方战斗人员。边民们后来向佩恩提出要求，第一个要求就是要让边民们在地方议会中获得适当的代表。（当时，内陆地区的人均代表人数是边境地区的两倍。）费城人吓破了胆，总督拖拖拉拉，整个城市"每天都面临着更强大力量回归的威胁"。贵格会教徒向伦敦求助，在内陆地区历史上常备军首次在城市驻扎。只有结束同西部更加偏远印第安人的敌对行动，局势才能恢复正常。但帕克斯顿男孩们的行动揭示了宾夕法尼亚与其他殖民地之间的断层。在美国独立战争期间，这些断层将凸显出来。[13]

大阿巴拉契亚殖民地的其他地区同样动荡不安。18世纪30年代，在饱受争议的宾夕法尼亚－马里兰边界，为了保住这片土地，两地政府都征募苏格兰－爱尔兰人；虽然一方乐于使用武力驱逐德意志人，但事实证明，双方都不愿意相互厮杀而使殖民地政府陷入僵局。民族背景再次战胜了国家归属。

在南卡罗来纳的边远地区，边民们于18世纪50年代侵入切罗基人的领地，偷猎麋鹿，抢夺人头皮，然后冒充肖尼人用这些东西在邻近的弗吉尼亚领取丰厚的赏金。这些无缘无故的入侵在1759～1761年引发了一场血腥的战争。大英帝国军队在强行达成和平协议时，双方都已有数百人丧生。几年后，佐治亚高地的克里克印第安人抱怨道，边地猎户们"在森林里到处游荡，破坏了我们的游戏规则"。狩猎季结束时，这些偷猎者

108

开始从比较守法的同样身为边民的邻居那里偷盗牛、猪和马。一些边民结成有组织的帮派，持枪抢劫边远地区的民众，通过殴打、烙印和烧掉脚趾来迫使一些人说出隐藏的钱财和贵重物品。[14]

这一犯罪浪潮阻止了移民们积累财富，强化了旧有的边民模式。一个南卡罗来纳人观察说道："一个靠诚实劳动挣了50英镑，并将这笔钱储存起来以备不时之需的人会因他们的行为而使自己和家人的生命陷入危险。""如果我们买了一些酒以零售或招待客人，那么他们会闯入我们的住所，将这些酒一饮而尽，"1769年，那个殖民地的边远地区的定居者报告称，"要是我们饲养用于交易的肥牛或是骏马，那么（即使是）在戒备森严的情况下，这些肥牛或骏马也经常被人牵走。"相当多从南方种植园逃跑的奴隶加入"匪徒行列"，其中一些奴隶崛起并领导自己的帮派。这威胁到南方腹地的扩张，因为这一民族无法在匪徒为逃亡者提供避难所的地区生存。英国圣公会牧师查尔斯·伍德梅森（Charles Woodmason）警告说："这些土地虽然是本地区最好的，但一直闲置着。有钱人也不敢让奴隶开垦这些土地，以免这些土地落入盗匪手中。"[15]

随着南卡罗来纳和佐治亚高地开始变得像苏格兰边境那样没有法纪，大阿巴拉契亚的主要名门望族通过边民们习以为常的方式做出回应：他们组建治安会来追捕匪徒。他们称自己为监管者，在佐治亚和弗吉尼亚之间的高地上来回扫荡，鞭打、打烙印以及私刑处决任何可疑的不法分子。（许多土匪是伐木者和偷猎者，但一些土匪头子原来是切罗基战争的退役军人，出身名门望族，明显钟情于掠夺。）监管者随后对自己社区里的"流氓和其他无所事事、一文不值的人"进行打击，通过了一项监管计划。在此监管计划下，监管者鞭打、驱逐任何他们认为懒惰或不道德的人，并强迫其他人"在鞭打之痛"中耕种土地。从 1768 年起的三年里，监管者们完全控制了南卡罗来纳的内陆地区，赶走了低地派来的治安官和法官。他们要求南方腹地人给予他们自己在立法机构中的比例代表权。当时，边远地区的白人占本殖民地白人人口总数的四分之三，但在议会的 48 个席位中仅仅占有 2 个席位。他们"对待我们的方式"，其中一位边民指出，"就好像我们是与他们不同的物种"。在人们开始关注同不列颠的冲突之前，双方没有取得任何实质性进展。最后证明，在同不列颠的冲突中，南方腹地和边民之间的分歧至关重要。[16]

在北卡罗来纳，文化鸿沟的破坏性更大。18 世纪 60 年代，实际控制殖民地政府的沿海低地士绅们试图对边民行使管辖权。立法机关给予沿海低地 10 倍的人均代表权，实行以土地面积而非财产价值为基础的财产税制度，有效地将负担从富有的种植园主身上转移到穷困潦倒的边民身上。为了给自己建造一座价值 15000 英镑的奢华府邸，新上任的王家总督威廉·特里恩爵士（Sir William Tryon）又于 1765 年增税。同样，作为回应，这一边远地区爆发了以一场由监管者发起的治安会运动。从 1768 年开始，监管者们暴力夺取了该殖民地阿巴拉契亚地区的控制权，并连续三年统治。这些监管者殴打律师，洗劫法院，驱逐税务官员，一直执掌政权，直至 1771 年他们的 2000 人军队在阿拉曼斯克里克（Alamance Creek）同沿海低地民兵的一场激战中被击败。许多监管者领导人都在后来被称为田纳西的边远地区避难。几年后美国独立战争爆发时，大阿巴拉契亚和沿海地区之间紧张的种族关系也将深刻地影响各自效忠的对象。[17]

110

由于异族统治而无比沮丧的边民们无视英国王室及美洲土著邻居的权威，试图建立自己的国家。在宾夕法尼亚中北部，一个苏格兰－爱尔兰人占多数的非法移民团体建立了自己"公平竞争"的政府。这个政府以长老会的民主原则和苏格兰边境地区的激进个人主义为模板。接下来的五年，这片独立且公平竞争的领地上的四十个家庭继续他们自己的边境主权实验，直至1784年移民线越过该地区，他们被人群吸收，也许是极不情愿地被吸收。[18]

一场规模更大的实验在更加偏远的南部，即现在田纳西州东部和肯塔基州中部进行着。在那里，数千名边民在印第安人领地深处建立了一个临时政府。边民的新国家特兰西瓦尼亚（Transylvania）的成立直接违反了《1763年王家宣言》（本宣言禁止在阿巴拉契亚以西地区定居），侵犯了北卡罗来纳和弗吉尼亚的司法管辖权（当时两地均声称拥有这一领地的所有权），并侵犯了国王陛下的财产权（因为王室合法地控制了北美大陆上所有未被立契转让的土地）。未经允许，边民们自行制定宪法，设立政府、法院和土地办公室。边民们的领导人，包括苏格兰低地移民詹姆斯·霍格（James Hogg），派遣拓荒者丹尼尔·布恩（Daniel Boone）开辟一条200英里长的道路，直通现在的肯塔基州中部。这样一来，移民们蜂拥而至，创建了布恩斯伯勒（Boonesborough）。1775年初，在一片空地的一棵巨大榆树下，他们召集了"参议院会议"，宣布该议会为"我们的教堂、议会，和议会厅"。当其他殖民地要召开大陆会议以讨论同英国紧张关系的消息传来时，特兰西瓦尼亚派霍格前往费城，请求接纳其为第十四个成员。[19]

在英国控制的民族同宗主国发生一系列冲突时，大阿巴拉契亚的边民们将起到决定性作用。一些地区的边民支持英国，一些地区的边民反对英国，但边民们这么做都是出于同样的理由：他们都是为了抵抗对自己宗族自由的威胁，无论威胁来自内陆地区的商人、沿海低地的士绅、南方腹地的种植园主，还是英国国王本身。这一模式时至今日仍主导着大阿巴拉契亚。

第二部分

虚假同盟：1770～1815

第十章 共同斗争

我们称为美国独立战争（美国革命）的事件并不是一场真正的革命，至少在这场革命发生的时候是这样的。1775～1782年的军事斗争并不是"美利坚的民族"为了建立一个人人生而平等，享有言论、宗教以及新闻自由，横跨北美大陆的统一的共和国而进行的斗争。相反，这是一场由多个民族组成的松散军事联盟所采取的极其保守的行动。每个民族最关心的都是保持或重新控制各自的文化、特色以及权力结构。反叛民族当然不希望联合组成一个单一的共和国；英国当权派愚蠢地试图将他们同化为一个由伦敦集中控制的同质帝国。一些民族——内陆地区、新尼德兰以及新法兰西——根本没有反叛。那些反叛的民族并不是在进行一场革命，而是在各自进行殖民解放战争。

正如我们所看到的那样，发动反叛的四个民族——新英格兰、沿海低地、大阿巴拉契亚以及南方腹地——几乎没有任何共同点，而且彼此极不信任。那么，这些民族是如何克服分歧而一起发动一场战争的呢？这个问题很难回答。事实上，他们有时甚至并未并肩作战，因为大阿巴拉契亚正在进行一场并非针对英国而是针对内陆地区、沿海低地以及南方腹地的解放斗争。更为复杂的是，南方腹地的精英们对叛乱的态度十分矛盾，其中许多人在叛乱过程中改变了立场。（佐治亚甚至在叛乱期间重新回到了帝国的怀抱。）南方腹地人参加"革命"的主要原因是他们担心如果不这样做的话，他们将失去对奴隶的控制。整体上，各个民族之所以相互合作，只是因为他们并没有其他方法来战胜对各自文化的生存威胁。他们同敌人的敌人结盟，但并没有打算相互合并。

116　　美国的独立战争是由七年战争——1756～1763 年英法之间爆发的大规模全球性军事冲突——引发的。在美国，七年战争被称作法国 - 印第安人战争，因为英国人在这场战争中同新法兰西及其土著盟友交战。这场战争使北美的权力平衡发生了重大变化。最后，法国战败，整个新法兰西（除了圣皮埃尔岛及密克隆岛之外）全部移交给了大英帝国。对美洲大陆人民来说，这产生了两个后果。首先，它使北美土著民族唯一可以依靠的欧洲社会退出了政治及军事舞台。其次，它在英国当权派内部滋生了傲慢的必胜主义。当权派认为现在他们可以随心所欲地重塑北美帝国。这些发展对印第安人以及英国帝国主义者都极为不利。

　　17 世纪，美洲最古老的民族创建时，英格兰仍然是一支弱小力量，竭力获取西班牙帝国遗留下来的零散领土。受内部不和——英国内战、克伦威尔的独裁统治以及光荣革命——的影响，英国将建立海外殖民地的大部分任务外包给了私营公司、富有贵族以及被认为在远方能够受到更安全监视的宗教派别。这种无心之举促成并发展了最早的英美特色文化。到了 17 世纪80 年代，当国王试图进行统一统治和中央集权的时候，为时已晚。当时，一些民族已经经历了好几代人，形成了自己的传统、价值观以及利益集团。

那么，英国发生了什么变化，导致人们从善意地忽视殖民地到试图控制殖民地呢？答案是一个积极进取的新精英阶层出现了。

到了18世纪中叶，英格兰比以往任何时候都要强大。英格兰吞并了苏格兰、爱尔兰以及威尔士，成为联合王国，一个横跨从印度闷热低地到哈得孙湾冰冷荒野、真正的全球性大不列颠帝国。在清教徒、贵格会教徒、骑士党人以及巴巴多斯人离开英国数十年后，为管理这一不断扩张的帝国，一支新的社会力量已经形成：一个傲慢的统治阶级。这个统治阶级甚至有属于自己的"上流社会"口音。这种口音形成于18世纪初期，被（殖民地官员以及英国下层阶级）看成一种矫揉造作、自命不凡的口音。这个统治阶级成员几乎只同本阶级人员联姻。这个统治阶级建立了伊顿公学、威斯敏斯特公学及哈罗公学这样的新精英寄宿学校，从而教育、同化自己的子女。这个统治阶级创建了英格兰银行、现代皇家海军以及东印度公司这样强大的、可以控制国内外小人物的新机构。17世纪初，英国由贵族统治。这些贵族在自己的庄园或自己所在郡的城镇上长大并接受教育，具有当地特征、口音以及日程。到1763年，英国统治阶级由在贵族寄宿学校接受过精英教育，并将自己视为帝国精英的人士组成。七年战争结束之后，这些人试图完成80年前国王詹姆斯二世未竟的事业：让美洲殖民地接受自己的意志、制度、官僚机构以及宗教。[1]

他们发起的这场标准化运动在许多方面同时取得了进展。由于美洲殖民地人民的平均税负仅仅为英国的二十六分之一，因此伦敦当局对殖民地砂糖、烟草、纸制品等各类商品征收名目繁多的新税。其中一些税收是为了影响社会变革。"为了使那些资质平庸（出身低下）的人远离那些他们在生活中玷污了的机构"，颁发大学文凭和律师从业执照时新收的费用要高于英国。这一阻止粗俗者占据显要职位的愿望也促使伦敦的精英们撤销了大阿巴拉契亚第一批学院中由长老会管理的北卡罗来纳皇后学院的章程，理由是这所学院"鼓励容忍"一种不受欢迎的宗教。为了增强帝国官方认可的、受到税收赞助的圣公会的力量，长老会神职人员被禁止主持婚礼，圣公会主教第一次被派遣至美洲（吓坏了先前独立的弗吉尼亚圣公会教徒），圣公会传教士被派遣前往波士顿，以改变那里的"异教徒"清教徒的宗教信仰。

118   尽管英国由于七年战争负债累累，但大部分新税收用于维持驻扎在北美的 10000 名帝国军人。用英国一位高级官员的话说，维持这些军队的"主要目的"就是"确保美洲殖民地对英国的依赖"。这支——在美洲史无前例——庞大的常备军负责执行帝国法律，包括执行 1763 年的一份公告。这份公告禁止殖民地民众侵占阿巴拉契亚山脉另一侧印第安人的土地。与此同时，皇家海军加强了禁止新英格兰商人同加勒比海的法国以及荷兰属地做生意的贸易法规的执法力度。很多走私犯在新设立的没有设置陪审团的军事法庭接受审判。东印度公司是一家由英国统治阶级控制的颇受宠爱的公司，获得了特别许可，可以无视贸易法规以及殖民地商人，直接向北美运输和销售茶叶。这些新增的税收、实行的法律以及驻扎的占领军都未经各个殖民地精英阶层或者民选代表们的同意，被强加给了英属北美殖民地。这使得许多殖民地民众理所当然地担心他们独具特色的区域文化注定要消失。[2]

      生活在新法兰西的美洲土著居民同样担心他们的文化延续

问题。一个半世纪以来，印第安人和新法兰西人通过互赠礼物的仪式建立了一种相互满意的关系。但英国军事指挥官杰弗里·阿默斯特男爵（Baron Jeffrey Amherst）取消了所有的礼物馈赠机制，并明确表示，这些野蛮人要么服从，要么灭亡。结果，在渥太华部落首领庞蒂亚克（Pontiac）的领导下，十几个主要部落于 1763 年发动了一场规模庞大、协调一致的起义。这场起义旨在削弱英国力量，恢复法国对新法兰西的控制。这场战争——促使帕克斯顿男孩们向费城进军——导致印第安人在宾夕法尼亚、马里兰以及弗吉尼亚的大阿巴拉契亚地区杀害或俘虏了 2000 名殖民者。阿默斯特男爵企图"消灭这一可恶的种族"，指示他的部队给印第安人分发染上天花病毒的毯子。最终，即使是生物战也无法让这些印第安人屈服，阿默斯特被不光彩地召回。[3]"我们现在告诉你：法国人从未征服过我们，他们也从未购买过我们的一寸土地，"庞蒂亚克对阿默斯特的继任者说道，"如果你希望保留这些（五大湖区贸易）哨点，我们期待从你们那里得到适当的回报。"对大英帝国的官员来说，议和之后更为重要的是要让殖民地民众服从命令，并且远离阿巴拉契亚山脉之外的印第安人土地。[4]

119

　　新英格兰再次第一个奋起反抗。

　　新英格兰宗教凝聚力、民族凝聚力最为强大，民族自我意识较高，同时热衷于自治，并且愿意为维护"新英格兰道路"（New England Way）而英勇作战乃至流血牺牲。一些新英格兰人将这场斗争视为英国内战以及光荣革命的延续。英国内战和光荣革命是善良的加尔文主义者同专制政体以及教皇力量进行的殊死斗争，而这场斗争是在一位贪婪的君主与"天主教精英"圣公会及其主教和信徒之间进行的。从缅因东部到康涅狄格南部，清教徒教会——现在被称为公理会——站在爱国者一边，敦促其成员奋起反抗。清教徒认为克己是一种美德。清教徒的这种观念被消费者用来抵制英国的奢侈品以及工艺制品。正如罗得岛的一家报纸所报道的那样，市民们必须"放弃享受以维护自由"。正如一位参加过美国独立战争的老兵后来解释的那样："我们要让那些英国佬（Redcoats）明白，我们一直自我管理，我们也一直都是这样打算的。他们不让我们这样做。"[5]

1773 年 12 月，一伙有组织的反抗者将价值 11000 英镑的东印度公司茶叶倒入波士顿港。英国议会对此做出回应：撤销马萨诸塞的管理宪章，封锁波士顿港，并实施军事管制。接替阿默斯特出任北美军事指挥官的托马斯·盖奇（Thomas Gage）将军被任命为总督，并有权在他认为合适的情况下在私人住宅驻扎军队。

这一严厉的回应震惊了所有英属北美殖民地的领导人，促使他们于 1774 年 9 月召开外交会议——第一届大陆会议。与此同时，各个地区对新英格兰事态的发展都做出了自己的反应。

从文化层面来讲，新英格兰的反应极具启发意义：马萨诸塞的起义军首领迅速宣布召开新的代表大会——地方议会——并要求所有城镇举行选举以填充其席位。到 1775 年初，200 名民选代表事实上已组成殖民地政府，征收赋税，并管理起义的民兵部队。即使在危难时刻，新英格兰人也以社区为基础采取行动，通过投票执行重要的决定，并通过代议制政府指挥军事行动。新英格兰人在斗争中团结一致，导致盖奇将军领导下的帝国政府在波士顿以外的地区停止运转，而仅在波士顿地区正常运转是因为数千名身穿红色衣服的英国常规军控制了波士顿的街道。无能为力且寡不敌众的盖奇给伦敦当局写信，要求增派20000名士兵——相当于七年战争中针对新法兰西部署的人数。公开冲突是避免不了了。[6]

控制沿海低地的贵族士绅们并没有那么团结一致，并且认为衡量公众舆论毫无必要。和新英格兰一样，他们反对帝国的新政策，但对于是否到了要考虑叛国的地步，他们的意见分歧很大。像往常一样，切萨皮克士绅们的动机主要是帝国对他们自己享有的特权或"自由"造成了威胁。几代人以来，这些士绅几乎完全控制了马里兰、弗吉尼亚低地以及北卡罗来纳的政府、法庭以及教堂法衣室，而且他们的影响正在向特拉华蔓延。许多英国的士绅与他们有亲戚关系，他们觉得自己和那些士绅是平等的。英国人的自由在英格兰海岸戛然而止——这一想法让他们备受羞辱。英国任命的主教的到来破坏了他们在教区事务中的主导地位。帝国的新税收削减了他们种植园的利润。但在弗吉尼亚，沿海低地的士绅们分裂成两个地区阵营。那些生活在皮德蒙特（Piedmont）的士绅——托马斯·杰斐逊、詹姆斯·麦迪逊、乔治·梅森以及乔治·华盛顿——与大阿巴拉契亚边远地区的接触更多，也更清楚地认识到群山以外土地的巨大潜力，弗吉尼亚宣称对其中一直延伸到太平洋的带状地区享有所有权。他们相信他们的社会能够赢得独立，于是带头反对英国，对波士顿倾茶事件大加赞赏，并拒绝偿还英国债权人的债务。但拉帕汉诺克河以南的沿海低地核心定居点的士绅们则要谨慎得多。这些士绅反对建立地方民兵组织，并谴责波士顿倾茶事件侵犯了私人财产。然而，由于他们的殖民地包括大阿巴拉契亚的一大片地区，这些士绅在移民议会上以少数票被击败。

121 　大阿巴拉契亚的代表急于解决英国对肯塔基和田纳西移民的限制问题。但是，士绅们之间的社会凝聚力如此之强，即使是失败了，他们亦能从容应对；最终，沿海低地精英阶层中很少有人愿意为帝国或切萨皮克同胞而战。至于沿海低地的白人平民，他们基本上是按照吩咐行事。[7]

　　毋庸置疑的是，大阿巴拉契亚地区的情况绝非如此。最热情和最坚定的爱国团体以及保王党分子在这个辽阔的边疆地区生活着。每一个地方基于谁最威胁他们与生俱来的自由而选择队伍：沿海的殖民地精英还是大西洋彼岸的英国精英。在宾夕法尼亚，边民们想找借口进军费城，以推翻那里软弱的、喝着马德拉酒的精英阶层，也许就会结束内陆地区作为一种独特文化的局面。这使得他们成为满腔热忱的爱国者。在马里兰和弗吉尼亚，穷乡僻壤的乡下人将英国人视为他们最大的敌人，把他们的命运交给了沿海低地贵族中的皮德蒙特派。然而，在更远的南方，边民们最深恶痛绝的是低地的大种植园主，他们将与英国的麻烦看作摆脱主人、报仇雪恨的良机。在北卡罗来纳，这种仇恨情绪尤为强烈。就在几年前，沿海低地精英们还热情地镇压了监管者的军队。大阿巴拉契亚人出现了分裂，但无论为哪一方而战，大阿巴拉契亚人的目标都是一致的：粉碎压迫他们的敌人。[8]

　　内陆地区不想与革命扯上任何关系。事实上，内陆地区对伦敦的中央集权努力相当满意。内陆地区的领导人一直尽最大努力避免发生冲突。宗教和平主义起到了至关重要的作用，在那些经历过德意志战争所引发的恐惧的阿米什人、门诺派教徒以及摩拉维亚人中间尤为如此。大多数人想独善其身，满足现状的德意志人认为脱离帝国没有任何好处，可能会赋予他们那

令人不爽的苏格兰 – 爱尔兰人和沿海低地的邻居更大的权力。对内陆地区事务仍然有相当大影响力的贵格会教徒几乎没有抱怨过君主。君主授予了威廉·佩恩特许状，使其殖民地能够建立。这些贵格会教徒能够容忍其他宗教，对英国圣公会不断增长的影响力毫不担忧。贵格会教徒的不少子孙也加入了圣公会。帝国承诺加大对内陆地区的控制，如此一来，他们就不用像几年前帕克斯顿男孩们向费城进军时，被迫拿起武器进行防御那样了。帝国加强对内陆地区的控制也能保护他们免遭真正敌人的侵略——偏执的新英格兰人，以及好战的、无处不在的占宾夕法尼亚人口大多数的边民。随着革命临近，贵格会教徒宣布保持中立，但继续同帝国做生意。内陆地区——宾夕法尼亚东南部、新泽西西部、马里兰和特拉华北部——在冲突中都被动地效忠帝国，让那些迁移到费城、支持爱国事业的人大失所望。"贵格会教义，"出生于英国的前贵格会教徒托马斯·潘恩（Thomas Paine）怒气冲冲地说，"有一种直接的倾向，那就是让人们在任何强加给他们的政府治下保持沉默和顺从。"[9]

新尼德兰是保王党在北美大陆最大的堡垒。在荷兰人定居区——包括现在的布鲁克林区、皇后区、斯塔滕岛以及布朗克斯的三个县、韦斯特切斯特南部和曼哈顿——公众舆论极力反对背叛帝国。统治该地区的荷兰和英国的精英们担心，革命会导致自己垮台，纽约的大部分地区将处于新英格兰的控制之下。事实上，已经有大片地区处于新英格兰的控制之下。新英格兰人移民区——长岛东部、韦斯特切斯特北部、奥尔巴尼县的乡村，以及格林山脉（新法兰西人称之为绿色山岭）东北的七个县——的居民已经紧跟新英格兰的步伐，公开加入叛军队伍。

如果殖民地叛乱，那么大家都知道这一地区将会陷入内战，很有可能会四分五裂。[10]

英国官员们有理由希望南方腹地的奴隶主们也会忠贞不贰。大多数大种植园主是英国圣公会教徒，对民主思想充满敌意，他们的生计完全依赖于出口蔗糖及棉花。同沿海低地的士绅们一样，这些种植园主自我标榜为诺曼人或骑士党——这些称呼都带有保王党色彩——并随心所欲地管理着南卡罗来纳、佐治亚以及北卡罗来纳最南端的低地。同切萨皮克的表亲不同，这些种植园主拥有的奴隶数量是他们的三倍。他们非常害怕可能会为其奴隶提供反抗自己机会的一切动乱。在英属西印度群岛，大英帝国的力量是内外安全的最佳保障，而他们在那里的同行没有提到任何关于反抗王室的言论。但是，南方腹地的种植园主并非生活在一个岛上，因此他们有更多的活动空间。这些种植园主虽然的确对帝国试图增加税收和限制其权力表示了异议，但是他们要将所谓的"国内敌人"束缚起来的需要平衡了他们的抗议。种植园主亨利·劳伦斯（Henry Laurens）在 1775 年 1 月写给一位朋友的信中总结了大种植园主的立场：他们只在帝国内部谋求"合理的自由"，"独立并不是美洲的态度…… 一个清醒、理智的人也绝不希望独立"。[11]

因此，奴隶主们通过地方议会采取行动，支持对英国商品的抵制，并坐观伦敦做出让步。查尔斯顿的一位医生回忆起 1775 年初南卡罗来纳的情况时说："南卡罗来纳想要的是一个冷酷无情、自我牺牲的反对派，而这正是她所认为的她需要做出的牺牲。"虽然种植园主们自己的目标非常保守——避免对现状做出任何改变——但他们控制下的殖民地的许多人却有截然不同的想法。在边远地区，边民们迫切渴望打破种植园主对权力的垄断，并乐于支持任何允许他们如此做的一方。在低地地区，种植园主们战战兢兢，因为奴隶之间开始谣传，"目前（同英国之间）的竞争是（有关）要求我们赋予他们自由"。种植园主们祈祷其他民族不要让北美大陆卷入公开战争，因为种植园主们知道他们的专制制度可能无法承受任何大的冲击。"我们的弱点在很大程度上，"一名民兵军官报告说，"在于我们当中有如此之多的奴隶。"[12]

1774 年 9 月初，第一届大陆会议在费城召开。各民族领导人首次齐聚一堂，协调整个殖民地的政策。56 位代表都深知促进殖民合作绝非易事，尤其是因为与各殖民地区域文化相关的消极刻板的印象。新英格兰的精英们致力于维护人人平等，所以新尼德兰、沿海低地以及南方腹地的精英们并不信任他们。约翰·利文斯顿（John Livingston）代表纽约市，他给马萨诸塞的约翰·亚当斯（John Adams）留下的印象是"害怕新英格兰，害怕平等精神，等等"。贵格会教徒对清教徒如何折磨、害死他们的祖先记忆犹新。其他许多人担心新英格兰人正计划夺取整个英属北美殖民地的控制权。"波士顿的目标是整个大陆的主权，我知道。"在 1773 年的一次晚宴上，南卡罗来纳的一位种植园主对亚当斯的表兄弟小乔赛亚·昆西（Josiah Quincy Jr）说。"在某种程度上，有些人会在心中妒忌我们要求完全独立的目标，"塞缪尔·亚当斯（Samuel Adams）报告称，"……因为我们是一个顽强勇敢的民族，我们终将统治他们所有人。"昆西本人则在一次访问南方腹地的过程中发现："名门豪族的奢侈、放荡、生活、情感以及态度使得他们忽视、轻视以及漠视整个人类的真正利益。"[13]

亚当斯回忆道，后来爆发的反叛表现了"十三个殖民地经历过的各种各样的原则"，这十三个地区"是在不同的政府体制下发展起来的"，他们的"行为习惯几乎没有任何相似之处……他们很少交往，对彼此也不够了解，要把他们团结在同一原则和同一行动体系之下，这无疑是一项非常困难的工作"。虽然亚当斯描述的差异确实存在，但是十三个不同的殖民地并未全部在这场革命中出现；只出现了六个，而且同殖民地的边界并不吻合。[14]

在会议的整个进程中，在新英格兰人移民区——萨福克县、长岛、奥兰治县以及纽约的代表的支持下，新英格兰四个殖民地的代表步调一致。他们是这次会议的召集人，所以要求其他代表团同意对英国货物实行全面禁运，并立即全面禁止对英国的出口。新英格兰人也希望其他殖民地拒绝向英国缴税，建立自己的民兵部队以及自己的临时政府。[15]

新英格兰人最大的盟友是来自沿海低地的皮德蒙特地区的代表：理查德·亨利·李、帕特里克·亨利、弗吉尼亚的乔治·华盛顿以及马里兰的托马斯·约翰逊。这些代表对自己治理独立国家的能力充满了信心，同新英格兰人结盟，并说服他们比较温和的"老沿海低地"的同僚加入他们的队伍之中。

南方腹地的代表们更加犹豫不决。佐治亚拒绝派出任何代表，因为其领导人解释称精英们的意见"似乎在自由和便捷之间摇摆不定"。南卡罗来纳的五位代表中有四位代表担心，采取措施可能导致与帝国决裂。这些代表反对新英格兰人提出的出口禁令，并且普遍希望对英国进口货物的抵制能迫使伦敦做出让步。[16]

一成不变的是，新尼德兰代表团因内部争吵而筋疲力尽。

新尼德兰的九位代表中有五位代表反对抵制伦敦。其他四位革命派都反对纽约的帝国现状：两位是中产阶级荷兰人，一位是从新英格兰移民区奥兰治县搬来的律师，还有出生于奥尔巴尼、在耶鲁大学接受过教育的长老会会员菲利普·利文斯顿（Philip Livingston）。保守派认为这些人是粗俗无礼的平民。新尼德兰的保守派——代表了纽约和新泽西代表团的多数派——都是正派的士绅，希望避免公开叛乱和彻底独立。他们知道新英格兰移民为数众多，特别是在纽约北部，所以他们不太可能赢得太多选票。由于远方的商业是新尼德兰经济体系的重要基础，所以他们也反对抵制同英国贸易的提议，但最终会被其他民族的代表投票否决。[17]

不管是代表宾夕法尼亚、新泽西、特拉华还是马里兰，来自内陆地区的代表几乎全部胆小怕事。内陆地区十三位代表中有十一位代表反对武装抵抗，并且认为英国完全有权统治殖民地臣民并对其征税。议会中保守派运动的领袖是来自费城的内陆地区人约瑟夫·加洛韦（Joseph Galloway）。他认为殖民地之间的合作是不可能实现的，因为各殖民地在法律、习俗以及目标上都是"完全相互独立的"。他提出了一个替代新英格兰策略的方案：殖民地将继续保留在大英帝国内，但要求设立一个"美洲的立法机构"，与英国议会分享立法权，一个机构可以否决另一个机构的决定。虽然这项计划得到了保守的新尼德兰人的支持，却遭到了新英格兰、沿海低地以及南方腹地代表们的反对。这些代表拒绝将其明确宣称的"国家"未来的控制权移交给另一个中央权威。[18]

最能说明问题的是，第六个民族虽然可能占宾夕法尼亚和卡罗来纳人口总数的大多数，但是根本没有派代表出席会议。126

殖民地议会拒绝让大阿巴拉契亚参加会议，剥夺了这一广袤地区在会议上的任何发言权。他们最接近会议的代表就是托马斯·麦基恩（Thomas McKean）。他是一个来自费城的热情的阿尔斯特－苏格兰爱国者，代表特拉华北部出席了会议，并在每一轮交锋中都挫败了内陆地区的代表。在边民占多数的北卡罗来纳，三位代表中有两位代表在击垮 1771 年边疆监管者方面发挥了关键作用。被排除在费城会议之外的大阿巴拉契亚人条件反射性地反对各个代表团采取的任何立场。因此，宾夕法尼亚的边民们成了狂热的爱国者（反对内陆地区精英们的消极态度），而卡罗来纳以及弗吉尼亚的边远地区成了保王党的据点（以回应低地政治寡头们的谨慎爱国主义）。

这次会议虽然的确将其他五个民族召集在了一起，但这只是缔结条约的一个联盟，而非民族统一的前奏。1774 年 10 月下旬休会时，外交官们一致同意联合抵制来自英国的进口货物。如果伦敦未能在 1775 年中做出退让，他们将暂停出口商品。他们赞成向国王请愿，承认国王的权威，并请求国王为他们伸张正义。代表们回到住处，焦急地等待英国方面的反应。"我们翘首以待，"那年冬天，一个南卡罗来纳的种植园主写道，"上帝知道我们几乎没有任何力量来进行武装抵抗。"[19]

然而，英国的统治阶级并不打算向殖民地做出任何让步。出口禁令生效时，新英格兰的墓地已经堆满了新英格兰以及英军阵亡将士的尸体。美洲的解放战争打响了。

第十一章　六场解放战争

历史学家大卫·哈克特·费舍尔在《阿尔比恩的种子》一书中指出，美国独立战争不是一场战争，而是四场战争：新英格兰的民众暴动、南方的训练有素的"士绅战争"、边远地区的野蛮内战，以及被我们称为内陆地区的精英们领导的"非暴力经济及外交斗争"。费舍尔认为，这四场战争是以不同方式，为不同的目标而进行的连续不断的战争。

所谓的美国独立战争在大西洋沿岸各民族中的表现形式的确大相径庭。并不存在四场整齐划一的战争，一场战争结束之后另外一场战争接踵而至；相反，存在六场截然不同的解放战争，而且每场战争都影响一个民族。一些战争是同时进行的，两场战争涉及一个美利坚的民族侵略另外一个美利坚的民族。尽管名义上存在一支大陆军队，但大部分战斗还是在民兵和游击队员与当地的保王党分子之间进行的。许多血腥的战斗完全是在英军没有参与的情况下进行的。殖民地解放战争往往是丑陋的，包含了抵抗帝国势力与希望夺取统治权的敌对派系之间爆发的内战。少数民族以及土著民族精英担心自己在新秩序中的命运，所以往往站在殖民势力一边。美洲的解放战争也不例外。

理解各个民族为何而战以及如何为之而战，对于我们理解"革命"的内涵和革命对其孕育的怪异联邦的各种限制至关重要。

第一场战争在新英格兰爆发。为了反对英国政府试图瓦解该地区的自治权以及主要文化机构，新英格兰爆发了大规模的起义。在英属北美殖民地，没有哪个地区比新英格兰以及新英

128 格兰人定居的纽约和宾夕法尼亚更普遍支持叛乱的了。到 1775年，新英格兰已经建立了一个秘密情报通信系统、一个由"公共安全委员会"组成的影子政府，以及一支以社区为基础，时刻待命准备集结的军队。新英格兰人并非为了人类的普遍权利、宗教自由或者统治阶级的自由而战，而是为了捍卫自己的生活方式以及管理自己事务的方式而战。新英格兰人通过民选代表维持当地统治（当地通常是指镇政府，而不是地方政府），维护公理会教会（即清教徒）至高无上的地位，以及保护盎格鲁－撒克逊人与生俱来的、免受暴政蹂躏的权利。上帝的"选民"绝不会轻易放弃自己的神圣使命。

按照新英格兰人的一贯作风，这场战争主要是由地方一级的民兵组织在民选军官的领导下进行的。在建立新的民兵小分队的过程中，镇上的居民都会起草自己的"契约"，详细说明每一个小分队的运作方式。新英格兰民兵的独立性极强，视军官为公仆而非其上级。在战争初期，民兵们还经常挑战军官们做出的决定；因为新英格兰人并不是接受了命令才加入战斗的，所以在战场上这些新英格兰人绝不会轻易且被动地接受命令。

这种平等主义倾向让来自其他地区的大陆军军官感到沮丧和震惊。1775 年夏，华盛顿将军前来指挥围攻落入英军之手的波士顿的新英格兰军队时，他对这支外表衣衫褴褛、拒不服从命令，以及坚持在由自己的邻居组成并领导的部队中服役的军队感到惊讶。只有当外来的指挥官学会解释下达命令的原因时，这些指挥官才开始赢得新英格兰下属的信任。华盛顿虽然曾公

开恳求"北美联合省（United Provinces of North America）的军队不要有差别地对待所有殖民地"，但他在其私人信件中斥责新英格兰人为"卑鄙的人"。几周后，当几支沿海低地的神枪手小队加入围攻时，弗吉尼亚人对先前的奴隶同新英格兰民兵中的白人并肩作战表示了恐惧。[1]

1775 年 4 月 19 日，战争正式爆发。当时一支英军士兵纵队奉命从波士顿出发，前去夺取马萨诸塞康科德储存的大量火药。民兵们在列克星敦的城市绿地与这些英军相遇，在康科德桥当地民兵则同英军再次相遇，并迫使英军撤退，战斗由此打响。在撤退过程中，周边城镇民兵从道路两旁袭击帝国军队，因此帝国军队伤亡惨重。这些历经千辛万苦经由水路逃到波士顿的英国人发现自己被成千上万的新英格兰民兵包围了。与此同时，战争打响的消息传到了其他殖民地，并且产生了爆炸性的影响。

最终，英国人无法打破新英格兰人对波士顿的封锁。11 个月后，英国人撤退到新斯科舍，而新斯科舍自身也受到缅因东部新英格兰人组织的海上突袭的威胁。实际上，新英格兰在 1776 年 3 月就赢得了独立。自那时起，新英格兰便成为解放其他地区力量的主要据点，为华盛顿的大陆军提供了大部分的食物、补给、资金以及兵士。沿海的定居点会时不时地遭到英国的突袭。一年多以来，新英格兰人有理由担心英国人会从西面发起攻击。但是，到了 1778 年，乔治三世已经放弃了迫使新英格兰重新回到帝国怀抱的希望。总的来说，美洲的独立仍然迷雾团团。但是，新英格兰的解放战争已经接近尾声。

如果说新英格兰是叛军的大本营，那么新尼德兰则是其对立面：北美保王党人的主要聚集地以及英国军事力量在北美大

129

陆的枢纽。其他民族的保王党难民齐聚于此，英国的皇家海军和陆军也是从这里发起了各自的重新占领运动。自 1776 年 9 月起，一直处于英国军队控制下的大纽约市成为一座蓬勃发展、自给自足的城邦，几乎垄断了帝国的贸易。

新尼德兰人普遍对叛乱持怀疑态度，原因有三个。与周围民族不同，新尼德兰人并不觉得有必要捍卫自己的主权，因为他们从来就没有真正拥有过主权。无论是荷兰西印度公司、约克公爵还是王室总督，都是在没有参考地方意见的情况下统治这一地区的。仍占该地区人口五分之一左右的荷兰人无法确定自己的文化传统和宗教宽容传统在可能由新英格兰人占主导地位、获得独立的纽约地区不会遭到破坏（新英格兰人已经控制了纽约的大部分腹地）。在各种种族渊源的新尼德兰精英看来，他们既不能指望解放会给他们带来自由，又不能指望解放会给他们带来独立。1775 年初第二届大陆会议召开时，地方议会以二比一票反对派出代表，即使叛乱委员会指定的代表也无权就独立问题投票。

然而，当列克星敦战役的消息传到曼哈顿时，赞成叛乱的少数分子组建了恐吓地方当局及其支持者的帮派组织，从而夺取了该地区的政权。总督逃到了停驻在港口的皇家海军护卫舰"戈登公爵夫人号"（*Duchess of Gordon*）上，在那里生活了几个月，召开议会，发布无任何效力的法令。其他名流则动身前往英格兰，而留下来的许多人则遭到了愤怒的暴徒们的殴打、奚落、监禁，或者被"连抬带拖地"穿过城市。1776 年 2 月，华盛顿率领的以新英格兰人为主的军队占领了曼哈顿这座城市，但他们并没有受到大众的欢迎。"这块殖民地有数百人竭力反对我们，"纽约城的爱国者约翰·亚当斯写道，"保守派公开表示支持敌人，却未受任何惩罚继续生活着。"[2]

1776 年夏，一支由 30 艘军舰、400 艘运输船以及 24000 名
士兵组成的英国舰队抵达后，新尼德兰的爱国者起义突然彻底
失败了。这支侵略部队分散了华盛顿将军的军力，重新占领了
这座城市，并在 9 月底占领了一个和新尼德兰边界几乎完全吻
合的地区。叛乱分子四散而去，欣喜若狂的市民们肩扛英军士
兵在城里四处奔走。一位出生在德意志的牧师报告称："每个
人的脸上都洋溢着喜悦的表情。"成群结队的保王党难民先是
从周围乡村的藏身之处，接着从波士顿、内陆地区、诺福克、
查尔斯顿和萨凡纳，陆陆续续抵达这座城市。在英国人的保护
下，战争期间纽约市的人口从 22000 人增加到了 33000 人。新
来的人要么加入保王党军队，要么重建横跨大西洋的商业帝国。
国民政府得到了恢复；剧院、酒馆以及咖啡馆欣欣向荣；宣传
员约翰·里文顿（John Rivington）自流亡途中归来，编辑了北
美大陆影响力最大的保王党报纸《王家公报》（*Royal Gazette*）。
数千名保王党分子加入新尼德兰地区的民兵组织及地方军队，
在康涅狄格和新泽西定期搜查，在整个战争期间与新英格兰的
民兵组织及地方军队冲突不断。[3]

作为理查德·豪（Richard Howe）海军上将的舰队及其兄　131
弟威廉·豪（William Howe）将军的北美军事指挥部的总部，
新尼德兰既是反攻新英格兰的军队主要集结地，又是占领保持
中立的内陆地区的军队主要集结地。最终，反攻新英格兰灾难
惨重，而占领内陆地区最初则取得了成功。这两种策略都基于
豪兄弟对英属北美区域文化差异的认知而制定出来。第一场战
役正确地认定新英格兰是叛乱的源头，并试图通过从两个方向
入侵哈得孙河谷来切断该地区与其他地区的联系；一旦新英格
兰人定居的纽约腹地被平定，那么新英格兰本土可能同时遭到

三个方向的入侵。涉及内陆地区的战略正确地认定内陆地区的大多数人希望在没有公开诉诸武力的情况下解决帝国分歧。豪兄弟意识到在内陆地区的胜利取决于赢得内陆地区的人心，而不是他们对内陆地区居民诉诸全部军事力量的结果。因此，为了竭力避免平民伤亡，同时彰显英军的战无不胜，在华盛顿的军队撤退到上曼哈顿后，英军小心翼翼地行动，以明显的侧面攻击的方法将华盛顿的军队赶出了新尼德兰。英军甚至在港口的一艘军舰上为叛军将领举办了一场晚宴，试图说服这些将领和平下台，但并未取得成功。[4]

不幸的是，对豪兄弟来说，战略的前半部分一开始就失败了。1777 年 10 月，他们率领的北方军在纽约的萨拉托加（Saratoga）战败投降。打败他们的军队主要由马萨诸塞、新罕布什尔以及纽约北部的新英格兰人组成。萨拉托加战役的胜利是美国独立战争的决定性转折点。这场战役不仅维护了新英格兰的独立，而且说服法国加入这场冲突，从而从根本上改变了力量平衡。豪兄弟第二个策略的命运即将在下文描述。但无论是该策略还是英国随后的努力，都无法拯救英国在北美的帝国。

即使 1782 年英国在约克敦最后投降后，许多新尼德兰人仍然抱有希望。作为与一个自称"美利坚合众国"（United States）的弱小新联邦谈判的和平条约条件之一，新尼德兰人希望国王能够继续控制这一地区。1783 年，当十三个殖民地的任何一部分都不会被保留下来的消息传来时，大约 30000 名平民——可能是该地区战时人口的一半——逃离大纽约市，前往英国、新斯科舍和新不伦瑞克。新尼德兰进行了一场**反对**解放的战争，损失惨重。[5]

在一场大多数居民都不想参与其中的冲突中，爱好和平的内陆地区人竭力保持中立。甚至在列克星敦战役以及康科德战役之后，詹姆斯·威尔逊和约翰·迪金森这样的主要人物都反对独立，他们的政治盟友是 1776 年 5 月宾夕法尼亚议会选举中的最大赢家。如果参加第二届大陆会议的大多数地区没有投票"完全压制"宾夕法尼亚政府，那么该地区根本就不会发动叛乱。事实上，新英格兰、沿海低地以及南方腹地的代表们干涉了内陆地区的事务，批准发动了一场针对内陆地区合法但谨慎的政府的政变。

结果，1776 年中，直言不讳的爱国者少数派在宾夕法尼亚掀起了一场夺取政权的运动。该少数派得到了大阿巴拉契亚地区半数殖民地的支持，其合法性完全取决于议会。在几乎没有取得任何当地支持的情况下，宾夕法尼亚的爱国者政府以及特拉华的爱国者政府逮捕了所有反战人士，并搜查了那些没有"对美利坚事业表现出眷恋"之人的住宅。宾夕法尼亚贵格会首领在 1777 年遭到围捕，丧失了人身保护，被驱逐到弗吉尼亚的大阿巴拉契亚地区并监禁起来，这进一步离间了该教派的追随者。新泽西一片混乱。"该地区没有自己的政府，完全处于混乱状态，"一位大陆军将军在英军进驻前说，"许多（官员）到敌人那里寻求保护，其他人则离开了该地区，选择留下来的为数不多的人大多则在行为上迟疑不决。"[6]

占领纽约后不久，豪将军便派遣军队进驻内陆地区，将该地区置于英国的控制之下，并鼓励当地居民站在帝国一边。1776 年至 1777 年冬，在与华盛顿日益衰弱的军队发生小冲突后，英军在攻占内陆地区的马里兰、特拉华以及宾夕法尼亚时遇到了小规模抵抗。英军于 1777 年 9 月占领了费城，将大陆议会驱赶到大阿巴拉契亚的边远地区。豪的军队在费城受到了居民们的热烈欢迎，在日耳曼敦击退了华盛顿率领的主要由新英格兰人和边民组成的军队的反击，并在温暖舒适的城区安顿过冬。华盛顿的军队在北部 20 英里外的福吉谷（Valley Forge）安营扎寨，很快发现内陆地区的农民更愿意为英军提供补给，因为这些英军在付款时使用硬通货。一些德意志和平主义者通过提供医疗或人道主义物资来支持叛军，但避免直接参与任何一方的战争。与此同时，前议会代表约瑟夫·加洛韦成了民政部门的领导，在费城组建了一支效忠国王的军队。这支军队突袭了福吉谷的叛军补给线。加洛韦竭力使费城成为展示仁慈的英国政府功绩的地方，希望在其先前制订的"美国议会"计划的基础上进行和平谈判。虽然城里的社交生活充满了舞会、音乐会以及戏剧表演，但英国在萨拉托加的战败决定了加洛韦的计划将会失败。1778 年夏，由于担心法国海军的进攻，英国放弃了内陆地区，将内陆地区的军队调至纽约和西印度群岛。[7]

英军撤退后，内陆地区遭到了以宾夕法尼亚的大阿巴拉契亚居民为首的大陆军的占领。流亡到兰开斯特的宾夕法尼亚叛军议会实施法律，禁止以口头或者书面形式来反对其任何决定。普通公民有权未经审判就将他们认为是"美利坚大业敌人"的任何人投进监狱。革命政府的行政机关——革命最高行政委员会（Supreme Executive Council）——由来自边远地区的边民控制，边民们故意在该机构中占了很大的比例；边民有权剥夺任何被指控为不忠之人的财产，或者简单粗暴地处决这些人。边民们用此项法律对付反对派以及和平主义者。出于宗教原因，许多门诺派农民拒绝宣誓效忠，被剥夺所有财产之后一贫如洗。在战争期间，来自附近民族的占领军压制了内陆地区宽容、多元化的政策。[8]

在列克星敦战役之前，南方腹地拥有无上权力的统治阶级对于是否发起一场解放战争犹豫不决。因为南方腹地地区是在等级制度、尊重服从、特权继承以及贵族统治的基础上建立起来的——这些都完全符合英国统治阶级的目标——所以这并不奇怪。由于底层白人不被允许参与政治，而且这些白人还要依赖种植园主，后者购买他们的产品，充当法官解决他们的法律纠纷，所以南方腹地并未面临下层阶级要求拿起武器反对英国统治的压力。种植园主们认为自己不做任何可能引起动乱以及引发另一场起义的事情的极好理由便是他们拥有奴隶。具有讽刺意味的是，种植园主们很快便会得出结论：维护他们自己现状的唯一办法就是摆脱英国的统治。

列克星敦战役的新闻震惊了南方腹地的奴隶主，几乎一夜之间改变了他们的态度。议会代表亨利·劳伦斯写道，白人居民陷入了"既恐惧又热情"的"狂乱"。这些白人支持大陆会议制定的抵制政策，满怀期待英国会做出让步。他们虚张声势，种植园主们看到自己的世界发生了翻天覆地的变化，许多人开始想象阴谋无处不在。有传言声称，为准备大规模的群众起义，英国人向奴隶们走私武器。当地的报纸报道称，从英国派出的船只携带 7.8 万支配备刺刀的枪支，这些枪支将分发给黑人、"罗马天主教徒、印第安人以及加拿大人"，用来"征服"这些殖民地。据查尔斯顿皇家卫戍区的外科医生报告，人们认为"国王陛下的大臣及其他仆人"正在组织"奴隶以反抗他们的主人，割断他们的喉咙"。为了防止叛乱发生，居民们收到了建议，周日去教堂做礼拜时要随身携带武器和弹药。奴隶们有一丝嫌疑便被抓了起来，以缓慢而可怕的方式被当众处决。王家总督阿奇博尔德·坎贝尔（Archibald Campbell）试图赦免一个显然无辜的奴隶，但受到警告：如果他这样做，治安会将把这个死刑犯吊死在总督府的门口，然后"放一把库珀河的所有水都无法熄灭的火"。受到惊吓的总督退缩了，不久之后便躲藏起来。[9]

在这场最为反动的叛乱中，南方腹地领导阶层并未试图推翻这个自己并不信任的王室政府，而只是孤立、忽视这个政府。奴隶们的阴谋一旦传播到种植园主耳中，他们就会通过地方议会和新成立的安全委员会来组织军事抵抗。1775 年 6 月，安全委员会召集民兵部队以应对威胁。实际上，他们未经过深思熟虑、激烈辩论或者战斗便夺取了权力。只要不构成威胁，总督坎贝尔的存在是可以容忍的。但当总督开始同他们在大阿巴拉契亚的对手接触时，种植园主们便考虑逮捕他。9 月，坎贝尔看到一切木已成舟，便逃到了单桅帆船皇家海军舰艇"塔马尔号"（Tamar）上。1776 年 2 月，南卡罗来纳的民兵占领了一个具有战略意义的小岛后，坎贝尔被迫离开港口。即便在那时，殖民地的种植园主们也并未宣布独立，只是宣称在"当前，只有在大不列颠和殖民地之间发生争端"时，他们的政府才有效力。种植园主们制定的临时宪法几乎是殖民地宪法的翻版。后来，种植园主威廉·亨利·德雷顿（William Henry Drayton）并非出于反思，声称英国人给他们留下了一个艰难抉择——"奴隶制还是独立"。事实上，种植园主是为了保存奴隶制才被迫宣布独立的。[10]

佐治亚低地的情况大同小异，只不过佐治亚低地的种植园主更不愿意切断同不列颠的关系。佐治亚殖民地的保王党情绪如此高涨，以至于在拒绝参加第一届大陆会议之后，殖民地只派出了一位代表参加第二届大陆会议：一个生活在公理会教会飞地里的新英格兰移民。佐治亚的"开国元勋"之一詹姆斯·伍德（James Wood）对早期种植园主们未能支持这场战争感到非常失望，便回到家乡宾夕法尼亚，加入了那里的民兵组织。后来的大陆会议代表约翰·祖布莱（John Zubly）毫不含糊地表达了南方腹地对大陆会议的看法："共和制政府不比魔鬼政府好多少。"英国支持奴隶起义的谣言在改变主流观点这一方面起到了一定作用。英国王家总督詹姆斯·赖特（James Wright）本人就曾预测，这些谣言将"产生极其恶劣的影响"。但总督后来总结道，佐治亚的种植园主们只是听从了南卡罗来纳"思想过激人士的呐喊及意见"。[11]

1778 年底，英国人实施了"南方战略"，轻而易举便夺回了南方腹地。在接受失去了新英格兰这一事实之后，伦敦方面正确地判断出南方腹地人是温和的革命派，并集中力量要重新占领佐治亚和卡罗来纳。如果一切顺利的话，弗吉尼亚可能会遭到双方的争夺，从而形成一个从大纽约一直延伸到佛罗里达 136（当时是英国控制下的一个人烟稀少的地区）的残余英属北美地区。[12]1779 年 1 月，一支由 3500 人组成的小型入侵部队在没有开一枪一炮的情况下夺回了萨凡纳，并在几周之内便完全控制了佐治亚低地。（温顺的佐治亚是唯一被帝国正式重新吸纳的叛乱殖民地。在接下来的战争中，佐治亚将一直留在帝国内部。）查尔斯顿成功地抵抗了 1779 年的第一次围攻，但在 1780 年初的第二次围攻中选择投降。为了避免自己的财产遭到没收，像亨利·米德尔顿（Henry Middleton）这样的"爱国者"承诺效忠王室，而其他一些人则被人数众多的保王党邻居开枪打死。

南方腹地平静了下来。如果英国不急于处理佐治亚和卡罗来纳的大阿巴拉契亚地区，那么几乎毫无疑问，他们的"南方战略"肯定会成功。[13]

如果英属北美有那么多人对独立举棋不定或怀有敌意，那么非新英格兰殖民地为什么能从帝国中解放出来呢？原因有两个：沿海低地士绅们致力于维护个人独立；宾夕法尼亚、卡罗来纳以及佐治亚的大阿巴拉契亚多数派的存在，这个多数派是一个愿意与任何试图统治他们的人战斗的民族。

大阿巴拉契亚——贫穷落后，与世隔绝，不受单一殖民地政府控制——加入解放战争的原因最为复杂。边民们以"革命"为借口，要求摆脱外部控制并实现独立。但如前所述，这在每个地区，有时在每个社区都呈现出不同的形式。

在宾夕法尼亚，边民是革命的突击部队，这为他们提供了一个从费城的内陆地区精英手中夺取本地区权力的机会。在这里，苏格兰－爱尔兰人主导了叛军，一名英军军官甚至称这支队伍为"爱尔兰队伍"。在伦敦，乔治三世国王将这场冲突称为"长老会战争"，而霍勒斯·沃波尔（Horace Walpole）则对议会说："美利坚兄弟和一位长老会牧师私奔了！"那支曾在福吉谷令人不寒而栗的军队几乎全部由新英格兰人和边民组成；负责起草宾夕法尼亚1776年宪法的正是来自边远地区的苏格兰－爱尔兰人领导层。这部宪法赋予大阿巴拉契亚人有效控制该殖民地的权力。战争结束时，边民们已经把自己从内陆地区人以及英国人的统治下解放了出来。[14]

137　在沿海低地控制下的马里兰和弗吉尼亚，以苏格兰－爱尔兰人为首的边民们将英国人视为对自己自由的最大威胁。急于向外扩张的边民们在沿海低地士绅那里找到了共鸣，士绅赋予了边民们相当公平的政府代表权。沿海低地的保王党势力往往来自德意志移民社区——内陆地区人的文化飞地消失在爱国者的丛林之中了。

相比之下，北卡罗来纳的大多数边民认为沿海低地的精英们是自己的主要压迫者，并拿起武器反抗他们，以报复几年前对监管者运动的镇压。约翰·亚当斯后来观察发现，殖民地边远地区的移民"对其他同胞怀有如此强烈的仇恨，以至于1775年战争爆发时，这些移民不愿意同其他同胞并肩作战"。在一位富有同情心的总督的支持下，这些移民于1776年同士绅们领导的反叛军打了一仗，但以失败告终。与此同时，其他边远地区的社区也高举苏格兰旗帜同英国人作战。在战斗过程中，一些边民在旗帜上写下了苏格兰格言：Nemo me impune lacessit（可以大致翻译为"不要压迫我"）。1780年康沃利斯（Cornwallis）率领的英军抵达该地区时，边民们互相攻击，使这块殖民地陷入内战之中。这场内战的可怕程度同他们先祖在英国边境地区进行过的斗争不相上下。保王党军队当着年轻女孩父母的面强奸她们，而爱国者鞭打、折磨任何与敌人合作的嫌疑人。许多武装团体毫无忠诚可言，随心所欲地逮捕任何他们想逮捕的人，绑架儿童以勒索赎金，打家劫舍，暗杀对手。[15]

虽然原因各不相同，但南卡罗来纳和佐治亚的边远地区也陷入了内战。在这两个地区，控制殖民地政府的南方腹地寡头们尤其不愿意与那群乌合之众共享权力。在南卡罗来纳，边远地区白人的人口占整个殖民地白人人口总数的四分之三，但是在地方议会的48个席位中只占有2个席位。这种安排使一个煽动者谴责种植园主"将一半的民众置于奴役状态之下"。这个煽动者所说的民众指的不是黑人，而是像他这样的边民。在这里，只有为数不多的"保王党分子"在意英国，但这些保王党分子同国王结盟的原因仅仅是国王正在同他们低地的敌人作战。在一些社区，边民们将英国人视为他们最大的压迫者。除了同低地居民作战之外，边民们还要为边远地区的内战创造一些素材。战争一旦开始，便变得非常丑陋。这场游击战的主要特征是伏击，处决囚犯，折磨、强奸以及掠夺非战斗人员。一位英军军官表示，卡罗来纳的乡下人"比印第安人更野蛮"，而一位大陆军军官——罗伯特·E. 李的父亲亨利观察发现，"佐治亚人的掠夺、谋杀和犯罪与哥特人及汪达尔人相比有过之而无不及"。[16]

在英国重新占领南方腹地期间，情况变得更加糟糕。康沃利斯勋爵做出了一个不明智的决定，派遣热心肠的下属去"安抚"边远地区。这些指挥官率领由英军、黑森雇佣兵、新尼德兰志愿军以及边远地区民兵组成的混合军团，采纳了边民们的战术：用剑处决囚犯，焚烧房子。边地的爱国者以牙还牙，掀起了一场将乡村化为一片焦土的野蛮狂欢。同情保王党的弗朗西斯·金洛克（Francis Kinloch）告诉一位前总督，英国人因在南卡罗来纳引发一场血腥内战而众叛亲离。"在许多地方，曾经依附于英国政府的下层阶级在经历过如此严重的痛苦、如此频繁的欺骗之后，以前只有 1 个英国敌人的地方现在有了 100 个英国的敌人。"[17]

战争结束时，南卡罗来纳一片废墟。"每一块田地、每一个种植园都显示出被毁和衰败的痕迹，路上也遇不到任何人。"一个在低地旅行的人报告称。"连马、牛、猪或鹿的遗骸都找不到，各种各样的松鼠以及鸟类都遭到彻底灭绝，"另一个人在谈到边远地区时说，"除了时不时地有几只秃鹰啄食一些不幸家伙的骸骨之外（这些不幸的家伙要么被枪杀，要么被砍死之后未经掩埋便被丢弃在了树林里），什么活物也看不到。"[18]

大阿巴拉契亚人分散在方圆数千英里的边远地区，没有自己的政府。他们的行为在政治上没有一致性，却很相似。面对外界对自由的威胁，个别社区毫不犹豫地采取行动，使用自己可以使用的一切手段进行武装斗争。大阿巴拉契亚地区北部民众不仅在宾夕法尼亚，而且在未来的肯塔基和西弗吉尼亚很快就击败了自己的敌人，并夺取了政权。但在大阿巴拉契亚地区欠发达的南部，胜败难以预料，这使得本地区的情况与先祖逃离的英国边境地区的情况非常相似。在这里，人们发动了一场解放战争，但最终以失败收场。

在战争进入最后阶段之前，沿海低地基本上没有受到战争的任何影响，但投入了大批官兵到其他战线作战。习惯于发号施令的士绅们认为自己会主宰大陆军的军官阶层，尤其是新英格兰以及大阿巴拉契亚受过良好教育的人屈指可数。虽然大陆军总司令乔治·华盛顿是来自沿海低地的士绅，但大陆军的绝大多数将领是新英格兰人——包括亨利·诺克斯（Henry Knox）、约翰·斯塔克（John Stark）以及威廉·希思（William Heath）等一批非常成功的平民出身的人士——这反映了大陆军的绝大多数入伍士兵也来自新英格兰这一事实。沿海低地的士绅们确实将自己的一些民众组织成了弗吉尼亚神枪手队这样的部队，并带领他们一路从波士顿作战到佐治亚。但总体而言，切萨皮克地区很少有士兵应征入伍参加这场战斗。在战斗中，来自沿海低地的军官们通常严守 18 世纪战争的绅士规则，认为荣誉和礼节至关重要。

沿海低地很早就获得解放了，而且流血相对较少。在弗吉尼亚，王家总督约翰·默里（John Murray）威胁要将奴隶武装起来以捍卫王室权威，但他本人却帮不上什么忙。1775 年 6 月，他被驱逐出威廉斯堡，躲到停泊在切萨皮克的皇家海军护卫舰上。几个月后，他号召各地的保王党聚集到他那里，并发布了一条公告：奴隶们如果为了国王拿起武器，就将获得自由。这一提议招致了沿海低地的反对。数百名奴隶聚集到默里总督身边。其中一些奴隶将会在诺福克附近的大桥战役中同沿海低地民兵作战时英勇牺牲。在大桥战役中，默里战败，被迫放弃切萨皮克，逃跑时带走了一些"保王党黑人"。[19]

140　1780 年，英国人重返弗吉尼亚沿海低地时，大约有 10000 名奴隶逃离主人加入英军队伍，从而形成了该地区最大的保王党势力。一位种植园主感叹道："奴隶们从四面八方加入英军队伍。"对于奴隶们来说不幸的是，康沃利斯率领的军队在约克敦的一个小烟草港口受到法国舰队以及大陆军的夹击，并于 1781 年 10 月投降。这一事件结束了这场战争，确保沿海低地获得了解放，并且扼杀了 25 万名奴隶获得自由的希望。[20]

虽然面临着共同的威胁，但各民族在这场冲突中并未团结一致。各民族都进行了一场解放战争，但新尼德兰、内陆地区以及大阿巴拉契亚南部地区的大部分民众加入了战败的一方，并于 1781 年被彻底击败。胜利的一方——新英格兰、沿海低地、南方腹地以及大阿巴拉契亚北部地区——将为各种好处而战，包括他们试图巩固战时同盟的条款。

第十二章　独立或革命?

到美国独立战争结束时，东海岸的六个民族之间建立起了 141 前所未有的紧密联系。在被迫结成军事联盟的情况下，占主导地位的民族成功地粉碎了对其身份及习俗的各种威胁，并战胜了内陆地区的和平主义者以及保王党的新尼德兰人。但是，努力保护各自文化带来了两个意想不到的副作用：一个具有某些国家特征的松散政治联盟，以及一场国家领导阶层觉得前景相当令人担忧、要求"民主"的民众运动。战后不久，这些民族面临着这两种发展趋势，并且各自对如何处理这两种趋势都有各自的看法。他们协商而出的或强加的各种妥协深刻地塑造了美国的经历。

战争开始时，殖民地唯一的共同组织是一个外交机构——大陆会议。大陆会议本质上是一个国际条约组织，各成员国以多数票的形式通过决议。如果成员国一方拒不履行自己的义务，那么其他成员国除了动用军事力量以强加自己的意志之外别无他法。为了有能力诉诸武力，并更好地抵御英国的威胁，条约组织的各方就像一个半世纪之后北大西洋公约组织所做的那样成立了联合军事指挥部。他们称之为大陆军。由于内部争吵不断，这支军队由总司令乔治·华盛顿指挥。

在战争期间，如若要满足联盟的军事需求，那么很明显条约组织需要更多的权力，更为重要的是维持各缔结方之间的和平关系。1776 年 7 月，（内陆地区）宾夕法尼亚的约翰·迪金森担心新英格兰会同其他殖民地分道扬镳，从而导致联盟崩溃。

迪金森曾警告说，这种崩溃必将导致"众多联邦、犯罪和灾难——长达数个世纪的相互嫉妒、仇恨、战争以及破坏，直至最后那些穷困潦倒的地区将处于某个幸运征服者的枷锁之下，沦为奴隶"。"我们之间的不和是我们面临的最大危险。"（新尼德兰）新泽西北部的约翰·威瑟斯庞（John Witherspoon）在同一个月如此警告其议会同僚。（沿海低地）弗吉尼亚的理查德·亨利·李（Richard Henry Lee）认为正式结盟对于确保"内部和平"至关重要。威瑟斯庞补充道，如果战后各殖民地保持独立，那么"殖民地之间将爆发更加持久、更加血腥、更加无望的战争"。[1]

针对这些担忧，他们做出的回应是制定美国第一部宪法——《邦联条例》。《邦联条例》起草于战争期间，直至1781年才获得批准。由于各民族之间互不信任，这部宪法并没有建立一个民族国家，甚至没有建立一个统一的联邦，而是建立了一个类似于21世纪早期欧盟一样的政治实体——一个由主权国家自愿组成、同意将某些权力下放给一个共同行政机构的联盟。这个联盟反映出美国领导人保守的本质，被分配的权力基本上是以前英国王室的那些职责：进行外交和发动战争。成员国自身可以像以往一样进行自我管理，而无须承担新的责任。大陆会议将接替英国议会（或今天的欧洲议会）的功能，通过涉及外交和战争的联盟立法，并将大多数权力留给各成员国。各成员国都可以拒绝任何不赞同的国会法案，并且都保留了"自己的主权、自由以及独立"。与欧盟一样，邦联机构并非来自"人民"，也并非为"人民"服务，而是源自由各自主权立法机构代表的成员国。[2]

即使在起草并批准了第一部宪法之后，国会依然按各自所属地区划分成完全不同的阵营。1777 年 8 月至 1787 年 5 月，新英格兰人同来自沿海低地和南方腹地代表南方四个地区的代表们针锋相对。在这十年间，这两大阵营中没有一个阵营的代表与来自另一个阵营的代表投票一致。来自"中间地区"（middle states）的代表充当了政界元老的角色，同一个阵营或另一个阵营结盟；传统学者将这些中间地区的代表形容为游离选民，但更加深入的研究表明，来自新尼德兰、内陆地区以及大阿巴拉契亚的代表们倾向于坚守自己的立场。例如，在新泽西，国会和新地方议会的投票习惯被分为新尼德兰北部阵营和内陆地区南部阵营。与其"同胞"新泽西人相比，每一阵营都与其在纽约或宾夕法尼亚西南部的文化亲属有更多的共同点。同样，即使在战争期间，两方也在为争夺宾夕法尼亚的控制权而进行斗争。其中的一方（立宪派）得到大阿巴拉契亚苏格兰 – 爱尔兰人的支持，而另一方（共和党人）则得到费城及周围的贵格会教徒和圣公会教徒的支持。大阿巴拉契亚阵营无一例外地站在新英格兰一边，而内陆地区阵营则经常站在南方人一边。[3]

在许多问题上，经济因素引导了各个地区代表的投票决定，但其他因素则与基本价值观有关。以 1778 年是否向广大公众增税以支付大陆军军官而非士兵（其固定工资是通过毫无价值的纸币来支付的）一半薪资的投票为例。新英格兰代表集体投票反对此项措施，因为这些代表认为向穷人征税以赋予（通常情况下富有的）军官阶层特殊权利是不道德的。沿海低地、南方腹地以及新尼德兰的贵族们强烈支持这一提议，因为这完全符合他们的世界观：社会存在是为了支持特权阶层。那些来自内陆地区和（宾夕法尼亚）大阿巴拉契亚地区的代表采取了一种

实用的办法：为了保证军官们能够全身心地打败英国人，向他
们发放抚恤金不过是微不足道的代价。（在战争期间，大阿巴
拉契亚的其他地区基本上仍然没有代表，这也增加了他们对沿
海民族的怨恨。）1782 年，随着谣言——如果不能立即全额偿
还对军事承包商的债务，那么大陆军可能发动叛变，反对资金
短缺的议会——开始蔓延，分裂再次出现；新英格兰拒绝了优
待富有承包商和军官们的要求，但被南方人、内陆地区人和新
尼德兰人组成的联盟否决了。[4]

区域分歧如此之大，以至于 1778 年英国间谍保罗·温特沃
思（Paul Wentworth）报告称，似乎并不存在一个美利坚共和
144 国，而是存在三个美利坚共和国：一个"由教会和地区独立人
士组成的东部共和国"（新英格兰），一个"容忍教会和地区的
中间共和国"（新尼德兰和内陆地区），以及一个"几乎是从英
国抄袭过来的混合政府组成的南方共和国"（沿海低地和南方
腹地）。保罗认为，这三个共和国之间的差异比欧洲各国家之
间的差异要大得多。即使在战后，伦敦的报纸也曾报道称：
"各州都认为自己是十三个独立的地区，只受各自议会的控制。
战争期间，他们有必要服从大陆会议的权威。现在，他们几乎
完全摆脱了大陆会议的权威。"英国人认为这一事态的发展令
人担忧，因为他们很可能成为西班牙的"外快"。战后英国间
谍爱德华·班克罗夫特（Edward Bancroft）预测，美利坚邦联
肯定会土崩瓦解。剩下的"问题是这十三个独立的州（是否）
会结成联盟，还是新英格兰、中间地区以及南方诸州将组成
三个新的邦联"。[5]

但是，美洲各民族领导人在国会大厅外还要应对另一个重
大挑战：民众对一个被称作"民主"的新颖理念的支持在战时

意外高涨起来。事实证明，越是推动他们建立更密切的合作和更强大的中央控制，民主对他们构成的威胁就越大。

在新英格兰之外，大多数民众因为缺乏财富而被法律排除在选举之外，因而从未真正参与过政治进程。（所有地方都不允许妇女或黑人参与投票或担任公职。）即使在对财产要求很低、足以让80%的成年男性获得投票资格的新英格兰，选民们也倾向于听从几乎完全控制着全州办公处的本地区知识界以及商业界的精英们。同一家族一代又一代地出现在殖民地议会上，占据着高级职位。特别是在沿海低地以及南方腹地，这些家族宣称自己为贵族世家。无论如何，几乎在所有殖民地，人们只能投票给下议院的立法者们。州长、议员以及其他高级官员则是由立法者或国王推选而出，以确保那群乌合之众不会让"错误的人"上台。[6]

然而，在帝国危机初期，美洲领导人开始担心来自下层的异常动荡。"上帝赋予人类与生俱来的自由，"新罕布什尔的一个新英格兰人大声疾呼，"不要让我们的子孙后代说，金钱被美洲各地区的创立者当作衡量人民自由与否的基本条件。"此类想法在大阿巴拉契亚地区似乎尤其危险。1776年初，弗吉尼亚沿海低地贵族兰登·卡特（Landon Carter）警告华盛顿，"野心"已经"蒙蔽了整个殖民地如此多无知的人"。卡特报告称，在无知的民众中，独立"被视为一种政府形式。通过摆脱富人，每个人都可以随心所欲做自己喜欢做的事情"。在北卡罗来纳高地梅克伦堡县，边民们指示参加制宪会议的代表们为"简单民主"而斗争，或"尽可能为简单民主而战"，并"反对一切贵族或手中掌握权力的富人和首领用权力压迫穷人的倾

145

向"。来自宾夕法尼亚大阿巴拉契亚地区的志愿民兵组织成员通知立法者"应该承认所有冒着生命危险保护国家的人都有权享有该国公民的一切权利和特权"。各地的要求都极其相似：建立民主政府，政府所有的立法官员都通过选举直接产生，大多数白人成年男性可以参加投票。[7]

在战争动员的过程中，殖民地领导人将这场斗争定义为一场反对暴政和压迫的战争。这些领导人鼓励老百姓加入民兵组织，参加群众集会，在会上大声批准领导人提出的议案，并组织暴徒用棍棒、热焦油以及羽毛来执行这些决议。但这一过程使许多平民意识到自己实际上可以参与政治，一些人开始阅读和创作有关民主的书籍。1776 年，托马斯·潘恩的《常识》(Common Sense) 和《独立宣言》的出版激发了类似情绪。在整个殖民地，解放战争正在号召人们进行真正的革命性变革。1776 年，波士顿的平民得知有钱人可以花钱逃避征兵时，他们发动了暴乱并高呼："暴政就是暴政！"1781 年，来自宾夕法尼亚边远地区的苏格兰－爱尔兰士兵们罢免了自己的军官，并向费城进军，要求支付自己长期遭到拖欠的工资；在他们的大炮瞄准国会之前，华盛顿匆匆忙忙满足了他们的要求。沿海低地弗吉尼亚穷苦的白人煽动者告诉其他民兵：他们在进行一场普通人兴趣不大的"由任性的士绅发动的战争"。从波士顿到查尔斯顿，自由黑人开始主张自己的公民权：诺福克的黑人要求允许自己出庭作证，马萨诸塞的黑人七人小组向立法机关申请投票权。类似的民众压力迫使精英们在战时做出令人不安的让步。财产要求在许多殖民地被降低，在大阿巴拉契亚控制下的宾夕法尼亚革命政府则完全被取消。马里兰的议会将更多的税务负担转移到奴隶主身上。新尼德兰哈得孙河下游河谷那些满

146

腹牢骚的佃农得到获得自己农场的承诺之后欣然同意重新加入大陆军，新英格兰、大阿巴拉契亚和内陆地区的士兵也得到了类似承诺。新泽西曾（短暂地）允许女性投票，沿海低地统治者在重压之下允许自由黑人投票，（马里兰）允许黑人担任公职。与此同时，马萨诸塞西部一贫如洗的退伍军人发动了一场武装叛乱，以反对当局取消农民房屋赎回权的企图，而这些农民并未因战时的服务而真正得到报酬；叛乱分子占领了斯普林菲尔德的联邦军火库，最终惨遭联邦军队的镇压。[8]

担心"下层阶级"会失控，许多民族的领导层认为自己的安全和权力需要通过一个对民意以及各州的独立性进行大规模审查的更强大的联盟得到保障。《常识》呼吁直接选举产生一院制的立法机构。约翰·亚当斯对此感到震惊，因为这些立法机关是"如此民主"，如此缺乏"约束，甚至没有任何平衡（富人利益）的企图，那么必然会滋生各种混乱以及邪恶行为"。纽约市的亚历山大·汉密尔顿（Alexander Hamilton）将联盟称为"联邦政府的影子"，并预言如果不成立联邦政府，那么各州很快便会因领土和经济差异而爆发一场"战争"。"我预测一个半饥半饱、步履蹒跚、每一步都要拄着拐杖的政府将会带来最坏的结果，"华盛顿在 1786 年写道，"我认为，如果我们无法在某地建立一个权力中心，并把其影响力以充满活力的形式覆盖到全国，如同一个州政府把权威扩散到几个州那样，我们就无法作为一个国家长期存在下去。"[9]

在马萨诸塞西部发生叛乱之后，这些以及其他富有的美国领导人敦促国会召开各州特别会议，以改革政府体制。1789年，在费城举行的制宪会议上，来自新英格兰、沿海低地以及南方腹地的精英代表们围绕着所谓的"弗吉尼亚方案"

（Virginia Plan）展开激烈的讨论。"弗吉尼亚方案"计划以沿海低地为原型，建立一个强大的中央政府，并任命一位总统以及一个参议院。（纽约市的亚历山大·汉密尔顿则更进一步，号召选出一位强大的终身统治的君主，并让广大底层民众及地方利益集团远离政治。）他们的反对者——来自内陆地区和新尼德兰的代表——围绕着"新泽西方案"（New Jersey Plan）达成一致意见。"新泽西方案"设想对现存的类似欧盟的联盟进行小规模的改革。"弗吉尼亚方案"最终以 7 个州赞成 5 个州反对而胜出。马里兰代表团分裂为内陆地区代表和沿海低地代表。

此后，关键性的辩论涉及两院的代表权问题，以 5 个州赞成 4 个州反对做出了最后的妥协（众议院席位按人口计算，参议院席位在各州之间平均分配）。奇怪的是，分裂并不是出现在大州和小州之间，而是在新英格兰和南方腹地之间。新尼德兰人支持新英格兰人。沿海低地和内陆地区就是否对西部有领土要求而分裂了（因为那些有领土主张的人预计会比那些没有领土主张的人多得多）。像往常一样，大阿巴拉契亚几乎被排除在了讨论之外，只有一位代表出席了大会（宾夕法尼亚的詹姆斯·威尔逊）。最后证明，将大阿巴拉契亚排除在会议进程之外是对年轻的美利坚合众国的诅咒。[10]

同意一部新宪法是一回事，让每个州都批准这部新宪法是另一回事。1787～1790 年，每个州都就是否批准宪法而召开会议，进行表决。同时，支持和反对宪法的宣传人员都发表大量演讲，创作了大量的小册子以及报纸文章，其中一些还提出了令人无法容忍的主张。（反对者警告称，宪法的措辞有可能使教皇当选为总统，并且有可能促使首都迁往中国。）新尼德兰人拒绝投票表决，直至国会同意按照《关于移交新尼德兰的投降条款》（Articles of Capitulation on the Reduction of New Netherland）中所列明的公民自由为原型，增加 13 条修正案。在 1664 年将殖民地移交给英国之前，荷兰曾就此条例同英国人斡旋。长期以来，新尼德兰人一直生活在远方强权的专制统治之下，因此希望得到保证：新尼德兰人对宗教的宽容态度以及调查自由不会遭到新帝国的践踏。如果国会没有通过《权利法案》来满足这些要求，那么美利坚合众国可能不会迎来其十周岁生日。[11]

148

如果仔细考查批准宪法的各州投票结果的地域分布，就会发现各民族之间存在分歧。来自新英格兰地区的代表，包括宾夕法尼亚北部和长岛东部的代表，普遍支持修改宪法。新尼德兰人、内陆地区人、南方腹地人以及沿海低地人的代表也加入了他们的行列。反对他们的是阿巴拉契亚地区的民众（除了弗吉尼亚以外的大阿巴拉契亚其他地区拒绝通过宪法），还有新罕布什尔的苏格兰－爱尔兰飞地居民、马萨诸塞西部发动叛乱却惨遭镇压的农民，以及纽约北部心怀不满的新英格兰人和苏格兰－爱尔兰农民。纽约的投票结果充满悬念，这迫使新尼德兰人威胁称，如果来自新英格兰内陆县的代表不批准新宪法，那么他们将独立出来，加入新的联盟。"对曼哈顿岛、长岛以及斯塔滕岛的影响几乎是毁灭性的，"一位社论者警告道，"如果斯塔滕岛与新泽西结盟，纽约岛、长岛与康涅狄格结盟，那么这两个值得尊敬的州和新联盟一定会保护它们。"最终，威胁可能起到了作用。1788 年 7 月 26 日，纽约以 30 票赞成 27 票反对通过了新宪法，从而从客观上保证了新联盟的存在。[12]

最终，《美利坚合众国宪法》是敌对民族之间混乱妥协的产物。从沿海低地和南方腹地的士绅们那里，我们得到了一位由"选举人团"而非由普通人选举产生的强硬总统。从新尼德兰那里，我们获得了《权利法案》。这是一个非常荷兰式的保证，保证每个人将享有信仰自由、言论自由、宗教自由以及集会自由。以下事实要归功于内陆地区人：我们不是一个在英国式议会掌控下强大而单一的国家；内陆地区人坚持州的主权，以防南方暴君和新英格兰的干涉。新英格兰确保小州在参议院拥有平等的发言权，虽然马萨诸塞人口众多，但沿海低地和南方腹地的比例代表制愿望都落空了。新英格兰也被迫做出妥协：奴隶主们在分配国会议员名额时，只计算奴隶人口的五分之三。按照新英格兰人的推理，那些不被允许投票的人并没有真正被代表，而这一事实应该在国会代表的分配上得到体现。[13]

149

新联邦所代表的联盟并不稳定，很快将面临两场声势浩大的分裂运动，第一场运动始自大阿巴拉契亚，第二场运动始自新英格兰。

第十三章　北方民族

如果你是美国人，你是否曾经问过自己加拿大为什么会存在？美国独立战争爆发时，为什么只有 13 个而非 18 个北美殖民地发动叛乱？为什么年轻的新斯科舍殖民地会比年轻的佐治亚殖民地更加忠诚于大英帝国？为什么刚刚被英国征服的新法兰西人并不急于推翻占领者，成立一个或多个主权国家？就像其南方的邻居一样，答案与各方的文化以及各方认为确保其生存的最佳方式有关。

在现在我们所谓的加拿大滨海诸省，有些人确实参加了叛乱，而且几乎所有参加叛乱的人都是来自新英格兰的新来者。这些新来者把这个地区当作新英格兰的延伸。1775 年，生活在新斯科舍以及新不伦瑞克的 23000 名欧裔美洲人中，有一半是新英格兰人。这些新英格兰人重建了被他们抛诸脑后的新英格兰社区，每个社区都有强大的镇政府以及平均分配的农田。新斯科舍最西端的塞布尔角的新英格兰渔民完全倒向缅因湾对面的波士顿，几乎从不承认位于哈利法克斯新村落的英国当局的管辖权。用新斯科舍历史学家约翰·巴特利特·布雷布纳（John Bartlet Brebner）的话说，新英格兰人通过影响"保王党及后来的移民，让他们创建一个更类似于新罕布什尔和缅因而非其他保王党避难所的综合区域"安大略，"从而永久地奠定了新斯科舍生活的根基"。革命爆发时，新英格兰移民拒绝同自己的兄弟作战，并成功地请求新斯科舍议会免除自己服兵役

的义务。帕萨马科迪湾东部（今天的新不伦瑞克）的移民要求
大陆会议接纳自己加入革命联盟，而圣约翰谷（St. John Valley）
的移民则请求马萨诸塞人占领这一地区并且保护他们。新斯科
舍半岛的新英格兰定居地的代表不再参加地方立法机关会议，
而英国官员警告自己的上级，大部分民众将支持叛军入侵。缅
因以及滨海诸地的新英格兰人都请求乔治·华盛顿批准 1775 年
的入侵计划，但华盛顿将军拒绝分散围攻波士顿的为数不多的
军队力量。1776 年 4 月，大批英军增援部队抵达哈利法克斯，
起义的希望随之破灭。但是，正如我们将看到的那样，到目前
为止，滨海诸地的主流文化仍然是新英格兰文化。[1]

新法兰西的情况出人意料地相似。阿卡迪亚地区无法参与
任何叛乱，因为七年战争一开始英国人就已经把它从地图上抹
去了，并清洗了大部分讲法语的人口。（成千上万流离失所的
民众被困在当时仍然由法国控制的路易斯安那南部的沼泽地里；
直至今天，这些卡津人仍然保留着新法兰西文化的主要特征。）
然而，魁北克人口太多，无法对其进行种族清洗。在 1763 年举
行的一次和平会议上，英国向 70000 名魁北克人保证其讲法语
以及信奉天主教的自由。因此，新法兰西的核心在英国的接管
中幸存了下来——事实上，在此后的几个世纪里同样如此——
新法兰西文化基本上完好无损。随着美国独立战争的推进，没
有人能完全确定魁北克会效忠于哪一方。[2]

魁北克不同于新斯科舍，华盛顿将军的手下认为魁北克在
战略上至关重要。在英国人放弃波士顿后，新英格兰人占主导
地位的大陆军于 1775～1776 年的冬天从两面入侵了这一不断扩
张的殖民地。新法兰西人并没有付出很大努力来保卫这块英国
人控制下的殖民地，成千上万的新法兰西人认为新英格兰人解

放了自己而热情地欢迎他们。"我们的枷锁已经断裂，"大陆军军队进城时，一群蒙特利尔人宣称，"渴望已久的荣耀的自由现在已然到来。我们现在正在享受自由，这向我们的姐妹殖民地证明了……我们对我们幸福的结合所感到的由衷的、毫无掩饰的满意。"数百名魁北克人加入了叛军，组成了两个加拿大军团。其中一个加拿大军团参与了整场战争，甚至参加了遥远的南方战役。三河城（Trois Rivères）的一家工厂大规模生产迫击炮以及军需品，从而帮助侵略军围攻魁北克城。不幸的是，对于魁北克人来说，围攻没有成功。1776 年 5 月，面对着英军的增援部队，新英格兰军队开始撤退。一路上，新英格兰军队交不到朋友，用尖刺刀从居民那里抢夺供给，或者用几乎一文不值的纸币购买供给。当最后一批新英格兰人离开魁北克时，几乎没有人因他们的离去而感到悲伤。

两百年后，新法兰西才重新获得独立。[3]

从加拿大建国到 20 世纪 70 年代，一代又一代的加拿大人都是在"保王党神话"（Loyalist Myth）的教育下长大的。加拿大人认为自己的民族身份起源于美国独立战争结束时逃往加拿大的 28000 名难民的政治观点、态度和价值观。这些保王党人被塑造成英勇可敬的英国臣民。仅仅因为拒绝背叛国王和国家，这些人便被暴力粗野的美国暴徒赶出家园。在历经千辛万苦到达加拿大之后，这些人建立了一个以等级制度、尊卑秩序以及服从权威为坚固基础的更加文明的社会。这些人为自己的英国身份及其在帝国中的地位感到骄傲，将北美大陆打造成本应令人愉快和遵纪守法的地方。这里的人民致力于实现一个更加宏伟的共同目标，而非简简单单地让最粗鄙的个人占有一切。

"保王党神话"基本上将加拿大人定义为英国人，并且以自己不是美国人为傲。第一种说法几乎完全是错误的，而第二种说法也并不完全正确。

事实是，这些保王党难民并未成功地奠定加拿大英语区的文化基础，也完全没有取代新法兰西的文化基础。他们在加拿大滨海诸地建立大英帝国乌托邦的努力未能取代新英格兰人以及新法兰西人在该地区的先例，特别是该地区继续受到邻近的新英格兰及魁北克的深刻影响。他们在安大略的计划失败了，因为移民到那里的绝大多数"保王党人"根本不是英国人，而是来自内陆地区以及新尼德兰的德意志人、贵格会教徒以及荷兰人。虽然帝国官员严格控制着英属加拿大政治的发展，但加拿大主要的文化传承人是魁北克东部的新英格兰人以及西部的内陆地区人。

153　　　保王党人的努力在滨海诸地差点成功。在滨海诸地，保王党在新斯科舍开辟了一块全新的殖民地，作为大批平民难民以及战败的逃离叛乱殖民地的民兵部队的避难所。新不伦瑞克是为纪念乔治三世国王（属于不伦瑞克家族）而命名的。新不伦瑞克的出现正是因为难民领袖认为新斯科舍受到了新英格兰以及共和党的影响。1786 年，托马斯·邓达斯男爵（Baron Thomas Dundas）自圣约翰向上级报告称："他们有可能经历过新斯科舍先前居民经历的所有伤害。新斯科舍的居民对英国政府的不满程度超过了任何一个新建地区。"同时，邓达斯补充道，新领地的"旧居民"是一个"可鄙的种族"。保王党人有理由希望自己能从人数上压倒新英格兰人。1783 年，13500 人移民到现在的新斯科舍，使那里的人口数量几乎翻了一番；14500 人移民到现在的新不伦瑞克，在那里移民的人数远远超过了那些卑鄙的旧定居者的人数，人数比达到 5∶1。但新英格兰人拥有一些保王党人没有的东西：一种统一且富有凝聚力的文化。这种文化穿过圣克罗伊河和缅因湾就可以轻而易举地到达缅因和马萨诸塞。新不伦瑞克北部和东部的 1600 名法国阿卡迪亚人同样如此，这些阿卡迪亚人可以直接进入魁北克，从而获益。[4]

　　相比之下，保王党人缺乏一切形式的文化凝聚力。1783 年底，英国人放弃了他们在新尼德兰的据点，绝大多数人是作为大规模移民浪潮的一部分来到了这里。当时，大纽约市已经成了反对独立的民众的最后一个美洲避难所，吸引了来自各个殖民地的家庭以及民兵。新不伦瑞克的移民中将近 70% 的移民来自新尼德兰或内陆地区。这是一个兼容并包的群体，包括费城的贵格会教徒、曼哈顿的圣公会商人、新泽西的农民和商人，以及宾夕法尼亚"荷兰"区讲德语的和平主义者。7% 的移民来自切萨皮克以及南方腹地低地。许多人带着家奴。另外 22% 的移民是新英格兰人。撇开政治因素不谈，与难民同胞相比，这些新英格兰人与"旧定居者"有更多的共同点；唯一有凝聚力的保王党定居点是帕萨马科迪湾上半岛以及岛上来自缅因地区的新英格兰人定居点。新斯科舍的保王党组合如出一辙，外加 3000 名非裔美洲人。这些非裔美洲人绝大多数曾是奴隶，为了换取自己的自由而响应英国人的提议，为国王而战。这些保王党人群龙无首，缺乏自然凝聚力，分裂成相互敌对的宗教、职业、阶级以及民族派系。他们非但没有同化他们中间的新英格兰人，反而在很大程度上被新英格兰文化同化。他们的贸易及文化生活更类似于邻近的波士顿而非遥远的伦敦。事实上，当英国和年轻的美国在 1812 年美国第二次独立战争中发生冲突时，新不伦瑞克西南部的民众不但拒绝同缅因东部的邻居、远

154

亲以及朋友作战，而且借给他们火药，以确保广受欢迎的 7 月 4 日焰火表演不会被取消。[5]

保王党的计划在五大湖区有更好的初步前景，在那里他们为了自己的利益创建了一块新殖民地。上加拿大地区（Upper Canada）脱离了英国控制下的魁北克，为保王党难民提供了在滨海诸地无法得到的东西：一个未经任何人染指的地区，在这里他们可以建立一个不受欧美竞争对手影响的新社会。这个殖民地后来被人们称为安大略，是加拿大联邦政府的所在地，拥有威斯敏斯特式的议会，英国王冠镶嵌在当地的汽车牌照上。安大略的乡村到处都是和大英帝国相得益彰的地名：金斯敦、伦敦、温莎和约克。但安大略绝非保王党一派。这些"保王党"虽然先于北美的竞争对手到达该地区，但他们发现彼此之间几乎没有任何共同点，甚至连政治上的共同点也没有。

1783～1784 年，安大略首批"真正的"保王党人的规模很小：大约 6000 名来自纽约北部的新英格兰农民，以及英国人和部队已被解散的黑森士兵。但很快就有 10000 名"姗姗来迟的保王党人"加入他们队伍之中。这些"姗姗来迟的保王党人"于 1792 年至 1812 年源源不断地来到此地。英国当局以及后来的神话创造者们喜欢将这些后来者想象成心地善良、热爱君主制的英国臣民，碰巧要额外花上一二十年的时间逃离令人发指的美利坚合众国。事实上，他们只是一群一无所有、寻求良机的移民，被英国提供的廉价土地以及极低的税收吸引而来。这些"姗姗来迟的保王党人"通过陆路，从位于内陆地区的老家跋山涉水来到此地，其中四分之三的移民是农民，不到五分之一的是工匠，其余的几乎都是一贫如洗的苦力或水手；250 人中只有一人是士绅。"在加拿大，移民们更加谦逊，"1798 年，一位到访纽约北部和安大略的游客说道，"大多数移民是穷人，主要关心的是如何以最好的方式经营政府分给他们的农场。"但与真正的保王党人不同的是，这些移民实际上有着共同的文化。这些移民都是内陆地区人，其宽容、多元的文化遗产将在五大湖北岸地区生根发芽。[6]

这一时期的英国记录显示，将近90%的移民来自新泽西、纽约以及宾夕法尼亚的"中间地区"，而同时代的记录则表明大部分移民是来自特拉华河谷的和平主义者。成千上万讲英语的贵格会教徒、讲德语的门诺派教徒以及浸礼会教徒（兄弟会）由于在解放战争中拒绝选择阵营或拿起武器而遭到迫害，决定找一个自己不会受到任何打扰、能够和平相处的地方。他们的许多同胞后来会向西进入俄亥俄河谷，向美国心脏地带输入内陆地区的社会价值。但是在18世纪90年代，易洛魁联邦（Iroquois Confederacy）的印第安人猛烈抵制对其土地的蚕食。相比之下，安大略则一片祥和，因为英国人在占领新法兰西的三十年中汲取了外交经验教训，开始将印第安人视为自己重要的战略伙伴。帝国官员也表示，将授予内陆地区人整个乡镇，并承诺不干涉他们的日常事务。1812年战争中断移民之前，数千移民重新安置，在种族特色鲜明的城镇定居安家，旁边还有为数不多的新尼德兰人、新英格兰人以及苏格兰高地人。内陆地区的早期移民给在国内的朋友写信，在安大略，"他们会找到美国独立战争前的宾夕法尼亚的翻版"。安大略的开拓者们心胸开阔，与众不同，对外面更广阔的世界漠不关心，乐于让帝国官员们为国家的政治和混乱的事务操心。到了19世纪20年代，大量爱尔兰人、英格兰人以及阿尔斯特－苏格兰人开始从不列颠群岛移民到该地区。此时安大略的文化已经颇具规模了。安大略南部地区人口稠密，时至今日基本上仍然是内陆地区人的天下。[7]

值得注意的是，与美国同胞不同，无论是滨海诸地的新英格兰人聚居区还是安大略的内陆地区人聚居区，在政治体制的发展进程中都没有太大发言权。18 世纪末以及整个 19 世纪，伦敦的官员们决定应该由谁以及如何治理国王统治下的各个地区。受到美国叛乱的刺激，英国官员们采取措施以确保这些殖民地不会演变出独特的政治制度、价值观以及惯例。政府采纳沿海低地模式，只有王室任命的人才能代表地方士绅。投票权极为有限，新闻界受到严密控制。选举产生的立法会议的方案必须得到由王室任命的终身服务的显要人物所组成的议会、王室任命的总督，以及伦敦的帝国行政机构的批准。总督——一直是英国人，从来不是殖民地的臣民——可以随时解散地方立法机关，而且总督的预算也不需要接受地方立法机关的审查。用安大略第一任总督的话说，这是一个旨在"最终摧毁或清除民主颠覆精神"的制度。[8]

安大略、魁北克以及滨海诸地在文化上各不相同，但有一点它们是相同的：受一个远在天涯的大国的控制。它们重新掌控自己的命运则是一百年以后的事情了。

第十四章　第一批分裂主义者

我们一直接受这样的教育：要将 1789 年宪法的批准视为美
国独立战争的最高成就。然而，当时生活在美国的大多数人却
并不这么认为。

在沿海低地和南方腹地之外的地区，许多人对这样一份文
件感到震惊。他们认为这是一份反革命的文件，目的在于压制
民主，将权力集中在地区精英、新兴的银行家、金融投机者以
及土地大亨手中，而这些人对北美大陆的族群文化国家几乎没
有任何忠诚度可言。事实上，大名鼎鼎的开国元勋们毫不掩饰
这是他们的目标之一。他们称赞未经选举产生的参议院，因为
参议院将"制止民主的厚颜无耻"（亚历山大·汉密尔顿），终
止"民主引发的动荡以及愚蠢行为"（埃德蒙·伦道夫），并大
力赞扬广袤的联邦选区，因为选区会"分裂社区"，"防御民主
所带来的不便"（詹姆斯·麦迪逊）。[1]

许多新英格兰人并非新生的美利坚合众国的狂热支持者。
在战争期间，纽约东北部的新英格兰移民脱离联邦，成立了被
称为佛蒙特（Vermont）的独立共和国。佛蒙特共和国的宪法禁
止奴隶制以及投票时对财产的要求。佛蒙特共和国的领导人对
纽约土地投机者的阴谋，以及联邦新出台的向穷人征税的政策
（从而帮助那些富有的战争债券投机者）深恶痛绝，因此拒绝
加入联邦。战后，他们甚至试图与英国谈判结盟，以保护其居
民免遭联邦精英的伤害。马萨诸塞西部以及康涅狄格西北部的

农民四处游说，希望将自己的领土并入这个小山共和国。直至
亚历山大·汉密尔顿向纽约土地大亨施压，要求他们谨慎地处
理自己的问题之后，佛蒙特人才勉为其难同意加入美利坚合
众国。

158   大阿巴拉契亚对宪法改革的抵制最为强烈。新宪法侵犯了
边民们对与生俱来自由的信仰，推翻了他们1776年强加给宾夕
法尼亚的激进宪法。事实上，无论是在大陆会议还是制宪会议
上，大阿巴拉契亚人都没有任何代表，因此他们对这两个机构
都相当怀疑。他们在宾夕法尼亚的代表——当时唯一的边民们
真正拥有政治权力的州——反对批准宪法。当得知内陆地区人
打算在宪法草案副本送到西部各县之前就在全州范围内进行投
票时，他们冲出了议会。这些代表后来被一群"志愿者绅士"
从床上拖出来，带到会场，扔到他们的座位上以达到必要的法
定人数。只有在内陆地区邮政当局销毁了他们在邮件中发现的
所有反宪法的报纸、小册子以及信件之后，宾夕法尼亚才通过
了宪法；最后，只有18%的合格选民投票，其中大部分在内陆
地区。其他州的大阿巴拉契亚地区几乎没有设置投票站，从而
保证投票人数少于精英们控制的沿海低地或南方腹地地区。
1789年，大阿巴拉契亚民众坚决反对建立一个由精英阶层控制
的强大联邦政府。时至今日，很多大阿巴拉契亚人仍然这样
认为。[2]

    长期以来，边民们发动的起义被斥责为穷乡僻壤流氓们的
暴徒行为。这些边民过于无知，无法理解税收带来的好处或解
决债务的必要性。事实上，边民们并非反对税收或诚信行为，
而是在抵制一个可以同21世纪头十年的华尔街计划相提并论，
极其腐败、贪婪、无耻的计划。

在解放战争的艰苦岁月里，大陆会议没有钱给士兵发工资，也没有钱补偿被征用粮食及牲畜的农民。相反，会议给了所有人政府借条。这种做法持续了多年，直至在臭名昭著的不道德银行家罗伯特·莫里斯（Robert Morris）的金融管理之下，宾夕法尼亚才宣布不再接受会议借条作为税收支付的凭证。由于大部分农村地区没有其他形式的货币来流通，许多贫困家庭别无选择，只能把借条卖了，富裕的投机分子以面值的四十分之一至六分之一的价格收购了这些借条。不久之后，400多人便持有宾夕法尼亚96%以上的战争债务，28人控制了近一半债务，其中大部分人都是罗伯特·莫里斯的朋友和商业伙伴。此后不久，莫里斯及其门生亚历山大·汉密尔顿控制了联邦财政政策，通过操纵这些政策让自己朋友们的废纸变成了金银。在莫里斯和汉密尔顿的操纵下，联邦政府使用为评估新联邦消费税而筹集来的贵重金属，按面值回购债券，外加6%的利息。这些消费税大部分落在了一开始就被迫接受毫无价值的借条的穷人头上。

但是，等等，还有更多。大多数大阿巴拉契亚人已经有好多年没有见过现金了。边地农民们生产出的最接近现金的东西就是不易腐烂、非常畅销且易于运输的威士忌。了解到这一点，莫里斯和汉密尔顿愤世嫉俗般地对这一至关重要的大阿巴拉契亚产品征税，尽管他们并不鼓励下属向沿海商人征收所欠的税款。与此同时，两人利用自己的影响力，让自己以及私人银行家朋友们有效地控制了新国家的货币供应——其中大部分货币由归莫里斯私人所有的北美银行（Bank of North America）印制——但一旦出现问题，联邦纳税人将承担责任，并收拾他们留下来的烂摊子。同样值得注意的是，莫里斯和汉密尔顿两人都

159

是缺乏种族或地区忠诚度的移民。出生于英格兰的莫里斯和出生于西印度群岛的汉密尔顿对北美的看法与英国人一致：一头值得挤奶的奶牛。[3]

但与 1929 年或 2008 年不同的是，这一计划的受害者们很清楚发生了什么事，而抵制联邦精英阴谋最强烈的就是大阿巴拉契亚人。随后发生的最伟大的起义被嘲笑般地称为威士忌起义（Whiskey Rebellion）。不过真正的问题是，退伍军人并未得到任何报酬，反而被迫出售政府借条以支付政府税款。结果，这些退伍军人再次被征税，而那些趁火打劫的人又从他们的苦难中获利 5000%。这些税款必须用农村多年来从未有人见过的金银来支付。当支付不起时，这些退伍军人的农场和财产将遭到没收和清算，这使得莫里斯、汉密尔顿以及他们来自沿海民族的投机者朋友更加富有。[4]

160   边民们并非未经战斗就放弃了自己的农场或个人神圣权利。当邦联以及联邦当局开始试图收税并没收财产时，边民们拿起武器，试图脱离自己现在完全不赞成的联盟。这场大阿巴拉契亚抵抗运动持续了十多年，波及了从宾夕法尼亚的文化中心地带到马里兰、弗吉尼亚、北卡罗来纳的大阿巴拉契亚地区，以及未来的西弗吉尼亚、肯塔基和田纳西。这场运动始于 1784年，当时北卡罗来纳（现在的田纳西州东部）西部领地的民众开始厌恶沿海低地对自己的控制。他们提出的解决方案是纯粹的边民方案：未经任何许可就成立了主权独立的富兰克林国（State of Franklin）。边民们起草了一部禁止律师、神职人员以及医生竞选公职的宪法，在格林维尔村成立了政府，并通过了将苹果白兰地酒、兽皮以及烟草作为法定货币的法律。他们甚至申请加入大陆会议，并得到了七个州的支持；由于沿海低地和南方腹地代表们的反对，他们无法获得必要的三分之二多数票。此后不久，沿海低地控制的北卡罗来纳军队入侵富兰克林国，建立敌对政府，并于1788年在现在的田纳西州约翰逊市的一次小规模冲突中击败了当地民兵。富兰克林国领导层与西班牙控制下的密西西比河下游河谷的外国官员建立了联系，希望通过谈判结成联盟。但是，他们很快又与切罗基人爆发了战争，重新将边民们置于北卡罗来纳的保护之下，从而结束了自治实验。[5]

在富兰克林国被取缔时，整个宾夕法尼亚西部的边民们已经切断了自己所在地区与外界的联系。近十年来，移民们一直将收税官、治安官以及联邦官员拒之门外，通过各种方式阻断道路：挖沟、砍树、分流、引发冬季雪崩，还有一次修建了一堵4英尺高的粪肥墙。为了销毁债务记录，边民们焚毁了政府办公室。市民帮派袭击了治安官、收税官以及法官，夺回被债主抢走的牲畜、家具以及工具，将邻居们从关押债务人的监狱里解救出来。许多反叛团体成立了自己的民兵部队，曾至少一次签署承诺书，"冒着生命和财富的危险反对制定新宪法"。[6]

当汉密尔顿1790年的威士忌税使得穷乡僻壤的移民丧失抵押品赎回权时，内陆地区控制下的州政府通过了一项法律，禁止县政府官员取消大土地投机者所持资产的赎回权。边民们对这一最新暴行的反应与他们苏格兰人和苏格兰-爱尔兰人先祖一样：他们包围了收税官员，要求他们交出账本以及收到的任何资金或贵重物品。如果收税官员拒绝，那么他们会殴打、折磨官员，或者扒光收税官员的衣服，并在收税官员身上涂满灼热的焦油，让他在羽毛里打滚。同样的厄运降临到那些试图展开调查的执法人员身上。

到1792年，这种策略已经被肯塔基州、弗吉尼亚州、佐治亚州以及卡罗来纳州的边民们广泛采用。随着该地区停止征收消费税以及实施房产止赎权，胆大包天的大阿巴拉契亚领导人开始谈论推翻整个联邦政府的金融体系。最后，宾夕法尼亚的边民们提议建立一个"由阿勒格尼山脉以西人民组成的友好联盟"，将自己与马里兰州西部以及现在的西弗吉尼亚州和肯塔基州的同胞们联系起来。[7]

确信地方官员和联邦官员正在背叛革命的边民们公开发动了叛乱。1794年8月，宾夕法尼亚的大阿巴拉契亚民众组建了一支9000人的军队，向内陆城市匹兹堡进军，威胁要将这座城市夷为平地。匹兹堡市的官员们立即投降，命令民兵加入叛乱，从而使这座城市免遭破坏。一周后，边民们在附近的空地上召开了地区独立大会。来自宾夕法尼亚西部和弗吉尼亚的226名代表出席了会议。代表们升起了一面有六条红白相间条纹的新国旗。这六条条纹代表了宾夕法尼亚西部的四个县和弗吉尼亚西部的两个县。代表们讨论向西班牙和英国寻求保护。似乎北部边地即将建国了。

在召开独立会议期间，代表们得知华盛顿总统正率领着一支由10000名来自内陆地区和沿海低地最贫穷的阶层组成、装备精良的军队前来镇压他们。面临可能的军事失败，地方议会投票，决定向联邦政府投降。华盛顿的军队在经过宾夕法尼亚中部和西部的城镇时受到了冷遇。在那里，人们竖起自由旗杆——在独立战争期间曾象征着爱国者忠诚的高高的木制旗杆——作为反抗的标志。不过，没有人开枪。到了夏末，边民叛乱已经平息了。[8]

相比之下，在新英格兰，抵抗很快就烟消云散了。虽然对联邦腐败存在担忧，但是 18 世纪和 19 世纪之交的新英格兰人却有了一个令人愉快的发现：新英格兰开始主宰联邦政府。

随着华盛顿于 1796 年卸任，美利坚合众国的选举人团以极其接近的票数选举约翰·亚当斯为美国第二任总统。当时存在的 16 个州中只有一半的州通过投票选出了自己的选举人，其余州的选举人则由立法者任命。然而，在这两种情况下，选举人皆遵循区域趋势。亚当斯是典型的新英格兰人，赢得了每一张新英格兰以及新尼德兰选举人的选票，也赢得了内陆地区绝大多数选举人的选票。亚当斯的竞争对手、种植园主士绅托马斯·杰斐逊横扫南方腹地、大阿巴拉契亚和绝大多数沿海低地。最终，亚当斯以 71∶68 获胜，当选总统。

亚当斯的总统任期极具争议。因为正如历史学家大卫·哈克特·费舍尔所观察到的那样，亚当斯试图将新英格兰人的文化价值观和政治价值观强加于其他民族。新英格兰人认为自由从根本上讲并非属于个人，而是属于社会。新英格兰人担心，如果个人不受任何约束地追求绝对自由和积累财富，就会破坏社区关系，制造贵族阶级，奴役大众，从而导致英国式或南方腹地般暴政的出现。对于一个由相信自己是上帝选民的民族建立起来的文明来说，保护共同利益意味着保持内部一致性和文化统一性。异族人——不管是弗吉尼亚人、爱尔兰人还是非洲奴隶——都被视为一种威胁，因为这些人并不认同新英格兰人的价值观，所以新英格兰并不大力提倡移民、宗教多样性以及输入奴隶。"造成我们当前所有困难的主要原因"，亚当斯的侄子兼私人秘书在 1798 年解释，是"有太多的异族人移民到了美国"。[9]

虽然这种信仰体系在新英格兰内部运作得相当好，但其政 163

策意义却对其他民族的价值体系造成了巨大威胁，使得亚当斯的总统任期异常艰难。他的任期始于地缘战略危机。1789 年，法国人民发动革命，奋起反抗，俘虏并斩首了自己的国王，宣布成立共和国。但是，法国革命陷入一片混乱和恐怖之中：国家强制推行无神论，随意逮捕、处决公民，最后拿破仑·波拿巴发动了军事政变。正当拿破仑的军队横扫整个欧洲之时，北美人民陷入恐惧和歇斯底里之中。新英格兰的报纸报道，法国正准备重新占领北美领土，一支 10000 人的入侵部队正在集结。大约 25000 名法国难民涌入美国——其中大多数难民是为了逃离海地成功的奴隶起义——引发了人们的担忧：这些法国人可能与拿破仑里应外合。[10]

在恐惧及仇外的情绪中，亚当斯推动了一系列立法，目的是镇压异己，强制服从，巩固法院，驱逐异族。国会以最微弱优势通过了 1798 年臭名昭著的《客籍法案》和《惩治煽动叛乱法案》。新英格兰和南方腹地代表支持这些法案，而大阿巴拉契亚代表则坚决反对法案。这些法案赋予总统驱逐任何外国人或以非自然途径移民之人的权利，或随意逮捕任何出生于敌对国家的移民的权利。这些法案还将获取公民身份所需的居住年限从 4 年增加到了 15 年。同时，任何人发表、撰写或出版任何反对政府、国会或总统的言论和文章，发表任何可能使其"受到蔑视或声名狼藉"或可能被视为"诽谤和恶意"的言论和文章，都将被处以最高 5 年监禁以及 5000 美元罚款。有 24 人因煽动叛乱被捕，其中包括费城贵格会教徒詹姆斯·洛根（James Logan，因去巴黎执行和平任务）、一些报纸评论作家和编辑（因指责亚当斯过度扩张他的权威）、佛蒙特州国会议员马修·莱昂（Matthew Lyon，后来搬到了肯塔基州，在那里边民们曾四次选举他为国会议员）。[11]

新英格兰人为这些法案辩护，因为这些法案符合新英格兰人对公共自由概念的理解。新英格兰人认为，所有公民都有权选举自己的代表，但一旦选出了自己的代表，公民就要绝对遵从这些代表——不仅要遵守这些代表通过的法律，还要尊重这些代表在执政期间的所作所为。如果不赞同，那么在下次选举前新英格兰人将一直保持沉默，届时自己就可以投票给另外一位候选人。"政府应该，尤其是在重大措施上，确保公民之间和谐愉快地合作。"耶鲁大学校长蒂莫西·德怀特（Timothy Dwight）在 1798 年的一次布道中解释。"人民把权力交到统治者手中，就是将权力从自己手中放走了。"另一位新英格兰牧师如此宣称。后来，马萨诸塞州议会宣称，亚当斯担任总统的这段时间是"美国的黄金时代"。[12]

在"1798 年的战争狂热"之中，许多北美人支持自己的总司令及其制定的严刑峻法。亚当斯所在政党——联邦党——甚至在大阿巴拉契亚地区赢得了选举胜利。无论战争的起因、交战对手或战争结果如何，大阿巴拉契亚的民众都支持美国在战斗开始后所进行的每一场战争。南方腹地的种植园主完全没有觉得极权主义有何不妥之处。其中一位种植园主，南卡罗来纳的罗伯特·哈珀（Robert Harper）甚至赞助《惩治煽动叛乱法案》，认为该法案是消灭颠覆分子的必要手段。反对派集中在士绅阶层为主的沿海低地（这些士绅认为自己的自由受到了联邦权力的威胁），以及多民族、和平主义盛行的内陆地区。托马斯·杰斐逊和詹姆斯·麦迪逊起草了旨在反对弗吉尼亚州和肯塔基州立法机关通过的法案的决议；这些法案谴责"无限服从联邦政府的原则"，坚持认为各州"有义务"阻止联邦政府侵犯自己的权力。这项决议的发起人是来自沿海低地加罗林县的弗吉尼亚议员约翰·泰勒（John Taylor）。约翰·泰勒甚至主张脱离联邦。与此同时，宾夕法尼亚西南部讲德语的农民于1799年发动叛乱，对那些试图向财产征收特别战争税的联邦税务官员突然发难。内陆地区人将同事们从监狱里解救出来，谴责亚当斯谋求"成为国家的国王"，并高举"严禁扼杀法律——要么自由，要么死亡"的标语。亚当斯派遣联邦军队镇压抗议者。后来，亚当斯将这些抗议者斥责为"可怜的德意志人，他们对我们的法律就像对我们的语言一样一无所知"。[13]

但是，没过多久亚当斯就意识到，压制异己并不利于巩固共和国；相反，压制异己为贵族暴政打开了大门（而"新英格兰道路"就是为了防止贵族的暴政）。威胁来自亚当斯政府内部，汉密尔顿作为联邦军队的实际领导人正在巩固军事力量。汉密尔顿手下的军官干预选举，殴打平民，甚至殴打一名与自己持不同政见的联邦议员。杰斐逊担心这块"军事飞地"可能随时进攻弗吉尼亚，进而引发内战。联邦军事政变的威胁使得亚当斯在外交政策上做出彻底的改变——同法国讲和，结束歇斯底里的战争。亚当斯将汉密尔顿及其同事从内阁中清除，用新英格兰人取而代之。[14]

随着战争的威胁被解除，大阿巴拉契亚迅速抛弃了亚当斯。亚当斯的政策与大阿巴拉契亚的价值观完全相悖。南方腹地人对亚当斯非常愤怒。南卡罗来纳州国会议员罗伯特·哈珀私下里希望亚当斯在回马萨诸塞的旅途中脖子折断。杰斐逊虽然仍然因亚当斯与海地"反叛黑人"建立外交和商业关系而感到心烦意乱，但是他松了一口气。即使反对党在《惩治煽动叛乱法案》的笼罩下持续运作，亚当斯还是在1800年的选举中失利，仅仅获得了新英格兰选举人的支持。新英格兰失去了对已成立12 年的联邦政府的控制。而且在短短几年内，新英格兰便试图完全脱离联邦。[15]

在接下来的四分之一个世纪里，美国由推翻新英格兰统治的不稳定联盟所主导：大阿巴拉契亚、内陆地区、新尼德兰、沿海低地以及南方腹地搁置分歧，拒不接受新英格兰"公共自由"以及内部一致的理想。上述民族通过推翻亚当斯的整个立法程序来竭力抹去其总统任期内的政策，包括《客籍法案》和《惩治煽动叛乱法案》、1800 年的《破产法案》、1801 年的《司法条例》，以及所有涉及新税收的措施。

在杰斐逊总统的领导下，联邦接受法国，背弃英国，向西扩张。所有这些均与新英格兰背道而驰。新英格兰人认为，同拿破仑信奉无神论的帝国主义政权结盟是不分是非。同英国断交只会损害新英格兰商业运输船队的利益，进而破坏该地区的经济。新英格兰人发出警告，快速西进严重地威胁着共和国的利益。

美国大跨步地向北美大陆内陆迈进。在华盛顿执政期间，联邦政府占领了先前印第安人的领土，包括现在的俄亥俄州、印第安纳州、伊利诺伊州、威斯康星州以及密歇根州。新英格兰人同意建立所谓的"西北领地"（Northwest Territory），这在很大程度上是因为他们正确地认识到这个地区将主要由新英格兰人定居。第一部分即将被殖民的地区的土地所有权——未来俄亥俄州的北部———一分为二：康涅狄格州（其所谓的"西部保护区"）和新英格兰人控制的马里埃塔公司。虽然有些人担心人口外流会导致新英格兰人口减少，但是大多数人都以有机

166

会扩大新英格兰民族的影响力为荣，而且这相对增强了新英格
兰的实力。

　　但是，杰斐逊总统 1803 年从法国购买了 82.8 万平方英里
的 "路易斯安那领地"（Louisiana Territory）① 却完全是另一回
事。美利坚合众国突然获得了 50000 个路易斯安那的克里奥尔
人，一块法兰西人和西班牙人在新奥尔良港与黑人、印第安人
以及其他民族相互融合的新法兰西热带飞地，以及在密西西比
三角洲沼泽地信奉一种特殊形式天主教的讲法语的阿卡迪亚人。
未来的国会议员以及哈佛学院校长乔赛亚·昆西（Josiah
Quincy）警告说，此项交易 "在性格、教育以及政治倾向等各
个方面引入了一个（与美国宪法原则）格格不入的民族"，并
释放出 "让蓄奴州翻倍的机会以及力量，而它们的社会氛围也
被接受了"。昆西警告说，这将导致 "奴隶势力最终在联邦占
主导地位"。随着杰斐逊在 1810 年吞并西佛罗里达的西班牙领
土（现在的佛罗里达狭长地带以及亚拉巴马州和密西西比州的
海湾地带），致使奴隶主集团径直自由扩张至西班牙得克萨斯
边界，此类对南方腹地扩张的担忧进一步加深了。事实上，杰
斐逊鼓励南方腹地人这样做，以确保人们承认下路易斯安那
"是美国的一个州而非法国的领土"。像波士顿商人斯蒂芬·希
金森（Stephen Higginson）这样的新英格兰人认为，这一切都证
实了南方 "要统治和镇压新英格兰的意图"，以及 "要确保南
方影响力和安全" 的阴谋。[16]

167　　新英格兰人对国家事务的影响力越来越受到损害。1790 ~
1813 年，当其他州忙着吸引移民或引进奴隶时，马萨诸塞州在

① 1762 ~ 1800 年，西班牙一直控制着该地区。此后，该地区被割让给了拿破
仑治下的法国。

联邦有形资源中所占份额由第二位下降至第四位；到 1820 年，马萨诸塞州人口由第二位下降至第五位，甚至落后于刚刚成立的俄亥俄州。在亚当斯失利后的四分之一个世纪里，马萨诸塞地区没有推选出一位真正的总统候选人。随着新英格兰的衰落，新英格兰人开始将 1800 年的选举视为一场"源自人类罪恶和激情的道德革命"，甚至视之为"上帝不悦"的象征。"上帝不会派遣一个邪恶的统治者来统治一个善良的民族，"一位牧师在谈及杰斐逊时说，"这证明了这个国家的罪恶。"一个充满希望的"自由共和国联盟"，国会议员塞缪尔·撒切尔（Samuel Thatcher）警告说，已经被"一个连成一体的帝国"和"令人恐惧的专制主义的深渊"取代。拯救这个年轻的共和国，一些知名人士嘀咕道，可能会迫使新英格兰脱离联邦，创建一个自由的北方联盟（Northern Confederacy）。[17]

在国会于 1807 年和 1808 年通过了一系列禁止同外国进行贸易的压迫性的禁运法案后，分离主义成为新英格兰的主流。控制着同英国、滨海诸地以及西印度群岛大部分贸易的新英格兰人认为这是乔治国王《波士顿港口法案》（Boston Port Bill）的翻版，是"专制主义的极端表现"。他们把杰斐逊及其在沿海低地和南方腹地的盟友比作拿破仑。拿破仑帝国因禁运而获利颇丰。他们认为大阿巴拉契亚和内陆地区的民众是一群信奉民主的乌合之众，准备将法国大革命的恐怖统治带至美利坚海岸。此后不久，英国在新英格兰的特工报告了"在（加拿大）边境地区武装停战，甚至与英国结盟"的谣言。一名特工自波士顿报告称："再过几个月，新英格兰的民众饱受苦难，失去一切商业利益，他们准备退出邦联（并）创建一个独立的政府。"事实上，马萨诸塞州参议院议长哈里森·格雷·奥蒂斯

（Harrison Gray Otis）不久之后就呼吁召开一次地方性大会，以寻找"某种可能与这些（新英格兰）州联盟保持一致的补救方式"。（奥蒂斯认识到新英格兰人在纽约大片地区的主导地位，也考虑邀请纽约参加此次大会。）《波士顿公报》（*Boston Gazette*）对此表示赞同："宁可一条腿截肢也不要全身放松。我们必须为手术做好准备。"其他报纸纷纷报道，新英格兰的政治领导层正准备"脱离美利坚合众国，同英国结盟，组建北方联盟，最终同新斯科舍、新不伦瑞克以及加拿大（省）建立联系"。[18]

1812 年春天，詹姆斯·麦迪逊总统对英国宣战，最终将新英格兰逼上了绝路。在新英格兰看来，联邦政府同拿破仑结盟，南方人背叛了革命，表明了他们对专制帝国的忠诚。马萨诸塞州州长凯莱布·斯特朗（Caleb Strong）立即宣布公众禁食一天，目的是"对一个国家发动的战争进行赎罪，我们正是这个国家的后裔，而这个国家一直是我们好几代人的宗教堡垒"。康涅狄格州、罗得岛州和佛蒙特州的州长，以及斯特朗都拒绝了总统征用州民兵部队的要求，并将这些要求斥责为"皇宫里小人物"的命令。波士顿的银行家们拒绝向联邦政府发放贷款。乔治·卡伯特（George Cabot）宣称："我们永远不应该在我们认为道德上存在瑕疵的事业中自愿服务。"为了庆祝俄国和英国在欧洲打败了拿破仑的军队，波士顿举行了盛大的庆典活动。当美国的武装船只抵达新英格兰港口时，暴徒们试图解救被俘的英国水手。马萨诸塞州纽伯里波特的民众开始悬挂一种只有五颗星和五条条纹的改良美国国旗，每颗星代表新英格兰的一个州。[19]

新英格兰人也拒绝同加拿大的新英格兰人作战，尤其是在新英格兰人占主导地位的滨海诸地。在联邦政府入侵加拿大，意图迫使其加入联邦时，新英格兰人严厉谴责这一行动是一场不道德的帝国征服战争。"我们会给你们数百万美元的国防费用，"纽约州奥奈达县的国会议员莫里斯·米勒（Morris Miller）说，"但要征服加拿大，你们一分钱也得不到——要消灭加拿大居民，一分钱的九十九分之一你们也得不到。"新英格兰人不仅选择不攻击自己滨海邻居，英国军队于 1814 年入侵缅因东部之后，他们也拒绝保卫或试图解放这一地区。（新不伦瑞克和新斯科舍的民兵则拒绝参加英国人的行动。）斯特朗州长甚至派出了一位特使同新斯科舍的总督会晤，以确定如果新英格兰人试图脱离美国，那么英国是否会给予他们军事援助。伦敦方面的回答是肯定的。但答复来得太晚，影响不大；新斯科舍的总督获得授权，同新英格兰签署了一份单独的停战协议，并向新英格兰提供"武器、装备、弹药、服装，以及开展海军合作"。[20]

1814 年 12 月，在哈特福德举行的新英格兰领导人大会上，新英格兰人的挫败感达到了顶峰。会议前夕，来自新英格兰地区最有权势家族之一的约翰·洛威尔（John Lowell）呼吁代表们起草一部新的联邦宪法，只允许最初的 13 个州加入联邦。按照新英格兰人的条件，革命时期的同盟将被恢复，山那边粗鄙边民们居住的地区可以加入英国。洛威尔的计划非常受欢迎，几乎得到了新英格兰所有报纸的支持。"我们绝不能再让我们的自由成为理论家的游戏……也绝不允许西部地区（当新英格兰从美国独立出来时，这里还是一片荒野）从我们手中夺走那些我们允许他们分享的祝福，"颇具影响力的《哥伦比亚哨兵报》（Columbian Centinel）写道，"一旦我们踏上光荣、独立的

169

大道，不要让任何困难阻碍我们前进，也不要让任何危险迫使我们后退。"即便反对派的文件也承认，马萨诸塞州的大多数公民支持脱离联邦。代表们纷纷提议占领联邦海关大楼，停止征兵，结束战争。[21]

站在分裂边缘，代表们自己后退了。在经过一系列秘密会议之后，代表们提出了一份宪法修正案的清单，从而开启了与联邦政府的谈判。在决定南方在国会中的代表时，南方将无法再计算其被奴役人口的五分之三——这一措施将摧毁沿海低地和南方腹地的政治力量，从而保证新英格兰在美利坚合众国的优势地位。总统的任期将被限制在一个单一的任期之内，而且总统所在州的任何人都不能继任总统，从而结束了弗吉尼亚对总统职位的垄断。此后，战争、贸易禁运，以及接纳新州都将需要获得国会三分之二的多数票，这实际上赋予了新英格兰人否决权。

170 随后，马萨诸塞州派出三名专员前往华盛顿协商这些条款。[22]但在这三位专员抵达这座无精打采的首都后不久——白宫和国会大厦遭到英军焚毁——便传出了令人震惊的消息，从而改变了一切。

英国签署了一份和平协议，美国军队在新奥尔良击败了入侵的英军。随着美国取得胜利，新英格兰人的要求显得荒谬可笑，而哈特福德的与会代表们则似乎犯了叛国罪。在全国其他地方都在庆祝这位在新奥尔良打了胜仗、作战英勇的新战争英雄之际，新英格兰人悄悄地放弃了自己的要求。这位新的战争英雄曾是富兰克林国大阿巴拉契亚乡村的律师；他脾气暴躁，争强好胜，和新英格兰人截然不同，即将带领这个长期以来备受忽视的民族进入美国权力的核心。这位新战争英雄便是安德鲁·杰克逊。

第三部分

西部之争：1816~1877

第十五章　新英格兰向西扩张

　　美国独立战争结束后，美利坚民族中的四个民族越过阿巴　　
拉契亚山脉，穿过俄亥俄以及密西西比河谷，开始向西扩张。
由于政治、宗教、种族、地理以及农业习俗方面的差异，殖民
地全部居民几乎可以分为四个不同的阶层，因此在移民大潮中
几乎没有任何融合。时至今日，在语言学家绘制的追踪美国方
言的地图、人类学家编纂的研究物质文化的地图，以及政治科
学家绘制的用来追踪从 19 世纪初至 21 世纪初民众投票行为的
地图上，我们仍然可以看到这些民族各自的文化印记。除了路
易斯安那南部的新法兰西飞地之外，北美大陆中部的三分之一
地区被这四种对立的文化分割开来。

　　新英格兰人迅速朝着正西方向扩张，占领了纽约北部，宾
夕法尼亚、俄亥俄、伊利诺伊和艾奥瓦北部，以及未来的密歇
根和威斯康星。内陆地区的人们翻山越岭，散落于美国心脏地
带的大部分地区，富有特色地融合了民族大棋盘上的德意志、
英格兰、苏格兰 - 爱尔兰以及其他民族。大阿巴拉契亚人乘木
筏沿着俄亥俄河顺流而下，占据了俄亥俄河南岸，征服了田纳
西、阿肯色西北部、密苏里南部、俄克拉何马东部的高地，并
最终征服了得克萨斯的丘陵地带。南方腹地的奴隶主们在未来
的佛罗里达、阿拉巴马和密西西比低地，路易斯安那北部至未
来的孟菲斯市的大沼泽地，以及后来得克萨斯东部的沿海平原
上建立了新的种植园。沿海低地以及新尼德兰因竞争对手的阻

隔而与西部隔绝。因此，当其他民族在北美大陆疯狂竞争、竞相打造未来时，这两个民族仍然在大海中苦苦挣扎。

174　　　新英格兰由于土地资源匮乏而向西扩张。到 18 世纪末，新英格兰农民发现佛蒙特、新罕布什尔以及缅因地区的大部分贫瘠的多岩石土地均开垦殆尽。在这些北美大陆人口最稠密的地区，最好的农田早已名花有主。为了应对日益惨淡的前景，农民们的小儿子不得不在缅因东部冰天雪地的边境上安顿下来。甚至在美国独立战争之前，成千上万的新英格兰人就已越过纽约边界，进入宾夕法尼亚北部地区；随后，这些新英格兰人以惊人的数量涌入纽约西部，并占领了奥尔巴尼和哈得孙河上游河谷。

移民们早期的努力得到了各自政治领导层的支持。各州均声称对纽约、宾夕法尼亚以及未来的俄亥俄的大片土地拥有所有权。康涅狄格州宣称对宾夕法尼亚北部三分之一地区拥有管辖权。为了控制该地区，康涅狄格人甚至在 18 世纪 60 年代和 70 年代同苏格兰 - 爱尔兰雇佣军进行了一场现在已经被遗忘的战争。在苏格兰 - 爱尔兰雇佣军的帮助下以及国王乔治一世的有利裁决下，康涅狄格移民取得了开门红，建立了威尔克斯 - 巴里和威斯特摩兰。独立战争结束之后，大陆会议将这一地区归还给了宾夕法尼亚，宾夕法尼亚试图用武力驱逐新英格兰人。康涅狄格州以及佛蒙特州出兵帮助移民击退进攻，导致 1782 年最后一场"新英格兰 - 宾夕法尼亚战争"（Yankee-Pennamite War）的爆发。最终，宾夕法尼亚保留了管辖权，新英格兰移民则保留了自己的土地所有权。

同样，马萨诸塞州宣称其对塞尼卡湖以西现在整个纽约的共计 600 万英亩土地拥有所有权。这一地区比马萨诸塞还要大。基于多份互相矛盾的王家赠予文件，这一主张足以迫使纽约于 1786 年做出重大让步：这一地区将成为纽约州的一部分，但马萨诸塞将拥有这一地区的财产所有权，并可以出售以获利。结果，这一地区大部分地方的移民都是在位于波士顿的土地投机者的带领下进行的，所以几乎所有的移民都来自新英格兰。19 世纪初，耶鲁大学校长蒂莫西·德怀特（公理会牧师）在该地区旅行时，谈到该地区的城镇与其家乡康涅狄格的城镇十分相似，并预言纽约将很快成为"新英格兰的殖民地"。新英格兰人聚居区的城镇，如西部的奥奈达和奥农多加，北部的埃塞克斯、克林顿和富兰克林，在外观以及投票方式上仍与新英格兰的城镇如出一辙。[1]

1786 年，当这些曾经为印第安人所有的领地成为联邦政府西北领地的一部分时，各州放弃了对俄亥俄以及中西部其他地区的所有管辖权。但是康涅狄格保留了俄亥俄北部 300 万英亩条状土地的所有权——所谓的"西部保护区"（Western Reserve）——这片土地被转交给了那些曾将纽约西部大部分地区零售出去的波士顿的投机者。另一家新英格兰土地公司从联邦政府手中获得了马斯金格姆河谷（Muskingum Valley）的一大片土地。移民并定居到这两块土地的基本都是新英格兰人。

事实上，新英格兰人倾向于整体西迁。通常，一家人收拾好自己的东西，和邻居会合，然后在牧师的带领下集体前往新目的地。一到达新的目的地，这些新英格兰人就建立起一座新的城镇——不仅仅是单个农场的集合——还绘制了一幅总平面图，上面有专门为街道、城镇绿地、平民、公理会或者长老会会议室，以及最重要的公立学校预留的场地。他们还带来了镇民大会的

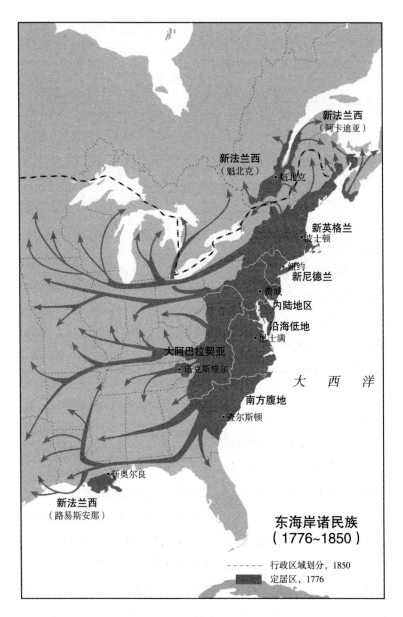

图 4

管理模式。在一种信奉公共自由以及地方自治的文化中，管理规范的城镇是必不可少的公民有机体，也是文明的标志。

新英格兰移民团体通常将自己的旅程视为新英格兰宗教使命的延伸，可与17世纪初期自己先祖的旅程相提并论。1787年，第一批即将从马萨诸塞伊普斯威奇出发，前往马斯金格姆河谷的移民在镇上的会议厅前游行，并接受牧师的临别赠言。临别赠言的原型就是朝圣者们离开荷兰前听到的话语。在旅程的最后一个阶段，移民们打造了一支船队，沿着俄亥俄河顺流而下，并将船队的旗舰命名为"西部五月花号"。同样，在着手创建密歇根佛蒙特维尔之前，佛蒙特艾迪生县的十个家庭与公理会牧师一起起草并签署了一份以《五月花号公约》为松散模本的成文法律。移民们在宣誓"严格遵守圣安息日"和"彼此共同生活在同一社区"，从而重新创造"我们抛诸脑后的同样的社会和宗教特权"之前宣布："我们相信，虔诚的移民是上帝驱除笼罩在密西西比河谷大部分地区黑暗道德的最有效手段之一。"在马萨诸塞州的格兰维尔，移民们在加入创建俄亥俄州格兰维尔的队伍之前也起草了一份类似的公约。[2]

这些新英格兰前哨基地很快便遍布西部保护区。这些地方的名字揭示了其创始人是康涅狄格的创始人：布里斯托尔、丹伯里、费尔菲尔德、格林威治、吉尔福德、哈特福德、利奇菲尔德、纽黑文、新伦敦、诺沃克、塞布鲁克，等等。人们很快便将这一地区称为新康涅狄格也就不足为奇了。

新英格兰人有意将新英格兰的文化推广到中西部北部地区。乘坐"西部五月花号"的移民非常具有代表性。一抵达俄亥俄东部，这些移民便创建了玛丽埃塔镇，并兴高采烈地向自己征税，以筹集资金建设并运营学校、教堂和图书馆。九年后，这

177

些移民创办了中西部众多新英格兰风格学院中的首个学院。玛丽埃塔学院（Marietta College）由出生于新英格兰的加尔文宗牧师领导，并致力于"孜孜不倦地灌输基督教的基本教义和义务"。此外，创始受托人还规定"不传授任何宗教派别的特殊之处"。只要是新英格兰人定居的地方，类似的学院就会出现。每个学院都是文化生产的强大前哨基地：奥伯林和凯斯西储（俄亥俄），奥利弗（密歇根），伯洛伊特、里彭和麦迪逊（威斯康星），卡尔顿（明尼苏达），格林内尔（艾奥瓦）和伊利诺伊学院。[3]

这样，新英格兰人就创建了俄亥俄大部分地区、艾奥瓦和伊利诺伊部分地区，以及密歇根、威斯康星和明尼苏达的几乎所有文化基础设施。在 19 世纪的绝大部分岁月里，新英格兰人几乎完全控制了密歇根州、威斯康星州和明尼苏达州三个州的政治。密歇根州前六位州长中有五位州长具有新英格兰血统，其中有四位州长就出生于新英格兰。在威斯康星州，前十二位州长中有九位州长是新英格兰人，其余的州长要么是新尼德兰人，要么是出生于外国的人士。（相比之下，在以内陆地区和大阿巴拉契亚文化为主的伊利诺伊州，前六位州长中没有一位州长具有新英格兰人血统；六位州长都出生于梅森－迪克逊线以南。）明尼苏达州第一个地方立法机构中三分之一的立法委员出生在新英格兰，其余的大部分委员要么来自纽约北部，要么是来自中西部地区的新英格兰人。在五大湖北部地区的三个州，新英格兰人主导了宪法会议的讨论，并移植了新英格兰的法律、政治以及宗教信仰。在中西部的新英格兰人定居区，后来的定居者——无论是外来移民还是来自美利坚其他民族的移民——都面临着一种扎根于新英格兰占主导地位的文化。[4]

19 世纪的游客经常会注意到旧国道（National Road）南北地区之间的差异。旧国道是一条早期的公路，将俄亥俄一分为二，现在被称为 40 号美国国道。据说国道北边的房子很坚固，维护得也很好。房子外面的牲畜被饲养得很好，房子里面的居民受过良好的教育，很有文化。国道北边随处可见乡村绿地、白色教堂尖塔、市政厅钟楼以及带有绿色百叶窗的房子。国道南边的农舍没有喷漆，居民更加贫穷，受教育程度更低，比较上档次的住宅是希腊 - 罗马风格、用砖头建造而成的。"当你向北穿越俄亥俄时，"俄亥俄州立大学的哈伦·哈彻（Harlan Hatcher）院长于 1945 年写道，"你感觉到自己从弗吉尼亚穿越到了康涅狄格。"但也有例外（新英格兰人在前往密歇根和伊利诺伊的途中，穿过了印第安纳和俄亥俄东北部的沼泽地），在大阿巴拉契亚的"弗吉尼亚"以及新英格兰的"康涅狄格"之间一个内陆地区的过渡地带。但人们普遍的看法是：我们称为"中西部"的地方实际上分成了东西方两个文化阵营，一直延伸到密西西比河甚至更远的地方。[5]

中西部的外国移民通常根据自己对主流文化的依附程度或者敌视程度来选择自己的定居地点，反之亦然。第一批移民主要是德意志人，他们中的许多人加入了自己在内陆地区的同胞，这并不值得奇怪。那些没有选择内陆地区的人在新英格兰人和大阿巴拉契亚人之间面临着抉择；很少有人选择在大阿巴拉契亚人控制的地区定居。

瑞典人和其他斯堪的纳维亚人则对新英格兰人抱有好感。这些瑞典人和其他斯堪的纳维亚人同新英格兰人一样节俭、节制、富有责任心、反对奴隶制、接受国家管理教会事务。"斯堪的纳维亚人是旧大陆的'新英格兰人'，"中西部的一位公理会传教士告诉自己的同事，"就像可以依赖的马萨诸塞老好人一样，我们可以信心满满地依靠他们来帮助美国基督徒正确地创建'基督'美国。"[6]

新英格兰人以喜欢多管闲事以及迫使新来者遵守他们的文化准则闻名于世。其他完全不赞同新英格兰价值观念的团体则179 避开这一地区。天主教徒——不管是爱尔兰人、南德意志人还是意大利人——不喜欢新英格兰的教育制度，并正确地认识到新英格兰的学校就是为了让他们自己的孩子融入新英格兰文化。在天主教移民与新英格兰人共同生活的地区，新来的移民建立了自己的教区学校体系，从而保护自己的孩子免受新英格兰人的影响。新英格兰人经常以敌意回应，谴责天主教移民在不知情的情况下充当了梵蒂冈密谋推翻共和国的工具。只要有可能，天主教移民就选择生活在更加宽容、文化更加多元的内陆地区，或者个人主义盛行的大阿巴拉契亚地区。大阿巴拉契亚地区的道德卫士们自以为是、令人恼火。甚至连德意志新教徒也发现自己与新英格兰的邻居格格不入。新英格兰邻居会试图迫使他们放弃酿酒传统和啤酒庄园，而一本正经地遵守安息日。很久以后，清教徒的价值观不再被视为促进共同利益的必要因素，这时多元文化才成为新英格兰人的标志。[7]

研究投票模式的政治科学家们调查了 19 世纪早期的选举记录，将投票地点的回报与每个选区的人口统计信息相匹配。研究结果令人大吃一惊。先前人们认为阶级或职业是影响选民做出选择的关键因素。结果表明，这种观点是完全错误的。19 世纪中西部地区的一些选举资料提供了十分有趣的证据。这些资料证明，自 1850 年起，个人出身胜过其他所有因素。威斯康星北部贫穷的德意志天主教白人矿工与同一地区贫穷的英格兰卫理公会白人矿工的投票倾向完全不同。不管是生活在城市还是生活在农场，英国公理会教徒倾向于投出相同的选票。斯堪的纳维亚移民与土生土长的新英格兰人一起投票反对为爱尔兰天主教移民或大阿巴拉契亚土生土长的南方浸礼会教徒所偏爱的候选人及其政策。[8]

19 世纪 50 年代，美国内战即将爆发时，新英格兰人最早移民定居的地区青睐新成立的共和党。以新英格兰或斯堪的纳维亚移民为主的各县是共和党最强有力的支持者。共和党通常也获得德意志新教徒的支持。这使得密歇根州、威斯康星州以及明尼苏达州在 20 世纪中叶成为共和党人值得信赖的支持者；其他州则沿着国道分崩离析。后来，当共和党取得民权斗争的胜利时，新英格兰人控制的中西部各州和县就像他们在新英格兰的同僚那样，集体投入了民主党人的怀抱。西部保护区的轮廓在 2000 年、2004 年或 2008 年总统选举的各县地图上依然清晰可见。

虽然中西部北部的大部分地区确实是大新英格兰（Greater Yankeedom）的一部分，但本地区最大的城市却不属于大新英格兰。19 世纪 30 年代，新英格兰人在迪尔伯恩堡附近创建的芝加哥很快就承担了边境城市的角色，成为位于新英格兰及中西部边界的大型贸易中心和交通枢纽。新英格兰人很早便极具影响力，创建了一批机构和报刊，如菲尔德博物馆（以马萨诸塞州康威市的马歇尔·菲尔德命名）、纽伯里图书馆（以康涅狄格州的沃尔特·纽伯里命名）、《芝加哥民主党报》、《洋际报》，以及芝加哥神学院。但是新英格兰人很快就被来自欧洲、内陆地区、大阿巴拉契亚以及其他地区的新移民取代。清教徒向北逃离，创建了埃文斯顿的新英格兰郊区。其他新英格兰人

180

则不以为然地注视着这座傲慢、不守规矩、多民族的大都市。根据 1870 年的人口普查，在新英格兰出生的人只占该市人口的三十分之一。[9]

新英格兰人孜孜不倦地改造着边疆，他们自己也因边疆而发生了改变。新英格兰文化可能一直保留着改造世界的潜在热情，从而使自己走上了今天世俗清教主义的道路，但新英格兰文化失去了对正统宗教的承诺。

在边疆，许多新英格兰人仍然信仰公理会或其近亲长老会，但其他新英格人则皈依了其他宗教。新英格兰本质上是一个神权社会，衍生了数量不同寻常、个性鲜明的宗教——用已故历史学家弗雷德里克·默克（Frederick Merk）的话说，人们"渴望与上帝直接接触，渴望亲眼见到上帝，渴望从高处倾听上帝的声音"。在受到严格管控的新英格兰，神秘主义者及自称先知的人士通常会受到管制。但在边疆，正统观念的执行较为松懈。结果，从纽约西部开始，各种新宗教迅猛发展。纽约西部的宗教狂热如此严重，以至于人们开始称这个地区为"焚烧区"。[10]

181　　许多宗教由此诞生了。然而，几乎所有的宗教都试图恢复早期基督教信仰中的原始因素，然后添加精心设计的各种机构、成文的教规以及一群担任神职的权威人士。如果路德宗、加尔文宗或卫理公会试图通过消除教会等级制度中的上层（大主教、枢机主教和教皇）来进一步拉近人们与上帝的距离，那么这些新的福音派则更进一步，几乎完全取消了中层职务。人们直接且亲自同上帝接触。这样做的时候，人们便获得了重生。在一个或多个创始人的指引下，人们将自己探寻与上帝的沟通之路。据说这些创始人与众不同，善于与造物主沟通。像先知一样，这些魅力非凡的创始人相信神亲自与自己接触，并向他们展示了真正的救赎之路。

　　在新英格兰边疆，上帝显然给出了自相矛盾的指示。威廉·米勒（William Miller）出生于马萨诸塞，在佛蒙特边界长大，是一个农民。米勒在 1843 年宣称基督将重新回归，净化地球。1843 年，当这件事没有发生时，他重新计算日期为 1844 年 10 月 22 日，并让数万名追随者参加了一场被人们称为"大失望"的活动。这场运动的拥护者仍在等待基督的第二次降临，在周六做礼拜，并强调饮食要以冷谷物和谷类为主。（这些人现在被称为基督复临安息日会教徒，教会的会众超过 100 万。）约翰·汉弗莱·诺伊斯（John Humphrey Noyes）是佛蒙特人，曾在耶鲁接受教育。他认为基督第二次降临已经发生了，并宣称自己是"完美无罪的"。他带领自己的追随者们在纽约北部建立了一个乌托邦社会，希望这个社会作为基督千年王国——诺伊斯的奥奈达社区（Noyes's Oneida Community）——的典范。这个奥奈达社区以共有的制造业、共享的产权和性关系为主要特色，并鼓励老年男性和绝经后女性破除处男处女身份。佛蒙特农民约瑟夫·史密斯（Joseph Smith）及其儿子是数以百计的"占卜者"中的一员。这些占卜者声称自己有特异功能，可以找到埋藏的宝藏，并破解保护宝藏的魔法。但是，他们在提供服务之前必须预先得到一定的报酬。因诈骗客户被捕后，小约瑟夫·史密斯在纽约曼彻斯特的一个小山坡上发现了一组金盘（他不允许其他人看到）。金盘（以只有他自己能读懂的语言）向他披露耶稣将重返密苏里州的独立市。他在伊利诺伊州诺伍建立的一夫多妻制的千年王国吸引了数万人。这一

182

王国试图脱离伊利诺伊州，成为美利坚独立的领土。史密斯遇刺后，他的追随者们移居犹他，创建了耶稣基督后期圣徒教会（Church of Jesus Christ of Latter - Day Saints），现在有 500 多万名会员。新英格兰边疆的这些乌托邦式的运动对北美大陆未来的发展产生了巨大的影响。[11]

在新英格兰，处于官方地位的公理会和长老会也失去了大批教众。这些教会的信徒投入敌对宗教的怀抱，从而粉碎了宗教的同质性。一些新英格兰的信徒接受了一神论（信仰单一的而不是神圣的三位一体的神），其中一些教徒后来还接受了一神普救论。一神普救论认为每个人都可以自由地寻找自己对于众多宗教和存在主义问题的答案。更多的新英格兰人投入卫理公会的怀抱。卫理公会于 18 世纪从英国圣公会中分离出来，强调影响社会变革。另外一些新英格兰人紧跟罗得岛的创始人的步伐，成为浸礼会教徒，并且相信只有通过信仰才能获得唯一的救赎。最终，新英格兰的宗教传统发生重大转变，这种转变受到了公理会教会的谴责。莱曼·比彻（Lyman Beecher）也许是 19 世纪中叶影响力最大的新英格兰神学家。他斥责浸礼会教徒和卫理公会教徒"最为糟糕"，并且称一神论者是"真理的天敌"。[12]

虽然新英格兰的正统宗教在 19 世纪遭到了破坏，但新英格人根深蒂固的信念——有可能使世俗社会像上帝的天国一样完美——却完整地保存了下来。莱曼·比彻和正统宗教其他精英教徒将与叛乱分子展开一场殊死搏斗，但他们的努力最终徒劳无功。然而，新英格兰的道德工程并未戛然而止。新英格兰最壮烈的战斗即将打响。新英格兰将与自己的南方宿敌展开殊死搏斗。

第十六章　内陆地区向西扩张

当新英格兰人向西穿过"西北领地"北部时，来自内陆地区渴望土地的移民涌入中西部中心地带。内陆地区人——他们中的很多人讲德语——将自己的多元文化带到了心脏地带。这一地带长久以来就被认为是睦邻友好、以家庭为中心、政治主张切合实际，但不信任大政府的地区。大内陆地区（Greater Midlands）横跨俄亥俄州、印第安纳州以及伊利诺伊州的中北部，穿过艾奥瓦州中部和南部、密苏里州北部、内布拉斯加州和堪萨斯州东部，直至得克萨斯州的最北端——这一地区比特拉华湾海岸原来的边缘地带大很多倍。就像早期东海岸的定居地一样，这一地区的定居地——一块块相互宽容的民族飞地集合——充当了信奉社群主义道德、不包容的大新英格兰与个人主义、享乐主义盛行的大阿巴拉契亚之间的缓冲地带。新英格兰人和大阿巴拉契亚人经常在此定居，但这两个群体的价值观都未能在此地站稳脚跟。内陆地区的中西部地带将发展成为温和、包容的中心。来自不同种族、信奉不同宗教的人士在这里共同生活，这些人基本上从不多管闲事。中西部的内陆地区人很少信奉贵格会，但他们在不知不觉中实现着威廉·佩恩的愿景。

大多数内陆地区人通过国道，定居到密西西比河一带甚至更远的地方。宾夕法尼亚的德意志人竭尽全力复制内陆地区人遗留下来的城镇。俄亥俄州的新费城是由摩拉维亚人的一个教会会众建立的，很快便吸引了讲德语的门诺派教徒。在俄亥俄，宾夕法尼亚的荷兰人控制了新英格兰人西部保护区以南 50 英里宽的农场地带。这些农场分布在柏林、汉诺威、德累斯顿、法兰克福、波茨坦、斯特拉斯堡或温斯堡等定居点上。阿米什人和邓肯人则创建了拿撒勒、迦南和伯利恒。宾夕法尼亚荷兰人的谷仓和联合兄弟会的教堂在整洁的农舍和麦田中拔地而起。自 19 世纪 30 年代起，这种司空见惯的文化环境吸引了大量直接来自德意志的移民。这些移民聚集在辛辛那提。[1]

在印第安纳，因为不满大阿巴拉契亚主导地区事务，内陆地区人的聚居地带相对狭小。印第安纳边民们称自己为 Hoosier，他们来自肯塔基以及西弗吉尼亚的边远地区，对奴隶制态度矛盾。但对新英格兰人和内陆地区人来说，这些边民也可能来自南方腹地。"不要在那些黑人奴隶制盛行的州定居，"费城的一家报纸对那些即将向西移民的民众建议道，"你的孩子会因他们的恶习而堕落，那些奴隶主永远不会像对待基督徒或同胞一样对待你。"同时，在新英格兰人控制的密歇根或威斯康星定居，意味着你要忍受新英格兰人让每个人都成为新英格兰人这一令人不快的欲望。虽然许多内陆地区人最终在新英格兰扎根发展（密尔沃基宣称自己是"美洲德意志人之都"），但是他们不得不花费时间和精力抵制新英格兰人在安息日关闭啤酒庄园、迫使他们自己的孩子上纯英语的公立学校，并消灭自己德意志性的企图。在内陆地区，外国人、天主教徒以及其他人发现这是一个虽不被多样性困扰，但对蓄奴、战争以及个人崇拜持怀疑态度的社会。[2]

内陆地区人定居在伊利诺伊中北部边境城市芝加哥和圣路易斯之间的一个区域。密苏里北部也成为内陆地区人的一个据点。1845 年，圣路易斯赞助了两份德语日报。1852 年，巴伐利亚移民乔治·施耐德（George Schneider）在那里建立了巴伐利亚酿酒厂，几年后卖给了埃伯哈德·安霍伊泽（Eberhard Anheuser）和阿道弗斯·布施（Adolphus Busch）。尽管受到新英格兰人以及边民们的竞争，持续不断的德意志移民还是使内陆地区的文明在美国的心脏地带占据了主导地位。到 19 世纪中叶，德意志移民乘船抵达圣路易斯，并从那里四散到密苏里北部以及东部大草原。铁路接踵而至，接连不断地输送着欧洲的移民及沿岸的内陆地区人。[3]

德意志人有很多理由离开中欧。在中欧，40 个独立的德意志国家正为法国大革命提出的重大问题争吵不休：封建主义、君主政体是否合法，以及大多数人生活在赤贫之中的经济体系 185 是否合理？人们曾试图将中欧地区统一成一个在有代表性的政府领导下的单一国家，但人们的这一努力在 1848 年失败了。许多德意志人试图摆脱随之而来的军事独裁统治。甚至在所谓的 1848 年革命失败之前，自由主义者就希望获得一个地方，以建立新德意志。他们希望这个新德意志不再四分五裂，而是民主、平等社会的典范。"我们可以为在伟大的北美共和国建立一个自由的新德意志奠定基础，"1833 年，一支向美国中西部殖民的德意志远征军领队对其追随者们说道，"我们至少可以在美国领土上建立一个自始至终都是德意志人的国家。对国内未来感到毫无希望的德意志人可以在这个国度里找到慰藉。"这一远征及其他探险的目的地是密苏里北部地区。这些人受到戈特弗里德·杜登（Gottfried Duden）作品的吸引才踏上了探险之路。杜登出生于普鲁士，在这一地区定居，称赞该地区为现成的乌托邦。费城的新德意志协会进一步鼓励了这些人。新德意志协会试图在西部创建"一个新德意志"，作为"我们自己、我们的孩子以及我们的子孙后代的避难所"。随着美国在 19 世纪 50 年代末走向内战边缘，两位资深的德意志政治分析家预测，美利坚合众国将分裂为若干独立国家，其中一些国家处于"德意志人的统治之下"。这些想法可能并不是最终激励成千上万的普通德意志人搬到美国内陆地区的原因，但的确为他们中的许多人提供了到达那里的支持，例如有用的移民信息、有组织的移民协会以及政治援助等。德意志人从未主宰过任何一州——威斯康星的德意志人口停滞在 16%——但是 1830 ~ 1860 年的德意志人口确保了多样、宽容的内陆地区文明将主宰美国心脏地带。[4]

贵格会的移民人数要少得多，但他们也出于类似的原因被吸引到内陆地区中西部地带。19 世纪初，贵格会会众仍然试图与世界隔绝，但许多会众发现在人口稠密的东部沿海地区这样做越来越困难。19 世纪，俄亥俄以及印第安纳中部出现了内陆地区以外的贵格会飞地。由于对奴隶制深恶痛绝，有着百年历史的贵格会社区离开了沿海低地和南方腹地。印第安纳在 19 世纪 50 年代取代费城，成为北美贵格会的中心。时至今日，印第安纳的里士满在贵格会会众总人口中仅次于友爱之城费城。这些贵格会教徒杂居在德意志人、苏格兰－爱尔兰人、英格兰卫理公会教徒、摩拉维亚人、阿米什人以及其他社区中，并且发现这里的文化几乎和宾夕法尼亚东南部的文化一模一样。[5]

像新英格兰人定居的中西部一样，曾经东海岸或欧洲的邻居举家移民到了大内陆地区。和新英格兰人不同，这些人一般并不热衷于同化周围社区的人，更别提同化整个地区了。和特拉华河谷一样，某个特定的民族往往主导着个别城镇的事务，但各县往往极具多元化。中西部城镇采用了宾夕法尼亚城镇的网格街道规划。德意志人定下了基调，通常购买土地的目的是建立永久的家庭宅地，而不是投机投资。他们寻求与土地建立永久和有机的联系。通过最初在中欧的小块农田上完善土壤和保护森林措施，他们格外小心地确保土地的长期生产力。无论是来自欧洲还是来自宾夕法尼亚，他们尽可能选择用石头建造家园，因为石头比新英格兰人或大阿巴拉契亚人使用的木头更加耐用。[6]

有学者观察发现，德意志人坚持按照自己的方式并携带自己认为美国所缺失的元素，集体融入美国这一大熔炉。和大多数贪婪且没有教养的美国邻居相比，这些远道而来的德意志人受教育水平更高，手艺更加精湛，农业知识更加丰富。"与他们对艺术的看法相比，美国人是半个野蛮人，"移民古斯塔夫·科尔纳（Gustave Koerner）于 1834 年评论道，"美国人的品位并不比那些将金属环插进鼻孔里的印第安土著人高多少。"德意志人拒绝被同化，在学校里和报纸上使用他们自己的语言，直到 19 世纪 80 年代仍然几乎只同德意志人通婚。在一个疯狂向边境进军的国家，德意志人因强调稳定、永久、固定的社区而与众不同。在这些社区里，家庭的世世代代在同一块土地上辛勤劳作。这种根深蒂固的传统也许是德意志人对内陆地区文化，进而对美国中西部文化最持久的贡献。[7]

内陆地区中西部地带人们的政治价值观使该地区同新英格兰的中西部北部以及大阿巴拉契亚的中西部南部区分开来。内陆地区抵制新英格兰的文化帝国主义，因此投票反对 19 世纪 50 年代出现的新英格兰控制的新政治工具：共和党。内陆地区

187

人并不希望建立一个同质化的国家：贵格会教徒拥护宗教自由，至少拥护基督徒的宗教自由；新来的英国移民来到这里是为了获得经济机会，而并非为了建立一个理想的加尔文共和国；德意志人习惯于生活在信奉不同宗教的人群之中。虽然这些和其他在内陆地区定居的群体可能并不喜欢和认可彼此，但没有一个群体谋求统治或同化城镇或者社区范围以外的其他群体。所有人都抵制新英格兰谋求统治或同化其他地区的努力。

结果，在整个 19 世纪 50 年代，大部分内陆地区人都支持反对新英格兰的民主党。当时，民主党是代表南方腹地、沿海低地和移民的政党，对天主教徒来说尤其如此。这一时期的民主党人反对这样一种观点：政府有通过同化少数民族或消除奴隶制来改善社会的道德使命。不管是南方腹地的奴隶主还是波士顿穷困潦倒的爱尔兰天主教移民，都应该按照自己的愿望来坚持他们自己的事业。

但在 19 世纪 50 年代末，随着奴隶制向密苏里州、堪萨斯州以及其他新加入的州和地区扩张，局势变得更加紧张，对民主党的忠诚也开始发生变化。内陆地区人们的观点也因宗教教义的不同而发生了分裂。强调需要通过行善、道德改革或乌托邦式的实验来拯救世界的各种宗教团体发现自己与新英格兰在反对奴隶制，遏制酗酒、亵渎神明的言论，以及反社会行为的努力方面有共同点，这使得荷兰加尔文主义者、德国宗派主义者、瑞典的路德教会、北方卫理公会教徒、自由意志浸礼会教徒和德国路德教会总议会拥护共和党。那些信奉宗教信仰，并不强调或积极劝阻人们努力使当今世界变得更加神圣的宗教人士则支持自由放任的民主党：忏悔派德国路德教会教徒、罗马天主教徒、南方浸礼会教徒以及南方卫理公会教徒。在这些问题上保持中间立场的宗教团体（圣公会、基督门徒教会）也四分五裂。[8]

　　最终的结果是出现了一个由摇摆不定的选民组成的典型的内陆地区。内陆地区选民们的支持几乎可以左右任何一个围绕特定问题的未来联邦联盟。内战前夕，奴隶制将极少数的内陆地区人推入共和党阵营。20世纪末政治科学家对1860年总统选举的仔细考证分析表明，内陆地区的这种观念转变——尤其是德意志人的这种观念转变——使得伊利诺伊州、俄亥俄州以及印第安纳州倒向了亚伯拉罕·林肯的阵营，进而使得林肯入主白宫。在联邦舞台上因内陆地区中西部的叛变而大败的南方腹地立即脱离了联邦。[9]

第十七章　大阿巴拉契亚向西扩张

　　难怪历史学家很早就将大阿巴拉契亚人和边疆地区关联起来。边民们最早翻越阿巴拉契亚山脉。在美国独立战争之后，边民们就进入了北美原住民的领地。早在大陆会议着手设置西北领地或征服居住在西北领地的印第安人之前，边民们就建立了像特兰西瓦尼亚和富兰克林国这样的反叛政府。新英格兰人以及内陆地区人通常等到联邦军队打败了土著印第安人之后才搬入这些印第安人的领地；边民们则经常自己进行征服。新英格兰人仍然在纽约北部进行殖民活动时，大阿巴拉契亚人则乘坐竹筏沿着俄亥俄河顺流而下，明确宣称对印第安纳南部及伊利诺伊享有主权。在内陆地区人抵达俄亥俄时，边民们在田纳西中部和切罗基人发生了小规模冲突。因为愿意——甚至渴望——生活在政府无法有效控制的地区，所以边民们经常处于欧美扩张的前沿。

　　与其他民族文化相比，大阿巴拉契亚的文化传播速度更快，传播范围更广。19 世纪上半叶，受到更加肥沃、价格低廉且经过适当勘测的土地以及更容易进入的市场（通过俄亥俄河和密西西比河）吸引，几十万人逃离了弗吉尼亚。这使得老自治领（Old Dominion）不再是美国人口最稠密的地区。这场始于弗吉尼亚以及其他东部州的大规模运动被称为大迁徙（Great Migration），并且在很大程度上是一场大阿巴拉契亚运动。到 1800 年，边民们已经殖民了现在的肯塔基、田纳西中北部以及

伊利诺伊西南部的大部分地区。三十年后——新英格兰人尚未
到达伊利诺伊或者威斯康星——边民们已经控制了亚拉巴马北
部、田纳西剩下的大部分地区、阿肯色的欧扎克，以及伊利诺
伊和密苏里南部的密西西比河谷。1850 年，边民们带着阿尔斯 190
特以及英格兰边界地区的言语模式，穿越得克萨斯北部来到自
己位于牧场上的家。这些文化动荡、高度流动的边民遭到了南
方腹地种植园主的抵制，并在到达西部边陲树木稀少、气候干
旱的大草原之后曾短暂停止继续西进。边民们所创建的文
化——据称是"真正的美利坚"文化——与邻近地区的文化大
不相同。邻近地区的很多人认为这种文化杂乱无章、令人厌恶。

　　但是，在 19 世纪下半叶，边民的人数如此众多，分布如此
广泛，以至于他们自己的领导人能够控制国家事务，入主白宫，
并用他们自己的价值观为美国历史上的一个时代打上烙印。

　　大阿巴拉契亚无疑是一个乡村民族。边民们不是移植整个
社区，而是作为个体或者小的群体向肯塔基以及中西部南部扩
张的。边民们遍布在森林以及空旷的地方，创建了城镇（这几
乎是一种事后的想法），并拒绝就公共资源进行投资。在整个
大阿巴拉契亚地区，地方税赋很低，学校、图书馆很少，市政
府也很少，而且相去甚远。1850 年进入公立学校读书的肯塔基
学生比例大约是缅因州的六分之一，而其图书馆的人均图书数
量不到缅因州的一半。缅因州是新英格兰最贫穷和最偏远的
地区。[1]

　　大阿巴拉契亚地区的文盲率曾使历史学家追踪其人民前进
步伐的努力复杂化。大多数关于中西部边民的描述都来自他们
的新英格兰邻居，以及参观这一地区的游客们的长篇大论。这

些新英格兰邻居以及参观这一地区的游客普遍对边民们的贫穷状况感到震惊。费城医生理查德·李·梅森（Richard Lee Mason）曾于1819年的冬天横穿印第安纳南部。梅森描述说自己偶然见到了"有史以来见过的最悲惨的小屋之一"：一堆石板堆放在一个猪圈上。猪圈里有一个妇女和"两个颤抖的差点饿死的孩子"。这个妇女和她的两个孩子都光头赤脚，孩子父亲则"外出找寻面包"。一个农民报告称："南伊利诺伊一直是蓄奴州的穷人避难所。去年，我看到这里的孩子们在吃土，他们太饿了。"中西部的新英格兰人开始称边民们为"灰胡桃"——指他们粗制滥造的土布衣服的颜色。"Hoosier"是南方的俚语，意为边疆乡巴佬，被阿巴拉契亚的印第安人用作荣誉徽章。[2]

191   大阿巴拉契亚的农业称得上是一起即兴的破坏性事件。边民们主要是牧民社会。他们寻找林区，然后焚烧或者砍伐那里的树木。他们在树桩之间种植玉米，玉米成熟之后用来饲养猪、牛，或制成玉米面包、玉米粥以及威士忌。很多家庭在搬家前通常会在某个特定的地方住上几年，搬家有时是因为他们一直在占用别人的土地，然后土地的真正主人出现了，但更多的时候是因为这一地区开始变得过分拥挤。正如一位学者所解释的那样："邻居们相距5英里时，他们就会感到拥挤不堪。"此后，学者们发现，60%～80%的边民在抵达后10年之内就会迁移一次，最穷的边民迁移得最为频繁。[3]

外地人把边民们贫穷的原因归咎于他们自身。梅森医生认为，南印第安纳人的"轻率及懒惰史无前例"。俄亥俄州的一名记者同意这种看法："新英格兰人的干劲和进取精神并没有成为边民性格的一部分。"出生于新英格兰的州参议员杰森·

斯特里维尔（Jason Strevell）在该州国会大厦内告诉自己的同僚："伊利诺伊南部资源有限的原因仅仅是当地的居民没有足够的能力开发这些资源。""懒惰和独立是他们性格中突出的特点。"马萨诸塞州的一位牧师在谈及西弗吉尼亚人时说道。同时，这位牧师声称懒惰和独立分别是"他们的主要享受"和"主要抱负"。另外一位牧师描述说，"灰胡桃"（边民）是一种"又长又瘦又无知的动物。在这一野蛮的地区出现之前，几乎没有人愿意和这么一大群营养不良、衣衫褴褛、无所事事、无知愚昧的孩子住在同一间小木屋里"。伊利诺伊的一家报纸对笼罩在大阿巴拉契亚人聚居区的"知识、道德和政治黑暗"深表遗憾。[4]

　　外地人也谈到了该地区民众的不安定的本性。印第安纳州是一个由大阿巴拉契亚人主导的州。据报道，居住在印第安纳的人"普遍渴望移民"。这是一个"流动的、不稳定的阶层，等待机会卖光东西，并等着进一步采取行动"。《新英格兰农民报》（*New England Farmer*）的一位记者担心，这些人永远不会"安定于新英格兰那样的道德和宗教社会中"。1839 年，马萨诸塞的一个农民曾预言，要想该地区的居民"被同化并融入同一个群体"，需要花费"很长一段时间"。[5]

　　为了鼓励同化，新英格兰曾向大阿巴拉契亚地区派遣传教士，但宗教和文化差异挫败了新英格兰人的努力。接受过大学教育的新英格兰人一本正经地向自己的听众宣读精心准备的书面布道词。然而，这些听众早已习惯了巡回传教士们热情的即兴演讲。"他们一般不读书，但会思考、讨论，"一位来自伊利诺伊的传教士说道，"他们习惯于盯着活生生的眼睛，习惯于接受活生生的声音的劝导和说服。"其他人则抱怨边民们过于

192

随意的行为举止：男人们进教堂时不摘帽子，小孩子可以在长椅上随意地跑来跑去，大人们则随心所欲地进进出出。更令人不安的是，由于习惯了让传教士们以农民或工匠的身份从事诚实的日常劳作，边民们拒绝向新英格兰牧师提供充足的财力支持。新英格兰人仅仅因为其身份就得不到边民们的信任。正如一个边民所说："新英格兰来的没有一个好东西。"[6]

新英格兰人也很难理解大阿巴拉契亚人的方言和词汇。在印第安纳，人们注意到这两种文化中的成员在描述失控的马群时的方式是多么不同。新英格兰人会说："马队跑进灌木丛里，跨过树丛，冲过了小溪。"他的印第安纳邻居们会这样解释这些话："马儿们被树苗缠住了，弄断了舌头、双树（双腿）和木偶杆。"当年轻的边民称自己的配偶为"老女人"或"老男人"时，新英格兰人感到困惑不解。边民们用"yon"来表示"that"，"reckon"来表示"guess"，"heap"来表示"a lot of"和"powerful"（新英格兰人会用"very"来表示这两个词），这让新英格兰人感到十分好笑。[7]

还存在其他差异。中西部新英格兰人在路边安家，食用土豆以摄取淀粉，修建水果园，建造谷仓和直板栅栏，把马套在马车上以参加比赛，协商书面合同，将逝者葬在镇上的墓园里。中西部的大阿巴拉契亚人在土地中心附近建造自己的房子（出于隐私的考虑），更喜欢食用玉米以摄取淀粉，拒绝修建果园。如果想要保护自己的牲畜，这些边民会建造开放的棚屋。他们用分体式栅栏围起牧场，骑着马参加比赛，协商口头的、受荣誉约束的协议，将亲属安葬在家族墓地或单独坟墓里。[8]

193　　　边民们对沿海低地以及南方腹地领主们的傲慢深恶痛绝。同时，他们也对新英格兰人的屈尊俯就愤慨不已。奥兰多·菲克林（Orlando Ficklin）是一个出生于肯塔基的伊利诺伊人。他感谢"上帝在创造新英格兰之前创造了这个世界，因为新英格兰人会干扰上帝的事业，破坏我们生活的美丽世界"。据报道，肯塔基人出于宗教热情会将新英格兰人视为"耶稣会教徒的一个分支"，而在伊利诺伊，"被新英格兰"（yankeed）一词与"上当受骗"（cheated）是同义词。[9]

边民们的政治偏好和自己的新英格兰邻居大不相同也就不足为奇了。在同受过教育的专业技术人员、富人、贵族种植园主以及低地奴隶主斗争的过程中，边民们普遍支持"诚实的农民及机械工人"。一位印第安纳社论家敦促自己的同胞投票给"懂得在汗水中吃面包是什么滋味的人"，因为"这样的人知道如何代表你的利益"。否则，"为了支持一个终将颠覆我们自己自由的贵族阶层，我们的劳动成果将会被窃取"。大阿巴拉契亚人不信任任何政党，认为政党是强大利益集团的代表，而投票给随便哪个看似支持普通个人的政党。[10]

对于中西部的大阿巴拉契亚人来说，那些爱管闲事的新英格兰人是个人自由思想的最大威胁。因此，在整个19世纪直至民权运动时期，边民主导的地区一直坚决支持南方腹地领导的民主党。正如凯文·菲利普斯所观察到的那样，"灰胡桃民主党人并不太在意奴隶制，但他们无法容忍新英格兰人"。边民们的政治代表强烈反对新英格兰人企图利用联邦政府将新英格兰的道德观念强加给其他民族的做法。俄亥俄国会议员克莱门特·伐兰狄甘（Clement Vallandigham）在指责新英格兰通过反对扩大奴隶制来危害美利坚联邦之前指出："新英格兰的清教徒圆颅党以及弗吉尼亚的骑士党——憎恨奴隶制（尽管有时贩卖奴隶），他们是波士顿的圣徒以及萨凡纳的蓄奴罪人……所有人都在神圣的兄弟情谊中携手制定了一部宪法。这部宪法对禁酒只字不提，却禁止进行宗教测试、建立宗教场所，并且规定要引渡在逃奴隶。"在谈及新英格兰人时伐兰狄甘说："新英格兰是一个奇特的民族，因为新英格兰已经废黜了耶和华，并确立了自己新的反奴隶制的神。"在国家层面上，民主党人通过强调需要保护个人自由——包括拥有奴隶的自由——从而利用了不受政府干预的自由主义热情。边民们定居的各县在 1800 年总统选举中普遍支持杰斐逊而不支持亚当斯，在 1828 年和 1832 年的总统选举中普遍支持安德鲁·杰克逊而不支持约翰·昆西·亚当斯，在 1860 年的总统选举中普遍支持道格拉斯而不支持林肯。与此同时，边民们选择民主党在国会山（Capitol Hill）代表他们的利益。[11]

在更遥远的南方，迁徙中的边民们不是同新英格兰，而是同一个日益欧化的强大民族进行激烈的竞争。18 世纪 40 年代，切罗基印第安人控制了我们所认为的大阿巴拉契亚核心地带：现在肯塔基州和田纳西州的大部分地区，南卡罗来纳州、佐治亚州、亚拉巴马州、西弗吉尼亚州的三分之一，以及弗吉尼亚州和北卡罗来纳州最西端的一个地区。几个世纪以来，切罗基人一直保护自己的农业村庄和狩猎用地免遭易洛魁人、克里克人以及肖尼人的入侵。18 世纪 50 年代，边民们开始入侵他们的土地时，切罗基印第安人进行了反击。在美国独立战争期间，切罗基印第安人精准地判断出帝国权力是唯一能控制饥肠辘辘的、来自穷乡僻壤的居民的东西，所以站在了英国人一边。"伟大的自然之神将我们置于不同的境地，"切罗基族老人科恩·塔塞尔（Corn Tassel）

在独立战争期间召开的一次和平会议上对谈判代表说，"他确实赋予了你诸多优越的条件，但他创造我们并不是让我们来做你们的奴隶的。我们是一个独立的民族。"[12]

是的，独立的民族。尽管切罗基人与边民们发生过冲突，但大量的文化和基因交流仍在继续。一些大阿巴拉契亚人"入乡随俗"，嫁入切罗基人的村庄；更多的大阿巴拉契亚人与切罗基族妇女调情。到 18 世纪末，混血的切罗基上层阶级已然出现。这一上层阶级的成员讲英语，皈依基督教，并充当文化对话者。作为总统，托马斯·杰斐逊曾敦促切罗基人"继续学习如何开垦地球"，并承诺"终有一日你们会和我们一样"。切罗基族的混血精英们将这个建议牢记于心，并鼓励自己的族人效仿杰斐逊所在的弗吉尼亚的沿海低地生活方式。科恩·塔塞尔的混血侄子塞阔雅（Sequoyah）创建了很快便被族人接受的切罗基族书写体系。《圣经》被翻译成了切罗基语。1828 年，《切罗基凤凰报》（Cherokee Phoenix）开始在其首府新埃科塔印刊发行。切罗基领导人通过了一部仿照美国宪法的成文法典，而治疗师、药剂师和魔术师也首次记录了本民族历史悠久的习俗以及知识。农场和村庄发展成了种植园和城镇。名门望族先是雇用白人来帮助自己管理不断增长的商业帝国，然后开始购买大量的非洲奴隶，让他们从事最困难的工作。到 1825 年，切罗基精英阶层拥有 1277 名奴隶，奴隶占切罗基人口总数的 10%。与此同时，他们派出一个代表团前往华盛顿。该代表团明确表示，切罗基人将不再交出任何一寸自己的土地。当时，切罗基人已经交出佐治亚和亚拉巴马北部三分之一的土地，以及北卡罗来纳和田纳西的邻近地区——"不会再多交出一英尺土地"。[13]

对切罗基人来说不幸的是，大阿巴拉契亚地区不断增长的

195

人口以及影响力使得首位边疆战士于 1829 年入主白宫。这位战士对法治缺乏耐心，对其他民族缺乏宽容。

安德鲁·杰克逊，我们的首位大阿巴拉契亚总统，出生于南北卡罗来纳交界处的苏格兰－爱尔兰移民家庭。为了符合边疆战士的道德标准，他参加了美国独立战争，在 1812 年的战争中领导田纳西民兵对抗克里克人，并在新奥尔良战役中击败英国人，成为民族英雄。杰克逊曾在转瞬而逝的富兰克林国以及后来的田纳西州居住生活，蓄养过奴隶，做过乡村律师，担任过参议员和情绪高涨的印第安战士。1818 年，为了惩罚塞米诺印第安人庇护逃跑的奴隶，杰克逊主动请缨入侵西班牙属地佛罗里达。赢得总统宝座后，他亲自监督征用了数千万英亩美洲原住民的土地，鼓励南方腹地向佛罗里达、亚拉巴马以及密西西比扩张。杰克逊后来对国会说，印第安人"既无甚聪明才干，又不辛勤劳作，也没有养成良好的道德习惯。他们自己也不愿对此做出任何改变，而这些对他们状况的有利改变都是必不可少的。在另外一个优越的民族中间站稳脚步，在不了解他们自身自卑的原因或不寻求控制他们的情况下，他们必须屈服于环境力量，并在不久后消失"。[14]

196　杰克逊在大阿巴拉契亚、沿海低地以及南方腹地的大力支持下赢得了总统大选，声称自己拥有大阿巴拉契亚以西以及梅森－迪克逊线以南地区的每一张选票。杰克逊的原则——极小程度的政府干涉，最大限度地给予个人自由，侵略性军事扩张，白人至上，每个美利坚的民族都有权在不受其他民族干涉的情况下维护自己的风俗习惯——使他在内陆地区以及新英格兰的朋友少之又少。杰克逊两届政府任期的基调都是在就职典礼当天便确定的。为了"得到里面的点心、潘趣酒以及其他东西"，当时他的数千名支持者围攻了白宫，急匆匆地毁坏家具，打碎了价值数千美元的瓷器以及玻璃器皿。"总统府里嘈杂无序的暴民让我想起了我读过的关于杜伊勒里宫以及凡尔赛宫暴民的描述，"一个目击者写道，"我担心，如果这些人掌握了暴君的所有权力，那么他们将成为最凶残、最残忍、最专制的人。"杰克逊则肆无忌惮地将政府工作交给自己的朋友们，从而开启了他的一个盟友所谓的"敌人战利品属于胜利者的规则"。至于切罗基人，他很快便表现出对自己刚刚宣誓维护的宪法的蔑视。[15]

除去大阿巴拉契亚的切罗基人是杰克逊的头等大事。前几任总统曾支持切罗基部落对抗佐治亚政治精英们的背叛行为，这些政治精英希望通过武力窃取所有"野蛮部落"的土地。杰克逊允许佐治亚人为所欲为。佐治亚的立法机构单方面通过了一项将佐治亚的所有种族歧视性法律适用于切罗基人的法案，杰克逊对此则保持沉默；在佐治亚，和南方其他"劣等种族"一样，切罗基人不被允许投票、拥有财产、指证白人、获得贷款或在法庭上上诉。几个月后，当在切罗基人的土地上发现黄金时，杰克逊命令受命前来保护印第安人的联邦军队离开这一地区，取而代之的是掠夺成性的佐治亚民兵。随后，杰克逊起草并出台了臭名昭著的《印第安人迁移法案》（Indian Removal Bill）。这项法案旨在对切罗基人及周边民族进行种族清洗，并将他们迁移到一千英里外西部的俄克拉何马干旱的平原。这项法案在众议院仅以五票的优势被通过。其中，新英格兰以及内陆地区反对，而南方腹地则强烈支持该法案。与此同时，最高法院裁定佐治亚吞并切罗基领土违反宪法，因为这违反了切罗

197

基部落与联邦政府签订的条约。佐治亚和杰克逊政府完全无视
这一裁定。切罗基人在佐治亚的土地通过抽奖的方式被分给了
白人；切罗基人自己则被美国军队圈禁在拘留营之中，然后在
恶劣的条件下被强行迁移到俄克拉何马。在此过程中，4000 名
切罗基人丧生。几年后，当亚拉巴马和密西西比吞并克里克人
和奇克索人领地时，这些克里克人和奇克索人也沿着切罗基人
的"血泪之路"（Trail of Tears）前行。[16]

作为直接受益人的大阿拉巴契亚实际上在合并问题上出现
了分裂。著名的田纳西人戴维·克罗克特在众议院斥责《印第
安人迁移法案》是"报复性的压迫"。虽然大阿巴拉契亚地区
可能并不完全支持总统的行为，但最南端的大阿巴拉契亚人现
在面临着边民们的扩张入侵。

传统意义上，历史学家提及"南方高地"（Upland South）
的文化时，就好像奴隶制独自创造了一种不同于俄亥俄河以北
地区的文化。俄亥俄河以北地区也有边民定居。事实上，无论
是生活在没有奴隶的印第安纳，还是生活在对奴隶制友好的田
纳西以及阿肯色，大阿巴拉契亚人都有着连续不断、统一一致
的文化价值观和个性特征。然而，与草原上的亲人相比，南方
边民们面临着更加危险、更加不确定、更加不稳定的生存环境。
山区的生活更加无拘无束、与世隔绝、争强好斗。同印第安人
发生冲突、遭遇盗匪、血腥复仇以及治安警戒都司空见惯。南
方边境的暴力和放荡让 19 世纪游览此地的游客震惊不已。在这
里，男人们会因一些小事或分歧而在公共场合大动干戈。他们
会挖出对方的眼睛、咬掉对方的嘴唇和耳朵、扯掉对方的鼻子。
在新英格兰或内陆地区被视为不光彩的暴力在大阿巴拉契亚地

区却能为人们赢得荣誉和尊重。在这里，判断一个人的标准是其坚韧和凶猛，而不是辛勤工作、正义感或物质财富。为了更容易地挖出对手的眼球，领头的斗殴者留着长长的指甲，在蜡烛的火焰中使指甲变硬，并用油润滑自己的指甲。胜利者在这一地区丰富多彩、自吹自擂的口头传说中永享盛名。这些民间传说赞扬他们的血腥暴力。正如一位拳击手所说："我能跑，能跳，能射击，能吹牛，能喝酒，能取胜，没人拦得住我。任何一个从匹兹堡到新奥尔良再到圣路易斯的（密西西比河）两岸的男人，来吧你！白人技工，看看我有多强大。我已经两天没打过架了，我要去打架。雄起吧——嘟嘟——嘟嘟！"[17]

　　和新英格兰人一样，边民们在美国独立战争后经历了一波强烈的宗教皈依和实验浪潮，特别是在南方地区。南方地区的边疆条件削弱了长老会的影响力以及权威。虽然新英格兰的拓荒者创造或相信了要重视多行善事、乌托邦社区，以及对正义行为的信仰，但是，强调个人救赎、与上帝保持双边关系以及来世回报的信仰对边民更有吸引力。

　　同新英格兰的新教或源于英格兰南部的圣公会相比，边民的宗教传统更加感性、更加自发。边民们在苏格兰和阿尔斯特的先祖们参加过长老会的"圣会"。这是一场巨大的户外活动，成千上万的崇拜者在那里哭泣、昏厥，或者与神秘力量互动。美国独立战争结束后，这种集会在大阿巴拉契亚地区司空见惯。来自田纳西、肯塔基、西弗吉尼亚以及俄亥俄南部的20000名朝圣者于1801年8月在肯塔基的坎恩岭集会，大规模庆祝基督教复兴。"在上帝强大力量的感召之下，数百人就像在战斗中被杀掉一样伏在地上，"一名参加户外集会的目击者回忆称，"有时一千多人突然大声叫喊起来。周围几英里都能听到人们

198

的叫喊声。"到了 19 世纪 30 年代，南方出现了浸礼会以及卫理公会教堂。与北方教会的不同之处在于，这两个教会赞美奴隶制。由于这两个教会强调个人精神重生，强调每个人都能在没有书籍、牧师或教会等级制度的调解下直接与上帝联系，所以这两个教会都在大阿巴拉契亚地区得以迅速传播。如果这种感觉降临到他们身上的话，穷困潦倒的传教士承诺帮助信徒们打开通往神圣道路的个人通道，甚至鼓励每一个人都去传教、祈祷，或者分享自己的情感。与边疆地区的条件和文化相协调，这些福音派信仰在 1850 年之前主导了大阿巴拉契亚，以牺牲更博学、更具文学性的长老会以及圣公会为代价，吸引了大批信徒。在此过程中，他们扩大了大阿巴拉契亚和新英格兰之间的文化鸿沟，并部分弥合了与南方日益强大的邻居之间的文化鸿沟。[18]

第十八章　南方腹地向西扩张

19世纪30年代以前，人们常说"南方"将奴隶制看成一种令人尴尬、过时的制度，应该允许奴隶制逐步退出历史舞台。但在1830年之后，"南方人"越来越多地颂扬奴隶制度，支持其在北美大陆的扩张，甚至将奴隶制塑造成一个获得《圣经》认可的道德体系。

虽然这些发展进程的的确确发生了，但是推动这些发展进程的过程基本上并未得到任何解释。在新兴的南方美利坚邦联中，奴隶制的神圣化是北美大陆两种主要奴隶文化（沿海低地文化以及南方腹地文化）相对权力发生重大转移的结果。第三种文化——大阿巴拉契亚文化——直到内战后才真正加入我们所谓的迪克西联盟。

1820年以前，沿海低地已经控制了北美大陆东南部。在殖民地时期以及共和国初期，弗吉尼亚一直是英属北美殖民地和美利坚各州中人口最多的地区。通过适当剥夺大阿巴拉契亚地区的代表权，沿海低地的士绅们对地区和国家政治产生了巨大的影响力，为《独立宣言》以及1789年宪法提供了智力源泉。美利坚合众国前五位总统中有四位总统来自沿海低地地区。与南方腹地近邻相比，沿海低地地区更加幅员辽阔、更加富有、更加发达，在国家舞台上代表了"南方"。沿海低地的精英们来自开明的理想化英格兰乡村士绅社会。这些精英对奴隶制的存在表示遗憾，并期待着奴隶制早日退出历史舞台。[1]

　　但是，在 19 世纪 20 年代和 30 年代，随着南方腹地迅速扩张，沿海低地失去了大部分权力以及影响力。在 19 世纪早期的大迁徙中，被边民们包围的沿海低地无法有意图地向西扩大自己的影响力。与此同时，大阿巴拉契亚和南方腹地的人们迅速扩张各自文化的控制区域。1789 ~ 1840 年，大阿巴拉契亚的地理面积增加了一倍多，有效地控制了四个新成立州的州政府。在这一时期，南方腹地的领土面积增长了近十倍，统治下的州议会由两个增加到了六个。伴随着这一扩张，代表蓄奴的美利坚发声的不再是华盛顿、杰斐逊以及麦迪逊这样的弗吉尼亚士绅，而是像约翰·C. 卡尔霍恩（John C. Calhoun）、路易斯·维格法尔（Louis Wigfall）和罗伯特·雷特（Robert Rhett）这样的来自南卡罗来纳的煽动者。

　　同沿海低地不同的是，南方腹地能够通过掌握一种有利可图的资源来把边民们排除在外。作为沿海低地种植园的传统支柱，烟草的市场正在衰退，但只生长在南方腹地亚热带地区的棉花的市场却正蓬勃发展。新英格兰和旧英格兰的纺织厂对棉花的需求似乎永远无法得到满足。棉花的适销性使得南方腹地的种植园系统得以脱离沿岸低地，因为棉花在海拔更高以及更干燥的土地上才能长得很好。由于棉花是一种劳动密集型的作物，奴隶种植园主轻而易举就超越了小家庭生产的棉农。随着对棉花需求的增长，适合种植棉花的土地的价值也在增长。这也鼓励了土地向那些拥有更多资本的人流转。大阿巴拉契亚的牧民、猎人以及小农场主常常在地价上涨时售光土地，然后继续前进。他们找到现成的买主，1791 年之后尤其如此。1791 年，来自康涅狄格州的新英格兰人伊莱·惠特尼（Eli Whitney）发明了轧棉机，这使得棉花加工更加高效，利润更加丰厚。通过这种方式，南方腹地夺取了南卡罗来纳大部分地区的控制权，并于 19 世纪初从边民手中夺取了佐治亚的边远地区，然后夺取了佐治亚、亚拉巴马、密西西比、佛罗里达北部以及路易斯安那的大部分地区，接着继续扩展到田纳西西部、阿肯色东部以及得克萨斯。这样做的同时，尽管全球棉花产量增加了两倍，但南方腹地将自己在世界棉花产量中的份额由 1801 年的 9% 扩大到 1850 年的 68%。[2]

棉花市场的繁荣也导致了对奴隶需求的激增。自美国于 1808 年禁止输入奴隶以来，新墨西哥湾各州以及各地区的种植园主们开始从沿海低地以及大阿巴拉契亚的种植园主那里购买奴隶。1810～1820 年，仅沿海低地就输出了 124000 名奴隶。奴隶贩子把自己的"货物"锁在一起，在乡间运输。大多数奴隶都是年轻人，再也见不到自己的家人。历史学家艾拉·柏林（Ira Berlin）称这一创伤性事件为"第二中间通道"（Second Middle Passage）。因为这里的气候比山区和切萨皮克地区更恶劣，劳动也更繁重，所以大多数奴隶发现与自己离开的工作地相比，这里的工作条件更艰苦。被贩卖到路易斯安那南部以及密西西比的甘蔗种植园的奴隶最为不幸。在这些甘蔗种植园里，将奴隶活活累死有时是有利可图的。"沿河出售"最初指的是肯塔基以及田纳西的大阿巴拉契亚人将奴隶卖给南方腹地沿河下游的种植园主。[3]

南方腹地的人们仍然对奴隶起义心有余悸，这并非毫无缘由。1822 年，一个名叫丹麦·维西（Denmark Vesey）的魅力十足的自由奴隶组织了成千上万的奴隶发动暴动。这些奴隶计划杀死自己的主人，攻占查尔斯顿，然后乘船逃往海地这个自由的黑人国度。维西被告密的奴隶出卖，他本人及其 34 名同僚被

202

绞死。这个密谋最终被挫败了。作为回应，查尔斯顿人建立了一所要塞军校（The Citadel）。这所军校负责训练年轻人，以镇压未来的奴隶暴乱。

随着深入发展，南方腹地形成了一种不仅为奴隶制辩护，而且实际上庆祝奴隶制存在的社会和政治哲学。在其他人看来，南方腹地是一个独裁社会，建立在一个将财富和权力集中在一小撮精英分子手中的不道德的机构之上。南方腹地的寡头们认为南方腹地是人类所有成就的巅峰。南方腹地是以古希腊和古罗马的奴隶城邦为模板建立起来的民主社会。这个社会的精英们在把所有的苦活累活都交给奴隶以及被剥夺了公民权的下层阶级之后，自己便可以自由地追求生活中更加美好的东西了。南方腹地一位资深的政治大佬曾说，南方的士绅们比北方人①优越，因为他们有"一种培养更高尚人性品质的高贵气质"。这位大佬补充说，新英格兰人是一个"由商店老板组成的民族"，而南方腹地人则是一个盛产"政治家、演说家、军事领袖以及绅士的民族。这些政治家、演说家、军事领袖以及绅士的地位与现在这个大陆或其他大陆上的任何人都相当，而且可能比他们更高级"。奴隶的存在也使得他们自己免于经历"受到压迫以及忍饥挨饿的劳动阶级所经历的无知、偏执和嫉妒"。遵循自由哲学，南卡罗来纳法官威廉·哈珀（William Harper）等理论家宣称，人"生来就是臣服的"，正是在"自然和上帝的秩序之中，那些拥有高级能力和知识、拥有较高权力的人应

203

---

① 本处、本章下文以及第二十一章中的"北方"多指美国内战中的北方联邦，而非第一章及下一章的"北方"（El Norte）或"北方地区"，请读者注意区分。——编者注

该控制和处置那些低人一等的人"。内战前夕，来自佐治亚的亚历山大·斯蒂芬斯（Alexander Stephens）发表演讲，谴责建国之父们"所主张的种族平等"这一观念是"完全错误的"。斯蒂芬斯曾断言，美利坚南方邦联"建立在一个伟大的真理之上，即黑人并不等同于白人；奴隶从属于其他优越种族是奴隶们与生俱来、司空见惯的状况"。这一声明代表了南方腹地之人的主流观点。斯蒂芬斯曾任美利坚南方邦联的副总统。[4]

为了支持奴隶制，南方浸礼会和卫理公会的传教士与北方的传教士决裂。南方传教士支持奴隶制的理由是非洲人是哈姆（Ham）的后代。在《圣经》中，哈姆被判要为自己的白人主人们"砍柴挑水"。奴隶主欢迎黑人接受此种观点。他们与大阿巴拉契亚长老会结盟，如具有影响力的北亚拉巴马牧师弗雷德·A. 罗斯（Reverend Fred A. Ross）。"赤道以南的人——亚洲人、澳大利亚人在内的大洋洲人、美洲人，尤其是非洲人——比赤道以北的人要低等得多，"罗斯在 1857 年的作品《上帝的奴役》（*Slavery Ordained of God*）中写道，"奴隶制是上帝的杰作。为了奴隶的利益，为了奴隶主的利益，为了整个美利坚大家庭的利益，奴隶制应该继续存在下去。"[5]

随着有关奴隶制的讨论日益紧张，南方腹地人开始断言自己在种族上也比新英格兰人更加优越。南方腹地的思想家们重申了自己属于主宰者诺曼种族的论点，他们认为自己与盎格鲁－撒克逊出身的新英格兰人不同，并且比他们的种族优越。"定居在南方的骑士党、雅各布派以及胡格诺派生来就憎恨、蔑视和鄙视定居在北方的清教徒，"南方腹地的主要期刊《黛博评论》（*DeBow's Review*）宣称，"前者是主人；后者是奴隶，撒克逊农奴的后代……来自北方寒冷的沼泽地区，那里的人们不过是冷血的两栖动物。""我们是世界上最最尊贵的人，"《黛博评论》继续写道，"引以为傲的种姓、肤色和特权使得每个白人都有种贵族的感觉。贵族是守护自由安全的唯一卫士，是唯一一支强大到足以对抗君主专制的力量。"另外一份报纸宣称："诺曼骑兵不能像撒克逊北方佬那样粗俗。北方佬却在不断地密谋，要使自己的贵族邻居粗俗到像他们一样惹人厌的地步。"[6]

　　当这个"主人阶层"向西扩张时，这一阶层成员被自己接触的其他文化冒犯了。具有讽刺意味的是，这其中就包括一个比他们自己更加真实的诺曼社会。

　　路易斯安那南部于 1803 年被割让给美利坚合众国。在路易斯安那南部，他们到了一块由阿卡迪亚难民后裔建立起来的新法兰西飞地。这些难民同来自法属西印度群岛的商人以及蔗糖种植园主共同生活在河口。阿卡迪亚难民后裔——当时还是猎人和诱捕者，以享受生活闻名——被视为农民。有人可能会认为，考虑到新奥尔良和河畔教区共同的加勒比经济模式以及他们自己所谓的诺曼种族亲缘关系，南方腹地人更倾向于与新奥尔良和河畔教区的种植园主和睦相处。正好相反，南方腹地人十分厌恶新奥尔良人，因为新奥尔良更加宽松的法兰西和西班牙奴隶制形式及种族关系造就了没那么严格的奴隶社会。由于西班牙人赋予所有奴隶购买自由的权利，新奥尔良市 45% 的黑人是自由人。白人和黑人是不能结婚的。婚外情以及未经批准的擅自结婚虽然违背了南方腹地的习俗，但仍然光明正大地发生了。许多获得自由的黑人在社会地位上比挤在城市贫困角落的大多数爱尔兰人以及其他白人移民都要高。获得自由的黑人甚至还组建了自己的民兵团。当 1812 年第一次美国国会选举要将这些获得自由的黑人排除在投票行列之外时，这些黑人信心满满地提出了抗议。[7]

新奥尔良西班牙 - 法兰西混血白人居民——"克里奥尔人"——与"新来人口"之间的紧张关系一直持续到 19 世纪上半叶。美国人从北美大陆四面八方蜂拥而至，但大多数人来自地理状况以及气候状况类似的南方腹地。由于克里奥尔人的罗马天主教信仰及其不寻常的生活方式，这些新来的定居者以怀疑的目光注视着他们，不管出身如何。克里奥尔人妇女涂脂抹粉，在其他民族这是闻所未闻的。克里奥尔人的领导人组织奇奇怪怪的四旬斋前一天的狂欢节庆祝活动和游行活动，并且从不参加社交活动。即使在 19 世纪 60 年代，新旧人口之间的通婚也很罕见。政治仍然分裂成"法兰西"和"美利坚"两个派系。讲法语的法兰西派为保留法兰西的法律和教区的行政规范而斗争。在被美利坚合众国吞并 60 年之后，被南方腹地和大阿巴拉契亚包围的新奥尔良以及种植甘蔗的密西西比河下游教区仍然保留着自己的身份特征；他们投票支持共和党，反对南方分离主义。位于南方腹地中心地带路易斯安那南部的一块新法兰西飞地拒绝被同化，直至 21 世纪仍然是一块独立的土地。[8]

到 19 世纪中叶，南方腹地的快速扩张已然画上了句号。在 40 多年的时间里，南方腹地兼并了墨西哥湾周边的亚热带低地，并将种植业推向了北至密苏里南部，南至得克萨斯干旱地带的边疆地区。然而，1850 年，南方腹地在美国没有任何其他可兼并的土地。受气候、生态以及北方竞争对手的限制，南方腹地的扩张受到了抑制。南方腹地的领导人可以看到，南方文化不可能在远西地区扎根，因为奴隶种植的作物无法在那里繁茂生长。这些领导人可以预见这样一个未来：新英格兰、内陆地区以及边民将继续在北美大陆扩张，并在人口、经济实力以及国会代表方面取得相对优势。如果新英格兰人控制了联邦政府，那么奴隶制——南方腹地社会的基础——可能会被认定为非法。南方腹地以及沿海低地的贵族们将遭到贬低，南方腹地以及沿海低地地区就会变成"商店主之地"。这些贵族的下属将插手政治，破坏自己优雅、恭敬的社会。这些领导人担心，南方腹地如果停止扩张，那么在联邦内部就毫无未来可言。[9]

但是，如果他们可以在美利坚合众国以外的地区扩张呢？

19 世纪 50 年代，南方腹地人开始专注于吞并自己的热带邻居。19 世纪 20 年代初，西班牙在新大陆的帝国统治土崩瓦解。当时西班牙帝国的各个殖民地在一系列独立战争中崛起。到了 19 世纪 50 年代，帝国分裂成 20 多个更加弱小、更加不稳定的国家。与美国关系最为密切的几个国家——包括墨西哥和尼加拉瓜——宣布奴隶制非法。这一事态发展令美国南方的奴隶主感到不安。西班牙可能会同意古巴及其黑人多数派赢得独立、获得自由。这一可能性尤其令人恐惧不安，因为古巴岛距离佛罗里达只有 90 英里。对于逃跑的奴隶来说，古巴将是一个安逸的避难所。一个得克萨斯人宣称，古巴很快就会"在尘土中翻滚消逝，会因一百万黑人窒息而死"！西班牙官员武装黑人并鼓励异族通婚的谣言开始广为传播。为了防止只会鼓励南方腹地地区奴隶起义的"黑人或杂种帝国"的出现，密西西比参议员约翰·奎特曼（John Quitman）敦促美国发动武装入侵。1854 年，路易斯安那州议会中的南方多数派通过了一项决议，谴责西班牙"废除（古巴）奴隶制，亵渎白人"。[10]

解决之道便是征服和吞并古巴，南方腹地人正满怀热情地打算这样做。在时任密西西比州州长以及该州前参议员的支持下，私人雇佣兵试图入侵古巴岛。在出身新罕布什尔州的新英格兰人富兰克林·皮尔斯（Franklin Pierce）总统明确表示将起诉任何参与后续活动者之前，还有几次远征活动，但均以失败告终。1854～1855年，皮尔斯试图从西班牙人手中买下古巴。谈判失败后，皮尔斯因屈服于"反奴隶制分子"而遭到南方腹地人的猛烈攻击。身为苏格兰－爱尔兰裔边民的詹姆斯·布坎南（James Buchanan）总统也曾试图收购古巴，以此来争取南方腹地的支持；布坎南1858年的努力受到了一个不太可能的联盟的阻碍。这个联盟的一方是新英格兰以及内陆地区的国会议员（他们反对建立一个新的奴隶国家），另一方是南方腹地的代表（他们试图修改必要的拨款法案，以迫使总统入侵该岛）。南方腹地、沿海低地以及大阿巴拉契亚地区的报纸直到内战爆发前一直呼吁吞并古巴。南方腹地的强烈反对主要集中在担心兼并会导致自己所在地区输出大量奴隶。《里士满问询报》（*Richmond Enquirer*）警告称，这一奴隶消耗将改变"马里兰州、弗吉尼亚州、卡罗来纳州、田纳西州、肯塔基州、密苏里州、阿肯色州的政治地位——甚至海湾国家自身的政治地位"。弗吉尼亚的马修·莫里（Matthew Maury）是沿海低地为数不多的废奴主义者之一。他支持吞并热带地区，因为吞并热带地区会"解除我们神圣弗吉尼亚的诅咒"，并消除"种族战争差点降临在我们自己身上的恐惧"。[11]

还有人计划要吞并尼加拉瓜。1856年，一个名叫威廉·沃克（William Walker）的大阿巴拉契亚雇佣兵夺取了这个中美洲小共和国的控制权。登上"总统"宝座后，沃克的第一个行动

207 就是重建奴隶制，以此希冀赢得南方腹地的支持。沃克的计划
奏效了。南方腹地各大报纸纷纷欢呼雀跃。新奥尔良《三角洲
日报》（Daily Delta）宣布尼加拉瓜为"南方人家园"。《塞尔玛
哨兵报》（Selma Sentinel）宣称沃克的行动对南方来说比任何其
他"地球上的运动"都重要。[12]

　　几个月后，沃克的运动因霍乱和叛乱而夭折了，但沃克回
到新奥尔良后受到了英雄般的欢迎，并策划了另一次入侵。他在
莫比尔出版的一本书中宣称："白人将黑人从他们家乡的废墟
中带走，教给他们生活的艺术，授予他们真正宗教的不可言喻
的祝福。"沃克第二次入侵时，军队便是从莫比尔启程的。沃克
认为，奴隶制是一种"积极的好东西"，应该在奴隶制国家中得
到扩充。沃克原本打算将自己的奴隶帝国从尼加拉瓜向北扩展至
中美洲以及墨西哥的大部分地区，但随后一名美国海军军官逮捕
了他，沃克的第二次远征活动也随之告终。南方腹地的国会议员
们试图惩罚这名军官。不过因涉及军事荣誉问题，他们的这一企
图甚至遭到了大阿巴拉契亚国会议员们的反对。[13]

　　在沃克被捕后，南方腹地的一些人聚集在一个被人们称为
"金环骑士团"（Knights of the Golden Circle）的秘密组织周围。
这一组织试图建立一个比沃克的奴隶帝国更庞大的奴隶帝国。
"金环"以古巴为中心，其范围涵盖南方腹地、墨西哥、中美
洲、南美部分地区以及整个西印度群岛。金环骑士团的创始人
乔治·比克利（George Bickley）出生于沿海低地，担任过肯塔
基州某杂志编辑。比克利估计，仅墨西哥这一地区就将出现25
个新的奴隶州，以及50名参议员和60名众议员。这将保证南
方腹地对联邦政府的领导权（如果联邦幸存下来的话），或者
保证"南方邦联"控制"国家的所有财富和权力"（如果联邦

没有幸存下来的话)。骑士团的主要支持者集中在得克萨斯州东部和佐治亚州。在这些人的支持下，骑士们密谋征服整个墨西哥。[14]

　　然而，此时墨西哥的大量领土已经并入了美利坚合众国。对北方地区的征服正在如火如荼地进行着。

第十九章　征服北方

　　奴隶主将目光投向他方时，北方地区正处于极其弱势的地位。1821 年，墨西哥第一帝国成立了。一成立，墨西哥便破产，陷入一片混乱之中。墨西哥经济在血腥的独立战争中遭到摧毁。这场独立战争使十分之一的墨西哥人丧生，国民生产总值下降了一半，直至 19 世纪 70 年代才恢复到 1805 年的水平。在遥远的墨西哥城，政府以惊人的频率倒台——1833 ~ 1855 年，总统曾 36 次易手——各州基本上只能依靠自己。[1]

　　独立之后，北方地区从中央政府那里得到的本来就很少的支持也中断了。士兵及传教士停止领取工资。货币供应戛然而止。商队不再前来补给本地区的前哨基地，也不再运走本地区生产的兽皮及兽脂。为了寻找给养，士兵们开始洗劫布道团建筑。墨西哥禁止方济各教会的传教士入境，北方地区的官员接到命令，驱逐其余的方济各教会传教士。（加州州长拒绝执行命令并指出，如果他这样做，那么"其他居民和军队都将消失"。）中央政府提供的少之又少的援助适得其反。为了增加加利福尼亚地区的人口，一批犯人被送到了这一地区，但政府并未提供补给；这些犯人便打劫花园及果园，给州长制造了不少麻烦。新颁布的墨西哥法律，比如规定国会议员年收入为 1500 比索，州长年收入为 2000 比索，疏远了北方人。一位观察员指出："在加利福尼亚，没有人有能够成为州长、参议员或副州长的资本。"[2]

由于与墨西哥中部隔离，北方地区的领导人开始向美国寻求贸易、物资以及移民。得克萨斯的拉美裔人（Tejanos）无视墨西哥禁止对外贸易的命令，将自己的马匹赶到路易斯安那的市场，而加州方济各教会则向走私者出售牛皮和海獭皮。政府官员并未试图阻止这种贸易。一位官员指出："必要性使法律上不合法的东西合法了。"加州州长马里亚诺·基科（Mariano Chico）指出，如果没有走私活动，"加利福尼亚将不复存在"。

然而，与走私货物相比，北部边境已经变得更易于渗透。19世纪20年代，墨西哥当局无力阻止大批寻找经济机遇的非法移民从北部和东部涌入边境地区。得克萨斯因与人口日益增长的路易斯安那以及阿肯色交界而首当其冲，受到了这股移民潮的冲击。按照墨西哥法律，盎格鲁－美国人是不受欢迎的，但是得克萨斯地方官员迫切希望定居者能够另眼看待这一地区。"我迫不及待想要看到如果我们接纳诚实、勤奋的人会给我们带来什么样的好处，不管这些人来自哪个国家……即使这些人来自地狱本身。"圣安东尼奥政治家弗朗西斯科·鲁伊斯（Francisco Ruiz）如是说。[3]

到1823年，大约有3000名盎格鲁－美国人（大部分来自南方腹地或者大阿巴拉契亚地区）非法居住在得克萨斯，相当于本地区的官方人口。还有几百人追随摩西·奥斯汀（Moses Austin）以及斯蒂芬·奥斯汀（Stephen Austin）父子。这对父子在墨西哥独立前夕说服西班牙当局授予自己一大片土地。奥斯汀父子的行为也鼓励了移民改革的支持者：斯蒂芬在父亲去世后接手父亲的事业，他学习西班牙语，取得墨西哥公民身份，并充当移民与地方当局之间的仲裁人。（南加州早期少数移民的行为与此相似，这些移民普遍融入并尊重当地文化。）1824 ~

1825 年，联邦当局以及当时得克萨斯科阿韦拉地方当局宣布移民合法化，改革者们赢得了胜利。得克萨斯科珀斯克里斯蒂以北的大部分地区实际上被赠给了奥斯汀这样的殖民代理人，然后由奥斯汀将这 4400 英亩的土地转售给其他移民。当局希望新移民能适应北方的一切。为了鼓励这一点，当局禁止奴隶制，并要求新移民皈依罗马天主教。[4]

然而，移民实验很快就失控了。移民们——他们中的许多人为了逃离南方腹地的债权人——开始涌入得克萨斯东部。到 1830 年，这一地区至少有 7000 名移民，是当地北方人数的两倍多。更糟糕的是，这些新来的移民并不打算融入当地人的生活。他们摒弃天主教信仰，选择在远离圣安东尼奥和戈利达周围的北方人飞地的地方定居。一位墨西哥将军曾向北旅行，前往蓬勃发展的得克萨斯东部小镇纳科多奇斯（Nacogdoches）。这位军官意识到自己已经进入一种异国文化。"当一个人从圣安东尼奥来到（纳科多奇斯）时，他会注意到墨西哥的影响力逐渐变弱。来到这个地方后，他就会看到一切都是与众不同的。"这位军官向自己的上级写道。纳科多奇斯地区被授予了一位出生在大阿巴拉契亚、头脑发热的奴隶种植园主——黑登·爱德华兹（Haden Edwards）。为了给那些"体面"的南方腹地种植园主开辟道路，爱德华兹曾试图清除这一地区的北方人以及侵占土地的人。1826 年，由于非法征用土地，当局撤销了爱德华兹的土地所有权。爱德华兹宣布该地区独立，任命自己为"弗雷多尼亚共和国"（Republic of Fredonia）的元首。墨西哥军队将其驱逐出境，但这件事惊动了墨西哥当局。美国移民藐视墨西哥的法律、语言以及习俗，正在破坏本地区的墨西哥元素，为此必须采取措施。[5]

1830 年，墨西哥改变了政策。因为担心"得克萨斯不再属于这个共和国"，墨西哥完全禁止了美国人移民。许多北方人反对这一举措。得克萨斯几位主要官员向墨西哥当局请愿，要求撤销这一举措。无论如何，法律未能阻止这一潮流。实际上，美国移民的人数增加了。到 1835 年，移民达到每月 1000人。此时，美国移民的人数是得克萨斯的拉美裔人的十倍多。1831 年，负责本地区事务的一位将军报告称："没有任何武力可以阻止美国人的涌入。这些美国人是得克萨斯海岸以及边境的独家所有人。"（在新墨西哥以及加利福尼亚——从美国东部及中部很难到达——移民数量很少，并没有立即面临任何文化挑战。）位于墨西哥中部的当局担心，这一地区如果被南方腹地人淹没，很快就可能发生叛乱，被美国吞并。具有讽刺意味的是，当叛乱真正爆发时，当地的北方人自己却发挥了主导作用。[6]

北方——与墨西哥中部地区相比更加特立独行、更加自给自足、商业氛围更浓——经常被认为是墨西哥改革和革命的前沿阵地。这一声誉始于这一地区对墨西哥第一位军事独裁者安东尼奥·洛佩斯·德·圣安娜（Antonio López de Santa Anna）将军的武装抵抗。圣安娜将军于 1833 年夺取政权，中止宪法，并驱逐政治对手。圣安娜被迫镇压北方地区的一系列叛乱。科阿韦拉最先发动叛乱，得克萨斯、新墨西哥以及加利福尼亚相继发生叛乱。实际上，蒙特雷的加利福尼亚立法者们宣布，该地区将一直保持独立，直到恢复宪法；当一位新的总督从墨西哥城来到加利福尼亚时，这位总督和自己的警卫被解除武装，并被赶走了。与此同时，新墨西哥的普韦布洛印第安人占领了

211

圣菲，斩首了圣安娜派来的总督，并让一个混血的猎捕水牛的猎人担任总督。几个月后，叛乱遭到圣安娜军队的镇压。1839年，北方的塔毛利帕斯州、新莱昂州，以及科阿韦拉州反对派宣布独立并忠于旧宪法；几个月后，他们的格兰德河共和国（Republic of the Rio Grande）便被推翻。格兰德河共和国领导人避难于邻近的得克萨斯。[7]

1835~1836 年的得克萨斯革命是所有叛乱中最成功和影响最大的革命。由于对圣安娜的独裁统治感到愤怒，得克萨斯的许多政治家加入了叛乱，包括斯蒂芬·奥斯汀的盟友——讲双语的圣安东尼奥市市长胡安·塞金（Juan Seguín）。最初，像奥斯汀以及塞金这样的温和派只想脱离科阿韦拉，但仍然作为墨西哥的一部分。他们的这一立场为他们在得克萨斯东部的大阿巴拉契亚以及南方腹地移民中赢得了"托利党"的绰号。这些移民想要赢得彻底独立。大多数得克萨斯人似乎在这件事上持中立态度，只希望在冲突中存活下来，并尽量减少冲突对自己生活的干扰。但是当圣安娜的军队侵入叛乱地区时，塞金以及其他得克萨斯领导人纷纷加入分离主义者的队伍，宣布成立独立的得克萨斯共和国（Republic of Texas）。塞金曾担任革命军军官，后来入选共和国参议院议员；另一位得克萨斯人洛伦索·德萨瓦拉（Lorenzo de Zavala）曾担任得克萨斯共和国副总统。在阿拉莫战役中，七个得克萨斯人为得克萨斯献出了宝贵的生命。塞金在阿拉莫战役中担任奥斯汀的侦察兵，后来主持了死者的葬礼。南方腹地的报纸对这场战争进行了详细的报道，将这场战争描述为野蛮的拉美人和善良的白人之间的种族斗争，激励着成千上万的南方冒险家进入得克萨斯来参加这场战斗。最终，圣安娜的军队被引诱至得克萨斯东部。在那里，大阿巴拉契亚奴隶主萨姆·休斯敦（Sam Houston）领导的叛军趁着他们午睡之际，出其不意打了他们个措手不及。圣安娜束手就擒。为了活命，他同意撤退到格兰德河畔。虽然战争又持续了几年，但事实上得克萨斯赢得了独立。[8]

不幸的是，对于得克萨斯人来说，他们的大阿巴拉契亚以及南方腹地邻居并未打算让他们在新秩序中占有一席之地。大多数英格兰裔美国人对拉丁美洲人怀有根深蒂固的偏见。这种偏见可以追溯到16世纪西班牙君主发动的旨在消灭新教徒的运动。墨西哥人再一次侮辱英美准则：用当时的话来讲，从种族上看大多数人是"混血儿"——一部分是欧洲血统，一部分是美洲土著血统——因此理所当然被认为是堕落的、懒惰的。这种种族混合尤其冒犯了南方腹地人，但在与印第安人交战的大阿巴拉契亚地区也起到了负面的作用。就连温和派斯蒂芬·奥斯汀也将得克萨斯人争取独立的斗争描述为"一场西班牙-印第安混血人以及黑人发动的反文明、反英格兰裔美国人的野蛮、专制战争"。[9]

随着数以万计的大阿巴拉契亚以及南方腹地移民涌入这一地区，北方的地主们很快发现自己竟然是家园的陌生人。（人口普查记录显示，大阿巴拉契亚人定居在得克萨斯中北部，而南方腹地人则在得克萨斯东部进行殖民活动。南方腹地人的奴隶种植园集中在布拉索斯河谷。）就像对待切罗基人一样，这些入侵者把北方人看作要被扫地出门的劣势民族和敌人。在接下来的十年间，通过武力、威胁和欺诈，他们抢走了北方人的牲畜和土地，然后北方人沦落为社会底层。除非能证明自己支持革命，否则所有的北方人都将失去公民权以及财产权。与此同时，一项禁止非白人投票的法案仅以微弱劣势被否决。甚至

得克萨斯革命的英雄、圣安东尼奥市当选市长胡安·塞金也因
当地一个流氓声称他同情墨西哥而惨遭流放。"有些人羡慕我
的地位，因为我是墨西哥人；另一些人则认为我阻碍了他们实
现邪恶的（夺取财产）计划，"塞金感叹道，"我曾被乌合之众
审判，未经听证便被定罪，因此被迫担忧自己的安全。"几年
后，塞金回到得克萨斯，发现没有一个"墨西哥人"能够升任
领导职位，几乎没有墨西哥人持有财产。[10]

事实上，得克萨斯革命将北方地区的东北部边界推回到现
在的位置：圣安东尼奥以北，科珀斯克里斯蒂以南。得克萨斯
213 东北部、中北部以及中部——这些北方人从未真正居住过的地
区——被大阿巴拉契亚兼并，而墨西哥湾海岸的北半部则被南
方腹地吞并，形成了这一地区休斯敦和达拉斯之间、丘陵地带
和沿海平原之间、西班牙裔占主导地位的南方和盎格鲁人占主
导地位的北方之间的典型划分。北部狭长地带后来会成为一个
由内陆地区人定居的独立地区。[11]

不过，得克萨斯革命只是北方文化圈倒退的第一阶段。
1845 年，美国国会迫于南方腹地及其"金环"游说团体的压
力，通过了一项法案，授予得克萨斯共和国奴隶州的地位。可
以预见的是，投票清楚地划分了界限：新英格兰及内陆地区反
对；大阿巴拉契亚、沿海低地、新尼德兰、南方腹地赞成。墨
西哥拒绝承认包括格兰德河流域有争议的领土在内的新边界。
美国军队受命进驻这一地区，封锁了通往墨西哥城市马塔莫罗
斯的河流通道。在这场小规模冲突被总统詹姆斯·K. 波尔克
（James K. Polk，来自大阿拉巴契亚地区）虚伪地称为"墨西
哥侵略"之后，美国众议院以 174 票赞成 14 票反对的投票结果
对墨西哥宣战。所有投反对票的议员都来自新英格兰。

在未来的许多冲突中，反对美墨开战的人士都集中在新英格兰。这些新英格兰人认为这是一场帝国主义的征服战争，违背了共和国的价值观以及虔诚基督徒的道德。"谁会相信战胜墨西哥，'吞并'墨西哥一半的领土会给我们带来比现在更大的自由、更纯洁的道德、更繁荣的工业？"新英格兰出身的新闻记者兼著名评论家霍勒斯·格里利（Horace Greeley）发问道，"不能用几块薄薄的被称作横幅的破布就遮挡住上帝的视线，让上帝对谋杀视而不见……醒醒吧！停止屠杀，否则就来不及保护你的灵魂免于因大规模屠杀而犯下的罪恶！"马萨诸塞州立法机构斥责这场战争为一场"反自由、反人类、反正义的战争"，因为这场战争有"三重目标：扩大奴隶制、强化奴隶主权力，以及取得对自由州（Free States）的控制权"。[12]

事实证明这场战争的确是一场屠杀。美国军队横穿墨西哥，征服了上加利福尼亚（Alta California）、新墨西哥以及大部分北方地区。至 1847 年初秋，美国军队占领了墨西哥城和韦拉克鲁斯。对决策者们来说，问题并不在于如何赢得战争，而在于自己应该在多大程度上适应墨西哥。这场争论在很大程度上再一次沿着边界线展开。新英格兰人通常反对一切形式的土地兼并。他们担心这样会增加更多的奴隶州，致使国家太大，自己将永远没有希望让整个国家走上"新英格兰道路"。内陆地区人采取和平主义立场。大阿巴拉契亚人热情支持军事征服以及帝国计划，主张彻底消灭墨西哥。沿海低地及新尼德兰的态度暧昧。[13]

最终，美利坚合众国只占领了包括现在的亚利桑那州、新墨西哥州、加利福尼亚州、内华达州以及犹他州在内的人烟稀少的墨西哥北部一半的地区。奇怪的是，南方腹地领导人因担心无法同化人口更为密集、种族混杂的墨西哥中部以及南部地区而反对兼并，所以进一步兼并遭到了否决。"超过一半的墨西哥人是印第安人，另一半主要是混血部落，"参议员约翰·卡尔霍恩警告说，"我抗议这样的联合！先生们！我们的政府是白人政府。"[14]

1848 年，这场战争结束。随后的加兹登购地使得北方地区的所有权落入两个国家之手。人烟稀少的加利福尼亚南部、亚利桑那南部与定居人数较多的新墨西哥、得克萨斯南部一起成为美国境内的被占领土。这些地区的所有北方人都将受到新霸主的歧视，被新霸主剥夺公民权，并受到新霸主的强大文化挑战。然而，这些北方人将在长达一个世纪的占领下存活下来，并于 20 世纪末对他们的征服者发起挑战。北方的南部地区——塔毛利帕斯州、新莱昂州、科阿韦拉州、奇瓦瓦州、索诺拉州以及下加利福尼亚州——将继续留在墨西哥，但将继续受到并经常受到美国邻居的影响；这些北部州与墨西哥中部仍存在分歧。在 20 世纪 90 年代初墨西哥革命和选举推翻腐败的革命制度党中，这些州起到了中坚作用。[15]

然而，大部分被吞并的墨西哥领土并未真正被殖民过。而且从文化上讲，这些领土，即加利福尼亚北部、内华达、犹他以及科罗拉多和亚利桑那的大部分地区也从未真正成为北方地区的一部分。这一辽阔地区即将成为两个全新民族文化的诞生地。这两个民族建立在以惊人的速度从土著居民手中夺取的土地之上。令人惊讶的是，西海岸和远西地区的发展形势完全对立，并同南方被占领的西班牙语民族对立。

第二十章　打造西海岸

为什么加利福尼亚北部、俄勒冈和华盛顿的沿海地区与新 216
英格兰的共同点似乎比与这些州的其他地区的共同点要多？从
投票行动到文化战争再到对外政策，为什么西海岸与新英格兰
结盟——与其南部以及东部的邻居一直不睦——自其成立以来？

最主要的原因是，西海岸早期的大多数殖民者都是新英格
兰人。这些新英格兰人乘船来到这里，希望在太平洋沿岸建立
第二个新英格兰。尽管这项任务没有完全成功——西海岸与其
东部盟友一直存在着根本性的气质差异——这些新英格兰人还
是留下了乌托邦式的理想主义印记，使这个年轻的民族同其顺
从的北方地区与自由的远西地区的邻居时常发生冲突。

19 世纪初，北美的太平洋沿岸仍然主要处于美洲土著民族
的控制之下。从理论上讲，西班牙声称拥有现在加利福尼亚的
所有权，但从实际上讲，北方地区的影响力向北在蒙特雷开始
逐渐减弱，在旧金山已完全没有影响力了。英国和美国尚未决
定由谁控制太平洋西北部，最终只同意将由两国共同分割这一
地区。在英美两国的地图上，只有一大片被称为俄勒冈领地
（Oregon Territory）的土地，包括现在的不列颠哥伦比亚省、华
盛顿州、俄勒冈州和爱达荷州。在此之前，这一地区的斗争使
新法兰西与新英格兰对立起来。新法兰西人控制了哈得孙湾公
司（Hudson's Bay Company）的当地员工。这家经营毛皮的贸易

集团实际上统治着现加拿大西部以及北部的大部分地区。在当地，新法兰西人占据了该公司在该地区的大部分强韧毛皮贸易职位。这些新法兰西人退休之后，一些人与自己的印第安人妻子按照习以为常的梅蒂斯模式在当地定居下来。直至 19 世纪 30 年代，他们的主要竞争对手是来自新英格兰并未试图建立永久性前哨基地的船载毛皮商人。[1] 在接下来的一个多世纪里，奇努克（Chinook）印第安人称所有英国人为"乔治国王的臣民"，而简单地称美国人为"波士顿人"。[2]

得益于这种远距离的毛皮贸易，新英格兰人比其他所有美国人更加聪明，对太平洋沿岸更加了解。新英格兰的知识分子以及宗教领袖很快便将这片新的"荒野之地"列入需要新英格兰人拯救的地方名单之中，这也就不足为奇了。19 世纪 30 年代，莱曼·比彻呼吁自己的追随者将西方从教皇及其顺从的天主教移民追随者的阴谋诡计中拯救出来。"不了解我们的机构、不习惯自治、无法获得教育……并且很容易被邪恶的诡计利用的外国移民迅速涌入"，比彻写道，威胁了"我们共和国的安全"。比彻认为，解决问题的方法是"在我们学校以及共和党各种机构的共同作用下"教育和同化新来移民。当时正在辛辛那提训练传教士的比彻最挂心的是五大湖以及密西西比河上游河谷的德意志和爱尔兰天主教移民。但对于那些熟悉太平洋地区的人来说，比彻的警告同样适用于哥伦比亚河上的新法兰西天主教商人，或者不久之后，也将适用于加利福尼亚地区的北方人。方济各教会传教士已经在圣何塞教育印第安人儿童，这也增加了任务的紧迫性。[3]

新英格兰的这项"荒野差事"于 19 世纪 20 年代末断断续续地进行着。一位异想天开的新罕布什尔州校长霍尔·杰克逊·凯利（Hall Jackson Kelley）不厌其烦地推动一项雄心勃勃的计划，意在殖民他自己从未见过的太平洋西北部地区。凯利精心策划的建立一个公民和宗教共和国的计划从未付诸实施，但他的营销努力——他在新英格兰各地张贴海报，出版书籍，并向国会请求援助——确实激励了其他人。来自佛蒙特州北部的卫理公会传教士杰森·李（Jason Lee）于 1834 年横穿北美大陆，在现在的俄勒冈州塞勒姆附近成立了布道团。李最初与美洲土著居民合作，从新英格兰招募教员与移民，后来又创建了美国西部的第一所学院（现在的威拉米特大学）。塞缪尔·帕克（Samuel Parker）来自马萨诸塞，是一位长老会传教士。1835 年和 1836 年的大部分时间，帕克都在俄勒冈领地布道，以及选择未来的布道团位置。他的书《遥远的西部》（*The Far West*）吸引了更多的新英格兰人来到这片土地，这些新英格兰人中的大多数聚集在现在俄勒冈州李牧师的威拉米特河谷布道团附近。1843 年 5 月，定居在该领地的新英格兰人举行了一次会议。在这次会议上，他们成立了自己的临时政府，起草了禁止奴隶制的法律，并选出了自己的官员，其中四分之三的当选官员来自新英格兰。这份法律文件后来将成为俄勒冈州宪法的基础。[4]

新英格兰人虽然在政治界和知识界占据主导地位，但并未占到当地人口的大多数。在临时政府成立后的数月内，一列载有 700 多名新移民的马车车队抵达，使威拉米特河谷的非印第安人人口增加了一倍。绝大多数新移民是来自大阿巴拉契亚中西部的农民。正如一位历史学家所说，边民们"来到俄勒冈时便拥护……地方主权、基层组织、独立生产者伦理以及'消极（即软弱）国家主义'"。边民们倾向于在乡下农场安居乐业，将城镇及政府留给新英格兰人。这种移民模式一直延续到 19 世纪 40 年代和 50 年代，使得出生于新英格兰的新英格兰人数量达到了其他人的 15 倍，他们仍然控制着大多数市政机构。[5]

俄勒冈从 1846 年建立的不列颠哥伦比亚以及 1853 年建立的华盛顿分离出来。新英格兰人在很大程度上主宰了俄勒冈的局势。新英格兰人创建了塞勒姆和波特兰，后者是在缅因地区波特兰人与波士顿人掷硬币获胜后被命名的。同竞争对手《俄勒冈人报》（*The Oregonian*）一样，俄勒冈第一份也最具影响力的报纸《俄勒冈政治家》（*Oregon Statesman*）是由新英格兰人创办、归新英格兰人所有并由新英格兰人运营的。《俄勒冈人报》宣扬了同比彻一样的对天主教移民的恐惧。新英格兰人控制着大部分公立学校、学院以及神学院，并主导了 1857 年制宪会议上的辩论。该大会制定了一份支持独立家庭农民社区的文件，确定了新英格兰人认为个人利益必须被纳入共同利益的观念。俄勒冈州前八位州长中的六位州长，前八位参议员中的六位参议员是来自新英格兰、纽约或宾夕法尼亚怀俄明河谷的新英格兰人。[6]

219　　哥伦比亚河以北的"华盛顿领地"（Washington Territory）人烟更加稀少，同英国的领土争端使潜在的移民望而却步。因为这些移民无法保证如果该地区主权发生了变更，他们的土地所有权是否会得到尊重。尽管如此，文化模式还是相似的。受到皮吉特湾和奥林匹克半岛木材资源的吸引，大量来自缅因东部、佛蒙特北部以及五大湖地区的新英格兰人于 19 世纪 40 年代和 50 年代来到此地。位于缅因东马基亚斯的波普和塔尔博特（Pope & Talbot）木材公司建造了甘布尔港和拉德洛港这两个港口城镇，并连续 70 年有组织地从缅因东部沿海地区引进锯木工厂和工人。（"似乎那里的每个人或者其父亲都来自东马基亚斯，"甘布尔港的一个老水手半个世纪后回忆说，"我们在甘布尔总是吃烤豆子和约翰尼面包，以及大量的鳕鱼。"）19 世纪60 年代，皮吉特湾急需女性——白人男性的数量是白人女性的9 倍多——因此当地领导人招募了 100 名新英格兰单身女性，并将这些女性用船运到西雅图。作为这些移民的后代之一，在那里他们仍有"五月花"般的声望。缅因人奥尔登·布莱森（Alden Blethen）来到这一地区，并创办了本地区的主要报纸《西雅图时报》（Seattle Times）；马萨诸塞人艾萨克·史蒂文斯（Isaac Stevens）是华盛顿领地的第一位总督和美国国会代表。但是，同俄勒冈一样，新英格兰人并未占到本地区人口的大多数，因为内战后大量的斯堪的纳维亚、爱尔兰以及日本移民定居于此。沿海的不列颠哥伦比亚地区发展得更晚。不列颠哥伦比亚地区的大部分移民来自西雅图、俄勒冈和加利福尼亚北部，这些移民同时带来了自己的公理会和长老会教会。[7]

　　因为加利福尼亚部分地区已经被殖民了，所以新英格兰人在此地的任务异常艰巨。在蒙特雷以南地区，北方文化根深蒂固。那些在美国吞并前决定移居加利福尼亚南部的新英格兰商人和游客一般都融入了加利福尼亚的生活方式之中。新英格兰人乘船而来，聚集在圣巴巴拉和蒙特雷，学习西班牙语，皈依天主教，取得墨西哥国籍，同墨西哥人结婚，采用西班牙语的名字，尊重并参与当地政治。一些新英格兰人非常成功。阿贝尔·斯特恩斯（Abel Stearns）是一个来自马萨诸塞州的船舶代理商。他于 1829 年定居洛杉矶，娶妻生子，经营着一家利润丰厚的贸易公司，去世时是一位非常富有的牧场主。托马斯·拉

220

金（Thomas Larkin）来自马萨诸塞州查尔斯顿市，是一个木匠，曾经做生意失败。他希望这一地区人民脱离墨西哥，并以自己的方式加入美国。他在蒙特雷建造的房屋将新英格兰的房屋比例和屋顶与西班牙的全长阳台和土坯建筑融为一体，产生了现在流行的蒙特雷混合风格。到 1846 年美国占领这一地区时，加利福尼亚非印第安人的人数为 4000 人，而这种墨西哥化的新英格兰人大约占其中十分之一。[8]

但是，当一个人离开海岸或蒙特雷北部时，北方地区的文化影响力也就消失了。在旧金山湾和萨克拉门托地区，北方人很少且相隔甚远，移民的种类也大不一样。在美国占领加利福尼亚时，加利福尼亚十分之一的人口生活在旧金山湾或萨克拉门托河的一条支流上。这条河很快便被称为美利坚河（Rio Americano 或 American River）。同俄勒冈领地一样，这些移民是新英格兰人（通常通过海路到达，并聚集于城镇）和大阿巴拉契亚人（通过陆路到达，分散在农场、牧场和磨坊）的混合。无论有何差异，这两个群体都的确憎恨南加利福尼亚、墨西哥统治以及北方文化。这两个群体都拒不接受墨西哥国籍，未经允许便占领土地，并公开鼓动美国吞并加利福尼亚地区。[9]

如果加利福尼亚的南北分裂至 1845 年已经很明显的话，那么 1848 年在美利坚河谷发现黄金则有助于将西海岸与当时荒无人烟的内陆地区分开。这种分裂——预示着很快将把太平洋西北部的古老海岸与喀斯喀特的干旱地带区分开来——主要是由于新英格兰人出现在旧金山湾和邻近太平洋海岸的地区。同俄勒冈的新英格兰人相比，这些新英格兰人面临一项更紧迫的任务：他们必须把加利福尼亚从野蛮人手中拯救出来。

在这种情况下，野蛮人是指那些淘金者（Forty-niners）。淘

金者的淘金心态与新英格兰人的清教徒精神格格不入。"从来
不存在这样一个聚集在一起渴求黄金的种族，"一个居民在谈
到 1848～1850 年来到加利福尼亚的一大群人时说，"原则是尽 221
可能在最短的时间内获得土地上的所有财富，然后**去别处享
受**。"[10] 在人类历史上迄今为止最大规模的一次自发迁徙中，短
短 5 年内就有 30 万人来到加利福尼亚，使得这片新增的美国领
土上的非印第安人人口增加了 20 倍。在 24 个月内，旧金山便
从一个 800 人的村庄发展成一个 20000 人的城市。旧金山的港
口里满是被渴求黄金的船员们遗弃的废旧船只，还有酒吧、赌
场、妓院、刀战、犯罪团伙和酒后派对，而他们身后便是在海
盗时代值得一提的罗亚尔港。

　　这些都深深地触犯了港口两岸的新英格兰人，促使他们成
立了另外一支拯救加利福尼亚的道德十字军。清教徒传教士约
翰·埃利奥特（John Eliot）的后代约瑟夫·本登（Joseph
Bendon）牧师在耶鲁大学接受教育，他宣称，淘金热是对新教
徒完成方济各教会开启教化的努力的挑战。公理会的美国国内
传教士协会（American Home Missionary Society）寻觅到了一个
既能拯救加利福尼亚，又能创建一个新教的滩头阵地来挑战亚
洲"异教的强大要塞"的机会，便立即派遣传教士乘轮船来到
这一地区。"如果我们能用我们的文明、我们的《圣经》、我们的
清教主义、我们向他人传播我们所知所信的热忱，以在加利福尼
亚建立一个民族，那么这将是一个照亮众海岛和更遥远的秦国之
地的直接途径，"这个协会在开启这一伟大事业前夕宣布，"充
分利用俄勒冈以及加利福尼亚的新运动是上帝的旨意。"[11]

　　这些传教士以及追随他们的新英格兰人认为他们的这一旅
程是又一次朝圣般的荒野之旅，是在西奈山上建立第二座上帝

之城的机会。"新英格兰的儿女们，你们是这片土地的代表，这片土地是其他地区的典范，"长老会牧师蒂莫西·德怀特·亨特（Timothy Dwight Hunt）在 1852 年对旧金山新英格兰协会（New England Society）说，"这是我们的殖民地。没有什么比在普利茅斯殖民地的基础上让加利福尼亚成为太平洋上的马萨诸塞更雄心勃勃、更高尚的行为了。"[12]

大批新英格兰人加入移民队伍：仅 1849 年就有一万人加入，占所有通过海路抵达的人口总数的四分之一。毫无疑问，一些人直奔"矿区"，但有相当多的人为创建新英格兰人的加利福尼亚而贡献了自己的力量。为了在旧金山、萨克拉门托和蒙特雷建造教堂和校舍，一些人向传教士们捐赠了土地、金钱以及物资。阿默斯特、鲍登、哈佛、耶鲁以及其他公理会学院的毕业生来到山区，在矿工中建造户外学校。马萨诸塞州安多弗市的约翰·佩尔顿（John Pelton）带着学校用品、教材以及一个铃铛来到这里，创建了加利福尼亚地区的第一所免费公立学校。到 1853 年，旧金山的学校董事会清一色由新英格兰人组成，他们强制规定在旧金山市实施波士顿的课程。耶鲁大学校长之子舍曼·戴（Sherman Day）与一个新英格兰律师和牧师团体一道将一所公理会预备学校改造成加利福尼亚学院——现在的加利福尼亚大学伯克利分校。"西部耶鲁"的大多数教授都是新英格兰人。1849 年，甚至波士顿和加利福尼亚联合股份采矿贸易公司也带来了一名牧师以及神学院学生，并在公司规章制度中规定他们必须在周日布道，在一周中间主持祈祷会。邦克山采矿贸易公司的员工要承诺"摈弃加利福尼亚所有的恶习和恐吓行为"。[13]

不管资金多么充沛，组织得多么好，新英格兰人在沿海滩头阵地以外的努力都没有遇到什么好运气。他们成功地游说地方议会来通过保护安息日的法律，但当时加利福尼亚最高法院由来自矿区的边民主导，法院宣布此法律无效。总的来说，旧金山人拒绝清教徒的道德观。"在加利福尼亚，安息日遭到大众忽视，"《旧金山公报》(San Francisco Bulletin) 于 1860 年报道，"更多惨遭遗弃的人前往赌场。在那里，喝了下药的威士忌以及原木酒之后，他们将前一周的收益全部押在掷骰子或可疑的纸板游戏上。"新英格兰人影响了西海岸，但无法使之成为圣徒的国度。[14]

当然，核心问题是自 1850 年开始，加利福尼亚西海岸的绝大多数居民——以及整个加利福尼亚地区的居民——都不再是新英格兰人。淘金热吸引了来自世界各地的人们：大阿巴拉契亚的农民、智利和澳大利亚的矿工、爱尔兰和意大利的冒险家，以及满怀希望的中国劳工。在一个殖民文化尚未形成的地区，很少有人愿意盲目地追随新英格兰人的领导。天主教徒为了自己的梦想而完全拒绝接受新英格兰人的领导。这些天主教徒梦想着，由于相对孤立及西班牙传统，加利福尼亚有可能成为躲避新教美洲的避难地。他们也有自己的学校、布道团、孤儿院以及大学：当伯克利还是一所预备学校时，意大利的耶稣会就已经在圣克拉拉颁发学位了。1849 年，投票选举出席该地区制宪会议的代表时，边民们和北方人的数量都超过了新英格兰人。新英格兰人明显属于少数民族。加利福尼亚前两任州长都生活在旧金山，但都来自大阿巴拉契亚地区。[15]

新英格兰人虽然并未完成自己的远大使命，但确实从蒙特雷北部对加利福尼亚沿海地区产生了持久的影响。沿海地区融合了新英格兰精英的道德、知识、乌托邦式的冲动，以及大阿巴拉契亚和移民多数派自给自足的个人主义。由此形成的这种既充满理想主义又盛行个人主义的文化不同于内地淘金地区的文化，非常类似于西部的俄勒冈和华盛顿的文化。一个世纪之后人们才意识到这一点，但这种文化是一种新的区域文化，一种通过与新英格兰结盟来改变联邦的文化。

第二十一章　西部之战

长期以来，人们将美国内战描绘为"北方"和"南方"之
间的一场争斗。事实上，无论是在文化层面还是在政治层面，
这两个地区并不存在。历史学家们围绕着这个问题争论不休，
提出了各种各样的术语，试图支持这一不完美的范式：边界南
部、中南部、上南部、下南部、棉花南部、边界北部，或上北
部。这些历史学家为马里兰与密苏里、田纳西与路易斯安那、
印第安纳、弗吉尼亚与得克萨斯内部存在的严重分歧而头疼不
已。历史学家们一直就这场战争争论不休：这场战争是不是因
奴隶制而爆发的？这场战争是不是一场凯尔特人同盎格鲁、日
耳曼对手之间的斗争？任何一项一个州接着一个州的分析都会
不可避免地产生令人困惑和不满的结果。

从北美大陆民族国家的视角来看，任何派别的动机、忠诚
以及行为都将变得更加清晰可见。归根结底，内战是两个联盟
之间爆发的冲突。冲突的一方是南方腹地及其外围地区——沿
海低地，另一方是新英格兰。其他民族则希望保持中立，并考
虑摆脱奴隶主以及新英格兰人的控制，成立自己的联盟。若是
头脑更加冷静的人占了上风，那么美国极有可能在 1861 年分裂
成四个联邦，从而对世界历史产生深刻影响。但战争是无法避
免的，危如累卵的美利坚合众国终将依靠武力维系在一起。

19 世纪上半叶，四方势力为了控制北美大陆西部三分之二

的地区而展开了激烈的角逐。新英格兰、内陆地区、大阿巴拉
契亚以及南方腹地将各自文化传播到整个阿巴拉契亚山脉以西
的零散地带。各方都心知肚明，此事关系到联邦政府的控制权。
无论谁赢得了最大的一块领土，都有可能主宰其他民族，并像
俄罗斯人、奥地利人、西班牙人或土耳其人在各自多元文化帝
国中所做的那样，制定其社会、经济以及政治准则。

225

　　但到了19世纪中叶，这场人口以及外交争斗正逐步演变为
北美大陆两个新兴的超级力量之间的一场暴力冲突，即新英格
兰和南方腹地。新英格兰和南方腹地在这四个竞争者中最为富
有、民族意识最强。任何一方都无法容忍生活在一个按照另一
方的准则运转的帝国之中。

　　五十年来，南方腹地在这场斗争中一直处于不败之地。棉
花和蔗糖的蓬勃发展促使奴隶文化迅速向西扩张，使得这一地
区异常富有。南方腹地已经取代沿海低地成为南方的主导力量，
在白人至上运动中争取到了大阿巴拉契亚出身的总统以及政治
家们的支持，并通过这场运动清除了南方以及西南地区的印第
安民族和墨西哥官员。自1812年战争（美国第二次独立战争）
以来，南方联盟一直控制着联邦政府，将厌恶帝国主义的新英
格兰人以及热爱和平的内陆地区人排挤到一边，进行了一系列
扩张战争。1848年，美国军队控制了墨西哥城，南方腹地人可
以想象自己提出的"金环"计划成功了，他们增加了足够多的
奴隶州，以确保自己对联邦政策以及半球事务的永久控制权。
胜利似乎近在咫尺。

　　随后，事情变得不妙起来。虽然各奴隶州在这个更广袤的
世界中赢得了少许民心，但是正确意识到南方腹地以及沿海低
地的机会越来越渺茫的外国移民正遍布新英格兰以及内陆地区

中西部；许多人在国内已经饱受封建贵族制度的折磨，并下定决心远离自己的北美同胞。1850 年，每有一个出生于外国的人生活在蓄奴州，就有八个这样的人生活在自由州。随着时间的推移，新英格兰人、内陆地区人以及新尼德兰人在全国人口中所占的比例越来越大，因此在众议院中所占的席位也越来越多。新英格兰对西海岸的影响使这一问题更加复杂，从而确保即使联邦当局拒绝攫取加勒比海的新领地，加利福尼亚、俄勒冈和华盛顿也将作为自由州加入美利坚合众国。1860 年，南方腹地以及沿海低地的领导人意识到，即使在没有他们的情况下，其他民族也有政治实力来控制联邦机构和联邦政策。南方腹地的生活方式岌岌可危。为了拯救南方腹地，他们必须脱离联邦政府。[1]

19 世纪 50 年代，不管美国人对奴隶制感到多么不安，生 226 活在新英格兰之外的大多数人都愿意忽视奴隶制及其引发的问题。然而，在改造世界这一使命的激励之下，新英格兰人并未忽视奴隶制及其带来的对道德的侮辱，并当之无愧地成为废奴运动的中心力量。来自马萨诸塞州的新英格兰人威廉·劳埃德·加里森（William Lloyd Garrison）创办并出版了最主要的反奴隶制杂志《解放者》（The Liberator）。莱曼·比彻的女儿哈丽雅特·比彻·斯托（Harriet Beecher Stowe）写了一本非常受欢迎的小说——《汤姆叔叔的小屋》。这本书促使公众反对要求美国公民将逃跑的奴隶归还给他们主人这一联邦法律。弗雷德里克·道格拉斯（Frederick Douglass）是一个逃离沿海低地的奴隶，避难于马萨诸塞，在那里发出美国联邦政府最强大的废奴主义者的声音之一。当联邦政府决定允许新堪萨斯领地的公民自行决定是否允许当地实行奴隶制时，波士顿人创建了新英格兰移民协会（New England Emigrant Society）。新英格兰移民协会在堪萨斯领地建造了劳伦斯及曼哈顿这两个城镇，并帮助新英格兰人在这一地区安家落户。1856 年，出生于大阿巴拉契亚的居民洗劫并放火焚烧劳伦斯时，作为报复，另一个出生于康涅狄格的新英格兰人约翰·布朗（John Brown）残忍地杀害了五个人；在后来的一场行动中，布朗试图占领弗吉尼亚西部的一个联邦军火库，挑动奴隶发动起义。这场行动为他在新英格兰人中赢得了自由卫士殉道者的美名，并让他成为南方腹地以及沿海低地人们口中臭名昭著的恐怖分子。

新英格兰废奴主义者认为南方腹地及沿海低地实行独裁专制政体。这些废奴主义者认为，奴隶主对自己统治下的一切享有绝对权力，导致了奴隶主家庭和基督教美德的腐朽堕落。"蓄奴州是一个巨大的妓院。"出生于英格兰的公理会牧师乔治·伯恩（George Bourne）在波士顿出版的一本小册子中宣称。奴隶主和他们的儿子强奸自己的奴隶，然后受到别人的指责，要求其解释作为奴隶的母亲生出的大量混血儿。西奥多·德怀特·韦尔德（Theodore Dwight Weld）于 1839 年出版了一本畅销的废奴主义选集——《美国奴隶制现状》（*American Slavery as It Is*）。在这本选集中，康涅狄格州的牧师弗朗西斯·霍利（Francis Hawley）自南方腹地发回报道："女性奴隶给白人生孩子的现象非常普遍，以至于很少或根本没有人提起这码事。"另一位撰稿人是康涅狄格州的一名治安法官。这位法官描述了在沿海低地北卡罗来纳存在这样一个种植园主：只要他的朋友让自己的奴隶怀孕，他便给这位朋友 20 美元。"毫无疑问，这笔钱就是为了改良家畜，"他补充道，"同样地，农民也通过杂交来提高牲畜的质量。"废奴主义者的出版物上也刊登了分类广告以宣传这一事实：为了偿还债务，奴隶家庭常常因为卖掉了蹒跚学步的孩童甚至自己的配偶而家破人亡。这些废奴主义者认为"国内制度"威胁着家庭生活。[2]

1860 年，新英格兰以压倒性优势为共和党总统候选人亚伯拉罕·林肯投票。林肯来自伊利诺伊州，是一个拥有新英格兰、内陆地区以及大阿巴拉契亚血统的混血儿，反对设立更多的蓄奴州。林肯赢得了新英格兰所有县、俄亥俄西部保护区，以及宾夕法尼亚新英格兰人定居的怀俄明河谷的全部选票；他只丢掉了纽约北部以及中西部新英格兰人定居区为数不多的几个县的选票。[3]

新英格兰的政治家们主张使用武力以阻止南方腹地脱离联邦，并且在南卡罗来纳人进攻萨姆特堡之前，通过代表全国唯一的政党基层会议决定这么做。在战争期间，新英格兰是联邦事业的中心，贡献了大部分的军队、武器和物资，其中包括联邦军队中装备最为豪华的黑人军团——马萨诸塞州第五十四步兵团。

毫无疑问，南方腹地是为了捍卫奴隶制才脱离联邦并发动内战的。南方腹地领导人毫不掩饰这一动机。这些领导人的想法令人作呕：奴隶制是建立一个富有道德感、获得《圣经》认可、比北方自由州更优越的社会制度的基础。在谈到捍卫自己的"传统"、"遗产"以及"生活方式"时，19 世纪的南方腹地人自豪地将奴役他人列为三者中的重中之重。事实上，南方腹地的许多领导人甚至认为，为了他们自己的利益，所有下层阶级都应该被奴役，不论种族。

为了回应新英格兰以及内陆地区的废奴主义者，南方腹地的领导人精心地捍卫着人性枷锁。南卡罗来纳州前州长詹姆斯·亨利·哈蒙德（James Henry Hammond）出版了一本影响深远的著作。在书中，哈蒙德认为被奴役的劳工比那些被工业资本家无情剥削的不列颠以及北方的"自由"劳工更加快乐、更加健康，而且受到了更加精心的照顾。因此，自由社会是不稳定的，因为总有受剥削者崛起的危险，这些人会引发"共和体制中可怕的危机"。相比之下，奴隶则被强制禁锢在自己的位置，并被剥夺了投票、抵抗以及作证的权利，从而保证了"每一个精心设计、长治久安的共和国的基石"。用哈蒙德自己的话说，奴役白人工人阶级就是一场"最光荣的解放行动"。他写道，杰斐逊关于"人人生而平等"的观点"荒谬至极"。在南方腹地的传统中，哈蒙德所设想的共和国以古希腊和古罗马的共和国为摹本，特点是精英阶层享有特权和民主，下层阶级则要遭受奴役并屈服。这是一个由基督教上帝批准建立的国度。上帝之子从未在他的教义中谴责奴役他人的做法。这是一个完美无瑕的贵族共和国，理应成为世界的典范。[4]

哈蒙德嘲笑那些批评自己的清教徒是"有学问的老处女"，"流连忘返地尽情享受"主人强奸奴隶这样离奇、色情的幻想。他认为，南方腹地的混血儿"比例"很小，几乎没有，可归因于这一地区较大城镇中存在的新英格兰变态。他将性指控——威胁到南方腹地以种族为基础的种姓制度的存在——称为"荒谬的错误"，是"这一地区游客经常玩的游戏"的产物。但正如哈蒙德所熟知的那样，这些指控是真实存在的。后来学者们在哈蒙德的私人文件中发现，1839 年，哈蒙德买下了一个 18 岁的奴隶和她两岁的女儿。他先与母亲发生性关系，后来又与女儿发生性关系，并且与自己的儿子分享这对母女。哈蒙德的妻子——哈蒙德说她无法满足"自己的胃口"——最终得知了这件事，离家出走多年。这对受奴役的母女所生的孩子和（或）孙子被留在了庄园里，因为哈蒙德无法容忍"我的孩子或可能的孩子成为陌生人的奴隶。对他们来说，受家人奴役便是尘世间最幸福的生活了"。[5]

种植园主支持奴隶制，因为奴隶制确保了共和制贵族的稳定和永存。"种植园主是真正的贵族，在奴隶制的基础上悠闲地生活着，"伦敦《泰晤士报》记者威廉·拉塞尔（William Russell）在内战前夕从南卡罗来纳发回报道，"他们对英格兰式的君主制、特权阶级、土地贵族以及士绅的崇拜毫不掩饰，显然是真诚的。"一个种植园主告诉拉塞尔："如果能让英格兰的一个王族来统治我们，我们就心满意足了。"许多种植园主对革命表示遗憾，指出"如果可以的话，他们愿意明天就回到过去"。[6]

种植园主对新英格兰人的憎恶让外人大为惊讶。"有人告诉我，南卡罗来纳是由士绅们建立的，而不是由烧死女巫的清教徒建立的，不是由热衷于残酷迫害的狂热分子建立的。这些狂热分子在北方新成立的殖民地推行宗教裁判所凶残、嗜血、狂暴的不容忍政策，"拉塞尔报道称，"在所有人类情感的黑暗洞穴里，没有什么比南卡罗来纳人对新英格兰人的仇恨更加无情、更加致命的了。"他继续说道："新英格兰对他们来说是邪恶道德、邪恶政治以及社会腐败的化身……是南卡罗来纳所憎恨的一切罪恶的根源。"另外一个种植园主告诉他，如果"五月花号"沉没了，"我们就永远不会被逼到这种极端的境地"。[7]

在南方生活的大多数人都认同南方腹地白人至上的信条以及对新英格兰人持不信任的态度，但许多人不同意他们的贵族

229

共和国的理想。1860 年大选前，民主党在年度大会上因奴隶制问题出现了分裂，南卡罗来纳的代表领着自己南方腹地的同僚离开了会议大厅。["奴隶制就是我们的国王，奴隶制就是我们的真理，奴隶制就是我们神圣的权利。"种植园主威廉·普雷斯顿（William Preston）在临别演说中说道。] 只有沿海低地控制下的马里兰州以及特拉华州的代表团加入了他们的行列；边民代表团以及北方代表团（大多数代表天主教移民）仍然原地不动。在整个南方地区，不满情绪随处可见。这种不满并非表现在某一州、某一阶层或某一职业上，而是表现在整个民族地区上。大阿巴拉契亚地区——无论是亚拉巴马北部、田纳西东部，还是得克萨斯东北部——抵制分裂。南方腹地人的定居地——亚拉巴马南部、田纳西西部、得克萨斯墨西哥湾沿岸——都疯狂地支持分裂。得克萨斯的斗争使得南卡罗来纳人路易斯·维格法尔与边民约翰·里甘（John Regan）和萨姆·休斯敦分庭抗礼。在密西西比，肯塔基州的边民詹姆斯·奥尔康（James Alcorn）抵制另一个南卡罗来纳人艾伯特·加勒廷·布朗（Albert Gallatin Brown）领导的激进的分裂主义政客。路易斯安那最富有的种植园主是联邦最热心的支持者；这些种植园主不是南方腹地人，而是新奥尔良附近新法兰西飞地的成员。（"新奥尔良几乎是一片言论自由之地，"一位观察家说，"在自己的黑人被赶出自己的田地之前，克里奥尔人无法理解自己所处的危险境地。"）1850 年竞选密西西比州参议员时，南方腹地的杰斐逊·戴维斯（Jefferson Davis，未来的南方邦联总统）在大阿巴拉契亚北部惨遭滑铁卢，当地居民支持其竞争对手——诺克斯维尔当地人罗杰·巴顿（Roger Barton）。到 1860 年，海湾各州的大阿巴拉契亚地区都选出了联邦的代表。这些代表与低地的代表之间发生了冲突。[8]

在允许南方腹地人投票的地区，他们都压倒性地投票给了强硬的分裂主义者约翰·C. 布雷肯里奇（John C. Breckinridge）。（南卡罗来纳的立法者们也是如此。在选择总统的过程中，这些立法者并未赋予民众在此过程中发挥作用的角色。）布雷肯里奇赢得了南方腹地控制下的所有州的选票，而约翰·贝尔（John Bell）以及斯蒂芬·道格拉斯（Stephen Douglas）这样的温和派只赢得了亚特兰大附近为数不多的几个县的选票。亚特兰大市有大量外来人口。林肯甚至没有出现在南方腹地控制的各州的选票上。

林肯获胜后，南卡罗来纳第一个脱离了联邦。在林肯就职之前，加入联邦的只有密西西比州、亚拉巴马州、佐治亚州、佛罗里达州、路易斯安那州和得克萨斯州等在南方腹地控制下的州。1861 年 2 月 8 日，南方腹地联盟在亚拉巴马召开会议，组建新的政府。沿海低地和大阿巴拉契亚没有加入这个新组建的政府——正如我们将看到的那样，他们更愿意组建自己的政府。

1861 年 4 月，南方腹地人如果没有开始攻击联邦邮局、造币厂、海关船只、军火库和军事基地，那么很可能已经通过谈判和平脱离联邦了。事实上，在南卡罗来纳民兵攻打萨姆特堡之前，新英格兰孤立无援。新英格兰虽然渴望用武力镇压南方的叛乱，但他们在全国缺少盟友。林肯总统虽然拒绝交出美国在该地区的军事基地，但承诺绝不会公开挑起战争。萨姆特堡守护着查尔斯顿港口，当出现补给不足时，林肯采取了谨慎的做法：送食物，但不送武器弹药，并提前通知南卡罗来纳。如果南方邦联进攻萨姆特堡或救援船只，那么他们就会疏远大阿巴拉契亚、内陆地区以及新尼德兰那些主张协商解决的支持

231 者。这一点南方邦联政府也心知肚明。"如果被迫与北方开战，那么国家分裂是不容妥协的，"南方邦联国务卿理查德·拉瑟斯（Richard Lathers）警告戴维斯总统，"第一次爆发的反对联邦完整或国旗尊严的武装示威将表明，不论党派或派别隶属关系如何，这些敌对的党派加入了同一个爱国的队伍中来保卫双方，并使北方的每一个人都得到政府和国旗的支持。"戴维斯相信上述三个地区在战争期间会站在南方邦联一边，因而无视了拉瑟斯的建议。事后证明这将成为北美历史上后果最严重的错误判断之一。[9]

在南方邦联攻击萨姆特堡之前，新尼德兰强烈支持南方腹地的立场。回想一下，新尼德兰将奴隶制引进到北美大陆，直至 19 世纪初期依然依赖奴隶劳作。1790 年，新尼德兰地区的农业各县——金斯、昆斯以及里士满——拥有白人奴隶家庭的比例高于南卡罗来纳。宽容——而非道德——是新尼德兰文化的核心，包括对蓄奴制度的宽容。如果任由其自行发展，那么新尼德兰可能永远不会禁止这一行为。不幸的是，到了 19 世纪，新尼德兰人已经失去了对纽约州政府的控制权，取而代之的新英格兰人于 1827 年废除了奴隶制。（在新泽西，新尼德兰人依然紧紧地掌握着权力。到 19 世纪中叶，那里仍有 75 名奴隶。）虽然整个纽约州都支持废除奴隶制，但纽约州最大的大都市并非如此。在纽约市，逃亡奴隶以及自由黑人经常遭到"黑鸟"（Blackbirder）的绑架。这些"黑鸟"是抓捕奴隶的赏金猎人，将捕获的奴隶重新送回种植园。纽约市的商人和银行家与南方腹地及沿海低地的奴隶主有着千丝万缕的关系，不愿意看到自己的生活被打乱。正如当地《晚邮报》（Evening Post）1860 年所报道的那样："纽约市既属于北方，亦属于南方。"[10]

在 1860 年的总统大选中，包括新泽西北部、长岛西部以及哈得孙河谷南部在内的新尼德兰的每个县都支持林肯的竞争对手斯蒂芬·道格拉斯。大选之后，大多数的新尼德兰人都希望看到南方邦联以和平方式脱离联邦。一些人——包括高级政治领导人——都主张抓住脱离联邦的机会，按照德意志自由城市集合体汉萨同盟的模式来成立独立的城邦。南卡罗来纳脱离联邦后，纽约市市长费尔南多·伍德（Fernando Wood）告诉市议会，"虽然我们州的其他地区非常不幸地弥漫着狂热精神（这种精神激励了新英格兰的一部分人）"，但是"我们市并未参与对（各蓄奴州）宪法权利或其机构所发动的战争"。伍德接着说，"我们这座城市更有理由担心我们自己的所在州，而不是外部的危险"，应该和长岛郊区一起脱离美利坚合众国，成为独立的、低税收的城邦，以此来逃避"这种令人作呕的、令人苦恼的关系"。这一提议得到了著名银行家和商人的支持。至少有一位民主党国会议员和至少三家当地报纸对这一提议表示支持。第四家明确对此提议表示支持的报纸是当地颇具影响力的《纽约先驱报》（New York Herald）。"为了让人们更好地理解"独立后的纽约市的组织结构，这家报纸详细介绍了汉萨城邦的政府结构。如果南方腹地人没有进攻萨姆特堡，那么可以想象，新尼德兰也一样会赢得独立。[11]

内战爆发前夕，新尼德兰的六位美国国会议员——为数不多这样做的纽约代表——就最重要的问题与南方腹地同僚一起投票。南卡罗来纳脱离联邦后，国会议员丹尼尔·斯蒂克尔斯（Daniel Stickles）一如既往地支持南方腹地。他告诉美国国会的同僚："没有人会为了对联邦的任何一州发动战争而越过纽约市边界。"他补充说道，纽约市"永远不会同意自己成为别人的附庸，并且成为清教徒地区的奴隶"。

进攻萨姆特堡在一夜之间改变了人们的看法。正如拉瑟斯预测的那样，纽约和新泽西的新尼德兰地区都爆发了极端的爱国主义运动。伍德市长、斯蒂克尔斯议员、纽约商会，以及《纽约先驱报》立即倒向了林肯和联邦。"进攻萨姆特堡让北方成为一块铁板，"斯蒂克尔斯在给联邦战争部部长的信中写道，"我们正在同外国势力交战。"斯蒂克尔斯本人成立了一支志愿军，并带领这支志愿军走上战场，同南方邦联作战。[12]

尽管废奴主义情绪由来已久，但在萨姆特堡遭到攻击之前，内陆地区一直对南方分裂活动持模棱两可的态度。贵格会（再洗礼教派）对和平的承诺远远超过了对奴隶制的道德疑虑。内陆地区宾夕法尼亚的报纸和政界人士主张允许南方腹地以和平方式脱离联邦。由内陆地区控制的特拉华州北部同由沿海低地控制的该州南部格格不入，一些人担心这两个地区之间可能爆发暴力冲突。即使新泽西北部地区有意加入从事奴隶交易的纽约的城邦，由内陆地区控制的新泽西南部也并无此意。

1860 年的总统大选中，除了马里兰州北部和特拉华州外，内陆地区人以压倒性优势投票支持林肯。林肯并未出现在马里兰州北部和特拉华州的选票上。（在这些地方，内陆地区人投票支持温和派贝尔。）林肯轻轻松松地赢得了从俄亥俄州中部到艾奥瓦州南部的中西部大部分地区的支持，并将伊利诺伊州和印第安纳州的选票收入囊中。内陆地区人虽然投票给了自己的新英格兰邻居，但并不想接受新英格兰人的统治。面对国家可能解体这一状况，内陆地区的大多数政治领袖和舆论引导人希望加入大阿巴拉契亚控制下的各州，从而建立一个自新泽西州一直延伸到阿肯色州的中部邦联（Central Confederacy）。大阿巴拉契亚将充当新英格兰与南方腹地之间的中立缓冲区，防止敌对双方发动战争。巴尔的摩出版商、前国会议员约翰·彭德尔顿·肯尼迪（John Pendleton Kennedy）支持这一"边境国家邦联"（Confederacy of Border States），这个邦联既反对南方腹地通过征服实现扩张的企图，也反对新英格兰通过武力维护联邦完整的计划。他认为，这是"最终解决所有分歧的自然的、恰当的媒介"。马里兰州州长托马斯·希克斯（Thomas Hicks）认为这项提案是有价值的，可以维持四分五裂的内陆地区、大阿巴拉契亚地区和沿海低地的和平。希克斯同宾夕法尼亚州、新泽西州、特拉华州、俄亥俄州、密苏里州（这些州的一大部分属于内陆地区）以及纽约州和弗吉尼亚州的州长通信，以便在联邦解体时为此类联盟打下基础。[13]

但是，在袭击萨姆特堡后，南方腹地失去了内陆地区的所有支持。费城、伊斯顿和西切斯特曾是宾夕法尼亚同情分裂主义者的中心。在上述地区，暴民们捣毁了支持南方的报社，将支持南方的政客赶离家园，在大街上袭击分裂主义者，并强迫各家各户和各行各业悬挂联邦政府旗帜。在马里兰州，中部邦联这一提议一夜之间便成为明日黄花；内陆地区以及大阿巴拉契亚地区紧紧团结在联邦周围，沿海低地则投入南方邦联的怀抱。由于自己的旗帜遭受攻击，印第安纳、伊利诺伊和密苏里的内陆地区则将自己的命运与新英格兰的命运绑在了一起。[14]

到 19 世纪中叶，沿海低地在政治上已经被有效地阉割了。

沿海低地的居民成了马里兰州、特拉华州、北卡罗来纳州，甚至弗吉尼亚州的少数派（直至 1861 年，西弗吉尼亚州脱离联邦，天平重新向他们倾斜）。尽管文化上存在差异，但随着南北双方在奴隶制问题上的冲突加剧，沿海低地被迫投入南方腹地的怀抱以寻求保护。与蔗糖和棉花不同的是，烟草的全球市场已经疲软。沿海低地的士绅们把自己的许多奴隶都卖给了南方腹地人，或者干脆把自己的业务转移到海湾地区。沿海低地的精英们感到自己被包围了。他们中的许多人都接受了南方腹地的意识形态，即使他们无法在自己所在的地区推行这一意识形态。

乔治·菲茨休（George Fitzhugh）——弗吉尼亚最古老家族之一的贵族子弟——成了沿海低地支持奴隶制的旗手。菲茨休在大量著作中支持并拓展了哈蒙德提出的奴役所有穷人的论点。菲茨休解释说，贵族实际上就是"国家的大宪章"，因为他们拥有如此之多的财富，并且拥有"所有男人对属于自己的东西的那份情感"。这自然而然地使得他们保护和供养"妻子、孩子以及奴隶"。菲茨休的书非常受欢迎。他还宣称"就像（北方人）决心废除奴隶制一样，自己亦决心消灭自由社会"。[15]

随着与新英格兰人的冲突迫在眉睫，人们对沿海低地古老的理论产生了新的兴趣：种族差异才是罪魁祸首。在战时的宣传中，南方腹地的精英们被明确纳入所谓的高级诺曼（骑士）种族行列，这两个民族之间的联系增强了。（绝对非诺曼的）大阿巴拉契亚地区则经常被额外加入。尤其是对于沿海低地来说，将这场冲突视为一场将诺曼人从盎格鲁 - 撒克逊暴政中解放出来的战争可以巧妙地避开更为棘手的奴隶制问题。1861 年，沿海低地的主要期刊《南方文学信使》（*Southern Literary*

Messenger）承认"由于自己的优势以及更好的条件，圆颅党[16]可能会赢得许多胜利"，但保证"他们会输掉最后一场战斗，然后沦落到相对劣势的正常地位"。这份期刊认为，南方邦联的目标是建立一个由"比这个大陆上所有其他种族都优越"的民族统治的"贵族共和国"。

235

这种宣传在南方腹地也很受欢迎。杰斐逊·戴维斯在1862年的一次演讲中告诉密西西比州的立法者们，他们的敌人是"一个没有传统、无家可归的种族……克伦威尔将他们从爱尔兰北部和英格兰北部的沼泽地召集起来"以"扰乱世界和平"。《黛博评论》宣称，这场战争是为了推翻考虑不周的美国革命，美国革命违背了"骑士们自然而然地对既定形式的权威而绝非纯粹投机思想的崇敬"。奴隶主抛弃了君主制，危害了以"不平等原则和从属原则"为基础，"支持体现社会状态的公共政策"而建立的奇怪的"国内机构"。民主"将政治影响力交到了无意识的大众手中"，导致"骑士屈服于清教徒的思想奴役"。沿海低地以及南方腹地的其他思想家也一致认为，这场斗争实际上是在尊重既定的贵族秩序和危险的清教徒观念（"个人比任何政体都更有价值"）之间进行的。正如菲茨休所说，这是一场"保守派和革命者之间的战争，基督徒和异教徒之间的战争……贞洁和性欲之间的战争，婚姻和自由恋爱之间的战争"。一些人甚至支持这样一种可疑的观点：南方邦联正在进行一场针对过度膨胀的清教徒的胡格诺派－圣公会的反宗教改革运动。他们认为，奴隶制度并非问题，打败民主才是问题所在。[17]

在1860年的总统选举中，沿海低地分裂为支持温和派贝尔和支持分离主义者布雷肯里奇的两个阵营。贝尔的支持者集中在马里兰州东岸和北卡罗来纳州的沿海低地。南卡罗来纳州脱离联邦后，沿海低地希望紧跟其步伐，但由于其他民族控制着马里兰州、弗吉尼亚州以及北卡罗来纳州政府，他们的计划受阻了。只有在萨姆特堡遭受攻击和林肯发出武装召唤之后，弗吉尼亚州和北卡罗来纳州才脱离联邦，而马里兰州和特拉华州从未脱离联邦。在这四种情况下，起决定性作用的因素是边民们的态度而非沿海低地民众的态度。

236　　针对南方腹地的分裂和新英格兰的战争号召，大阿巴拉契亚地区的反应最为矛盾。从宾夕法尼亚州中部到伊利诺伊州南部，再到亚拉巴马州北部，边民们既厌恶新英格兰人，又憎恨南方种植园主，因此左右为难。这两个地区以不同方式威胁了边民们的理想。新英格兰人强调必须将个人的欲望和兴趣纳入"更大的利益"之内，这对于追求个人自由的大阿巴拉契亚人来说是令人深恶痛绝的；新英格兰人改变他人行为的道德运动极其令人厌恶，尤其是新英格兰人喋喋不休地念叨种族平等。另一方面，边民们已经在贵族奴隶主手中遭受了一代又一代的压迫，他们知道自己就是种植园主在谈论奴役下等白人时所想到的下等人。[18]

冲突爆发前，许多边民对废奴主义者怀有敌意，他们打断废奴主义者的演讲，捣毁废奴主义者的出版社，并袭击支持废奴的政治家。伊利诺伊州州长约翰·雷诺兹（John Reynolds）将废奴主义者比作新英格兰早期狂热的猎巫者，印第安纳州的媒体也做过如此比喻。与此同时，边民们强烈谴责《逃亡奴隶法》（Fugitive Slave Law）。正如一个印第安纳人所说，《逃亡奴隶法》"把北方的自由人变成南方人的一帮奴隶捕手"。出生于肯塔基州的詹姆斯·G. 伯尼（James G. Birney）曾是一个奴隶主，后来成为一名废奴主义者。他在谴责南方腹地的制度时说出了许多边民的心声："在此种制度下，大多数人将变得贫穷，生活痛苦，少数人可能会在懒洋洋的享乐中虚度一生。"事实上，南方腹地的制度试图让普通人"'像呜咽、颤抖的猎犬一样'匍匐在南方奴隶主的脚下"。[19]

　　深处这些威胁自身自由的事件中间，边民们坚定支持"主权在民"的概念。按照这一概念，当地居民有权决定是否允许新的领土存在奴隶。当这种妥协未能将联邦团结在一起时，许多边民希望么保持中立，要么加入所谓的中部邦联。南卡罗来纳脱离联邦时，边民出身的弗吉尼亚州州长约翰·莱彻（John Letcher）告诉州议会议员，联邦将分裂为四个独立的国家，其中弗吉尼亚州、宾夕法尼亚州、新泽西州、其他边境和中西部诸州将成为"第四股强大势力"。大阿巴拉契亚人的主要政治人物、前总统詹姆斯·布坎南坚持认为应该允许南方和平分裂出去；但是，如果遭到进攻，联邦就应该自卫。在 1860 年的选举中，大阿巴拉契亚分裂严重：温和派贝尔在大阿巴拉契亚控制下的四个州（肯塔基州、弗吉尼亚州、田纳西州和得克萨斯州）以微弱优势获胜，林肯在宾夕法尼亚州赢得了大阿巴拉契亚人的选票，道格拉斯则赢得了中西部大部分地区大阿巴拉契亚人的选票。

　　在墨西哥湾诸州投票选举参加 1861 年 1 月举行的脱离联邦大会的各自代表时，墨西哥湾的大阿巴拉契亚地区反对此项活动。肯塔基州完全拒绝召开会议，并在随后的战争中保持中立。2 月，大阿巴拉契亚人控制下的北卡罗来纳州和田纳西州就是否举行分离主义大会进行了全民公投。在这两个州，这一提案均遭到了否决。在阿肯色州，由于来自大阿巴拉契亚的西北

237

代表们阻止了该州脱离联邦的提议，该州东南部低地的南方腹地人威胁要脱离联邦。4月，弗吉尼亚州脱离联邦时，该州西北部的大阿巴拉契亚人对叛乱予以打击，并夺取了具有战略意义的巴尔的摩和俄亥俄铁路的控制权。[20]

事实再次证明，进攻萨姆特堡和林肯随后的增兵行动起到了决定性作用，迫使大阿巴拉契亚人在受到自己鄙视的两种文化之中做出抉择。由于白人至上的共同信条，南方腹地人认为大阿巴拉契亚会同南方邦联联合。相反，边民们像往常一样，拿起武器对抗认为是自己最大威胁的任何敌人，并与之展开殊死战斗。令种植园主震惊的是，大多数大阿巴拉契亚人认为同新英格兰人相比，种植园主对大阿巴拉契亚人自由的威胁更大。西弗吉尼亚人在惠灵建立了联邦政府，大量西弗吉尼亚人自愿加入联邦军队，并于1863年独立成为一个州。田纳西州东部的选民以超过2∶1的比例否决了该州的分离公投，并试图建立自己的联邦政府；失败后，数千人逃到肯塔基州，穿上了蓝色制服，其他人则破坏铁路桥梁。亚拉巴马州北部的大阿巴拉契亚居民成立了温斯顿共和国（Unionist Free State of Winston），同亚拉巴马州一样在联邦军队中作战。总共有25万名来自南方邦联大阿巴拉契亚地区的男性自愿为联邦服务。除了南卡罗来纳州外，每个州都有军团代表。在宾夕法尼亚州，布坎南宣布加入联邦，成千上万的苏格兰－爱尔兰人主动惩罚南方腹地的叛徒。在中西部的大阿巴拉契亚地区，大多数边民认为攻击萨姆特堡是叛国行为，他们紧紧团结在星条旗周围。"我以前是肯塔基人，"一个印第安纳人告诉记者，"但现在我是美利坚人了。"[21]

袭击萨姆特堡将宾夕法尼亚州、密苏里州、印第安纳州

238

以及弗吉尼亚州西部的大阿巴拉契亚人推到了联邦阵营。大阿巴拉契亚的其他地区则紧紧团结在南方邦联周围，认为林肯召集军队是对自己社区的直接攻击。这种情绪在低洼地区显得尤其强烈。在低洼地区，大阿巴拉契亚人的蓄奴现象很常见：北卡罗来纳州中西部、田纳西州中部、弗吉尼亚州西南部和阿肯色州北部。萨姆特堡事件发生之后，这些地区投票支持分裂，使得自己所在的州在南方腹地创建南方邦联3~4个月之后便加入了邦联。[22]

当然，南方邦联在1865年失败了。南方邦联的城市由"外国"军队占领，奴隶被总统法令解放。新英格兰人希望在联邦政府以沉重代价取得军事胜利后，联邦政府占领军可以实施一项大规模的国家建设计划，努力使南方腹地、沿海低地以及沿着新英格兰和内陆地区一线的南方邦联的大阿巴拉契亚地区实现民主。在联邦军队维持秩序的情况下，成千上万新英格兰和内陆地区的教师、传教士、商人以及政府官员被派遣到以上三个地区。他们引入了公共教育，建立了种族隔离的小学以及黑人大学（其中许多现在依然存在）。他们废除了南方腹地实施的涉及种姓制度的法律和做法。他们确保刚刚获得解放的奴隶可以参加投票和竞选，而前南方邦联的高级官员则被排除在参加竞选的队伍之外。1870~1877年，15名来自前南方邦联的非洲裔美国人当选为众议院议员，两人在美国参议院代表黑人占多数的密西西比州。[23]

然而，"外国"占领者总是发现很难从根本上改变一种文化。沿海低地、南方腹地以及南方邦联的大阿巴拉契亚地区的民众坚决抵制新英格兰人的改革。1876年联邦军队撤出后，

"重建"地区的白人废止了这些措施。新英格兰人的公立学校被废除。强加的州宪法被改写，白人至上的地位被恢复，人头税、"文化水平测试"，以及其他允许白人官员剥夺非洲裔美国人投票权的手段得到采用。（结果，虽然人口有所增加，但南卡罗来纳州的总统选举投票数从 1876 年的 182600 张下降到 1900 年的 50000 张。）三 K 党人谋杀了那些竞选公职或违反传统种姓制度规定的"傲慢"黑人。尽管经历了一场战争和一次共同占领，南方腹地和沿海低地的文化仍然保留了各自的基本特征，为 19 世纪以后的文化冲突奠定了基础。[24]

第四部分
_____

文化之战：1878~2010

第二十二章　打造远西地区

　　远西地区是北美最后一个被殖民的地区。这是有充分理由
的：远西地区对欧洲－大西洋文明极其不友好，这一地区重视
耕地农业，这里的动植物严重依赖水资源，这里的人们生活在
固定的居住区。这一地区始于平分北达科他州、南达科他州、
内布拉斯加州、堪萨斯州以及俄克拉何马州的西经98度。西经
98度以西干旱地区每年的降水量只有20英寸，还不及亚拉巴
马州莫比尔市降水量的三分之一。从内布拉斯加州西部和科罗
拉多州东部干旱的棕色大草原到内华达州和加利福尼亚州内陆
的沙漠，再到俄勒冈州和华盛顿州内陆干旱、灌木丛生的山区，
如果没有大规模灌溉工程的帮助，那么农业几乎毫无立锥之地。
海拔如此之高——甚至平原和山谷都矗立在阿巴拉契亚山脉最
高峰之上——以至于许多常见的农作物根本无法生长，那些受
到碱盐污染的土地更是如此。这个广袤区域的大多数河流都太
浅，无法航行，居民种植的任何东西都与外面潜在市场相隔。
本地美洲土著部落用了两个世纪的时间来完善骑兵战争（从北
方地区引进马匹之后），以便使自己能够更好地约束那些擅入
者。在远西地区，大阿巴拉契亚边民的技术和技巧跟新英格兰
和内陆地区的农业实践一样毫无用途。南方腹地种植园的作物
在这里根本无法生长。

　　结果，来自其他地区的移民穿过这一地区，前往郁郁葱葱
的西海岸或其西部边陲的金矿区。1860年，生活在旧金山的非

印第安人比生活在整个远西地区的非印第安人还要多。途经这一地区的人中很少有人觉得有理由在此地逗留。在灌溉、火车或空调出现之前，高原和西部沙漠是令人望而却步的地方。在这些地区，旅行者们整天面对着刺眼的阳光、难以置信的高温以及麻木单调的生活。横穿大陆的小径上到处都是牲畜和因缺水或者被不法分子、印第安人巡逻队残忍杀害而丧生的人的尸体。"在跋山涉水之后，我们晚上睡觉时浑身湿透、疲惫不堪，"1850 年，一个来自内华达东北部的移民报告称，"早晨起床时，我们四肢僵硬并检查自己身上是否有虱子。如果有虱子的话，那么这些虱子就会像玉米粒那么大。我们一整天都在成群结队的蚊子和蠓虫之间穿梭，不得不寻找草原和河流，直至深夜。"[1]

远西地区的极端条件使得其他民族的文化在此毫无立锥之地。大阿巴拉契亚、新英格兰及内陆地区这三个民族都成功地适应并移民到了中西部水源充足的平原。但是当靠近西经 98 度时，各个民族都因无法保证个人或社区能够生存下去而停止了前进的步伐。对于欧洲裔美国人来说，只有通过两种方式才可以进一步向内地扩张。一种是采用这一地区大多数美洲土著民族的游牧方式，这种做法对哈得孙湾公司派遣到本地的早期毛皮贸易商卓有成效。另一种是在这一地区的一家新工业公司大踏步进入广阔的内陆地区时，通过一心一意且残酷无情地利用资本、机器、雇佣兵和劳工来将自己和这家企业捆绑在一起。几乎每个来到远西地区的人都选择了后一种方式，或发现自己对这种方式充满了感激。

远西地区在北美大陆是独一无二的。这一民族的显著特征并非表现在民族区域文化力量方面，而是表现在外部机构要求方面。这是一个环境战胜移民文化遗产的地方。欧洲裔美国人面对这些挑战，试图通过采用资本密集型技术来解决：硬岩矿、铁路、电报、加特林机枪、铁丝网和水力发电水坝。因此，远西地区长期以来一直都是北美大陆上历史较为悠久的民族以及联邦政府的内部殖民地，后者拥有必要的资本。这个地区的人民仍然经常对自己所处的依赖状态深感不满，但通常支持保证维持现状的政策。

远西地区的第一批移民并未采取上面提及的两种方式。245 1847～1850 年，最早的欧洲裔美国殖民者在工业资本到来之前通过两次不同的地理浪潮抵达这一地区。其中一个群体——犹他的新英格兰摩门教徒——将在犹他和爱达荷南部创建一种独特的独立农民亚文化。另外一个群体是渴求黄金的淘金者——大阿巴拉契亚模式中高度个人主义的拓荒者。这两个群体都无法取得内陆地区西部的文化统治权。

摩门教徒——一批出身佛蒙特和纽约的"焚烧区"，以新英格兰人为首的乌托邦运动的追随者——于 19 世纪 40 年代末陆续抵达犹他的大盐湖岸边。为了逃避 1847 年中西部的迫害，这些摩门教徒原本打算移民到美国境外，但他们的计划因美墨战争爆发以及随后不久美国吞并沙漠中的应许之地而受挫。他们的领袖，出生于佛蒙特州的杨百翰（Brigham Young）于 1850 年被任命为犹他领地的第一任总督。两年后，有 20000 名摩门教徒生活在犹他。几乎所有摩门教徒都来自新英格兰，这也就解释了 2000 年的时候为什么犹他州的英格兰裔美国人在美国各州中所占的比例最高，超过了佛蒙特州和缅因州。

这些摩门教徒有着共同的思想和强大的集体凝聚力，能够修建和维护灌溉工程，从而使得小农户能够在远西地区艰苦的条件中生存下去。在此过程中，他们在没有缺席持有人或外部势力控制的地区建立了一个由独立生产者组成的飞地。远西地区的摩门教飞地在许多问题上与新英格兰意见相左，在社群主义、强调道德和善行以及同化他人的愿望方面背叛了其新英格兰先祖。如今，我们可以在犹他州、爱达荷州南部和内华达州东部感受到这一地区的影响力。这一地区是美国西部最具政治影响力的本土力量。

相比之下，那些冲进加利福尼亚中央山谷和东部山区寻找黄金的淘金者则一团散沙、花样百出、追求享乐。这些淘金者来自四面八方，尤其是东部的大阿巴拉契亚地区。和这一人口统计相吻合，定居者首要强调的是个人努力和竞争，小生产者开采表层金矿并获得收益。在最初的几年里，个人所有权仅限于自己可开采的范围，而这样做所需的资金很少。"矿工的一生是充满危险劳动的一生，"一位记者在谈到这个时代时写道，"但这样的生活拥有令人向往的自由以及无限回报的承诺。"[2]

不幸的是，此类补偿并未持续下去。短短几年之内，加利福尼亚地表矿藏枯竭，采矿活动转入地下，只有公司和银行家才能满足采矿所需的资金以及劳动力。采矿很快就归公司所有，矿工们成为受雇工人，矿主们则积累了"无限奖励"。1859 年，当人们在现在内华达州的山上发现了卡姆斯托克银矿矿藏时，数千人向东出发，前往内华达新兴城市弗吉尼亚城周围的山丘寻找工作。在弗吉尼亚城，简易破碎机器正在处理本来要运送给它们的矿石。内华达的立法机构由这些"老加州人"控制。当喧闹的人群聚集在会议厅外表明公众意愿时，这些老加州人支持独立探矿者和小商人们。但是，这种繁荣也没有持续下去。

246

这家接管内华达的矿山和政治体系的公司遵循了一种模式，而这种模式将在远西地区持续近一个世纪。1864 年初，卡姆斯托克的地表矿藏物已经枯竭。当年夏天，代表们齐聚一堂以起草内华达第一部宪法。虽然开矿代表了该领地的大部分经济活动，但矿业公司提出了一项有效免除矿产税收的法案。采矿业的有关代表声称，税收将会促使这些公司离开这一地区，危及受雇矿工的工作，进而危及对农产品、牛、木材以及当地人提供的其他用品和服务的需求。受到惊吓的代表们通过了这一法案，有效地把税收负担转移到了内华达其他人头上。这一诡计将反复在远西地区上演。[3]

短短几年内，大公司便不再需要通过制造恐惧来达到自己的目的，他们只需要控制内华达的立法者以及国会代表团。到 1870 年，内华达的政治不再是个体生产者与公司利益之间的斗争，而是相互竞争的企业联盟之间的冲突。加州银行（Bank of California）在经济衰退期间收回了大量采矿权，拥有加工设施，提供木材和水资源，并控制着卡姆斯托克地区的主要铁路。此后，一家总部位于萨克拉门托的竞争对手——中央太平洋铁路公司（Central Pacific Railroad）收购了加州银行在这些领域的大部分竞争对手，同时垄断了内华达与大陆其他地区之间的运输，并控制着铁路交通周围的 100 英里宽的定居带。这两家相互竞争的企业联盟都花了大量的资金让自己的合伙人上台，并建立政治机器，培养新一代能在州政府和联邦政府任职的公司职员。1865～1900 年，除一位参议员之外，其他所有来自内华达州的参议员都与这个或那个企业联盟关系密切。最终，企业联盟同意将内华达州的控制权分开。加州银行集团专注于收买州立法者，以便通过有利于行业的法律法规；中央太平洋铁路公司则收买了国会代表团。地方办事处则由工会负责。工会工作的重点不是为选民进行宣传，而是有时通过使用暴力让非白人（特别是中国人）远离矿山和其他工作场所。个体生产者的时代已经一去不复返了，不仅内华达州如此。[4]

在矿区之外，殖民远西地区的领头人是有效控制大片土地开发的铁路公司。联合太平洋铁路公司、中央太平洋铁路公司、堪萨斯太平洋铁路公司和北太平洋铁路公司有效地垄断了进入各自地区的道路，为乘客和货运制定了票价。这些公司中没有一个公司的总部是设在该地区的。

铁路公司也充当了远西地区主要的房地产及殖民代理商。为了鼓励建设造价惊人的横穿大陆项目，联邦政府赠予这些铁路公司各自铁路线周围 60~100 英里内的土地。加在一起，铁路公司在 19 世纪下半叶获得了这一地区超过 1.5 亿英亩的土地，面积相当于蒙大拿州和爱达荷州的面积总和。铁路公司可以向移民出售土地，移民反过来要完全依赖铁路来运输货物，而人员进出该地区也要完全依赖铁路。然而，铁路公司必须先吸引移民。[5]

在北美大陆其他地方，铁路公司紧跟殖民者的步伐，并根据需求延长线路。然而，在远西大部分地区，铁路公司率先抵达，并亲自监督殖民活动。铁路公司投资大规模市场营销活动，出版报纸、地图以及杂志以称颂干旱的西部地区。怀俄明的拉勒米平原可与"伊利诺伊肥沃的大草原"相提并论，尽管此地海拔高达 5000 英尺，降水量是后者的三分之一，作物的生长季节也缩短了两个月。大盐湖地区的布局与圣地"惊人地相似"，铁路公司发布了对比图来证明这一点。堪萨斯是"世界花园"。[6]

248

北太平洋铁路公司在英国（伦敦和利物浦）、德国、荷兰、挪威和瑞典设立殖民办事处，用当地语言印发宣传册，并与轮船公司协商打折的"移民船票"。联合太平洋铁路公司和伯灵顿铁路公司仅在内布拉斯加就花了 100 万美元做广告，而当时只需花 700 美元就可以建造一栋房子。北太平洋铁路公司在 200 份北美报纸和 100 份欧洲报纸上为自己的土地刊登广告。为了掌控草原上新建立起来的城镇，铁路公司建造或参与建造当地的教堂、学校，甚至鼓励人们在自己控制的狭长地带以外的地区定居。这些铁路公司相信移民们仍将依赖铁路。

　　欺诈性的广告宣传活动得益于 19 世纪 60 年代末的一次偶然天气。当时正值第一波大规模移民在高平原（High Plains，美国大平原在西部的地形亚区）上定居，而这次偶然天气给高平原带来了创纪录的降水量。深陷宿命观的美国人认为，棕色的草原变绿是上帝的杰作。当时的顶尖科学家鼓励这种想法，支持"犁后有雨"的古怪理论。著名的气候学家赛勒斯·托马斯（Cyrus Tomas）宣称："随着人口增长，湿度也会有所增加。"据说，降雨是由火车头冒出的烟雾、植树以及耕地引发的，甚至人类和牲畜的活动也能引发降雨。政府官员将这种新气象学的假设纳入了政府赠地的分配中。政府赠地的出发点是，就像伊利诺伊州或印第安纳州草原上的一个家庭可以在 160 英亩郁郁葱葱的土地上生活一样，一个家庭同样可以在 160 英亩未经灌溉的科罗拉多大草原上生活下去。数十万自力更生的自耕农乘坐火车来到这一边远地区，将自己宝贵的资本投入旧地图上标注为美国大沙漠的这片土地。[7]

　　著名探险家兼地质学家约翰·韦斯利·鲍威尔（John Wesley Powell）——来自纽约的新英格兰人——试图在一份提

249 交给国会的长篇报告中揭露事情的真相。鲍威尔告诉全国人民，
远西大部分地区并不适合农业生产。即使所有的河流都改道用
于灌溉工程，也只能挽救 1% ~ 3% 的土地。按照东部的先例，
政府赠地计划考虑不周，因为耕种 160 英亩的灌溉土地对一个
家庭来说负担太重，而 160 英亩的未灌溉土地对一个家庭来说
负担又太小，160 英亩的未灌溉土地只能用于放牧。在这种情
况下，一个家庭需要 2500 英亩土地才能够取得成果。鲍威尔坚
持认为，"犁后有雨"这一理论纯属一派胡言。他警告说，这
一地区可能"迅速恢复到极端干旱状态"，"在这种情况下，现
在正在发展的很大一部分农业将会毁于一旦"。他建议修建一
系列基于分水岭的联邦灌溉区和公共牧场，并在审慎的公共投
资的援助之下，个体生产者缓慢而谨慎地移民远西地区。自不
必言，人们无视了鲍威尔的建议。[8]

　　1886 年冬，远西大部分地区遭遇了北极般的天气状况，幻
想也随之终结：长达数周的零下温度冻死了高平原上三分之一
到四分之三的牛，因此丧生的自耕农也不在少数。第二年滴雨
未落，接下来的一年也是如此。到 1890 年，独立自主的农民成
群结队地逃离干旱地区，使得堪萨斯和内布拉斯加的人口减少
了近一半。平原上的大约 60 万农民放弃了。牧民们在铁路区以
外的公共土地过度放牧，破坏了表层土。这些表层土侵蚀着密
苏里河的支流，使得河水由碧绿色变成了深棕色。在这个冬季，
牧民们的生活也画上了句号。干旱赶走了牧民，但牧民们造成
的损失却是永久的。"自远古以来，这一牧场再也无法养活那
些本来能够养活的牛群了，如果牧民们没有严重破坏牧场的
话，"土生土长的远西地区人伯纳德·德沃托（Bernard DeVoto）
在信中写道，"在文明存在的地质时代，牧场再也无法支撑适

当数量的牛群了。"20 世纪 30 年代的沙尘暴让情况变得更加糟糕。正如德沃托后来所写的那样，远西地区"引发了边疆文化的崩溃，从而也为美国梦画上了句号"。[9]

　　19 世纪，在远西地区（摩门教飞地除外）生存下来的群体只有通过与外界大公司或与由外界大公司承建的大型联邦基础设施项目建立联系才能生存下来。美国政府在河流和溪流上修建了堤坝，铺设了连接一个流域和另外一个流域的输水管道，并提供资金支持修建和维护覆盖面极广的灌溉系统。这些措施都使农民们能够在沙漠中种植庄稼。矿业公司向新的边界和各州进军，经常将这些地区当作自己的封建领地来进行管理。缺乏竞争对手的铁路公司继续随心所欲地收费。这些铁路公司开发了一种系统，使进出远西地区的每英里票价比进出东部地区和西海岸的票价贵很多倍。在 20 世纪末，人们通过海伦娜将货物从芝加哥用船运到西雅图，这比使用火车将货物从芝加哥运到海伦娜便宜得多。与成品相比，原材料可以以更加低廉的价格运出远西地区。这是一个由铁路公司一手策划的诡计，目的就是阻止制造业在远西地区占有一席之地，并使制造业继续依赖西海岸、新英格兰、内陆地区以及新尼德兰地区的城市。[10]

　　在地区内部，企业完全控制了远西地区的政治和社会，这令人十分不安。19 世纪末到 20 世纪初，阿纳康达铜业（Anaconda Copper）实际上控制着蒙大拿，收买两党的法官、地方官员和政治家，并通过"公墓投票"控制了本州的选举。反过来，这些政治家也制定了法律法规以及税收政策，增加了阿纳康达铜业及其高管的财富。马库斯·戴利（Marcus Daly）是一个爱尔兰移民，也是内华达白银繁荣时期的一个老兵。阿纳

250

康达铜业就由这位冷血无情的马库斯·戴利创建，并得到了旧金山矿业巨头乔治·赫斯特（George Hearst）的支持。阿纳康达铜业拥有矿山、加工矿石的冶炼厂、为冶炼厂提供燃料的煤矿、供应矿山所需木材的森林、为设施提供动力的发电厂、连接各地区的铁路，甚至拥有为自己提供资金的银行。1900 年戴利去世时，这家公司雇用了蒙大拿州四分之三的工薪阶层。直至 1959 年，这家公司控制了蒙大拿州六份日报中的五份。这些报纸压制对公司不利的新闻（比如第二次世界大战中，这家公司因向盟军发送虚假电报而遭受罚款）。直至 20 世纪 70 年代，这家公司还在海伦娜的州议会大厦里为那些友好的立法者设立"招待室"。招待室可以为俯首帖耳的人士提供女人和酒水。这家公司的吝啬十分出名。除了为工人们修建了一个小型公园外，这家公司从来没有为其所在地比尤特镇做过任何贡献；随后，为了给阿纳康达铜业的一个巨大的露天矿和未来的《超级基金法案》所要求的治理污染场址让路，这座公园连同这个小镇的大部分建筑都被拆除了。[11]

与此同时，尚未移交给铁路公司、被矿业公司抢占，或者作为保留地授予印第安人的远西地区的大部分土地仍然掌握在联邦政府手中。时至今日，联邦政府仍然拥有蒙大拿州和科罗拉多州三分之一的土地，犹他州、怀俄明州和爱达荷州一半的土地，俄勒冈州西部三分之二的土地，内华达州 85% 的土地。远西地区的居民对这些土地几乎没有任何控制权。联邦政府经常把土地交给控制该地区其他地方的公司来开发。木材巨头公司几乎没有付出任何代价就砍伐了国家森林。畜牧公司在公共土地上放牧。石油和天然气公司在联邦政府管理的印第安人保留地勘测，联邦政府机构往往疏忽大意，并未要求它们支付土地使用费。1945 年，科罗拉多大学的莫里斯·加恩西（Morris Garnsey）总结了其他地区对远西地区的态度。"控制原材料，尽可能便宜地输出原材料，尽可能快速地运走原材料，"他写道，"当地利益是次要的事情。这一地区变成了工业帝国的附属殖民地。"[12]

这些形成发展阶段经历的结果是：到 20 世纪初，远西地区的居民开始憎恨企业和联邦政府，将其视为双重压迫者。通过与南方腹地结盟，远西地区的政治领导人设法削弱联邦政府对远西地区资源的管理。具有讽刺意味的是，这只会增强企业对这一地区的控制。

长期以来，远西地区居民一直就如何加强对本地区经济控制而争论不休。尽管铁路公司、银行以及矿业公司的影响力非常大，远西人还是想方设法制定州宪法，通过八小时劳动法来保护劳工权益，禁止招募私人民兵（这些私人民兵通常被用来破坏罢工），禁止雇主在劳动合同中添加免除自己的事故责任的条款，即使那些事故是由于公司严重疏忽造成的。在二战之前，远西地区一直都是经济民粹主义、工会主义，乃至社会主义的温床。当地人选出了一大批像蒙大拿州参议员伯顿·惠勒（Burton Wheeler）以及爱达荷州参议员威廉·博拉（William Borah）这样的进步人士。伯顿·惠勒来自马萨诸塞州，支持工人反对阿纳康达铜业；威廉·博拉支持要求设立联邦劳工部的法案。这一地区的人们认为华尔街的金融家引发了大萧条，因此对他们充满了敌意。1932 年，在这种情绪的推动下，罗斯福横扫远西地区。但是，20 世纪 60 年代的文化革命使得新英格兰、新尼德兰和西海岸的左翼势力与远西地区人之间出现了裂

252

痕。"自由主义正在同山地诸州支持的普遍流行的经济进步主义划清界限，"共和党战略家凯文·菲利普斯在20世纪60年代末写道，"并且正在转变为一种对于原来激进的山地诸州来说缺乏吸引力的福利机构主义。"（无论是自由主义者还是保守主义者，他们都认为东北地区之人的动机是值得怀疑的。）[13]

此后，这些企业联盟卷土重来，很大程度上是通过支持那些为自己利益服务的政治候选人，以及攻击远西居民们的另一个历史宿敌——联邦政府的方式。就联邦政府而言，大多数民众早就制定了简明的议程：离开，别管我们，给我们更多的钱。这些居民希望在哥伦比亚河上游修建水坝，但不接受保护鲑鱼的法律法规。这些居民希望华盛顿方面继续提供20亿美元的灌溉补贴，但不愿联邦政府试图阻止他们把这些补贴用于开采完本地区最后一个古老的含水层。不少远西地区的参议员和国会议员从该地区以外的利益集团获得大部分竞选捐款，并已成为在该地区作业的外部公司最可靠的拥护者。不过，他们是通过个人自由要摆脱政府暴政这一自由主义说辞做到这一点的。"我们反对联邦政府干涉人民的日常生活，"怀俄明州参议员约翰·巴拉索（John Barrasso）在2009年宣布成立参议院西部党团时解释说，"政府应该摆脱繁荣、自由的老路……不能通过花掉纳税人数百万美元或实施严格的环境法规来促进经济发展。"犹他州参议员奥林·哈奇（Orrin Hatch）补充说："参议院西部党团的目标之一是挫败华盛顿精英及其极端环保主义联盟的反石油议程。"哈奇的犹他州同僚罗伯特·本内特（Robert Bennett）补充道，"是时候认识到美国西部所代表的巨大宝藏，并以一种明智的方式来开发这些宝藏了"，并且指出这些能源资源一直"延伸至加拿大"。这些参议员并未提议通过提高伐木使用费或公共土地放牧费至市场价格来增强企业捐赠者自力更生的能力，也并未提议让大型农业综合企业补偿纳税人在沙漠中修建的用于灌溉棉花的水坝以及水利项目的实际运营成本。[14]

确实，远西地区对联邦政府的敌意一直是这一极度厌恶权威的地区与北美大陆最具权威性的民族结成原本并不可能的同盟的黏合剂，对北美以及世界都产生了深远影响。

第二十三章 移民和身份

如果说 17 世纪、18 世纪以及 19 世纪前 75 年美利坚的民族的存在似乎足够有说服力的话，那么人们可能会问，这些民族是如何存活到今天的？毕竟在这个问题上，美利坚合众国不正是一个由移民组成的国家吗？加拿大不也是如此吗？19 世纪末至 20 世纪初，我们难道不是敞开大门欢迎那些来自世界各地，成千上万疲惫、贫穷、蜷缩在一起的人来到美利坚的吗？这些人渴望呼吸自由的空气，穿越埃利斯和安琪儿岛来到这里，造就了今天奇妙多样的美利坚。当然，1830～1924 年的多元文化浪潮吞没了这些区域民族的文化。只有为数不多的民族文化在少数富有的盎格鲁 – 撒克逊白人新教徒的想象中存活了下来。这些新教徒仍然躲藏在自己的最后一片栖息地：楠塔基特、哈佛校园、骷髅会。数百万爱尔兰人、德意志人、意大利人、斯拉夫人、犹太人、希腊人以及中国人的到来不正预示了真正"美利坚"（或者，"加拿大"）身份的诞生吗？这一身份使这个国家紧紧团结在一起，并赢得了两次世界大战。

答案是否定的。

这些巨大的移民浪潮丰富了这两个北美联盟，但没有取代先前存在的区域民族。这些区域文化仍然是 19 世纪和 20 世纪初移民的子孙后代吸收或反对的"主流文化"。移民社区可能会对某一城市或某一州（像波士顿的爱尔兰人或纽约的意大利人一样）实现政治统治，但其控制的体系是区域文化的产物。

他们可能会保留、分享和普及自己的文化遗产，接受食物、宗教、时尚和思想。但是，他们会发现，随着时间的推移，他们自己也会通过适应当地的情况来进行调整。他们可能会受到"土著"民族的歧视和敌意，但这种敌对态度的本质以及表现形式都取决于土著人属于哪个民族。移民们并未改变"美利坚文化"，他们改变的是美利坚各自的区域文化。事实上，1830年至1924年的移民在许多方面突出了各自之间的差异。 255

简要地介绍以下这一时期的主要移民活动。1830年至1924年，约3600万人移民美国。这些移民分三批抵达。第一批移民——大约450万爱尔兰人、德意志人和英国人于1830年至1860年到达美国——已经有所介绍。这批移民引发了新英格兰人的恐惧：那些天主教移民会因盲目服从教皇而损害共和国利益，而这也激发了新英格兰人通过"新英格兰道路"同化新移民来完成"拯救西方"的使命。第二批移民于1860年至1890年到达美国，数量是第一批移民的两倍。这些移民主要来自同一国家，还有斯堪的纳维亚半岛以及中国。第三批移民于1890年至1924年到达美国。这批移民是三次移民潮中规模最大的一次，大约有1800万新移民。这些移民中大部分人来自南欧以及东欧（尤其是意大利、希腊和波兰），其中四分之三的移民是天主教徒或犹太人。这股移民浪潮中也出现了许多中国人，并在北美土著民族中引发了一丝恐慌。这些土著民族担心这些新来的异族人无法融入当地的生活。1924年，美国国会实行了旨在保护联邦免受"劣等种族"（包括意大利人、犹太人以及来自巴尔干半岛和东欧的移民）污染的配额制度，这次移民潮也随之戛然而止。直至20世纪50年代初，移民仍然受到严格限制，而且北欧人遭遇的偏见很严重。虽然移民规模很大，但他们一直占美国人口中的少数。在此期间，外族出生人口的比例在美国人口中保持在 10% 左右，于 1914 年达到了 14% 的峰值。移民的累积效应极其重要，但绝不是压倒性地重要。即使将 1790 年至 2000 年所有移民——总共 6600 万——及其后代加起来，人口统计学家计算出移民也只占美国 21 世纪初人口的一半左右。换言之，如果美国在 1790 年关闭了边境，那么到 2000 年美国人口仍将是 1.25 亿而不是 2.5 亿。1820 年至 1924 年，移民数量庞大，但从未真正压倒过一切。[1]

256 　　另外一个需要注意的关键点是，这些"移民潮"中的移民并未均匀地分布在整个联邦，而是主要集中在几个地方。在这一时期，大多数移民生活在新尼德兰、内陆地区、新英格兰，而其他移民则生活在西海岸。这些移民在为数不多的几个门户城市定居，尤其是纽约、费城、波士顿、芝加哥以及旧金山。几乎没有移民定居在沿海低地、大阿巴拉契亚、南方腹地或北方地区。（仍处于殖民状态的远西地区只吸引了少量移民，但这些移民占该地区人口的很大一部分——1870 年占该地区人口总数的约四分之一，1910 年占该地区人口总数的约五分之一。）1870 年，纽约市的外国居民人数比沿海低地、大阿巴拉契亚和南方腹地加起来的还要多。学者们已经证明，移民社区在获得财富和影响力的同时往往会向郊区扩张；这使得"民族"社区的影响力主要集中在移民的"有产阶级"，而"无产阶级"移民则几乎没有受到影响。[2]

　　不难理解移民为什么会避开这三个南方民族所在的地区。这三个南方民族的大多数地区是需要逃离的地区，盘根错节的贵族控制着封建专制制度。直至 1866 年，南方腹地以及沿海低地都实行专制的、近乎封建的、根深蒂固的贵族制度。1877 年重建时期结束后，这两个地区才回归联邦。这两个南方低地民族几乎没有任何工业，农业主要由大地主主导，因此对新移民来说没有任何吸引力。大阿巴拉契亚依然是穷乡僻壤，几乎没有任何城市以及工作机会。在这三个地区，严格遵守当地的风俗习惯仍然被视为成为一名"美利坚人"的关键所在，这使得这些地区对外国人没有什么吸引力。

在北方地区，一个人只要不是北方人就是"美利坚人"，甚至讲德语的天主教徒也被认为是"盎格鲁人"。但由于缺少主要港口和城市，北方地区实在过于偏僻，大批移民无法在此安居乐业。

相比之下，新尼德兰和内陆地区自成立以来便一直盛行多元文化。因此，不同语言、宗教以及文化背景的人共同生活在这两个地区也极为正常。这两个地区的几乎所有主要城市——纽约、托伦顿、费城、巴尔的摩、匹兹堡、辛辛那提，以及内陆边境城市芝加哥和圣路易斯——都吸引了大批移民和"民族"多数派。19世纪50年代，纽约居民以爱尔兰人为主，70年代纽约处于爱尔兰人治理之下，1880年吸引了联邦意大利移民中四分之一的移民，1910年25%的纽约人为犹太人。斯拉夫人聚集在匹兹堡及其周围，而芝加哥和费城出现了各式各样的民族飞地。文化多样性完全符合内陆地区人的世界观。对这些民族来说，成为"美利坚人"与种族、宗教或语言毫无关系，而与一种精神或心态有关。今天，专家们在提到美国的多元文化、多元民族、多元语言特征时，实际上指的是新尼德兰和内陆地区。在这些地区，几乎不能说移民群体已经适应了这些民族的文化，因为除了容忍伦理道德、取得个人成就（在新尼德兰）和（可能）使用英语之外，根本不清楚移民到底适应了什

么文化。美国的多元文化模式就起源于这两个民族的传统。³

西海岸和远西地区尚处于起步阶段时，移民浪潮就已经如火如荼地进行了。因此在这两个地区，许多移民群体的文化影响力和土著居民的文化影响力不相上下。这里的**一切**都是新的，文化团体相互竞争，共同塑造社会。当然，这里也有限制。西海岸的新英格兰精英们努力同化来自国内外的移民。然而，在远西地区，那些主导经济的银行和企业联盟对威胁自身利益的人使用暴力也是家常便饭。在这两个地区，黑人、亚洲人以及拉美裔美国人都受到了相当大的敌意。中国人和日本人被视为次等民族，被当作奴隶使用。直至 1907 年，基于日本孩子缺乏接受高等教育的才能这一理论，日本人的孩子仍然被加利福尼亚的学校拒之门外。⁴ 但其他大多数移民团体都能够利用这些西部民族仍然正在塑造自己的价值观和权力结构这一事实，而且许多移民团体能够在这项事业中发挥重要的作用。在西海岸和远西地区，成为一名"美利坚人"从来就不是说你是新教徒，或者是英格兰人或不列颠人"后裔"；相反，成为一名"美利坚人"意味着取得个人成就和追求"美国梦"。当权威人士开始充满诗意地谈论成为"美利坚人"就是如何拥抱"自由市场"的心态及发掘自己的潜力时，他们正在这两个地区站稳脚跟。

258　　新英格兰的情况要复杂得多。1830 年以前，这一地区非常同质，以排除异己著称。在殖民地时期的大部分时间里，新英格兰都是拒绝移民的。但到了 19 世纪中叶，新英格兰迅速扩张的工业中心以及中西部边界的森林、农场和矿山吸引了大批外国人。其中许多外国人既不是英格兰人也不是新教徒。我们已经见识了新英格兰是如何想方设法阻止自己的边界甚至整个太平洋沿岸免遭天主教移民、南方奴隶主和德意志酿酒商的"危险影响"的。但当 19 世纪末移民浪潮席卷整个美利坚时，新英格兰人付出了双倍努力，使这些新来的移民符合"美利坚"的标准——新英格兰人真正的意思是符合新英格兰的标准。

这一运动的重点是教育移民及其子女。在新英格兰及其殖民地，学校一直被视为文化适应机构。在 20 世纪以前，知道如何阅读、如何写作以及如何算术是绝不会增强大多数人作为农民、劳动者或工厂工人的"就业前景"的。相反，教育孩子们是为了让他们适应新英格兰人的生活方式，并建立起有助于防止贵族阶层形成，从而防止共和国崩溃的必不可少的社区纽带。移民浪潮只会增强新英格兰人的紧迫感。"对于一个民主国家而言，允许阶级固化会带来灾难性的后果，"颇具影响力的教育哲学家（也是佛蒙特州人）约翰·杜威在 1915 年争论道，"视机会平等为理想的民主社会需要这样一种教育：从一开始，学习便同社会应用、思想、实践、工作和认识所做事情的意义有机统一起来，并为所有事情服务。"新英格兰人长期以来就一直主张，为了保证社会和文化的连续性，每个人都应该按照共同的课程标准在公立学校里共同接受教育。自 19 世纪中叶开始，新英格兰政府要求城镇保留免学费的学校。到 19 世纪末，新英格兰控制下的许多州规定人们必须接受教育。（相比之下，南方腹地没有行之有效的公共教育系统，并且积极阻止阶级和种姓之间的融合。）⁵

移民们带来了额外的挑战。"一个在旧世界专制统治下出生、长大的矮小异族人不可能仅仅通过横渡大西洋或者签署入籍誓言就变成躯干丰满的美利坚公民。"被广泛誉为"美国公共教育之父"的新英格兰改革家霍勒斯·曼（Horace Mann）于

1845 年告诉其他教育工作者。他认为，为了避免孩子们"保留自己所接受的奴性教育"，或者陷入"无政府以及无法无天的罪恶"之中，学校必须"以理性和责任为准则"，训练孩子们"自治、自控"和"自愿服从的能力"。至 1914 年，这项任务已经扩大到成年移民当中。这些成年移民可以免费上夜校，学习英语、数学、美国历史以及"卫生和良好的行为习惯"。在马萨诸塞州和康涅狄格州，城镇必须推行这些方案，16 ~ 21 岁的所有文盲都必须上课学习。新尼德兰和内陆地区也采纳了这些方案（通常是通过新英格兰移民的努力），但一般情况下移民是自愿参加的。移民们在南方腹地、大阿巴拉契亚以及远西地区几乎没有得到官方的任何支持。这些地区大多数州的宪法实际上禁止立法者在成人教育问题上浪费纳税人的钱。[6]

　　美国是一个"大熔炉"（在这个概念中，移民们脱胎换骨成为"盎格鲁－新教徒美利坚人"），这一概念实际上指的是新英格兰人的一种弥补措施。这一弥补措施与立约的乌托邦建造者的民风密切相关。这些建造者本身几乎都是英格兰人。也许这所同化学校的最大宣传机构就是 1914 年在新英格兰中西部中心创建的亨利·福特英语学校（Henry Ford English School）。在那里，福特公司招聘的移民工人不仅学习英语，而且学习历史和新英格兰人节俭、爱干净、守时的价值观。在毕业典礼上，这些学生身着本国服装，列队走过一艘模拟船的舷梯，进入一口巨大的标有"熔炉"标签的大锅，他们的老师开始用巨大的勺子搅动这口大锅；几分钟后，毕业生们穿着"美式"西装，系着领带，挥舞着美国国旗，走出这口大锅。与此同时，哈佛大学、耶鲁大学以及其他新英格兰大学的历史学家们正在为学生们创造一部神话般的用来庆祝的"国家"历史。这部历史强调（先前被忽视的）朝圣之旅、波士顿倾茶事件以及新英格兰历史人物（如民兵、保罗·里维尔以及约翰尼·阿普尔西德）的中心地位。（清教徒被重新塑造成宗教自由的支持者——这会让他们感到惊讶——詹姆斯敦、新阿姆斯特丹和缅因早期的圣公会定居点却被忽视了。）在新英格兰的模式中，移民要融入主流文化之中。在新英格兰人看来，主流文化的主要特征是"新教徒"（即加尔文主义者）、努力工作的道德准则、自我克制、维护"共同利益"，以及对贵族制度充满敌意。文化多元主义、个人主义或接受英国的阶级制度并不是新英格兰人考虑范围之内的事情。[7]

21 世纪初，新一轮的移民潮引发了一场激烈的争论："美利坚人"意味着什么？对于一个希望将自己算作美利坚人的人，他（她）应该期望什么，不应该期望什么？像已故哈佛政治科学家塞缪尔·亨廷顿（Samuel Huntington）这样的保守主义者就曾断言，美利坚现在勉强被两个因素团结在一起：一个因素是占主导地位的"盎格鲁－新教徒"文化（特别强调英语语言和"新教徒"职业道德）"持续处于中心地位"，另一个因素是两个世纪以来的共同意识形态——支持平等、个人主义、自由、个人繁荣以及代议制政府的"美利坚信条"。亨廷顿的追随者们担心，这些弥足珍贵的团结因素正被自己的竞争对手——多元文化主义和种族多元化的勇敢拥护者——击溃。相比之下，多元文化主义者认为，美利坚真正的天才之处便在于为来自不同文化、宗教、种族和语言的群体创造了一个可以共存的地方。在这里，每个群体都可以保持自己的价值观和身份。这两个派别都为自己关于美利坚身份的定义提供了历史依据，并通过发现自己竞争对手提出的历史例子中的弱点来捍卫自己的观点。[8]

事实上，双方都在唤起北美少数民族地区民族的真实特征，而非整个"美利坚"民族的真实特征。当然，加尔文主义努力工作的道德准则一直都是新英格兰认同感的核心所在，同时这种道德准则亦被南方腹地和沿海低地憎恶。在这两个民族中，悠闲自得的"生活节奏"一直被认为是一种美德。（没有一个南方腹地贵族担心自己会因为懒惰而被逐出天堂，新英格兰的许多精英却被这种想法困扰。）包括语言在内的一切"英格兰特性"绝非内陆地区和新尼德兰身份认同的中心。在这些地区，多元文化才是通用准则；应用到北方地区，"盎格鲁－新教徒"的文化起源理论看似非常滑稽。极端个人主义是大阿巴拉契亚和远西地区身份认同的核心，在社群主义盛行的新英格兰以及新法兰西却一直被人们嗤之以鼻。在亨廷顿看来，"自由"绝对不是美国南方腹地和沿海低地美利坚身份认同的一部分，而只有当这些奴隶主精英自己做了代表时，他们才会拥护代议制政府。新英格兰非但没有接受多元文化主义，反而要么让外来者远离自己，要么试图让这些外来者（和这一地区的其他人）接受新英格兰的各种规范。寻找一个"美利坚人"的身份特征毫无意义，因为对于作为美国人应该意味着什么这一问题，每个民族都有自己的答案。

由于未能认识到这一点，亨廷顿的弟子们对当前"第四波"大规模移民中占主导地位的墨西哥移民的所谓特殊性做了许多研究。1970年，76万人出生于墨西哥却生活在美国，约占墨西哥总人口的1.4%。2008年，这一数字增加了近16倍，达到1270万，占地球上墨西哥人总人口的11%。2008年，墨西哥人占国外出生的美国人口的 32%，与 1850～1875 年的爱尔兰人所占比例相同。绝大多数墨西哥人生活在北方地区，在那里他们现在构成了人口的绝大多数，并且找不到任何理由"融入"一些"盎格鲁－新教徒"的行为准则中。这对于亨廷顿和生活在北方地区以外的其他人来说是非常震惊的，因为这些人害怕失地被重新收复。从某种意义上说，他们的担心不无道理：墨西哥人已经重新控制了北方地区的美国部分，大量来自墨西哥南部的移民正在融入北方人的文化。但与其说这是对该地区"主流文化"的威胁，不如说是对其本源的回归。[9]

　　然而，墨西哥吞并北方地区是绝不可能的：当前边界两边的北方人将很快脱离这两个国家，并创建自己的共和国。毕竟，即使是北方地区的墨西哥部分也比被迫输出税款的墨西哥南部富裕三倍。正如哈佛大学的研究员胡安·恩里克斯（Juan Enriquez）所指出的那样，墨西哥城对这一地区几乎没有任何约束力，墨西哥城并不为这一地区提供技术支持、基础服务、安全保障或者商品市场。恩里克斯指出，如果北方地区的墨西哥部分——下加利福尼亚州、新莱昂州、科阿韦拉州、奇瓦瓦州、索诺拉州和塔毛利帕斯州——自己选择，那么它们可能更愿意同美国建立起一种类似欧盟的关系，而不是停留在墨西哥内部；与墨西哥的其他地区相比，它们与北方地区的美国部分的共同点更多。新墨西哥大学奇卡诺研究学院教授查尔斯·特鲁西洛在 2000 年对美联社说："西南地区的奇卡诺人和北方地区的墨西哥人正再次融合成一个民族。"特鲁西洛补充说，创建一个独立的国家是大势所趋。他建议这个新国家就叫北方共和国。[10]

262

第二十四章 神明和使命

内战结束后的几十年里,虽然移民增强了各民族之间的区别,但基本价值观方面的差异使得各民族分化为两个由缓冲带隔离开来的敌对集团。结果,一场文化冷战爆发了。战争的一方是愤怒无比、受尽屈辱却怀有救世思想的迪克西集团(美国南部各州联盟),另一方则是趾高气扬、拥有社会改革意识的联盟,由新英格兰、新尼德兰和西海岸结成。这两大集团相互对立,水火不容。这场文化战争在阿波马托克斯战役之后酝酿了一个世纪,然后在20世纪60年代演变成公开冲突。本章将追溯在重建时期这两大集团形成的前因后果,以及此后使双方一直处于对立状态的不同世界观和宇宙观。

冲突的根源始于南方邦联军战败之后,当时的南方腹地、沿海低地和大阿巴拉契亚大部分地区都被一支由新英格兰人主导的军队占领。战争导致50多万人丧生,因而引发了各地民众持久的怨恨,而占领使南方腹地和沿海低地的这种情绪更加强烈。因此,这些民族建立了强大的迪克西联盟。这一联盟最终将整个大阿巴拉契亚地区收入囊中,并在20世纪和21世纪之交开始主导北美大陆政治。

内战结束后,内陆地区人、新尼德兰人和新英格兰人控制了前南方邦联的大部分地区,并试图按照新英格兰模式改造上述地区。占领者划分军事区,任命州长,部署军队来执行自己的决策。除了来自诺克斯维尔的联邦主义者边民——田纳西州州长威廉·布朗洛（William Brownlow）外，得到联邦政府支持的州长们被当地人视为傀儡。[1]占领者们禁止南方邦联的主要领导人担任公职或参与投票，允许外来商业集团控制本区域的重要经济领域，并通过修订法律来反映自身价值。北方军队相信，一旦罢黜本地区那些嗜血成性的领导人，本地区的民众很快就会接受自己的制度、价值观以及政治结构。占领者们建立了种族混合的新英格兰式学校体系，从新英格兰的学校引进教师来管理这些学校，并向地方征税来负担学校的一切开销。他们"解放"了一个备受压迫的民族——本地区遭受奴役的黑人——但未能为他们提供茁壮成长的安全环境或经济环境。他们认为自己在本地区自然而然的盟友——赞同联邦政府思想的大阿巴拉契亚大本营——将支持他们按照新英格兰人的形象来重建占领区的努力。占领军虽然取得了军队的支持，控制了政府、教育和经济等大量部门以及大规模的民用外联工程，但非但未能实现自己的大部分目标，反而在某种程度上让南方这三个民族更加团结在一起，同自己做斗争。

　　学者们很早就意识到，作为统一实体的"南方"直到内战后才真正存在。正是对新英格兰人领导下的重建的抵抗才使得迪克西集团走到了一起，最终使在战争期间同南方邦联作战的大阿巴拉契亚也加入了这一集团。

　　南方腹地和沿海低地民众的各种机构和种姓制度受到了攻击，他们必须紧紧围绕着自己仍然能够控制的一个民用机构进行抵抗斗争：自己的教堂。遍布南方这三个民族的福音派教会为那些希望保护本地区战前社会制度的人提供了绝佳的工具。同新英格兰的主要宗教派别不同，南方浸礼会教徒以及其他福音派教徒正在成为宗教学者口中所谓的"私人新教徒"（Private Protestant），而不是控制北方民族的"公共新教徒"（Public Protestant）。我们马上就要谈到这些公共新教徒。私人新教徒——包括南方浸礼会教徒、南方卫理公会教徒以及南方圣公会教徒——认为世界本来就是腐败和罪恶的，在经历内战的冲击之后尤其如此。他们强调的不是社会福音——一种为基督降临而改变世界的努力——而是个人的救赎，在被提（Rapture）将那些受地狱之苦的人扫除之前，将个人灵魂拉到正确观念的救生艇之上。私人新教徒对改变社会没有兴趣，却强调维持秩序和服从的必要性。他们要直接面对的罪恶并不是南方地区盛行的奴隶制度、贵族统治以及大多数普通人极端贫困的社会现实，而要对抗新英格兰异教徒，不惜一切代价维护得到上帝认可的等级制度。南方卫理公会的一位牧师宣称，新英格兰人反对奴隶制，"不忠于上帝和人类的法律"——"是野蛮的狂热分子、疯狂的无政府主义者、违法者，以及插手他人事务的邪恶之人"。因为《圣经》中的某些段落默许奴隶制，所以废奴主义者因"比上帝更加人道"而被宣称为有罪。亚拉巴马圣公会主教理查德·威尔默（Richard Wilmer）宣称，为了"维护上帝之道和普世传统教义至高无上的地位"，自己所属教会支持南方邦联是正确的。北方占领军中的顽固派称他们自己为救赎者，1877 年联邦结束占领则被称为一种"救赎"行为，这些都绝非偶然事件。[2]

南方神职人员在前南方邦联中创立了一种新的民间宗教——一个被学者们称为"败局天注定"（Lost Cause）的神话。坚守信条的南方腹地、沿海低地和大阿巴拉契亚的白人最终开始相信上帝让南方邦联血流成河，让南方城市遭到破坏，让南方敌人统治这个地区，目的都是检测并让上帝喜爱的人神圣化。纳什维尔长老会传教士、战时牧师詹姆斯·H. 麦克尼利（James H. McNeilly）指出，上帝选民在战场上的失败"并不能证明异教徒在这一事业上就是正确的，也不能证明希伯来人在维护一项非正义事业"。麦克尼利补充说，南方邦联士兵可能"像节日的美酒一样抛洒自己的鲜血"，但这并不是徒劳的，因为"在上帝面前，是非问题并非通过武力解决"。相反，一位南方腹地的神学家会争辩，正义之士会"通过坚守原则"击败联邦政府，而且他认为联邦政府和《启示录》中的"七头十角的野兽"相似。正义的事业在很大程度上促进了南方腹地的民风建设。南方腹地的这种民风坚持古罗马的奴隶制共和国思想，并规定精英阶层享受民主，而其他阶层必须服从精英阶层的领导。[3]

虽然"败局天注定"在这一时期促成了强大迪克西联盟的建立，但三个成员民族的目标各不相同。在南方腹地和沿海低地，种植园精英们通常能够有效控制以前遭自己奴役的劳工们。因此，只要这些劳工按照他们的要求投票，他们就不反对让劳工们投票。如果说"赋予白人权利"意味着赋予本地区贫穷白人权利的话，那么大种植园主对这种"赋予白人权利"并没有太大兴趣。他们的目标是维持阶级和种姓制度，确保黑人和白人下层阶级都没有从新英格兰人或内陆地区人那里获得关于"共同利益"或更平等社会美德的观念。

然而，大阿巴拉契亚从未存在过此类僵化的等级制度，自由黑人最初就有更大的回旋余地。具有讽刺意味的是，这个相对颇具活力的社会竟在边境地区引发了一场令人毛骨悚然的反击。大阿巴拉契亚地区惊人的贫困状况——战争和混乱的经济

266

使得这一状况更加糟糕——造就了这样一种局面：许多白人边民发现自己和新解放的黑人处于直接竞争的状态，而且同低地黑人相比，这里新解放的黑人常常表现得更加不恭敬。这些白人边民的对策是成立了一个秘密杀人团体——三 K 党。重建时期最早的集会成立于田纳西州的珀拉斯凯，几乎完全由大阿巴拉契亚人组成，是一个致力于粉碎大阿巴拉契亚敌人的武装团体。三 K 党人拷打并杀害那些"自视甚高"的黑人，恐吓或杀害新英格兰人创办学校的教师，烧毁校舍，并殴打同占领者关系密切的法官和其他官员。颇具启发意义的是，由于迪克西集团的白人精英们开始担心此举会鼓励下层白人独立思考并擅自行动，三 K 党于 1869 年按照大巫师的命令惨遭解散。[4]

在这三个民族中，抵制重建运动基本上取得了成功。虽然再也不能正式回到奴隶制度时代，但是种族制度和种姓制度得到了恢复，并受到法律法规、风俗习惯的保护。这些法律法规和风俗习惯有效地阻止黑人参与投票、竞选公职或保留他们自己普通的人性。在沿海低地和南方腹地，一党专政成为一种常态，并被用来作为一种抵制变革、社会改革或公民广泛参与政治的手段。种姓制度如此根深蒂固，以至于 20 世纪 30 年代芝加哥大学的社会学家在研究种姓制度时，市民们公开吹嘘自己参与了对那些未能对白人表现出"适当尊重"的黑人的酷刑以及谋杀。（密西西比州的一位政府官员告诉研究人员："一旦一个黑鬼有了自己的想法，最好的办法就是尽快将其打倒在地。"）在大阿巴拉契亚地区，苏格兰–爱尔兰历史学家，同时也是美国参议员的吉姆·韦布曾指出："上层压制新颖、不同的观点，有时通过暴力手段……最终不仅使黑人数量减少，白人数量也并未增多。"这里的教育整体水平下降了，同联邦其他地区的经济隔离亦越来越严重。19 世纪末，随着美国其他地区的扩张和发展，大阿巴拉契亚地区落伍了。大阿巴拉契亚当地人的生活与殖民时代移民先祖们的生活大同小异。[5]

当围绕着个人救赎和捍卫传统社会价值观的迪克西集团出现时，一个围绕着一系列截然不同的宗教优先事项的北方联盟也应运而生了。这一联盟是由新英格兰的神职人员和知识分子精英带头发起的，但在内陆地区、西海岸以及新尼德兰找到了现成的听众。

自清教徒时代起，新英格兰人之宗教使命便集中于拯救整个社会而非拯救个人。事实上，清教徒相信每个灵魂的状态都已经被决定了。剩下要做的就是执行上帝的任务，努力让世界变得更加完美，让罪恶变得更加稀少。正如我们所看到的那样，这使得新英格兰人接受各种各样乌托邦式的使命，从在马萨诸塞州建立一个"山巅之城"，到在犹他州建立一个以《摩门经》为基础的模范社会，再到通过让北美其他地区融入开明的新英格兰文化之中来"拯救"北美大陆的其他地区。新英格兰人是公共新教主义的一个极端例子。这个宗教遗产强调集体拯救和社会福音。19 世纪末到 20 世纪初，南方浸礼会教徒和其他具有拯救思想的教派普遍认为酗酒是个人性格的缺陷，但新英格兰公理会教徒、北方卫理公会教徒、一神论者以及英国圣公会教徒则认为酗酒是一种需要通过立法来救治的社会疾病。在救世军专注于拯救穷人的灵魂之际，社会福音派的拥护者为劳工保护、最低工资以及其他集体利益进行了一系列激烈斗争。这些斗争的目的是减少贫穷。私人新教徒强调个人对自己命运的责任，而公共新教徒则试图利用政府来改良社会、提高生活质量。这些自相矛盾的世界观使这两个集团走上了政治对抗的道路。[6]

268   重建只是北方联盟实施的第一个大规模社会工程。当北方的教师们对他们自己在南方腹地和沿海低地教育并提升原奴隶的缓慢步伐感到失望透顶时，许多人把注意力转向了大阿巴拉契亚地区的白人。他们认为这些白人与其"在荒凉的新英格兰海岸上的祖先"很像。19 世纪 80 年代和 90 年代，边民们开始进入北方大众视野。当时，北方出现了一系列文学和学术文章。这些文学和学术文章把边民们描绘成一个在 18 世纪遭受放逐、被世仇吞噬、痴迷于巫术和其他迷信的民族。这些研究错误地宣称，大阿巴拉契亚人讲伊丽莎白时代的英语，而且"未被奴隶制玷污"。出生于新英格兰的肯塔基州伯里亚学院校长、公理会牧师威廉·古德尔·弗罗斯特（William Goodell Frost）致力于将现代文明中的"拯救元素"带到大阿巴拉契亚地区，将大阿巴拉契亚变成"南方的新英格兰"。20 世纪 30 年代，这一地区兴建了数百所由新英格兰人管理的自由民学校。到第二次世界大战前夕，这一努力失去了前进势头，被迫撤出大阿巴拉契亚南部山区的部分地区，但大阿巴拉契亚地区仍然一贫如洗。[7]

此时，北方联盟的改革者已经将目光投向了其他项目。新英格兰人和内陆地区人首先启用了禁酒令。缅因州是第一个禁止制造和销售酒精的州（自 1851 年到 1856 年）。颇具影响力的基督教妇女禁酒联盟（Women's Christian Temperance Union）是由定居在伊利诺伊州埃文斯顿的新英格兰人创建的，由早期女权主义者弗朗西丝·威拉德（Frances Willard）领导。弗朗西丝·威拉德是一位来自纽约北部的公理会教师的女儿。1893

年，俄亥俄州西部保护区的一位公理会牧师创立了游说团体——反沙龙联盟（Anti-Saloon League）。该游说团体推动一份宪法修正案被通过，其中将酗酒定为犯罪。该团体最具权势的领导人威廉·惠勒（William Wheeler）是一位在奥伯林大学接受过教育的西部保护区的本地人，是马萨诸塞清教徒的后裔。南方腹地人后来接受了禁酒令（1966年之前，在密西西比州饮酒是非法的），但这场运动是由新英格兰人构思并发起的。[8]

为确保儿童的福利，新英格兰人和新尼德兰人领导了世纪之交的改革运动。这两个群体对婴儿死亡率的大幅度下降起到了关键作用（在纽约州罗切斯特、马萨诸塞州以及纽约市建立了一套向母亲发放卫生且享有补贴的牛奶的系统）；为城市儿童修建或扩建了游乐场（马萨诸塞州要求该州42个最大城镇的公民就是否为其买单进行投票，其中41个城镇的居民投了赞成票）；首次携手帮助街头流浪孤儿［位于纽约市的儿童援助协会（Children's Aid Society）由在耶鲁大学接受过教育的康涅狄格州公理会教友查尔斯·洛林·布雷斯（Charles Loring Brace）创建］。在这两个团体的推动下，（马萨诸塞州）出台了关于童工和收养的首批法律；这两个团体还成立了第一个致力于防止儿童虐待的组织（马萨诸塞州和纽约市防止虐待儿童协会）。全国童工委员会（National Child Labor Committee）是一个致力于结束童工现象的主要组织，由新尼德兰和阿肯色州大阿巴拉契亚组成，致力于通过州立法对抗传统习惯。这一努力在北方联盟获得成功，但在南方地区遭到抵制，最终只得通过联邦政府来迫使南方地区进行改革。[9]

争取妇女选举权的斗争是由新英格兰的改革者和对自由最念念不忘的两个民族——新尼德兰和内陆地区——提出并进行

的。妇女权利倡导者们的首次历史性会议于 1848 年在纽约新英格兰人聚居的塞内卡福尔斯举行。两年后，在马萨诸塞州伍斯特举行了首届全国妇女权利大会（National Women's Rights Convention）。这届大会得到了新英格兰男性名流的广泛支持，包括新闻记者霍勒斯·曼、废奴主义者威廉·劳埃德·加里森、作家温德尔·菲利普斯（Wendell Phillips）和一神论哲学家威廉·亨利·钱宁（William Henry Channing）；而接下来的十届会议都是在上述三个地区举行的，这绝非巧合。1919 年宪法第十九修正案最终通过时，代表这些民族和西海岸的州立法者很快便批准了这个修正案；迪克西集团的立法者们却并未批准这个修正案。长期领导这场斗争的女士们也来自这三个东北地区的民族。这些女士包括苏珊·B. 安东尼（Susan B. Anthony，马萨诸塞州贵格会教徒的女儿）、露西·斯通（Lucy Stone，出生于马萨诸塞州，在奥伯林大学接受教育）、伊丽莎白·卡迪·斯坦顿（Elizabeth Cady Stanton，早期荷兰移民的后代，在纽约北部新英格兰出生、长大并接受教育），以及卡丽·查普曼·卡特（Carrie Chapman Catt，出生于威斯康星州扬基里彭，在艾奥瓦州埃姆斯接受教育）。[10]

270　　虽然迪克西集团努力维持现状或试图恢复原状，但新英格兰，特别是新尼德兰和西海岸对异常的社会实验和反文化运动却越来越宽容。恰如其分的是，格伦威克（Groenwijck）的新尼德兰老村庄——沙石铺就的乡间小路融入不断扩张的城市之中，并被更名为"格林威治村"——成为联邦首个也是最重要的波希米亚地区。1910 年到 1960 年，这块飞地吸引了各种各样的文化叛逆者：无政府主义哲学家、自由派诗人、立体派画家、女权主义者、同性恋者、弗洛伊德式思想家、嗜酒如命的作家、自由爱情剧作家，以及乖僻的音乐家。这些文化叛逆者炫耀自己一贫如洗的生活和离经叛道的行为，使中产阶级极为震惊，使他们身在内陆地区和南方腹地的父母大为不解。借用历史学家罗斯·韦斯特森（Ross Wetzsteon）的话，他们创造了一种"对无忧无虑、不负责任的生活的崇拜……以服务于超自然的想法"。新尼德兰那方圆一平方英里的宽容地区将滋生出迪克西集团宗教保守派后来会动员大家起来反对的各种运动：同性恋权利运动、现代艺术运动、披头士及嬉皮士运动、左翼知识分子运动以及反战运动。与 17 世纪的阿姆斯特丹一样，新尼德兰也为那些来自一成不变的民族的异教徒和自由思想家提供了庇护所，巩固了其作为北美大陆文化之都的地位。虽然波希米亚之风于 20 世纪 50 年代开始向西海岸传递，但这股潮流源自一个由新尼德兰人创建的村庄。[11]

在三个东北地区的民族中，改良世界的愿景常常优先于宗教信仰本身；如果教会阻碍了进步的步伐，情况就尤为如此了。具有讽刺意味的是，清教徒通过善行来净化世界的使命已经为自己播下了失败的种子：在 250 年的时间里，许多新英格兰牧师的后代开始相信如果官方教会压制异己，那么世界就不可能达到纯洁。因为如果信仰是被迫的，那么这种信仰就毫无意义。许多新英格兰精英转而信奉一神论。一神论是新英格兰教会的一个分支，信奉科学调查，追求社会公正。19 世纪 70 年代，当新英格兰人管理的美国世俗联盟（American Secular Union）努力将宗教赶出公立学校大门时，哈佛大学在信奉一神论的校长查尔斯·埃利奥特（Charles Eliot）的领导下也摆脱了宗教的影响。内陆地区人和新尼德兰人的社会建立在宗教和多元文化的基础之上，他们常常倾向于支持此种努力。因为他们知道，271

如果教会和国家融为一体，那么异见者将受到歧视。这些地区盛行的公共新教徒通过对《圣经》的寓言式而非字面式的解读，接纳了关于地球的年龄和形成，以及生命进化方面的科学发现。尽管如此，20 世纪初这些民族中受过教育的人争辩说，教会应该彻底消亡，从而为科学理性的胜利让路。这些现象十分普遍。20 世纪末，这一立场在北欧而非北美占上风。在联邦内部，强大的世俗主义者注定要被无坚不摧、影响深远的私人新教徒的反击击败。[12]

19 世纪末至 20 世纪初，整个北美大陆时不时出现一些反对现代主义、自由主义神学以及不合时宜的科学发现的声音。但只有在迪克西集团，这种声音才代表了主流文化，得到了政府的支持，未受国家权力话语的批评。在随之而来的文化战争中，这三个南方民族一直支持《圣经》无误论；支持消除教会和国家之间的隔阂；支持从宗教而非科学的角度向孩子们解释宇宙的起源和性质；支持从法律、政治以及社会层面限制同性恋、公民权利和跨种族约会；支持防止社会世俗化。

基督教原教旨主义在北美的出现是对自由主义神学的回应，而自由主义神学正逐渐在北方民族中占主导地位。基督教原教旨主义一词源于《基本要道》（*The Fundamentals*）。这本书共十二卷，由大阿巴拉契亚浸礼会传教士 A. C. 狄克逊（A. C. Dixon）编辑，攻击自由主义神学、进化论、无神论、社会主义、摩门教徒、天主教徒、基督教科学家以及耶和华见证会。基督教原教旨主义的早期组织者聚集在由另一位浸礼会传教士威廉·贝尔·赖利（William Bell Riley）创办的世界基督教原教旨协会（World Christian Fundamentals Association）周围。赖利出生于大阿巴拉契亚地区的印第安纳州，在肯塔基州的布恩县长大，在明尼苏达州教堂当牧师时接触了新英格兰人的异端思想。同样受到威廉·詹宁斯·布赖恩（William Jennings Bryan）——一位来自伊利诺伊州（非常大阿巴拉契亚）埃及村地区的苏格兰－爱尔兰裔总统候选人——的启发，有着基督教原教旨主义思想的私人新教徒向科学及其腐蚀性的进化论发起进攻。[13]

　　20 世纪 20 年代，反对进化论的活跃分子影响了整个联邦。但是，这些活跃分子发现只有在大阿巴拉契亚和南方腹地才能取得持久的成功。佛罗里达州、田纳西州、密西西比州以及阿肯色州的立法者们通过法律，规定在学校里教授进化论是非法的。北卡罗来纳州州长下令换掉"除《圣经》中所载内容外以其他方式表明人类起源"的教科书。路易斯安那州和得克萨斯州（由南方腹地人和边民控制）当局修订了学校教科书中所有有关进化论的内容。大阿巴拉契亚地区和南方腹地的数十名大学教授因批评这些措施而惨遭解雇。还有许多人因害怕受到迫害而拒绝担任公职。各大报纸也支持对科学的攻击。"州立大学的教授们可能认为自己是猿和狒狒的后代，"肯塔基州布雷萨特县的《杰克逊新闻》（*Jackson News*）评论道，"但是我们一定要知道，布雷萨特的好人都是纯粹的盎格鲁－撒克逊人。"当行政部门打算否决一项反进化论法案时，杰克逊市的《号角集录报》（*Clarion-Ledger*）恳求道："别让密西西比州的人民失望，州长！不要做任何可能动摇年轻一代对《圣经》第一卷信心的事。"政治候选人经常把抑制进化论作为自己竞选活动的中心，而复兴的三 K 党则对达尔文的理论怒不可遏，因为达尔文理论同《圣经》中上帝把黑人创造成卑躬屈膝的低等生物的论点相矛盾。许多南方浸礼会教徒加入了这场运动。1925 年臭名昭著的斯科普斯审讯使这场运动达到高潮。在这场审讯中，田纳西州的官员起诉一名高中生物教师教授进化论。田纳西州最高法院裁定这位老师有罪，但全国媒体的批评性关注削弱了基督教原教旨主义的认可度。[14]

此后，新英格兰、新尼德兰以及内陆地区的公共新教徒多数派认为，热心的民众被毁了，他们的非理性信仰被揭露为迷信，他们的独裁策略违反了美国的价值观。但在 20 世纪 30 年代以及 40 年代，基督教原教旨主义者们自发组织起来，建立《圣经》研究团体、基督教学院以及宣传福音的广播电台网络。在北美精英们没有注意到时，基督教原教旨主义者的人数在 20 世纪 50 年代一直增长，主流的新教教会成员人数却在下降。世俗主义也在消退。世俗主义拥护者们只是为了让国家而非人民摆脱宗教的藩篱。在战后美国繁荣富足的外表之下，一场全面的文化战争正在悄然酝酿之中。20 世纪 60 年代，这场文化战争最终爆发了。[15]

第二十五章　文化冲突

在酝酿了将近一个世纪之后，北美文化冷战于 20 世纪 50
年代末和 60 年代演变成了公开冲突。

在这一时期，各个联盟都经历了内战：在迪克西集团内部，
非洲裔美国人反抗种族隔离和种姓制度；北方联盟中的四个民
族则面临着青年人领导的文化起义。这两起破坏稳定的事件起
初都是各自集团内部心怀不满人士领导的本土现象，但很快就
招致了外部势力干预。在第一场起义（民权运动）中，北方民
族的援助起到了决定性的作用，因为北方的民族动用联邦权力，
调动联邦军队以迫使沿海低地、大阿巴拉契亚，以及南方腹地
的白人废除他们自己视若珍宝的种族种姓制度。在第二场"起
义"（60 年代的文化革命）中，迪克西集团的政治领导人通过
反对西海岸、新尼德兰以及新英格兰的年轻革命者来干预这场
以北方联盟为基础的文化转变。这些革命者的议程与南方腹地
和沿海低地所代表的一切截然相反。由于国内革命而元气大伤
的迪克西集团领导人短期内无法阻止青年人运动，但他们自此
带头努力收回叛乱所取得的大部分成果。这两场起义引发的区
域间的仇恨极大地加深了各民族之间的分歧，不利于 21 世纪初
美国寻求共同点和双方都能接受的解决方案的努力。

民权运动之所以被称为"第二次重建"，是因为民权运动
对南方文化产生了巨大的影响，也是因为新英格兰人和内陆地

区人领导下的联邦政府在迫使南方做出改变中所发挥的巨大作
用。与第一次重建一样，南方非洲裔美国人发起的这场引人注
目的和平起义[1]永久性地改变了南方腹地和沿海低地文化中的
某些方面，但这场运动也促使白人在这些民族和大阿巴拉契亚
的其他问题上做出让步。

1955 年，迪克西集团的三个民族仍然处于独裁统治之下。
这三个民族的公民——白人和黑人——被要求维护一个一成不
变、无孔不入的种族隔离制度。整个迪克西集团内部甚至要求
成年黑人称呼白人青少年为"先生"、"小姐"或"太太"，同
时禁止白人以这些头衔称呼任何年龄段的黑人，取而代之的是
"小孩"、"大妈"或"大叔"。黑人和白人不能一起就餐、一起
约会、一起做礼拜、一起打棒球或一起上学。种姓制度要求黑
人和白人使用各自的饮水机、休息室、候诊室以及建筑物入口；
工厂要设置独立的生产线，一个黑人无论经验、成就或资历如
何都不能晋升为"白人"职位；剧院、午餐柜台、餐厅、铁路
公司和公共汽车系统都要按照种族设置座位。在密西西比州，
印刷、出版或传播"支持社会平等或白人与黑人之间通婚的建
议"都是违法的，违法者将被处以最高 6 个月的监禁。在民选
官员、报纸编辑、传教士和当地名门望族的公开批准下，三 K
党人和其他治安会组织对违反这些规定的黑人实施酷刑，甚至
处决这些黑人。违反这些规定的白人将受到法律的制裁。更为
糟糕的是，这些白人家庭由于被烙上"黑鬼情人"的烙印而受
到了社会的排斥。除了少数人之外，迪克西集团的白人宗教领
袖从神学的角度支持该制度或者保持沉默。[2]

南方腹地的非洲裔美国人领导了这场运动，挑战了整个地
区的种族隔离政策：亚拉巴马州蒙哥马利市的公交车歧视政策

（1955～1956）；小石城中心高中（1957）、路易斯安那州奥尔良教区小学（1960）、佐治亚州的大学（1961）以及密西西比州的大学（1962）禁止黑人学生入学的政策；密西西比州否定黑人投票权的政策（1962）；亚拉巴马州伯明翰的行业隔离以及禁止集会的政策（1963）；或许最令人痛心的是，亚拉巴马州塞尔马市（1965）血腥的投票权抗议活动。这场运动中最著名的大多数人都是南方腹地人，包括马丁·路德·金牧师（亚特兰大）、约翰·刘易斯（亚拉巴马州南部）、詹姆斯·梅雷迪思（密西西比州中部）和罗莎·帕克斯（亚拉巴马州塔斯基吉）。他们得到了来自新尼德兰（罗伯特·摩西、惨遭杀害的活动家安德鲁·古德曼以及迈克尔·施沃纳）和新英格兰（马尔科姆·X）的黑人和白人民权活动家们的支持。约翰·肯尼迪总统和司法部部长罗伯特·肯尼迪——新英格兰人的偶像——是来自白宫的重要支持力量，并且为大阿巴拉契亚的得克萨斯人林登·B. 约翰逊提供了在肯尼迪总统遭到暗杀之后继续实施的蓝图。

276

　　整个迪克西集团的南方白人最初不相信这场运动。这些白人习惯性认为，"我们的黑人"对于遭受压迫、低人一等、被剥夺基本人权和公民权利感到"幸福"。显而易见，他们自己可爱的黑人正受到南方腹地政客口中的"外部鼓动者"——新英格兰人和新尼德兰人——的操纵。这些新英格兰人和新尼德兰人通常被认为是共产主义者。与南方腹地和沿海低地的自由观念一致，白人抵抗者一致认为，起义是要剥夺白人的"自由"，包括白人压迫他人的自由。就在美国最高法院裁定种族隔离违宪的同时，南方腹地的立法者成立了州反颠覆机构，负责调查并挫败一切"推翻我们政府形式"

的努力，拥有窃听权和传唤权。［密西西比州主权委员会宣布民权组织——学生非暴力协调委员会（Student Nonviolent Coordinating Committee）——颠覆了"密西西比州的生活方式"，仅仅是因为这个组织参与了帮助黑人选民登记这一完全合法的行为。］

当黑人对种姓制度发起挑战时，迪克西集团的许多人承诺要做出"大规模抵抗"。他们为捍卫自己的"生活方式"而采取的极端措施暴露了该地区视若珍宝的风俗习惯的非人道和专制的本质。为了阻止 9 名黑人学生就读小石城中心高中，阿肯色州州长奥瓦尔·福伯斯（Orval Faubus）召集了手持刺刀的国民卫队。他的这一行为迫使总统德怀特·艾森豪威尔部署第 101 空降师，并将整个阿肯色州国民卫队置于联邦政府的管理之下。随着南方腹地学校一体化进程的推进，愤怒的白人暴徒不仅嘲笑、奚落和威胁受到惊吓的黑人学童，还威胁那些继续就读于名义上整合的公立学校的白人儿童及其家长。整个迪克西集团的社区通过关闭整个公立学校系统、大幅削减财产税以及帮助成立白人专门私立学院来进行反击。（沿海低地）弗吉尼亚州爱德华王子县多年来一直没有公立学校——剥夺黑人和贫穷白人一切接受教育的权利——直到最高法院裁定，此举是违宪的。密西西比州杰克逊市一座白人卫理公会教堂的牧师试图招收黑人信徒时，他自己的执事组成了"颜色卫士"，把这些黑人信徒拒之门外。三 K 党人谋杀了黑人和白人民权工作者，而市政府只是调换消防水带，攻击狗，布置骑兵参加和平游行。要在综合性学校和根本没有学校之间、在结束"吉姆·克劳"式的压制黑人权利和接受暴民统治之间、在放弃南方"遗产"的某些方面和被迫采取令人不安的措施以捍卫这些遗产之间做出抉择，本地区的大量白人选择至少象征性地做出改变。[3]

　　但是，整个迪克西集团的接受程度参差不齐，在约翰逊总统 1964 年签署《民权法案》之后尤为如此。《民权法案》剥夺了联邦政府向隔离学校拨款的权力，并迫使大多数企业进行整合。几乎所有南方腹地、沿海低地或大阿巴契亚地区的国会议员都反对此项法案——包括那些在内战期间仍然停留在联邦内的州［西弗吉尼亚州参议员、前三 K 党成员罗伯特·伯德（Robert Byrd）领导了长达三个月的阻挠行动。］事后，来自全国各地的记者报道称，大阿巴契亚地区和沿海低地的一体化进程进行得最为顺利，而在南方腹地的农村地区，尤其是密西西比州、亚拉巴马州以及佐治亚州西南部，一体化进程遇到了前所未有的阻力。此后，在国家舞台上最激烈的种族隔离制度捍卫者都是南方腹地人：佐治亚州州长莱斯特·马多克斯（Lester Maddox，他曾宣称自己被这些变化奴役了）、南卡罗来纳州州长兼参议员斯特罗姆·瑟蒙德（Strom Thurmond，一个支持种族隔离主义的总统候选人。22 岁时，他和家里 16 岁黑人女佣生了一个孩子）、亚拉巴马州州长兼四届总统候选人乔治·华莱士（George Wallace，他"向暴政发起挑战"，发誓"现在实行种族隔离，明天实行种族隔离，永远实行种族隔离"）。直至 21 世纪，南方腹地人就是否展示南方邦联旗帜及其遗产意义等方面发生了冲突。在此问题上，最尖锐的矛盾出现在南卡罗来纳州也就不足为奇了。南卡罗来纳州的政治领导人坚持要在州议会大厦上悬挂南方邦联旗帜。[4]

　　第二次重建虽然推动了关键的社会变革，但并未改变迪克西集团私人新教徒的价值观。南方福音派世界观在大阿巴契亚地区、沿海低地和南方腹地的许多白人中更加根深蒂固。他们抵制社会改革，拒绝解除文化禁忌，并越来越多地试图打破教会同国家之间的壁垒，以便将自己的价值观和道德准则强加给其他人。一开始，由于南方福音派教徒和原教旨主义者集中精力建立必要的体制机制，以便在国家舞台上迎战自己的北方对手，所以反击悄然进行。许多由白人设立、为避免与黑人一起上学的私立学校被改造成基督教学校，提供"信仰"教育，强调保守价值观、创造论以及对权威的服从。（此类学校给家境不太富裕的白人带来了经济负担，促使福音派领袖通过"学校代金券"来接受纳税人对学校的支持。）迪克西传教士尤其通过电视创造了强大的媒体帝国，如帕特·罗伯逊（Pat Robertson）的基督教广播网络、比利·葛培理布道团（Billy Graham Evangelistic Association）、杰里·福尔韦尔（Jerry Falwell）的 PTL 俱乐部。他们建立了一个由信奉原教旨主义的大学组成的网络，比如罗伯逊创建的摄政大学（Regent University，致力于培养第二次降临到来之前"上帝在地球上的代表"）、福尔韦尔创建的自由大学（Liberty University，教育学生们恐龙化石有 4000 年的历史），以及鲍勃·琼斯大学（Bob Jones University，直到 1971 年才招收黑人学生，直到 2000年才解除对跨种族约会和结婚的禁令）。到 20 世纪 90 年代初，迪克西集团的宗教人士已经准备好同北方民族强加给邦联的世俗的、性解放的、以科学为基础的"大政府"精神做斗争。[5]

在迪克西反动派努力维护种族隔离的同时，新英格兰、新尼德兰和西海岸的保守派在 20 世纪 60 年代为遏制一场完全不同类型、由青年推动的文化革命而进行了艰苦卓绝的斗争。

279　　这场社会运动融合了世俗化清教徒追求乌托邦式理想的道德冲动、新尼德兰追求的自由思想以及内陆地区盛行的宽容和

平主义，试图通过打破迪克西白人努力保护的各种传统制度和
社会禁忌来改造和改善世界。1962 年发布的《休伦港宣言》
（Port Huron Statement）被认为是这场"青年运动"的创始性文
件，融合了新英格兰人和内陆地区人的核心价值观。这份宣言
呼吁全面裁军，结束"永久经济战"，培养每个人"无限宝贵
及……尚未实现的理性、自由和博爱能力"——威廉·佩恩领
导的早期移民无疑会赞同这些声明。这份宣言要求结束"深深
根植于个人财产、特殊利益或经济状况的权力"，建立"参与
式民主制"，由"公共团体共同做"决策——早期清教徒可能
会起草这样的谈话要点。只要公民把公共部门从公司和军事力
量的暴政中抢夺过来，公共部门就被视为一股向善的力量。这
场运动与南方腹地和沿海低地的价值观相去甚远，而这种差距
在越南战争、1968 年马丁·路德·金和罗伯特·肯尼迪遇刺使
得其追随者变得激进之后只会扩大。[6]

　　20 世纪 60 年代的文化革命虽然受到了民权斗争的鼓舞，但
几乎没有触及迪克西集团。这场革命中爆发的主要事件、领导人
以及产生的持久影响仅仅局限于北方四个民族：新英格兰、新尼
德兰、内陆地区和西海岸。嬉皮士运动起源于旧金山湾区和曼哈
顿的避世运动老巢。青年运动的主要组织——学生争取民主社会
组织（Students for a Democratic Society）——成立于新英格兰的
密歇根州，在新英格兰（哈佛、康奈尔、明尼苏达、威斯康星、
密歇根、奥伯林、宾厄姆顿）、西海岸（伯克利、斯坦福、里
德）、新尼德兰（哥伦比亚、纽约城市大学）和内陆地区（斯沃
斯莫尔、安蒂奥克、厄勒姆）的校园里拥有大批追随者。言论自
由运动（1964）和夏之爱运动（1967）均集中在旧金山湾区。伍
德斯托克节（1969）和肯特州立大学惨案（1970）都发生在新英

280 格兰。石墙事件（1969）——同性恋权利运动的分水岭——发生在格林威治村，而旧金山的卡斯特罗区成为西方同性恋文化之都。后来，更激进的组织也从这些民族涌现出来，比如黑豹党（Black Panthers，成立于奥克兰）以及地下气象员组织（Weather Underground）的三个团体。开现代环境运动先河的"地球日"是由威斯康星州的一位参议员构想出来的，在西雅图的一次演讲中得到了推广，并由宾夕法尼亚大学的学生带头发起。[7]

20 世纪 60 年代的北方地区和新法兰西也爆发了解放文化的起义。前者取得了部分成功，而后者在建立一个独立的魁北克民族国家之前就戛然而止了。

自美国吞并北方大部分地区以来，北方人就一直被视为二等公民，特别是在得克萨斯州南部和加利福尼亚州南部。这两个地区的大多数"盎格鲁人"来自南方腹地或大阿巴拉契亚。地方政府和学校董事会完全处于盎格鲁人管理之下，即使在有 60% ~90% 拉美裔人口的地区也是如此。克里斯特尔城是得克萨斯州南部一个 95% 的居民都是北方人的小镇，这里就是一个典型的例子：20 世纪 60 年代早期之前，盎格鲁少数派拥有几乎所有的土地和企业，并掌管市议会和学校董事会，确保北方青少年在啦啦队中也是少数。但是在 20 世纪 60 年代中后期，年轻的北方人开始维护自己的权利，组织选民登记，参与各种公民运动。在克里斯特尔城，他们悄悄地动员选民接管市议会（1963），并明目张胆地夺取了校董会中的大多数席位（1969），使他们自己能够任命一名北方人主管及大量教师和啦啦队队员，这使得盎格鲁少数派大为震惊。在圣安东尼奥，北方的激进分子与罗马天主教牧师合作，以动员选民于 1975 年控制了市议会。亚利桑那州尤马族人塞萨尔·查韦斯（César Chávez）组织了农业工人进行联合抵制，以改善南加州和得克萨斯州农场的劳动条件。在洛杉矶，激进的"褐色贝雷帽们"（Brown Berets）组织学生罢课，抗议警察暴行，甚至短暂占领了圣卡塔利娜岛并宣布其主权归墨西哥所有。20世纪60年代以后，北方人不再是北方地区孤单弱小的居民；从地方学校董事会到美国参议院，再到新墨西哥州州长官邸，北方人开始重新管理这个地区。[8]

20世纪60年代魁北克爆发的"寂静革命"（Quiet Revolution）有点用词不当。经过一个世纪的盎格鲁－加拿大人和天主教统治之后，魁北克人民于1960年选择了一个自由改革者让·勒萨热（Jean Lesage）来领导该地区。在接下来的十年里，勒萨热及其盟友按照战后法国大都市的路线来改造魁北克的机构，使公共教育世俗化，建立起一个强大的社会福利地区，联合公共劳动力，并将能源公用事业国有化，从而成立了一个强大的国有联合企业——魁北克水电公司（Hydro-Québec）。勒萨热所在的自由党宣称，新法兰西人民将成为"自己家的主人"。激进恐怖组织魁北克解放阵线（FLQ）创始人皮埃尔·瓦尔利耶斯（Pierre Vallières）撰写了一份名为《美国白人黑鬼》（*White Niggers in America*）的宣言，将魁北克的解放斗争比作美国南方黑人的解放斗争。但是，魁北克解放阵线没有接受金牧师的非暴力策略。1969~1970年，魁北克解放阵线炮轰蒙特利尔证券交易所（造成27人受伤）以及蒙特利尔市市长的家，绑架并谋杀了该省副省长，促使渥太华当局宣布戒严，以便成功围捕该组织的头目。此后，选民们让奉行分离主义的魁北克人党上台执政。该党立即承认土著民族的自决权，确定法语为该省唯一的官方语言，并于1980年和1995年两次发起独立公投，但均以失败告终，第二次公投以0.4%的微弱劣势惨遭失败。时至今日，

281

魁北克绝对是自己家园的主人。未来需要考虑的问题是，魁北克人是否会接受把自己的家园完全留在加拿大联邦内。[9]

20 世纪 90 年代和 21 世纪的文化战争实质上是 20 世纪 60 年代斗争的恢复，北方四个民族的大多数民众普遍支持社会变革，而迪克西集团的绝大多数人则捍卫传统秩序。（基于目前的问题，北方地区和远西地区的观点各不相同。）就像迪克西集团倡导创造论、学校公祷、禁欲性教育、堕胎禁令和州权利一样，北方联盟争取公民自由、性自由、妇女权利、同性恋权利以及环境保护的运动都成了制造分裂的群体性问题。

282　　　以环保运动为例。"地球日"之前的整个运动史都发生在四个公共新教徒民族中。在这些民族中，精神生活的重点是改造这个世界而不是为来世做准备。北美大陆第一个基层环保组织塞拉俱乐部（Sierra Club）于 1892 年在旧金山成立，斯坦福大学和加州大学伯克利分校的老师们给予了大力支持。耶鲁大学毕业生乔治·伯德·格林尼尔（George Bird Grinnell）来自纽约，他以位于纽约的奥杜邦协会（Audubon Society，1905）为基础，同娱乐性射击运动员大规模屠杀鸟类的行为做斗争。另外一个纽约人——西奥多·罗斯福总统开了联邦政府参与环境保护的先河，他建立了国家森林、国家公园和野生动物保护系统。罗斯福的新英格兰远房侄子富兰克林·德拉诺·罗斯福于 1936 年创立了国家野生动物联合会（National Wildlife Federation）。被誉为野生动物管理科学之父、荒野协会（Wilderness Society）的创始人奥尔多·利奥波德（Aldo Leopold）是移民到内陆地区中西部的德国移民的后代，在耶鲁大学接受过教育，在新英格兰的威斯康星州度过了职业生涯的大部分时间。环境作家蕾切尔·卡森

（Rachel Carson）于 1951 年出版了《我们周围的海洋》（*The Sea Around Us*），1962 年出版了《寂静的春天》（*Silent Spring*）。卡森是内陆地区的宾夕法尼亚人，分析新英格兰缅因州的生态系统。20 世纪 60 年代出现的两个著名的环保组织——自然资源保护委员会（Natural Resources Defense Council）和环境保护基金（Environmental Defense Fund）——总部都设在新尼德兰地区。在伯克利人大卫·布劳尔（David Brower，他还创立了地球岛研究所和环保选民联盟）的支持下，西海岸城市温哥华出现了绿色和平组织（Greenpeace），华盛顿州沿海地区出现了激进的海洋守护者协会（Sea Shepherd Conservation Society），旧金山出现了地球之友（Friends of the Earth）。被誉为阿巴拉契亚国家步道之父的本顿·麦凯（Benton MacKaye）根本不是大阿巴拉契亚人，而是一个受过哈佛教育的康涅狄格人，他的祖父母都是著名的新英格兰废奴主义者。[10]

尽管迪克西集团占到了将近美国一半的领土，但迪克西集团并没有惹人注意的绿色环保运动，直到 20 世纪 60 年代将其推进世界意识潮流之后。北方地区和远西地区的政治领导人经常和迪克西集团一样对保护自然资源的必要性持怀疑态度。2009 年，美国众议院勉强通过了一项限制和交易碳排放以应对全球变暖的法案。这项法案在新尼德兰、西海岸和新英格兰几乎获得了人们的一致支持，包括新英格兰每一位国会议员的支持；在远西地区，两党几乎一致反对这项法案；大阿巴拉契亚和南方腹地绝大多数立法者也加入了反对的队伍；沿海低地和内陆地区分裂了。[11]

针对 1972 年《平等权利修正案》的反对声音也是地区性的。所有由南方腹地人控制的州政府都拒绝批准此项修正案，那些由大阿巴拉契亚人控制的州政府反对或撤销批准此项修正案（西弗吉尼亚州除外）。由新英格兰人、内陆地区人以及西海岸人主导的各州都批准了该修正案，伊利诺伊州除外（大多数议员批准了该修正案，但并未达到州宪法要求的五分之三的多数议员同意这一要求）。沿海低地不再主宰任何一州，但受沿海低地文化影响仍然最强的一个州——弗吉尼亚州，也反对批准该修正案。（远西地区四分五裂了。）

2010 年，针对同性婚姻的看法也沿着可预见的地区路线发生分歧。在北部的三个新英格兰州，立法机关通过了允许同性结婚的法律。另外三个州的州法院也强制推行同性婚姻：新英格兰的康涅狄格州和新英格兰（内陆地区）的艾奥瓦州以及横跨三个民族的加利福尼亚州。（尽管几乎每一个西海岸的县的选民都反对，但加利福尼亚的远西地区和北方地区的居民还是叛变了，他们通过 2008 年的公民投票推翻了法院的裁决。）相比之下，迪克西集团控制下的各州都通过了禁止同性婚姻的法律或宪法修正案。在另一个问题上，《今日美国》于 2006 年报道，如果罗诉韦德案①被推翻，那么南方腹地控制的每一个州都有望禁止或大大限制堕胎服务；新英格兰的每一个州，以及新尼德兰和西海岸的州，都将保护妇女的堕胎权。[12]

下一章将探讨军国主义以及国防问题。但在企业行为方面，这两个集团也存在分歧。20 世纪 60 年代的北方叛逆者认为大企业是一种压迫性的力量，破坏地球，使个人丧失人性。相比之下，迪克西集团的各民族则继续颁布政策，确保自己仍然是由一党专政政体控制下低薪资的资源供给殖民地。一党专政政体致力于为富裕精英的利益服务。为了维持低薪资，迪克西集团各州都

---

① 该案象征美国妇女堕胎的合法化。——译者注

通过了法律,使组织工会(迪克西集团的政客们将工会作为保护"工作权"的卖点)或提高最低工资变得困难重重。税收太低,以至于无法充分支持公立学校和其他公共事业机构。北方联盟中司空见惯的城市规划和土地利用区域,甚至是在休斯敦这样的大城市也被视为对商业发展的阻碍。就在 20 世纪 80 年代,休斯敦尚有数百英里未铺砌、未安装照明设施的街道。众所周知,从路易斯安那州的油气田到北卡罗来纳州的工业养猪场,环境监管和工作场所的安全规则相当松懈。

这些针对经济发展、税收政策以及社会支出的大相径庭的做法只会加剧文化集团之间的紧张关系。在民权运动和 20 世纪 60 年代的运动结束之后,迪克西集团通过在一个非工会化的环境中为境内外公司大幅降低工资和税收以及简化各种规章制度的方式,吸引了大批新英格兰以及内陆地区的制造业部门。20 世纪 90 年代和 21 世纪初,和之前的纺织业和林产品行业如出一辙,北美大陆新英格兰的汽车工业几乎毁于一旦,被南方腹地和大阿巴拉契亚的外资工厂取而代之。一些观察家担心,"新邦联"将迫使其他民族纷纷效仿他们的做法,把整个联邦变成一个为西欧和东北亚发达的、受过高等教育的工业社会服务的"低工资的巨大出口平台"。与此同时,创新和研究越来越集中于知识集群,其中大多数知识集群位于那些强调教育和理性主义的地区。就像第一个"硅谷"是在波士顿 128 号公路(也称新英格兰公路)周围出现的一样,谷歌、苹果、微软和亚马逊都是在西海岸城市周围形成的。[13]

然而,文化战争并不仅限于国内问题。事实上,文化战争经常迅速蔓延至战争与和平、人道主义干预和联邦在世界舞台上的适当作用等问题。

第二十六章　帝国、战争和军事

　　在文化问题上，这两大"超级"民族联盟自古以来就美国在世界上所扮演的适当角色、美国对待其他国家和联邦的方式，以及在"国家"荣誉或安全受到威胁时是否应容忍内部差异等问题上存在分歧。在种族问题上，双方意见再次相左。自19世纪30年代以来，无论战争目的为何、对手是谁，迪克西集团的三个民族都坚定不移地支持几乎每一场战争，同时赞同使用武力来扩大和维持美国的权力，压制不同意见。尽管大阿巴拉契亚经常对遥远的帝国事业持怀疑态度，至少在战争开始之前是如此的，但是，反对对外战争的声音一直集中在北方联盟的四个民族。和其他问题一样，远西地区和北方地区在对外政策上也摇摆不定。

　　以1898年美西战争为例。在这场战争中，美国速战速决，取得了令人瞩目的胜利，粉碎了西班牙军队，夺取了古巴、波多黎各、关岛以及菲律宾的控制权。最初，每个民族都支持这场"精彩的小规模战争"。表面上，发动这场战争是为了帮助古巴人民实现独立，并为据称是被西班牙特工摧毁的驻扎在哈瓦那的"缅因号"美国军舰复仇。当时，联邦政府仍由北方联盟控制，出生于西部保护区的新英格兰人威廉·麦金利（William McKinley）担任总统。但由于美国荣誉受到威胁，迪克西集团的大量居民报名参加联邦军队，认为这是一个向联邦证明自己忠诚的机会。几名南方邦联老兵担任高级将领，约瑟夫·惠勒（Joseph Wheeler）少将就是其中的一位。据说，在古巴的战斗中惠勒少将情绪异常激动，大声喊道："我们让该死的北方佬逃跑了！"

　　然而，在有关波多黎各、关岛、菲律宾以及独立的夏威夷 286
王国（在战争期间，美国以如果美国不这样做其他国家就会这
样做为借口，完全占领了该王国）等被占领地区的问题处理
上，联邦政府未达成一致意见。19 世纪和 20 世纪之交，反对
建立美帝国主义的呼声主要集中在新英格兰，尽管这种反对声
是出于不同的考虑。对新英格兰的批评者来说——即使在新英
格兰地区也绝不是多数人的意见——征服外国领土公然违反了
新英格兰人为之奋斗的美国独立战争的革命原则，特别是代议
制政府原则。反对者组织了一场反帝国主义运动。这场运动最
著名的代言人是清一色的新英格兰人，包括前总统格罗弗·克
利夫兰（Grover Cleveland，他把吞并称为"对我们国家使命的
危险歪曲"）、马萨诸塞州参议员乔治·F. 霍尔（George F.
Hoar，他支持菲律宾独立，指出"对自由的热爱并不取决于肤
色"），还有约翰·亚当斯的曾孙子小查尔斯·弗朗西斯·亚当
斯（Charles Francis Adams Jr.，他赞同菲律宾人针对美国占领
做出的"非常英勇的抵抗"）。位于波士顿的反帝联盟（Anti-
Imperialist League）也由新英格兰人控制，该组织的 43 位副主
席中有 28 位是新英格兰人。（只有 3 人生活在南方腹地，没有
人生活在远西地区。）当菲律宾暴动演变成暴力，美国指挥官
下令军队杀死人口为 25 万的一个省份的所有人（人们认为至少
有 1000 人，可能多达 5 万菲律宾人丧生）时，反帝联盟揭露并
谴责了这些暴行。哈佛校友集会以阻止学校授予麦金利总统荣
誉学位。虽然许多新英格兰人是帝国主义者——马萨诸塞州参

议员亨利·卡伯特·洛奇（Henry Cabot Lodge）也许是其中最有名的帝国主义者之一——但新英格兰也是唯一爆发大规模反战运动的地区。[1]

迪克西集团支持单方面使用军事力量来战胜已经察觉到的敌人并提高美国的声望，但由于重建过程仍然历历在目，他们对联邦政府建立并维持一个由附属领土组成的海外帝国持怀疑态度。迪克西集团认为，只有在获得的领土从种族和地理角度来看"适合"作为完备的州最终并入联邦的情况下，帝国才是可以被接受的。这种情况为南方腹地在热带地区建立"金环"

287 的计划提供了一些希望。迪克西集团领导人并不热衷于吞并拥有"不可同化"人口的领土，也并不热衷于建立庞大的常备军以及海军来维护治安，征服这些人。他们认为，也许有一天，扩充的联邦军队会转而反对迪克西集团，将其也变成北方民族的附属殖民地。允许拥有大量自由"劣等"人民的地区加入联邦将会给迪克西集团视若珍宝的种族隔离制度进一步带来压力。由于夏威夷岛上有大量的亚洲人和土著人，因此迪克西集团的许多政治领导人拒绝吞并夏威夷。"一个来自夏威夷，脖子下垂着一条辫子，手里拿着异教徒圣像的中国参议员从自己的小椅子上站起来，用洋泾浜英语同参议员乔治·弗里斯比·霍尔或者亨利·卡伯特·洛奇诡辩时，我们怎能忍受这种耻辱呢？"大阿巴拉契亚的密苏里州参议员钱普·克拉克（Champ Clark）问道。迪克西集团的其他人则谨慎地支持吞并。为了确保白人至上地位，他们要求承诺对岛上的非白人实行南方腹地的种姓制度。只要没有引起新英格兰努力改造、"提升"，并同化劣等人民，那么使用野蛮的军事力量来镇压美国的敌人就是一件好事。[2]

这三个迪克西民族也最为热情支持美国参与第一次世界大战和镇压异见者、和平主义者。在内战后第一位南方总统——大阿巴拉契亚弗吉尼亚人伍德罗·威尔逊——的激励下，南方民族认为，上帝支持这场战争，反对这场战争等同于叛国。威尔逊公开表示，和平主义者"愚蠢"至极，反战人士应该遭到"严厉镇压"。亚拉巴马州众议员 J. 托马斯·赫夫林（J. Thomas Heflin）宣称，任何反战的国会议员，"都应该遭到每一位忠诚的美利坚公民的蔑视和鄙视"。佐治亚州参议员托马斯·哈德威克（Thomas Hardwick）宣称，威斯康星州民众"不忠于美国，不忠于全世界的民主事业"，因为威斯康星州有 10 万人在参议院初选中投票支持一位和平主义候选人。密西西比州杰克逊的《号角集录报》发表社论称反战领导人应该被"枪毙或绞死"，而查尔斯顿的《新闻和信使报》（*News and Courier*）对"严厉、绝对的压制"表示满意。在佐治亚州的一家小报批评威尔逊的好战行为时，总统在南方腹地媒体的强烈支持下关闭了这家报馆。密西西比州参议员詹姆斯·瓦达曼（James Vardaman）等迪克西集团反战领袖提及该地区的种族主义时，（理所当然地）认为这场战争赋予了黑人士兵一种他们应该享有平等权利的观念；即便如此，在多位牧师的支持下瓦达曼还是被赶下了台。其中一位牧师曾谴责瓦达曼妨碍了"上帝惩罚魔鬼的战争"。迪克西集团担心，威尔逊为欧洲民主和自主而进行的理想主义战争将威胁他们自身专制的种姓制度，威尔逊则缓解了这种担忧。总统监督了对联邦机构中的黑人行政人员的清除，并在许多政府大楼中引入了种族隔离的浴室、盥洗室以及办公室；威尔逊还将军训营地隔离开来，迫使联邦军队采取迪克西方式。这些举动为威尔逊赢得了迪克西集团立法者的忠心和钦佩，这些立法者后来支持他的国际联盟计划。威尔逊死后数年，内陆地区参议员杰拉尔德·奈（Gerald Nye）批评他的战争政策时，得克萨斯州参议员汤姆·康纳利（Tom Connally）向奈发起了挑战，而弗吉尼亚州参议员卡特·格拉斯（Carter Glass）如此愤怒，以至于他因使劲捶打自己的办公桌而受伤。同南方腹地和沿海低地的寡头们一样，美利坚合众国的三军总司令不容置疑。³

历史学家、海军陆战队退伍军人、弗吉尼亚州参议员吉姆·韦布指出，在第一次世界大战期间，许多边民应征入伍，加入海军陆战队，传递了"苏格兰－爱尔兰的强大传统以及南方对这一精英军团文化和领导风格的强大影响。这种传统和影响一直延续到今天"。韦布认为，美国海军陆战队偏爱正面攻击、由紧密联系的部队指挥官组成的"火力小组"系统，以及领导人都有过的"前线领导"的传统。这种传统可以追溯至边民们的先例，而边民们的先例又可以追溯至素有"勇敢的心"美誉的威廉·华莱士。韦布指出，包括约翰·J.潘兴、道格拉斯·麦克阿瑟、乔治·巴顿以及一大批海军陆战队指挥官在内的最为著名的许多军官都有苏格兰－爱尔兰祖先。⁴

相比之下，美国参议院中四个反对干预第一次世界大战的主要议员都是新英格兰人或西海岸人：俄勒冈州的哈里·莱恩（Harry Lane）、乔治·W. 诺里斯（George W. Norris，一个移民到内布拉斯加州的西部保护区人）、阿斯勒·格朗纳（Asle Gronna，一个代表北达科他州的明尼苏达人），以及威斯康星州的罗伯特·拉福莱特（Robert La Follette）。美国参战时，这四人再加上威斯康星州的另外三名国会代表，一起创建了国会山反战核心小组。⁵

阿道夫·希特勒的崛起使迪克西集团陷入了一个潜在的尴尬境地。纳粹赞扬南方腹地的种姓制度，将南方腹地的种姓制度作为纳粹自己种族法律的典范。纳粹出版物认为施加私刑是对种族混合威胁的自然反应。（一个亲纳粹的知识分子写道："如果夸大种族仇恨将导致每年发生100起私刑事件，那么对南方白人来说，这比每年出生5万混血儿要好100倍。"）但是，迪克西集团的白人舆论制造者们一般不会对此赞赏做出任何回应。相反，他们攻击纳粹对犹太人的镇压，同时尽量避免谈论纳粹关于黑人的恶毒宣传、强迫混血儿童绝育，以及希特勒消灭"黑人种族"的号召。整个联邦的非洲裔美国人出版物经常指出这两个种族主义政权之间令人不安的相似性，但这些出版物实际上并未在迪克西集团白人阶层传播开来。迪克西集团的代表猛烈抨击德国人，并支持从批准草案到扩大海军等为备战而采取的每一项重要立法行动。尽管反对罗斯福的国内政策，但是自1933年起，迪克西集团的国会议员比联邦政府的其他人都更支持军事备战。公众支持他们。在珍珠港事件爆发前两个月进行的一次全国性民意调查中，88%的南方人认为有理由在这场战争中打败纳粹德国，而东北部各州和中西部各州居民的这一比例分别为70%和64%。在二战期间，每100名应征入伍士兵中就有90名军事志愿者来自迪克西集团，而整个联邦的平均数为50人。（大阿巴拉契亚）亚拉巴马州众议员卢瑟·帕特里克（Luther Patrick）开玩笑说："他们最好采取义务兵役制，以防止我们的孩子充实整个军队。"[6]

20世纪30年代，联邦政府就是否有必要备战这一问题出现了分歧。新尼德兰的国会议员在军事备战问题上态度强硬，

也许是因为他们的许多选民都是从深受希特勒威胁的国家移民
而来的。西海岸、远西地区以及北方地区的国会议员们也表示
290 同意，特别是当联邦政府开始在这些地区建设军工设施和军事
基地的时候。内陆地区人普遍反对这些措施，部分原因是这些
德裔美国人不愿与自己先前的同胞开战。新英格兰人的意见分
歧很大，新英格兰核心地区比五大湖和中西部新英格兰更倾向
于备战。[7]

　　日本偷袭珍珠港后，各民族空前团结。边民们出于传统的
苏格兰－爱尔兰式原因支持这场战争：通过在战场上击败敌人
以达到复仇的目的。沿海低地和南方腹地的精英们——仍然掌
控着各自的民族——希望维护美国的"民族"荣誉，保卫他们
隔海相望的盎格鲁－诺曼兄弟。作为和平主义者的内陆地区人
支持这场战争，认为这是一场反对军事专制的斗争。新英格兰
人、新尼德兰人以及西海岸民众则强调这场斗争反独裁的性质。
北方地区和远西地区的居民支持这场为长期以来惨遭忽视的本
民族带来联邦政府慷慨援助的战争。[8]

　　事实上，希特勒和昭和天皇为远西地区和北方地区的发展
所做的贡献比这两个民族历史上其他任何代理人所做的贡献都
多。这两个长期以来被当作国内殖民地而惨遭剥削的民族突然
之间获得了一个工业基地，帮助盟国赢得战争。这两个民族有
了造船厂和海军基地（在圣迭戈和长滩）、飞机制造厂（在洛
杉矶、圣佩德罗和威奇托）、完整统一的钢铁厂（在犹他州和
加州内陆）。新墨西哥州有了核武器实验室（洛斯阿拉莫斯）
和核试验场（白沙）。整个地区都修建了降落带和现代化机场，
使得这两个地区不那么偏远，并首次挑战了让远西地区处于奴
役状态的运输垄断。冷战期间，这两个民族的军事设施和国防

设施数量持续增长，与这两个民族人口的比例极不相称；时至今日，这两个民族依赖军工复合体，而军工复合体在政治上影响了这两个民族的优先政策。[9]

除了这些影响之外，由于农场和铁路工人到高薪的新建军工企业工作，北方地区在战争期间经历了严重的农业劳动力短缺。解决方案是战时客籍工人计划。这项计划允许二十五万名墨西哥公民进入北方地区，从而为一个更大规模、更少组织的战后计划奠定基础。几十年后，这项计划将使权力天平重新向北方人倾斜。[10]

291

20 世纪 60 年代，迪克西集团在东南亚战争问题上态度最为强硬，坚定支持（大阿巴拉契亚的得克萨斯人）约翰逊总统将冲突升级。在迪克西集团的三十多名参议员中，只有两名参议员自始至终反对这场战争，而且这两名参议员均来自大阿巴拉契亚。其中一名参议员——阿肯色州的 J. 威廉·富布赖特（J. William Fulbright）——是一个坚定的种族主义者。富布赖特看到了联邦努力重塑越南（通过支持西贡政权）和努力重塑美国南方地区（通过支持民权活动人士）之间的相似之处，并积极反对这两种活动。另一名参议员情况异常：拉尔夫·亚伯勒（Ralph Yarborough）——"得克萨斯州自由主义者的守护神"——最终因反战和支持民权的观点而遭到驱逐。只有屈指可数的迪克西国会议员支持参议院于 1970 年提出的一项具有里程碑意义的措施（这项措施本可以阻止对柬埔寨进行的军事干预），导致这项措施胎死腹中。"语言是徒劳的，外交照会同样毫无用途，"南卡罗来纳州众议员 L. 孟德尔·里弗斯（L. Mendel Rivers）在谈到越南时说道，"美国能给出的答案只有一个：报复、报复、报复、报复！他们说：停止轰炸！我说：轰炸！"当激进的反战分子提议暗杀支持战争的参议员时，名单上的所有暗杀对象都是南方腹地人。在此期间发生的二十多场至关重要的反战运动中，只有一场运动发生在迪克西集团：1970 年，杰克逊州立大学的抗议黑人学生惨遭白人警察杀害。在整个冲突期间，大多数迪克西集团持异议的少数派是边民，他们质疑干涉别国内战的目的。"如果我们必须战斗，就让我们为保卫祖国和我们自己的半球而战，"肯塔基州参议员蒂姆·李·卡特（Tim Lee Carter）说道，"我们儿子的生命太过宝贵了，不能让他们白白在外国土地上抛头颅洒热血。如果他们必须死，那就让他们来保卫美利坚吧。"[11]

反战力量主要集中在新英格兰、新尼德兰和西海岸。反战理由通常为这场战争是一场不公正的帝国主义干涉行动。反战运动开始于这些民族的校园，始于 1965 年伯克利的学生向军事设施进军和在密歇根大学举行的首次越战"教学"。第一次大规模示威活动于 1967 年在纽约市爆发，有三十万人参加。同年秋天，在五角大楼爆发了主要由来自纽约和波士顿学生组成的四十万人游行活动，其中有大量来自美国中西部新英格兰大学的代表。越战退伍军人反战组织由六名归国士兵在纽约市创办。这一组织主要在东北地区活动。肯特州立大学枪击案发生在俄亥俄州新英格兰人建立的西部保护区，是始于奥伯林（新英格兰）和普林斯顿（新尼德兰）的罢工浪潮的一部分（在尼克松总统宣布美军入侵柬埔寨几分钟后，罢工浪潮就爆发了）；在最终加入罢工浪潮的数百所大学中，绝大多数大学位于这三个地区。他们构成了华盛顿反战情绪的核心，1970 年终止柬埔寨行动的措施得到了国会代表压倒性的支持。[12]

　　针对这场饱受争议的冲突，内陆地区既没有表示强烈反对，也没有表示赞同，甚至内陆地区的学生也非常矛盾。在五角大楼的游行中，目击者注意到，尽管离华盛顿特区很近，但是来自费城和巴尔的摩地区的学生明显很少。那些积极反战的内陆地区人忠诚于地区传统，往往是基于和平理由而反对战争的。总部设在费城的美国公谊服务委员会（American Friends Service Committee）不鼓励在反战集会上进行暴力对抗，并动员民众向北越和南越平民提供救济。为了声援在美国驻西贡大使馆前自焚的越南僧侣，巴尔的摩的一位贵格会教徒诺曼·莫里森（Norman Morrison）在国防部部长罗伯特·麦克纳马拉的办公室外自焚身亡。[13]

　　远西地区的政治代表普遍支持这场战争，大多数远西地区人反对国会在终止柬埔寨军事行动上所做的努力。这一地区出现过几个著名的鹰派人物，包括巴里·戈德华特（Barry Goldwater，来自亚利桑那州中部）和怀俄明州参议员盖尔·麦吉（Gale McGee）。北方地区代表陷入僵局，甚至拉美裔国会议员也在柬埔寨和其他战争问题上存在分歧。除了洛杉矶的学生起义和由北方人领导的联盟——奇卡诺暂停（Chicano Moratorium）——所领导的一系列示威活动之外，这两个民族的反战活动相对较少。抗议者一再强调，奇卡诺青年不应该为越南而战，而应该"为美国社会的正义而战"。由于这本质上是一场民族主义运动，因此运动参与者一般不寻求与非拉美裔反战人士，而是与波多黎各人和联邦内其他讲西班牙语的人士联手。[14]

　　2000 年大选后，迪克西集团 46 年来首次同时控制了白宫、

293

参议院和众议院。白宫由南方腹地的总统（在休斯敦长大、老
家位于布拉索斯河谷的乔治·W.布什，即小布什）领导，众
议院由南方腹地得克萨斯人迪克·阿米（Dick Armey）和汤
姆·迪莱（Tom DeLay）领导，参议院由边民比尔·弗里斯特
（Bill Frist，纳什维尔精英家庭的一员，其先祖创建了田纳西查
塔努加）领导。[15]

联邦政府的外交政策从根本上迅速偏离了以往的惯例。第
二年9月，纽约和华盛顿遭受恐怖袭击后，这种外交方向上的
转变加速了。新计划是通过军事力量来提升美国作为世界上唯
一超级大国的地位：发动一系列针对潜在对手的先发制人的战
争；回避任何引起不必要麻烦的条约、国际组织或外交义务；
断绝除以色列以外的与所有传统盟国潜在的牵绊关系。小布什
在总统任职期第一年取消的国际条约比美国历史上任何一位总
统都多。他终止了与巴勒斯坦人的谈判，坚称巴勒斯坦人要实
现全面民主，这是结束以色列对巴勒斯坦占领的先决条件。众
议员阿米主张对约旦河西岸300万巴勒斯坦人进行种族清洗。
迪莱声称，根据《圣经》，显然被占领土地"属于以色列"。但
小布什政府最具争议的外交决策是入侵伊拉克。伊拉克并未威
胁到美国，而且策划"9·11"袭击的狂热分子痛恨伊拉克的
世俗独裁政体。[16]

伊拉克战争是检验这些地区对国际主义或单方面使用美国
军事力量的承诺的试金石。结果出现了一种现在已经得到普遍
认可的模式：迪克西集团非常认可小布什政府的伊拉克政策。
2002年8月的盖洛普民意调查显示，"南方人"赞成入侵的比
例为62%，反对的为34%；"中西部人"的比例分别为47%和
44%。两个月后，迪克西集团的国会代表以超过4∶1的比例投

票批准了这场战争，远远高于其他任何地区。只有当战争恶化　294
为丑陋的占领时，大阿巴拉契亚和沿海低地的热情才开始有所
消退；这两个民族的国会代表在是否应该谴责小布什于 2006 年
增加军事预算的计划这一问题上分成了两派。与此同时，南方
腹地和远西地区民众强烈反对任何批评总统战略的行为。另一
方面，西海岸的国会代表团一致反对军事"增兵"，新英格兰
和北方地区也几乎如此。和其他战争问题一样，内陆地区和新
尼德兰的意见参差不齐。[17]

　　在过去的两个世纪中，美国的外交政策呈现出明显的区域
格局。自 1812 年以来，反对干涉、反对帝国主义的新英格兰人
同南方腹地和沿海低地好战、支持单边主义的鹰派针锋相对。
在提供勇士的同时，大阿巴拉契亚经常就在没有领土扩张和复
仇的情况下发动战争是否明智等问题上意见不一。集理想主义
者、知识分子于一身并受公共新教徒使命引导的新英格兰人寻
求开化世界的外交政策。因此，新英格兰人经常在国会山的外
交事务委员会中处于主导地位。重视军事和荣耀的迪克西集团
的总目标是统治世界，并一直控制着联邦的军事委员会。"美
国的外交政策"，迈克尔·林德（Michael Lind）认为，仅仅是
"以其他方式进行内战"。[18]

第二十七章　权力之争一：蓝色民族

　　自创立伊始，这些民族就一直在为各自的优势和影响力进行斗争。自 1790 年起，这些斗争的最大奖赏就是控制联邦政府的各个机构：国会、白宫、法院及军队。随着中央政府在规模、范围和权力上的扩张，各民族也在努力按照各自的形象来征服并重塑中央政府以及北美大陆其他民族。自 1877 年以来，美国政治的主要驱动力并不是阶级斗争，也不是农地和商业利益之间的紧张关系，更不是相互竞争的党派意识形态之间的紧张关系，虽然这些都起到了一定的作用。归根结底，起决定性作用的政治斗争一直都是各区域民族不断变化的联盟之间的冲突，一方总是由南方腹地领导，另一方则由新英格兰领导。

　　重建结束以来，没有一个民族有望独立控制其他民族。相反，每个民族都试图与志同道合的伙伴结成同盟关系。

　　19 世纪 40 年代新英格兰和西海岸之间建立起来的联盟最为持久，我们看到这一联盟在文化战争和外交政策中都发挥了积极作用。按照自己激进的乌托邦议程，新英格兰通常定下了基调：通过建设以强大的税收为基础，节俭、称职、高效并能够确保共同资产可利用性以及审慎管理的政府来寻求改善"共同利益"。西海岸虽然在 20 世纪把环境质量列入了共同议程，并且通过频繁的技术试验成果（从 19 世纪中期的蒙特雷式住宅到 21 世纪初的 iPod）缓和了新英格兰救世主似的确定性，但其观点和新英格兰的观点如出一辙。西海岸民众坚持认为，可以频繁且轻而易举地改造这个世界。

1877～1897年，这两个民族在内陆地区的内战盟友和远西 296
地区的殖民仆从的默许协助下控制着联邦政府。这两个民族的
国会代表一起通过了旨在丰富和增强这两个地区的社会力量，
同时削弱在南方腹地和沿海低地的主要敌人的各种政策。首先，
这两个民族围绕着联邦筑起关税壁垒，保护自己的制造业免受
欧洲竞争的影响。到1890年，美国海关征收的关税占联邦政府
总收入的近60%——事实上，远远超过联邦政府实际需要的资
金。这些盈余中的绝大部分以内战新抚恤金（拖欠退伍军人、
战死军人的遗孀或子女的抚恤金）的形式慷慨地重新流入新英
格兰、内陆地区以及远西地区民众的口袋。19世纪90年代初，
这些抚恤金支出占联邦政府所有支出的37%以上，几乎是当时
军事预算的两倍。由于只有联邦士兵才有资格领取抚恤金，几
乎所有这些财富都涌入北方民族，包括有许多联邦老兵居住的
西海岸和远西地区。同时，新英格兰也通过保护黑人和贫穷白
人选民，最后一次试图阻止南方腹地和沿海低地政治寡头的复
兴。他们的工具就是1890年的《强制法案》（Force Bill）。这
项法案由新英格兰要人参议员亨利·卡伯特·洛奇提出，允许
联邦审查和军事干预存在争议的联邦选举。除了三名来自新英
格兰、远西地区以及西海岸的国会议员外，其他国会议员都支
持这项法案。虽然这项法案也得到了相当数量的内陆地区和大
阿巴拉契亚国会议员的支持，但《强制法案》最终因迪克西集
团及其暂时盟友新尼德兰而夭折了。[1]

人口众多、实力强大的新尼德兰城邦在19世纪和20世纪
之交以前一直在超级大集团间游移不定。作为一个以全球贸易
为基础建立起来的民族，新尼德兰同迪克西的棉花领主结盟以

反对保护性关税。大批移民涌入新尼德兰。19 世纪 80 年代，只有很小比例的退伍军人生活在这里，因此新尼德兰也反对新英格兰的抚恤金计划。新尼德兰的腐败政治机器——坦曼尼协会（Tammany Hall）——感到自己受到《强制法案》的威胁，因此在国会山动员议员们反对此项法案。整个 19 世纪，新尼德兰并不是北方联盟的可靠成员。[2]

297　　20 世纪，作为极其复杂的城市中心，新尼德兰在建立高效政府和昂贵公共基础设施的需求方面同新英格兰找到了共同点。这是一个很少考虑税收和大型公共机构的民族——事实上，离开了税收和公共机构，纽约市也便不复存在了。新尼德兰令人困惑的多样化人口可能并没有特别关注南方腹地黑人的困境，但迪克西集团强调白人新教徒至高无上的地位、强调社会整合和压制异己的行为让他们极其反感。新尼德兰虽然从来都不是最民主的地方——坦曼尼协会便是铁证——但是，新尼德兰一直以来都非常重视文化多样性、信仰自由和言论自由。长久以来，作为北美大陆上最自由的社会——一个非常适合居住的地方——新尼德兰别无选择，只能投靠新英格兰同他们狂热的南方腹地对手做斗争。

　　随着新尼德兰的加入，新英格兰领导的北方联盟实现了当前三足鼎立的局面。一个多世纪以来，无论哪个政党主导地区事务，新英格兰始终如一地推动一项连贯一致的议程。从共和党人泰迪·罗斯福（即西奥多·罗斯福）的"保守"政府到民主党人贝拉克·奥巴马的"自由"政府，这三个民族都赞同维持强大的中央政府、联邦政府对企业权限的制约，以及保护环境资源。

　　20 世纪上半叶，共和党依然是"北方政党"，在大萧条之前一直主导着联邦政府。除了伍德罗·威尔逊总统，北方共和党人自 1897 年至 1932 年一直占据着白宫。只有在三方竞选中选票出现了分裂，共和党人才输给了威尔逊。在此期间的六位总统中，有三位总统是新英格兰人（麦金利、塔夫脱和柯立芝），一位是荷兰出身的新尼德兰富豪（泰迪·罗斯福），两位是内陆地区人（俄亥俄人沃伦·哈定和德意志或加拿大贵格会教徒赫伯特·胡佛）。虽然他们的在任时期是自由放任的资本主义时代，但所有人（除胡佛外）都支持非洲裔美国人的公民权利，所有人（除柯立芝外）都扩大了联邦政府对企业和富豪权限的管理及检查范围。他们并不反对减税，但总体而言，他们并不会通过损害富人利益的方式来减税。

　　泰迪·罗斯福总统解散了大公司的垄断组织，干预大罢工以确保推出有利于矿工的解决方案，并成立了国家公园管理局、国家野生动物保护区和美国林业局；他还支持联邦政府对肉类、食品以及药品进行监管和检查，并任命了美国历史上第一位犹太人内阁成员。塔夫脱是马萨诸塞清教徒的后代，在耶鲁大学接受教育，进一步推动罗斯福实施的反垄断调查，支持实行联邦所得税和参议员直接民选的宪法修正案。哈定的确降低了企业和富人的所得税，但也试图通过设立管理和预算办公室及总会计室（即现审计署）来提高政府效率；他还创办了退伍军人管理局（即现退伍军人事务部）。因拒绝对银行和企业进行监管而出名的柯立芝之所以这么做，是为了避免联邦政府膨胀；作为马萨诸塞州州长，他提升了劳工地位，增加他们的工资，加强工作场所中的安全保护，并让劳工代表进入公司董事会；作为总统，柯立芝以损害富人利益的方式减税。胡佛扩大了国

298

家公园和退伍军人医院系统，成立了联邦教育部及司法部反垄断司，并为低收入人群减税和老年人普遍养老金进行斗争（最终失败了）。[3]

按照 21 世纪初期迪克西集团政治领导人的标准来衡量，这些北方联盟中最保守的总统都可能都被认为是大政府的自由主义者。20 世纪 50 年代由北方联盟领导的共和党也会被如此认为。在艾森豪威尔的第一个总统任期内，共和党控制了白宫和国会两院，成立了卫生部、教育部以及福利部。艾森豪威尔后来派遣联邦军队到阿肯色州执行民权裁决，并在告别演说中警告新兴的"军工复合体"对民主造成的威胁。[4]

这三个结盟的北方民族在 1988 年至 2008 年的几乎每次总统选举中都支持同一位总统候选人，总是选择更进步的候选人：选择支持奥巴马而不支持麦凯恩，选择支持约翰·克里和阿尔·戈尔而不支持小布什，选择支持迈克尔·杜卡基斯而不支持乔治·W. H. 布什（即老布什）。（自由主义较为盛行的新尼德兰和自己的盟友决裂，反对保守派罗纳德·里根和理查德·尼克松，是唯一一个明确反对保守派的民族。）1964 年，所有人都支持林登·贝恩斯·约翰逊而不支持巴里·戈德华特。20世纪 50 年代，所有人都支持一直颇受欢迎的艾森豪威尔而不支持内陆地区人阿德莱·史蒂文森（Adlai Stevenson）。虽然一些候选人未能在这些民族中的一个或多个达成明确的选民共识，但在战后，他们都坚定地支持过一次自己的竞争对手：1972年，新尼德兰选择支持乔治·麦戈文而不支持理查德·尼克松。[5]

同一时期，入主白宫的美国总统中只有四位来自北方联盟民族：共和党人杰拉尔德·福特和老布什、民主党人约翰·肯尼迪和贝拉克·奥巴马。[6]与他们的出身一样，这四位总统都通过政府项目、扩大公民权利保护以及保护环境来改造社会。两位共和党总统都代表了共和党中的温和派，并且很快就发现他们自己的意见与迪克西集团选民的意见相左。福特支持《平等权利修正案》以及在全国范围内设立由联邦政府资助的特殊教育项目的法案，并任命约翰·保罗·史蒂文斯（John Paul Stevens）为最高法院法官。面对里根政府遗留下来的预算赤字，老布什提高了针对富人的税收，并拒绝降低资本收益税，尽管他知道这样做会使自己在政治上不受欢迎。他支持扩大残疾人公民权利和重新批准《清洁空气法》，并增加联邦政府在教育、研究以及儿童保育方面的投入。同样，约翰·肯尼迪提出了后来的 1964 年《民权法案》，派遣联邦军队和特工以迫使迪克西州长们允许黑人学生进入佐治亚大学和亚拉巴马大学学习，提高了最低工资标准，增加了联邦政府资金，使人们负担得起住房，能够接受心理健康服务，并发起了一项针对环境问题的具有分水岭意义的调查。这项调查为成立环境保护局奠定了基础。在其执政的头两年中，奥巴马支持全面改革联邦医疗保险业，改革对金融服务业的监管，以及努力减少温室气体排放——所有这些措施均遭到迪克西集团的强烈反对。[7]

　　民权斗争结束后，迪克西集团的保守分子控制了共和党，北方联盟的大批共和党人（以及迪克西集团的黑人）便退出了该党。1956～1998 年，投票给共和党候选人的新英格兰人的比例从 55% 下降到 33%，投票给共和党候选人的纽约人（包括新

300

英格兰人和新尼德兰人）的比例从 54% 下降到 43%，而在 21
世纪的头十年里，新英格兰中西部地区下降速度加快。到 2010
年，共和党人已经失去了对北方联盟三个民族所有州议会众议
院的控制权；除了一个参议院外，其他参议院以及十三座州长
官邸中的七座处于北方联盟的掌握之中。在这场巨大的变革中，
民主党成了代表北方联盟的政党，而"林肯党"成了迪克西集
团白人的工具。[8]

在小布什总统执政时期，北方联盟的共和党国会代表团被
铲除殆尽。佛蒙特州参议员吉姆·杰福兹（Jim Jeffords）曾投
票反对里根总统和老布什总统为富人减税的政策，支持同性恋
权利和教育支出。在他的同事否定了帮助残疾儿童项目的资金
后，他离开了共和党。2006 年，罗得岛州参议员林肯·查菲
（Lincoln Chafee）惨败于民主党的挑战者，离开了共和党，随
后以无党派人士的身份当选为州长。2008 年，明尼苏达州参议
员诺姆·科尔曼（Norm Coleman）失去了参议员席位，由自由
派喜剧演员阿尔·弗兰肯（Al Franken）接替。远西地区的摩
门教徒、俄勒冈州参议员戈登·史密斯（Gordon Smith）则被一
位来自西海岸的民主党挑战者赶下了台。到 2009 年，整个北方
联盟只剩下三名共和党参议员，其中两名的美国保守派联盟终
身评分低于 100 分中的 50 分；唯一的保守派——新罕布什尔州
的贾德·格雷格（Judd Gregg）——于 2010 年宣布他不会寻求
连任。共和党在其诞生之地已基本不复存在。[9]

无论党派归属如何，北方联盟的国会代表一般情况下都支
持各自民族的议程。20 世纪 70 年代末，他们集体投票以禁止
迪克西提出的"工作权"法案（该法案禁止工会车间合同）；
投票修改法律，使小公司免遭联邦政府工作场所安全检查，并

有效禁止了大型建筑工地工人罢工。（迪克西集团集体反对这些努力。）1980 年，北方共和党人数仍然很多的时候，除了三名代表外，新英格兰和新尼德兰所有的国会代表都支持根据某一特定消费者群体的实际寒冷程度来分配联邦政府的低收入供暖援助的措施；华盛顿州和俄勒冈州的西海岸代表也一致赞成此项措施。（只有气候温和的加州的代表反对这项措施。）相比之下，南方腹地一致反对此项措施，大阿巴拉契亚也几乎是一片反对之声。（由于冬季相对寒冷，沿海低地不论党派都叛逃到北方联盟阵营。）[10]

2010 年引起分裂的众议院针对奥巴马总统医疗改革法案的投票结果显示了北方联盟的凝聚力。新英格兰代表中有 62 位代表支持此法案，21 位代表反对此法案；新尼德兰代表中有 24 位代表支持此法案，6 位代表反对此法案；西海岸代表中有 21 位代表支持此法案，2 位代表反对此法案（西海岸的结果令人震惊）。几个月后，在世界银行体系几近崩溃之后，针对一项旨在加强金融监管体系的投票结果也是如此。虽然这是联邦的金融资本，但新英格兰以 63 票赞成 19 票反对通过了这些措施，西海岸以 21 票赞成 1 票反对通过了这些措施，而新尼德兰以 26 票赞成 4 票反对通过了这些措施。这两项措施都压倒性地遭到了迪克西集团代表团的反对，他们认为这两项措施是对私有交易市场的无端入侵。[11]

即使国会严格按照政党路线投票，共和党叛逃者也几乎来自北方联盟或内陆地区。1999 年，只有 4 名共和党众议院代表反对因比尔·克林顿在婚外情问题上撒谎而对其进行弹劾：2 名新英格兰代表以及 2 名内陆地区代表，其中 1 名代表是从马萨诸塞州移民过来的。只有 3 名共和党人违反命令，

通过了奥巴马 2010 年的金融改革，而这 3 名共和党人均来自
新英格兰。[12]

　　总而言之，到 21 世纪初，北方联盟的民主党人和共和党人
之间的共同点远远超过了他们在迪克西集团的民主党和共和党
同伴。事实上，南方同盟几乎反对北方人所珍视的一切。

第二十八章　权力之争二：
红色民族和紫色民族

　　与民意恰恰相反，迪克西集团并不总是一个十分稳定的联
盟。占主导地位的两方——南方腹地和大阿巴拉契亚——在历
史的大部分时间里一直都是彼此的宿敌，在美国独立战争和内
战中都曾拿起武器相互对抗。同南方腹地这个邻居相比，沿海
低地并不总是致力于实施种族隔离和推行独裁主义。时至今日，
沿海低地反而越来越受到内陆地区的影响。迪克西集团归根结
底是为南方腹地寡头统治集团的经济利益服务的。南方腹地的
寡头统治集团不得不同本地区数以百万计黑人选民的选举权进
行抗争，不得不同沿海低地精英中士绅派头的温和派以及边民
中强烈的民粹主义情绪进行抗争。所有这些力量都有可能破坏
迪克西联盟。

　　四个多世纪以来，南方腹地寡头统治集团的目标始终是一
致的：控制并维持一党制国家，实行以大规模农业为基础的殖
民经济，并由俯首帖耳、教育落后、报酬低廉的劳动力来开采
主要资源，劳动力所在的工作场所危险、卫生保健不足、环境
法规尽可能少。在武力驱使下被迫放弃奴隶劳动大军的南方腹
地人创建了种姓制度和佃农制度来满足他们自己对劳动力的需
求，还实施人头税和识字测验制度，从而使先前的奴隶和白人
无法参与政治进程。当这些制度受到非洲裔美国人和联邦政府
的挑战时，南方腹地人通过制造恐惧，将本民族、沿海低地以

及大阿巴拉契亚的贫穷白人团结起来，让他们为自己的事业而奋斗：种族终将融合。他们的女儿将会受到玷污。新英格兰人会抢走他们的枪支和《圣经》，他们的孩子会被变为世俗的人道主义者、环保主义者、共产主义者以及同性恋者。他们的政治雇员讨论将堕胎定为犯罪，讨论保护国旗免遭焚毁，讨论停止非法移民，讨论在竞选过程中缩减政府开支；一旦执政，他们就专注于削减富人的税收，向寡头统治集团的农业综合企业和石油公司提供巨额补贴，取消劳动法规和环境法规，制订"客籍工人"计划以便从发展中国家获取廉价农业劳动力，从新英格兰、新尼德兰或内陆地区较高薪酬的联合工业中攫取工作机会。金融分析师斯蒂芬·卡明斯（Stephen Cummings）将这一策略比作"古老南方种植园经济的高科技版本"，工人阶级和中产阶级在其中扮演了佃农的角色。[1]

对于寡头们来说，最大的挑战是让大阿巴拉契亚加入自己的联盟并一直待在联盟内部。大阿巴拉契亚的非洲裔美国人相对较少。因此，这一人口统计事实上削弱了赋予黑人权利所带来的所谓经济"威胁"和性"威胁"。边民们一向重视平等主义和自由主义（至少对白人个体而言是这样的），对一切形式的贵族都深恶痛绝（那些土生土长的精英除外。这些精英通常都有很好的判断力，不会表现得比其他任何人更优秀）。在过去以及现在，大阿巴拉契亚一直存在一个与南方腹地寡头统治集团的愿望相违背的强大民粹主义传统。大多数南方知名的民粹主义者都来自边疆地区，白手起家，包括林登·约翰逊（来自得克萨斯州希尔县）、罗斯·佩罗特（Ross Perot，得克萨斯州特克萨卡纳）、萨姆·雷伯恩（Sam Rayburn，田纳西州东部）、拉尔夫·亚伯勒（出生于得克萨斯州东北部，居住在奥斯汀附近）、迈克·哈克比（Mike Huckabee，阿肯色州霍普市），以及政治生涯前半部分的泽尔·米勒（Zell Miller，来自佐治亚北部山区）。迪克西集团中有不少非常成功的进步人士也来自大阿巴拉契亚，包括比尔·克林顿（也来自霍普）、阿尔·戈尔（来自纳什维尔地区的苏格兰－爱尔兰精英家庭），以及科德尔·赫尔（Cordell Hull，出生于田纳西州中北部的一个小木屋）。使寡头统治集团实施策略进一步复杂的是，在内战中大阿巴拉契亚大部分地区都在同南方邦联作战，这使得"败局天注定"的故事情节变得更加没有卖点。[2]

　　然而，有两个因素对寡头统治集团有利：种族主义和宗教。内战期间，边民们并非为了帮助非洲裔美国人，而是为了维护联邦才参加战斗。重建期间，新英格兰人解放黑人并赋予黑人选举权的行为让边民们大为不满。（"很难说他们最痛恨谁，"田纳西州州长威廉·布朗洛1865年谈及大阿巴拉契亚联邦拥护者时说，"叛军抑或是黑人。"）[3] 此外，沿海低地和南方腹地的边民们与贫穷白人们有着共同的宗教传统：一种私人新教。这种新教拒绝社会改革，从《圣经》中为奴隶制的存在寻找正当的理由，谴责世俗主义、女权主义、环境保护主义，认为现代科学的许多重要发现违背了上帝的意愿。1877年以后，这一系列"社会问题"将整个迪克西集团的普通人紧紧捆绑在一起。这种情况同托马斯·弗兰克（Thomas Frank）在《堪萨斯怎么了？》（*What's the Matter with Kansas?*）一书中描述的社会动态如出一辙。在这本书中，弗兰克揭示了自己家乡的政治寡头们是如何利用社会问题和"道德"问题来动员普通民众，以支持毁灭自己经济的策划者们的。弗兰克写道：

这种把戏永远不会过时，幻想永远不会消失。**投票**制止堕胎，**接受**减少资本收益税。**投票**使得我们的国家再次强大，**接受**去工业化。**投票**赶走政治立场正确的大学教授，**接受**放松电力管制。**投票**让政府少插手我们的事务，**接受**从媒体行业到肉类加工行业，处处都要有集团，要有垄断。**投票**反对恐怖分子，**接受**社会保障私有化。**投票**反对精英主义，**接受**这样一种社会秩序：在这个社会里，财富比以往任何时候都更加集中；在这个社会里，工人们的权利惨遭剥夺，首席执行官得到了超乎想象的奖励。[4]

弗兰克先生描写的是内陆地区和远西地区各州过去四十年里的发展状况，但他所描述的战略在一个世纪前就已经率先在大阿巴拉契亚提出，并在很大程度上发挥了作用。

在 1877 年后的几十年里，联邦政府一直处于新英格兰 - 西海岸轴心的掌控之中。在此期间，迪克西集团的代表们集体投票反对 19 世纪新英格兰的关税制度和养老金制度、非洲裔美国人的选举权，以及参议员洛奇的《强制法案》。迪克西集团反对民权和自由选举的论点带有明显的种族主义色彩。"我们决不会让自己的政府屈服于一个低等种族，"后来当选为（大阿巴拉契亚）佐治亚州州长的众议员艾伦·坎德勒（Allen Candler）争辩道，"联邦政府的鼓声越来越接近投票箱，联邦政府的刺刀使它比这个自由政府所允许的深度更深的时候，我们从黑人至上的政府中夺走了我们的州政府。"按照根深蒂固的边疆传统，肯塔基州众议员威廉·布雷肯里奇（William Breckinridge）将《强制法案》比作那些"英国议会为爱尔兰选区通过的，并以完全相同的理由进行辩护的法案"。很少被提及的一个事实是：只要黑人和贫穷的白人被剥夺了选举权，寡头们就会重新在南方腹地和沿海低地掌权。就在讨论《强制法案》之际，迪克西集团的各州政府也在征收新的人头税，并采取其他措施来压制民主参与度。密西西比州的选民参与率从 1877 年的 70% 下跌至 1920 年的不足 10%。"这一结果在任何一个地方都是一样的，"历史学家理查德·富兰克林·本塞尔（Richard Franklin Bensel）发现，"几乎所有的黑人和大多数贫穷的白人都被剥夺了选举权，种植园精英们获得了对本地区的霸权控制。"5

然而，迪克西集团对联邦政治的影响微乎其微。20 世纪初，迪克西联盟只人主过白宫一次。当时泰迪·罗斯福创立了进步党，使得北方联盟选票出现了分裂，将总统之位拱手让给了伍德罗·威尔逊。正如我们所看到的那样，威尔逊是一个坚定的种族隔离主义者，在第一次世界大战期间迫害异见者。但是，威尔逊也是一个来自大阿巴拉契亚的南方人，他出生于弗吉尼亚州斯汤敦一个具有苏格兰 - 爱尔兰人、苏格兰人以及北英格兰人混合血统的边民家庭。根据民族观念，威尔逊将种族主义、对异见者的不容忍与企图遏制公司权限结合在一起，创建了联邦储备系统和联邦贸易委员会，并设立项目以将信贷和创新介绍给在自己家乡地区占主导地位的小农们。南方腹地寡头统治集团的好日子到头了。

20 世纪 60 年代，这种情况发生了变化。当时民主党人约翰·肯尼迪和林登·贝恩斯·约翰逊支持民权活动家，反对迪克西集团的法外抵抗。约翰逊在 1964 年《民权法案》签署成为法律几小时后对一名助手说："我认为我们刚刚把南方拱手

让给了共和党。"事实上，迪克西联盟的大部分成员立即抛弃
了民主党和胆敢背叛种姓制度的大阿巴拉契亚民粹主义总统。
1968 年，迪克西联盟的总统候选人是激进的南方腹地种族主义
者乔治·华莱士。华莱士以第三方候选人的身份参加总统选举，
并承诺要证明"这个国家确实有很多红脖子"。如若不是在马
里兰州中部地区竞选时被一名疯狂的追名逐利者枪击并因此瘫
痪，迪克西联盟可能在 1972 年支持华莱士。他们转而团结在北
方盎格鲁少数派中一小撮具有迪克西风格的共和党人周围——
理查德·尼克松和罗纳德·里根——这两人成功地推翻了北方
联盟对共和党的控制。[6]

　　自 20 世纪 60 年代中期以来，除了不得不在迪克西南方浸
礼会教徒和保守的新英格兰人之间做出选择之外，这三个民族
一直支持较为保守的总统候选人。他们都支持麦凯恩而不支持
奥巴马，支持小布什而不支持克里，支持老布什而不支持杜卡
基斯，支持里根而不支持蒙代尔，支持尼克松而不支持麦戈文，
支持尼克松和华莱士而不支持汉弗莱。当更加自由的候选人来
自迪克西集团时他们便叛变了：1976 年，大阿巴拉契亚和南方
腹地支持卡特（一个来自佐治亚州的浸礼会教徒）而不支持福
特（在密歇根州长大的新英格兰人）。沿海低地则出现了分裂。
1992 年，大阿巴拉契亚和南方腹地选择支持阿肯色州边民比
尔·克林顿，而沿海低地则选择支持更加保守（新英格兰出
身）的老布什。1996 年，大阿巴拉契亚叛变，选择支持克林顿
（不支持内陆地区人鲍勃·多尔），在支持自由派边民阿尔·戈
尔（而不支持小布什）和卡特（而不支持里根）时也出现了
分裂。

　　令人惊奇的是，迪克西集团的选民们一致支持极端保守派。

截至 2009 年，18 名在职的美国参议员获得了美国保守派协会（American Conservative Society）高达 90 分或 90 分以上（满分 100 分）的终身评价。这些议员都来自远西地区或者迪克西集团。20 世纪 60 年代，迪克西联盟的白人代表集体投票反对民权和投票法案；20 世纪 70 年代，集体投票支持针对工会组织合同的禁令；20 世纪 80 年代、90 年代以及 21 世纪初，集体投票支持降低富人税收和取消财产继承税；2003 年，集体投票赞同入侵伊拉克；2010 年，集体投票反对医改计划、金融监管改革及提高最低工资。

　　迪克西集团的国会领导人一贯主张的政策和所处的立场往往会令北方联盟的公众大吃一惊。南方腹地参议员特伦特·洛特（Trent Lott）宣称，1984 年共和党政纲是一份很好的文件，因为这份文件充满了"杰斐逊·戴维斯及其民众所信仰的那些东西"。沿海低地参议员杰西·赫尔姆斯（Jesse Helms）试图阻止创建马丁·路德·金纪念日，理由是这位民权领袖是一个"马克思列宁主义者"，而且同"性变态者"有牵连。21 世纪初，南方腹地众议院多数党领袖汤姆·迪莱宣称："青少年暴力可以归咎于那些把孩子送到托儿所的双职工父母、学校里教授的进化论，以及服用避孕药的职业母亲。"2003 年，迪莱告诉银行家们："在战争面前没有什么比减税更重要。"2008 年，随着美国经济崩溃，前南方腹地参议员、瑞士银行副主席菲尔·格拉姆（Phil Gramm）告诉《华盛顿时报》，美国正处于"精神衰退期"，美国人民"满口怨言……抱怨失去了竞争力，抱怨美国在走下坡路"。2010 年英国石油公司漏油事件发生之后，英国石油公司迫于压力，设立了基金来补偿受害者。（来自南方腹地的得克萨斯州）众议员乔·巴顿（Joe Barton）为此

307

公开向英国石油公司道歉，称这一举措——而不是漏油事件——"首先是一场悲剧"。[7]

自 20 世纪 90 年代以来，迪克西集团对联邦政府的影响力都非常大。1994 年，迪克西集团领导的共和党 40 年来首次控制了国会参众两院。共和党人直到 2006 年一直在众议院占据着多数席位，并在这些年中控制着参议院。虽然可能对吉米·卡特总统任期内的进步主义感到失望，但在 2000 年，南方腹地的政治寡头们终于有了自己人入主白宫。自 1850 年以来，这是头一次。小布什是新英格兰出身的总统之子，在遥远的得克萨斯州西部长大，但他生活在得克萨斯东部，在那里得到塑造并开启了自己的政治生涯，找到了上帝，建立了自己的商业利益集团和政治联盟。作为总统，小布什的国内政策优先考虑的是南方腹地的政治寡头们：为富人减税，社会保障私有化，放松能源市场监管（使得总部位于休斯敦的家族盟友安然公司获利），停止执行有关海上钻井平台（如英国石油公司的"深水地平线"钻井平台）的环境法规和安全法规，对离岸避税天堂视而不见，终止对碳排放进行监管或对汽车实施更为严格的燃油效率标准，禁止低收入家庭的儿童享受医疗福利，开放自然保护区以便进行石油勘探，任命行业高管管理联邦机构以监管其所处行业，开启一项新的大规模客籍工人计划以确保廉价劳动力的供应。与此同时，小布什通过宣传自己的基督教原教旨主义信仰，禁止胚胎干细胞研究和晚期堕胎，并试图将政府福利项目转移给宗教机构，从而赢得了迪克西集团普通选民的支持。在小布什总统任期结束时——迪克西集团对华盛顿进行了长达 16 年的统治——联邦的收入不平等现象和财富集中现象达到了历史上的最高水平，甚至超过了镀金时代和大萧条时期。2007

年，最富有的十分之一的美国人拥有全部国民收入的一半，而最富有的百分之一的美国人所占国民收入的比例自 1994 年以来几乎增加了两倍。[8]

然而，如果北方联盟和迪克西集团一直处于一种几乎不变的对立状态，那么我们如何解释这些年来权力的转移？答案是：三个"摇摆不定"民族的所作所为造成了这一现象。

在没有赢得至少两个摇摆不定民族支持的情况下，北美大陆的两大阵营从未真正主导过美国政府，这三个摇摆不定的民族是内陆地区、北方以及远西地区。自 1877 年至 1933 年，北方联盟在远西地区和内陆地区的支持下控制了联邦。迪克西集团崛起和统治的时代——1980 年至 2008 年——建立在与远西地区和内陆地区联盟的基础之上，还建立在来自北方的保守的盎格鲁人（巴里·戈德华特、理查德·尼克松和罗纳德·里根）竞选总统的基础上。即使在这两大阵营都未真正主导联邦政府的时期，执政的多数派还是通过内部联盟的形式组建起来的：在新政时期，同迪克西集团、新尼德兰以及内陆地区结盟；20 世纪 60 年代，同北方的民族和大阿巴拉契亚进步派结盟；在贝拉克·奥巴马竞选总统的过程中，同北方、沿海低地以及北方联盟结盟。

那么，这三个摇摆不定的民族的重心是什么？

内陆地区是各民族中最具哲学自主性的民族。几个世纪以来，内陆地区人一直对爱管闲事、救世主似的新英格兰人和专制的迪克西狂热分子充满警觉。内陆地区人和新英格兰人一样认同中产阶级社会，和边民们一样不相信政府干预，和新尼德兰人一样致力于文化多元化，和南方腹地人一样对激进的行动主义深恶痛绝。内陆地区确实是一个奉行中间路线的美国社会。因此，内陆地区很少明确支持某一个联盟、某一位候选人或某一场运动。当内陆地区明确支持某一位候选人时——20 世纪 30 年代支持罗斯福，20 世纪 80 年代支持里根，或者 2008 年支持奥巴马——内陆地区肯定处于巨大的民族压力之下，并对过度行为做出反应。20 世纪和 21 世纪之交，内陆地区跨越——但不控制——许多关键的"战场州"（宾夕法尼亚州、俄亥俄州、伊利诺伊州以及密苏里州）也绝非偶然。出身内陆地区的总统杜鲁门和艾森豪威尔都是能够化解集团内部的竞争，为一个政党或另一个政党赢得入主白宫机会，"在妥协情况下产生的候选人"。

相比之下，远西地区的目标很明确：摆脱北方联盟的殖民统治，同时维持确保自己的生活方式得以形成的联邦补贴。19 世纪末，远西地区的国会代表和北方联盟的国会代表在投票时步调一致，因为这些代表被新英格兰、纽约或旧金山的铁路、采矿、牧场以及木材利益集团收买了。但在新政、二战以及冷战时期，联邦政府通过支出大笔资金修建机场、高速公路、水坝、灌溉和调水工程、研究实验室、军事基地、科学院、研究所以及众多的国防工业工厂改变了这一地区。远西地区发展本土的工农业，培养基于地方权力的参议员，制定针对拉斯维加斯、菲尼克斯和丹佛而非纽约、克利夫兰以及芝加哥的议程。[9]

结果，自 1968 年以来，出于为了大公司利益而摆脱联邦监管权力这一共同利益，远西地区一直同迪克西集团结盟。自 19 世纪 80 年代形成至 1968 年，远西地区在每次总统选举中的投票几乎都反映了北方联盟的投票结果。自 1968 年至 2004 年，除非迪克西集团抛弃保守派转而支持自由派南方人，远西地区几乎总是投票给受到迪克西集团青睐的候选人。同一时期，远西地区的国会代表支持南方腹地国会代表通过的减税、反对医疗保健及金融改革，并削减环境法律法规的法案。然而，远西地区同迪克西集团的密切关系是有限的，因为远西地区民众怀有强烈的自由主义倾向，而这种倾向反对限制异见者和公民的自由。在 2008 年的总统选举中，迪克西集团和远西地区的伙伴关系开始出现裂痕：科罗拉多州和内华达州投票支持北方候选人（奥巴马），而不是坚持迪克西竞选政纲、土生土长的远西之子（约翰·麦凯恩）；共和党人的支持率在本地区的几乎每个县都有所下降，使得麦凯恩即使在"极端保守"的蒙大拿州也仅以微弱优势获胜。

310

然而，在未来，权力平衡将在很大程度上取决于北方地区迅速增长的吸引力和越来越自信的拉美裔的影响力。直至 20 世纪下半叶，其他民族普遍忽视了北方地区。北方的民族文化没有控制任何州政府，人们认为北方文化正在走向灭绝，北方文化的各种元素被远西地区、大阿巴拉契亚以及南方腹地吸收。北方人被孤立在远西飞地，并处于迪克西集团控制的边境诸州种族种姓制度的边缘，有望悄然走上美洲印第安人的道路。

不过，北方人开始重申自己对新墨西哥州、得克萨斯州南部以及亚利桑那州南部政治和文化生活的控制权，并向加利福尼亚州南部大举进军。从圣安东尼奥到洛杉矶，北方人选举自己人进入市政厅，选举自己人担任新墨西哥州州长，选举自己人出任新墨西哥州和科罗拉多州在国会的代表。正如第二十三章所讨论的那样，无论是在原始总数还是在联邦人口中所占的比例，北方的数字都在迅速增加，从而引发了美墨战争后重新收复失地的讨论。拉美裔已成为美国最大的少数民族。预计到 2025 年，具有拉美裔血统的人数将占联邦总人口的四分之一。2010 年，北方人已经占洛杉矶、圣安东尼奥和埃尔帕索人口中的大多数，在新墨西哥州也占人口中的大多数。一些观察家认为，如果墨西哥解体，那么墨西哥北部的几个州可能会寻求与美国合并或结成政治联盟，从而进一步提高北方在联邦内的影响力和威望。赢得北方人拥戴的集团将控制美国事务。[10]

150 年来，迪克西集团一直不大重视赢得北方人的心，而此举对他们无甚裨益。南方腹地的种姓制度和大阿巴拉契亚的白人至上承诺使得得克萨斯州的拉美裔人和新墨西哥州的拉美裔人备受压迫和疏远。亚利桑那州和南加州的盎格鲁殖民者——大多数来自迪克西集团，并投票支持迪克西集团的候选人——在掌权期间也并未特意把讲西班牙语的民众融入政治和社会生活。结果，自 1988 年以来的每一次总统选举，北方地区的激进分子和政治领袖都与北方人结盟，北方地区选民则在每一次总统选举中投票支持新英格兰人。由于迪克西集团和远西地区的民粹主义者大声疾呼墨西哥移民所带来的危险，预计在未来一段时间内，北方地区将回归北方阵营。

最后，我们稍做回顾。

试想一下：如果迪克西集团从未存在，或者如果南方邦联于 1861 年和平脱离联邦，那么美国的政治和社会将是什么样子呢？你不必放飞你的想象力，因为此种情况一直在美国边境以北上演。

加拿大创建于 1867 年，是一个由与美国稍有不同的多个民族组成的联邦。加拿大东边是历史较为悠久、讲英语的社

会——新英格兰滨海诸省——和新法兰西。加拿大中心是内陆
地区人定居的安大略省南部和马尼托巴省。这两个省文化多元，
热爱和平，是加拿大联邦首都渥太华和加拿大最重要的城市多
伦多所在地。在西经 100 度以西，远西地区跨越边境。远西地
区的自由主义思想和采掘经济横穿萨斯喀彻温省、艾伯塔省和
不列颠哥伦比亚省的大部分地区，并一直延伸到育空和西北地
区的南部。不列颠哥伦比亚省的太平洋海岸是西海岸地区的延
伸。环保意识较强、社会自由的温哥华和维多利亚同皮吉特湾
和奥林匹克半岛的邻居关系比与卡尔加里山区具有右倾思想的
能源巨头关系更为密切。

　　盎格鲁 - 加拿大人经常抱怨，除了"不是美国人"之
外，他们自己缺乏共同的文化认同感。这是有一定依据的。
在加拿大，讲英语的民族实际上是 4 个——如果算上不列颠
群岛失去的殖民地纽芬兰，那么是 5 个。纽芬兰人在登上渡
轮前往北美大陆时仍说他们自己要"去加拿大"。和美国一
样，新英格兰人、内陆地区人以及西海岸人相处得甚是融洽，
支持国家医疗、枪支管制和多元文化。所有人都与远西地区
发生过摩擦。远西地区是改革党的大本营。改革党在支持农
业综合企业和自由贸易，以及石油、天然气和页岩油工业的
同时，谋求减少各种税收、各项法规以及缩小联邦服务的规
模和范围。［2000 年该党与保守党合并。撰写本书至此时，
其中的一位党员——来自卡尔加里的斯蒂芬·哈珀（Stephen
Harper）是加拿大总理，领导着这个国家。］2000 年美国大选
之后，一张地图开始在互联网上流传开来。这张地图将北美大
陆划分为两个国家："加拿大合众国"（United States of Canada）
和"耶稣之乡"（Jesusland）。几天之内，一个爱开玩笑的加拿

312

大人又添加了第三个国家"艾伯塔"（Alberta），这表明远西地区和加拿大其他地区之间的思想分歧。

正如在第十三章所讨论的那样，美国独立战争后的一个世纪里，加拿大各民族对自己的命运控制有限，而这一时期正是英国王室贵族统治的时期。这改变了各民族的发展进程，如阻止了滨海诸省的强大市镇政府的扩张。但真正从根本上使加拿大与美利坚区分开来的是，这四个盎格鲁民族并非反对白人至上主义盛行、专制的迪克西集团，而是反对思想极为开放、社会极其自由、社会主义思想极其盛行，并且对种族和多元文化异常开明的社会。

21世纪早期的比较社会学调查发现，新法兰西是北美最后现代的民族。新法兰西是相信魔鬼（29%）和地狱（26%）比例最低的地区。当被问及是否同意"在家里，父亲必须是一家之主"时，只有15%的魁北克人表示同意；相比之下，远西地区21%的加拿大人，29%的新英格兰人，以及71%的亚拉巴马、密西西比和田纳西的受访者表示同意。另一学术民调机构发现，新法兰西人对同性恋、婚外情、卖淫、堕胎、离婚、艾滋病邻居、大家庭、毒品或情绪不稳定等问题更为宽容。一位学者发现，魁北克是北美地区个人主义开明程度最高、最不尊重传统权威的地区。（在这一点上，不列颠哥伦比亚省和新英格兰是其最亲密的竞争对手，而迪克西的各州则与其完全相反。）新法兰西大都会蒙特利尔呈现了许许多多此类特征。蒙特利尔将"阿姆斯特丹的包容、巴黎的活力、旧金山湾的美食"和旧格林威治村的波希米亚地区（高原）的怀旧融为一体。当迪克西集团使劲将美利坚联邦向右拉时，新法兰西则将加拿大向左拉。[11]

自 20 世纪 60 年代文化革命以来，通过新法兰西，尚普兰的遗产促使加拿大建立了一个非常成功的多元文化社会。法语和英语在联邦中地位平等。当然，魁北克已经被公认为一个"独立的社会"，完全可以用法语来处理自己的事务。但加拿大的多元文化主义还延伸到加拿大对待美洲原住民的态度上。许多土著印第安人能够保持自己的文化特色、语言和风俗习惯，甚至将一些文化传播至整个加拿大社会。由于新法兰西对印第安人态度友好，许多北部部落现在正在收回加拿大大部分土地的主权，从而促使他们中间最大民族的出现。

313

尾 声

314　　　　在过去的四个世纪里，如果说各民族之间的权力之争深深地影响了北美的历史，那么这种权力之争又会对我们的未来产生什么样的影响呢？2100 年北美大陆的政治版图会和 1900 年或 2000 年的政治版图一样吗？北美的政治版图仍然被划分成三个巨大的政治联盟，还是会演变成其他样子：一个沿着 20 世纪欧洲路线巴尔干化的民族国家集合；一个从墨西哥蒙特雷一直延伸到加拿大北极地区松散的欧盟式的主权国家联盟；一个由杰里·福尔韦尔的精神继承人按照《圣经》律法诠释的统一国家；一个由通过技术创新来摆脱维持强大政府所需的半主权、自力更生的农业村庄组成的后现代乌托邦网络？如果既考虑周到又诚实，那么谁也不知道答案。

　　可以确定的是，鉴于美国、墨西哥和（在较小程度上）加拿大所面临的挑战，北美大陆的政治边界将维持在 2010 年的状态——这一假设与其他任何情况一样牵强附会。

　　在撰写本书时，美国似乎正在丧失其全球霸主的地位，并一直表现出衰落帝国的典型症状。早在 1969 年，政治策略家凯文·菲利普斯就通过区域民族志准确预测了美国未来 40 年的政治发展，并指出了帝国晚期的荷兰、不列颠同今日美国之间的相似之处。和超级大国的前辈们一样，美国在过度扩张军事，大大提高金融服务在国家产出中的比重，以及宗教极端分子在国家政治生活中作用的同时，也积累了令人震惊的对外贸易赤字和主权债务。曾经大量出口创新商品、产品和金融资本的大国美国现在却要深深地感激中国。美国依赖中国人民消费自己生产的大部分产品，并且越来越依赖中国向其提供研发公司和 315
机构所需要的科学家及工程师。美国公民沿着区域划分严重分裂，"茶党"运动中的一些人接受了 18 世纪新英格兰民兵的花言巧语，英国议会被联邦国会取代，乔治三世被正式选出的总统取代。美国军事一直深陷美索不达米亚和中亚地区开支巨大却令人沮丧的反叛乱战争的泥潭，而野蛮人却冲进了美国的政治和金融首都，2001 年 9 月的突然袭击造成数千人死亡。再加上 2000 年大选严重损害了公众对选举制度的信心，2008 年金融业几乎完全崩溃，国会大厦极度的政治失灵。很明显，美国在 21 世纪的开局并不顺利。

在撰写本书时，墨西哥联邦的情况更糟。多年来，知名外交政策专家一直公开将墨西哥描述为一个失败的国度。毒品贩子在杀害拒不合作的法官、记者及官员的同时，收买了州长、警察局局长及边防警卫。墨西哥局势已经变得如此糟糕，以至于要派遣国家军队镇压贩毒集团，但似乎并未取得任何胜利。恰帕斯州和其他南部诸州的玛雅族正在进行一场旷日持久的独立斗争。北方墨西哥人公开质疑，他们自己与墨西哥城的联系能给他们带来什么好处？墨西哥城收取他们的税款，但回报甚微。用政治分析师胡安·恩里克斯的话来说，墨西哥首都地区"继续像古老的阿兹特克帝国一样进行统治，接受贡品，希望自己的愿望和要求得到满足"。不难想象墨西哥会在危难时刻土崩瓦解——一场与气候变化有关的灾难、一次全球金融崩溃、一场重大的恐怖主义行动——北方地区的墨西哥部分将得以独立，继续向北发展。[1]

一段时间以来，加拿大的国家分裂问题显而易见。直至
1995 年，新法兰西一直在推动实现完全独立。1995 年，魁北克
60% 讲法语的人投票支持独立公投。这项公投由于遭到本地区
讲英语的少数民族和第一民族压倒性的反对（9∶1）而勉强败
北。具有讽刺意味的是，极有可能是加拿大土著居民拯救联邦
免于彻底解体。自此以后，独立一直被列为一个关键问题。大
多数魁北克人认识到，如果离开加拿大，那么他们可能不得不
放弃本地区北部三分之二的土地，因为那里的人民不是新法兰
西民族的一部分，而且他们在新法兰西存在之前就占领了这片
土地。自 20 世纪 70 年代以来，其他民族也对新法兰西做出了
重大让步。虽然魁北克官方只允许使用法语，但联邦政府的官
方语言是英法双语。鉴于新不伦瑞克北部和东部是新法兰西的
一部分，新不伦瑞克——长期以来一直受制于新英格兰核心部
分——现在正式成为加拿大唯一使用英法双语的省。联邦议会
下院已经承认，魁北克是个"独特的社会"，而新法兰西式多
元文化主义已经成为所有加拿大人的公民宗教。今天，加拿大
也许是北美三个联邦中最稳定的一个，这在很大程度上是因为
四个盎格鲁民族、新法兰西以及第一民族之间做出了重要的妥
协。事实上，加拿大已经摆脱成为一个由单一文化主导的民族
国家的幻想。这是否足以长期维持联邦，尚有待观察。

一种可能维持美国现状的方案是：美国各民族效仿加拿大
的做法，为了团结而在各自的文化议程上做出妥协。不幸的是，
无论是迪克西集团还是北方联盟都不太可能同意向对方做出重
大让步。大多数新英格兰人、新尼德兰人以及西海岸人根本不
会接受生活在一个福音派基督教神权的国度里。在这个国度里，

社会保障、劳动保障、环境保护、公立学校制度以及从政治上制约企业权限等方面比较薄弱或根本不存在。大多数南方腹地人拒绝支付较高的赋税，这些赋税能够支持建立公共医疗保险制度；支持建立由资源充足、工会化、公开的世俗公立学校组成的一体化网络；支持建立免费公立大学（在这些公立大学里，科学而不是钦定版《圣经》指引探究）；支持建立由纳税人资助的公共交通、高速铁路网和可再生能源项目；或支持建立强有力的监管机构，从而确保严格遵守金融、食品安全、环境以及竞选融资的相关法律。相反，"红色"和"蓝色"民族将继续彼此斗争以取得联邦政策的控制权。就像在第一届大陆会议上那样，双方各尽所能，争取"紫色"民族支持自己的事业。

317

另外一种外部可能性是：面对重大危机，联邦领导人将背叛自己维护《美利坚合众国宪法》的誓言。《美利坚合众国宪法》是维系联邦的主要黏合剂。比如说，在一场致命的流行病暴发或恐怖分子摧毁几个城市的过程中，担惊受怕的公众可能会宽恕终止公民权利、解散国会或监禁最高法院法官的行为。我们可以很容易地想象这样一种情况：一些民族对新秩序感到高兴，另一些民族则强烈反对新秩序。随着宪法的废除，联邦很可能会解体，形成一个或多个由志同道合区域组成的联盟。这些新的主权实体很可能以各州边界线为基础，因为在此种情况下，从政治层面看各州州长和各州立法者将是最合法的演员。由三个北方联盟民族控制的各州和地区——纽约州、新泽西州，以及新英格兰、五大湖及西北太平洋——可能会组成一个或多个联邦。由南方腹地控制的各州——南卡罗来纳州、佐治亚州、亚拉巴马州、密西西比州和路易斯安那州——可能会组成另一个联邦。很明显，远西地区的山区和高平原各州将组成第三个联邦。在经常处于分裂状态的大阿巴拉契亚或"民族混合"的得克萨斯州、加利福尼亚州、宾夕法尼亚州、俄亥俄州以及亚利桑那州，情况可能更加复杂。由此想象，一些联盟延伸至加拿大，乃至北方地区、墨西哥。如果这种极端的情况发生了，那么北美将可能成为一个更加险象环生、更加动荡不安的地方，会招致海外帝国势力的干涉。如果这种危机重重和分崩离析的场景看起来遥不可及，那么考虑这样一个事实：40 年前，苏联领导人对他们自己横跨大陆的联邦也持有同样的想法。

318　　或者，当各民族一致认为现状对任何人都没有好处时，联邦可能会随着时间的推移而达成妥协。也许有一天，各民族能够找到的唯一共同点就是他们需要摆脱彼此的否决权。也许他们会携手在国会山，通过赋予各州更多权力或取消中央政府诸多职能的法律和宪法修正案。美利坚合众国可能会继续存在，但其权力可能仅限于国防、外交政策以及州际贸易协定谈判。换句话说，美国将类似于欧盟或 1781 年最初的联邦。如果这种情况发生，那么美利坚的各成员国有望按照各自的民族遗产行事。新英格兰人可能就会像北欧各国那样彼此密切合作。得克萨斯人最终可能会利用自己的宪法权利（根据他们加入美国时的条款），分裂成多达五个独立的州。伊利诺伊人可能会同意将其南部地区从芝加哥分离出来。加州的南部、北部以及中部可能各自成为一个州。重组后的美利坚合众国的外部边界可能依然存在，或者加拿大或墨西哥的一些地区可能会申请加入这个结构更加松散、权力进一步下放的联邦。历史上发生过比这更加离奇古怪的事情。

　　不过有一点是可以肯定的：如果美国人真的希望美利坚合

众国继续以当前这种形式存在下去，那么他们最好尊重我们这个不大可能存在的联盟的各项基本规则。如果我们结束政教分离，或者制定相当于伊斯兰教法典的浸礼会法典，那么美国就无法生存下去。如果总统在美国司法部或最高法院派驻政治指导者，或者如果忠于党派人士试图通过阻止人们投票而不是通过人们接受他们的想法来赢得选举，那么我们就无法团结一致。如果民族联盟继续利用参众两院的规则以阻止公开辩论重大问题，那么联邦就无法运转，因为议员们明白自己的立场经不起公众的监督。虽然其他民主国家的中央政府比我们的中央政府更加腐败，但是大多数国家可以依靠我们缺乏的统一元素：共同的种族、共同的宗教，或者在许多基本政治问题上近乎普遍的共识。美国需要中央政府廉洁、公开、高效地运作，因为中央政府是将我们维系在一起的为数不多的机构之一。

如果十个欧洲－大西洋民族都没有建立起来，那么北美将 319 会是什么样子呢？如果最初的印第安民族——按照加拿大人的话来说是第一民族——躲过了 16 世纪和 17 世纪破坏性极大的流行病，并继续按照自己的方式发展，那么他们今天会是什么样子呢？

事实上，我们似乎就要揭晓答案了。

在遥远的北方，一个非常古老的民族在历经数个世纪寒冷的环境后正在苏醒。在整个美洲大陆北部三分之一的地区，土著居民一直在收回从阿拉斯加北部到格陵兰岛以及几乎所有介于两者之间的传统领地的主权。在这个由茂密的北方森林、北极苔原以及光秃秃的冰封岛屿组成的广袤区域，许多土著居民从未签署任何文件以放弃自己对土地的权利。土著居民仍然占有这些土地，而且，令人惊讶的是土著居民继续利用自己祖先的技术在这片土地上生活。土著居民在加拿大和格陵兰赢得了至关重要的法律判决，这些判决给了他们相当大的影响力，可以控制自己领土上发生的事情，迫使能源、矿业和木材公司毕恭毕敬地来找他们，向他们申请允许推进资源开采项目。1999年，加拿大的因纽特人——他们不愿意自己被称为"爱斯基摩人"——赢得了他们自己的加拿大领土努纳武特，面积比阿拉斯加还大。作为丹麦王国一个自主且自治的群体，格陵兰的因纽特人掌控自己的事务，并且正在积极地谋求彻底独立。

同因纽特、卡斯卡、丹恩、克里以及其他几十个部落一起，北方土著居民拥有阿拉斯加州、育空地区、西北地区、拉布拉多、努纳武特和格陵兰岛、不列颠哥伦比亚省西北部内陆地区，以及艾伯塔省、萨斯喀彻温省、马尼托巴省、安大略省和魁北克省北部的大片地区的文化主导权。从地理位置来看，这第十一个民族——第一民族——无疑是占有土地面积最大（比美国大陆大得多），但人口最少（总共不到 30 万）的民族。

第一民族是一个高度地方自治的社会。在遥远的北方，大多数部落土地都归大家共同拥有，从而阻止了将土地出售给个人，或者以一种削弱土地对后代价值的方式开发土地。格陵兰岛上根本不存在私有财产：每个人都可以负责任地使用人民所享有的土地。但任何一个人都应该"拥有"这片土地的想法是极其荒谬的，这就好比有人宣称拥有风的所有权。因纽特人——无论生活在拉布拉多、努纳武特、格陵兰岛还是阿拉斯加——依旧狩猎、捕鱼，并采摘大量食物。所有这些"家庭食物"连同与之相关的工具通常都被视为共同财产。如果猎人杀死了一只海豹，那么这只海豹就会被交给任何需要海豹的人。

村庄里有公用的冰箱，所有人都可以免费无限使用，因为食物不属于个人。如果部落开办了工业企业，那么企业收益归大家所有。[2]

　　第一民族有着极其强烈的环境伦理也就不足为奇了。在加拿大——1999年最高法院的一项颇具革命性的裁决承认印第安人的口述历史是殖民地成立之前领土的合法证据——土著居民正在起草石油、天然气、采矿以及木材公司必须遵守的条款。拉布拉多2000人的因纽特族为自己在拉布拉多的祖传土地制订了一个一流的、基于生态系统的林业管理计划。这片祖传土地有1750万英亩，比西弗吉尼亚州还大。他们聘请专业的森林生态学家以确定不应砍伐的区域，从而保护野生动物和水质，并增加了自己狩猎、捕鱼和诱捕的场所。最终，60%的土地禁止伐木，其余的土地则是为了整个民族的利益而进行可持续收割。类似的干预措施导致不列颠哥伦比亚省北部卡斯卡地区和育空地区制订了5760万英亩林业计划，西北地区设立了新的国家公园兼野生动物保护区，面积是黄石公园的11倍。"第一民族正在小镇上全面推行一场新的游戏，并试图在土地、历史、现代经济以及未来之间取得平衡，"拉里·英尼斯（Larry Innes）说，"加拿大真的是最后一个我们可以保持平衡的最佳地方。"拉里·英尼斯曾作为加拿大北方倡议（Canadian Boreal Initiative）的负责人同北方的各个部落共事。加拿大北方倡议是由皮尤慈善信托基金会（Pew Charitable Trusts）资助的环境倡议组织。[3]

　　在加拿大和格陵兰，因纽特人一直处于同气候变化做斗争的最前线，因为气温升高已经扰乱了他们的生活方式。在伊卢利萨特和其他格陵兰北部定居点，猎人们不情愿地放弃了自己

321

的雪橇狗队，因为冬天海水不再结冰。（在格陵兰岛，你无法
经由"陆地"旅行，因为崎岖不平的山脉和高达一英里的冰面
阻挡了每一条路线。）为了躲避不断上升的海平面和不断融化
的永久冻土，阿拉斯加的村庄已被迫搬迁。北极熊和其他野禽
正在消失。与此同时，吸毒、酗酒和青少年自杀已经成为地方
恶疾。努纳武特的希拉·瓦特－克卢捷（Sheila Watt-Cloutier）
是因纽特人北极圈理事会（Inuit Circumpolar Council）的主席，
她关于气候变化的研究工作为自己赢得了 2007 年诺贝尔和平奖
提名。"在有生之年，我们的生活方式已经发生变化，"希拉·
瓦特－克卢捷说，"我们正在见证社会的崩溃。"[4]

例如，格陵兰人已经决定，向前迈进的最好方式就是掌握
自己的命运。2009 年，格陵兰人通过 76% 选民支持的自治公
投，从丹麦获得了近乎独立的地位。格陵兰人现在控制了刑事
司法、社会福利、医疗体系、土地使用规划、渔业管理、环境
法规、教育、运输，甚至签发近海石油勘探合同。"一个民族
管理自己的国家再正常不过了，"格陵兰岛外交部部长阿莱
卡·哈蒙德（Aleqa Hammond）说，"我们不像欧洲人那样思
考，我们长得也不像欧洲人，我们也不在欧洲。这并不是说我
们对丹麦感情淡薄，而是对于一个有着自己种族和身份的民族
来说，想要切断与异族统治者的联系是极其自然的事情。"她
承认，赢得独立并非易事，因为格陵兰仍然依赖丹麦政府的补
贴来维持政府、医院以及慷慨的社会福利体系。但她认为格陵
兰人有一个秘密武器：像她一样的女人。"你会注意到格陵兰
的女性都非常强壮，不仅身体强壮，而且各方面都很强势：政
治、商业、教育，等等。"她说，并补充道岛上的议会中大约

一半议员是女性。"我们的主教是女性，大多数市长是女性，等等。格陵兰从来就没有发生过为性别平等而战的斗争。在我们的社会，女性一直很有权势。我们的神都是女性，当（18 世纪）基督徒来到格陵兰并说'我们的上帝是伟大的，他长得像我们一样'时，我们的第一反应是：他？因为我们的女人不仅比男人更聪明、更漂亮，她们还生孩子，给人以生命。当社会出现问题时，女性才是为确保社会生存而奋斗的人。在因纽特人的语言中，他与她之间、人与动物之间没有区别，"她补充说，"他们都是平等的。"5

　　地方自治主义盛行、环保意识极强、女性占主导地位的第一民族在应对 21 世纪的全球挑战时，将有非常不同于美洲大陆和世界其他国家的方法。第一民族从格陵兰岛开始，正在建立一系列自己的民族国家，这将给北美土著民族提供一个向世界其他地区展示他们将如何把后现代生活与前现代的民风巧妙融合的机会。

322

致谢及推荐书目

　　《美利坚的民族》一书在很大程度上是一部综合性的著作，严格来说，是很多前辈、研究合作者及教父母集体智慧的结晶。一些著作对于我思考北美区域文化特别有帮助，我衷心地向那些希望进一步探索北美区域文化的发展、扩张以及特点的人士推荐这些著作。

　　乔尔·加罗在《北美九民族》一书中率先提出了北美是由国际对手界定的。《北美九民族》一书出版于1981年，之后不久就到了我的手中，当时我还是一名初中生。正如我一开始提到的那样，加罗的论点是非历史性的。因此，在我看来，这一论点并不是一针见血的。然而，加罗的总观点——北美大陆确实存在且意义深远的裂痕同官方的政治界限并不吻合——却相当中肯，有助于激发30年后我自己的调查。

　　我最青睐的一些关于区域主义的著作，即使一般读者也容易理解。大卫·哈克特·费舍尔的《阿尔比恩的种子》一书认为，在殖民地时期，四种"英国民俗"被转移到了英属北美殖民地。英属北美殖民地大致相当于新英格兰、内陆地区、沿海低地以及大阿巴拉契亚。费舍尔的重点是展示不列颠群岛特定区域文化同其北美支系特定区域文化之间的延续性，这一主题受到了其他学者的一些打击。我认为费舍尔最重要的贡献是证实了大西洋西岸独具特色区域文化的存在、起源及其显著特征。费舍尔2008年的作品《尚普兰的梦想》对新法兰西的区域文

化进行了类似探讨。萧拉瑟的佳作《世界中心的岛》再现了荷
兰人统治时期纽约的历史，强调了荷兰人对大苹果文化的持久
影响——我衷心赞同这一观点。凯文·菲利普斯 1969 年的预言
性研究《新兴的共和党多数派》确定了区域文化之间的诸多关
键断层，并用这些断层来预测美国 40 年的政治发展；他后来的
两部作品——《堂兄弟之间的战争》（*The Cousins' Wars*，1999）
和《美国神权政治》（*American Theocracy*，2006）——分别利用
区域差异来探讨英美两国之间的关系和美国权力的衰落。在
《得克萨斯制造》（*Made in Texas*，2004）中，迈克尔·林德严
厉抨击了美国政治的迪克西化，指出了我称为大阿巴拉契亚的
地区同他的家乡南方腹地之间紧张的地区关系，以及在 20 世纪
末和 21 世纪初这两个地区之间政策方面的一些显著差异。

324

在专业性较强的学术著作中，有几部作品引人注目。威尔
伯·泽林斯基在《美利坚合众国文化地理学》（*The Cultural
Geography of the United States*，1973）一书中提出了一些绘制和
分析区域文化地图时实用的概念。雷蒙德·加斯蒂尔
（Raymond Gastil）的《美利坚合众国的文化区域》（*Cultural
Regions of the United States*，1975）一书丰富了各种主题和社会
指标中的区域差异。唐纳德·W. 迈尼希（Donald W. Meinig）
的《得克萨斯帝国：一篇文化地理学的诠释性论文》（*Imperial
Texas: An Interpretive Essay in Cultural Geography*，1969）运用类
似的方法来研究在得克萨斯州常常被讨论的文化裂缝。弗雷德
里克·默克（Frederick Merk）的《西进运动史》（*History of the
Westward Movement*，1978）和亨利·格拉西（Henry Glassie）的
《美利坚合众国东部物质民俗文化模式》（*Pattern in the Material
Folk Culture of the Eastern United States*，1968）在追踪移民流动

方面极为有用。

另一些著作揭示了特定民族的重要方面。美国精英学者 E.
迪格比·巴尔策尔（E. Digby Baltzell）在 1979 年的研究《清教
徒波士顿和贵格会费城》（*Puritan Boston and Quaker
Philadelphia*）中，比较和对比了新英格兰和内陆地区智识中心
的主要家族的文化。要想了解北方的西班牙传统，大卫·J. 韦
伯（David J. Weber）的《北美的西班牙边境》（*Spanish Frontier
in North America*，1992）和《1821 ~ 1846 年墨西哥边境：墨西
哥统治下的美国西南部》（*The Mexican Frontier, 1821 – 1846：
The American Southwest Under Mexico*，1982）提供了必不可少的
背景知识。里斯·伊萨克（Rhys Issac）的《1740 ~ 1790 年弗吉
尼亚的转变》（*The Transformation of Virginia 1740 – 1790*，1982）
详细描述了沿海低地士绅们的全盛时期。关于荷兰人统治时代
的新尼德兰，我推荐奥利弗·A. 林克（Oliver A. Rink）1986
年的研究著作《哈得孙河畔的荷兰：荷兰纽约的经济和社会
史》（*Holland on the Hudson：An Economic and Social History of
Dutch New York*）。关于南方腹地及其最初模仿的巴巴多斯体系，
请参阅理查德·S. 邓恩（Richard S. Dunn）1972 年的研究著作
《糖与奴隶：1624 ~ 1713 年英属西印度群岛的种植园主阶级的
崛起》（*Sugar and Slaves：The Rise of the Planter Class in the
English West Indies, 1624 – 1713*）及其 1971 年 4 月在《南卡罗
来纳历史杂志》上发表的论文《英格兰糖岛与南卡罗来纳的建
立》（English Sugar Islands and the Founding of South Carolina）。
20 世纪早期对南方腹地文化进行的颇具代表性却令人毛骨悚然
的学术考察是由芝加哥大学的一个研究小组于 1941 年发表的
《南方腹地：一项关于个案和阶级的社会人类学研究》（*Deep*

325

South：*A Social Anthropological Study of Case and Class*）。关于这些民族向中西部的扩张及其影响，尤其要参阅理查德·鲍尔（Richard Power）的《玉米种植带文化：古老西北部地区南方高地人和新英格人的印象》（*Planting Corn Belt Culture*：*The Impress of The Upland Southerner and Yankee in the Old Northwest*，1953）、保罗·克莱普纳（Paul Kleppner）的《文化交叉：中西部政治社会分析，1850～1900》（*The Cross of Culture*：*A Social Analysis of Midwestern Politics*，*1850 – 1900*，1970）、妮科尔·艾奇逊（Nicole Etcheson）的《新兴中西部：南方高地人和古老西北部地区的政治文化，1787～1861》（*The Emerging Midwest*：*Upland Southerners and the Political Culture of the Old Northwest*，*1787 – 1861*，1996）。关于远西地区和西海岸，首先参阅马克·赖斯纳（Marc Reisner）的《凯迪拉克沙漠》（*Cadillac Desert*，1986）、大卫·艾伦·约翰逊（David Alan Johnson）的《打造远西地区：加利福尼亚、俄勒冈和内华达，1840～1890》（*Founding the Far West*：*California*，*Oregon*，*and Nevada*，*1840 – 1890*，1992）和凯文·斯塔尔（Kevin Starr）的《美利坚人和加利福尼亚梦：1850～1915》（*Americans and the California Dream*，*1850 – 1915*，1973）。我要感谢这些作者——以及作品出现在注释中的其他许多作者——感谢他们创造了如此多的优秀作品。

我最要感谢的是我的妻子莎拉·斯基林·伍达德（Sarah Skillin Woodard），她在读研究生和怀孕的大部分时间里同我一道分担了这个项目中的许多压力。命中注定，《美利坚的民族》和我们的第一个孩子最终不期而遇，莎拉继续编辑手稿，并在我们的角色本应颠倒之时主动向我提供支持和帮助。谢谢你，我的爱人；你知道的，如果没有你的许多贡献和牺牲，这本书是永远无法完成的。我们的儿子亨利最终先于这本书来到这个世界上，他一直是我们快乐和灵感的源泉，即使他的编辑意见有时很难理解。

我的朋友兼新闻界同事塞缪尔·洛文伯格（Samuel Loewenberg）——奔波于柏林、日内瓦和非洲的救济营之间——花时间阅读了《美利坚的民族》的部分内容，并在需要的时候提供了宝贵建议；多谢了，萨姆，我还欠你一份人情。我的经纪人吉尔·格林伯格（Jill Grinberg）不仅大力支持我，而且在紧要关头提供了远远超出职责范围的援助；在遇到困境时，没有一位作家能遇到更好的人了。我要感谢维京出版公司的编辑——里克·科特（Rick Kot）——对这本书和《龙虾海岸》提供的支持和合理建议。还要感谢维京出版公司的设计师保罗·巴克利（Paul Buckley）和华盛顿特区的奥利弗·芒迪（Oliver Munday，设计封面）；维京出版公司的弗朗西丝卡·贝朗格（Francesca Belanger，负责设计这本书本身）；缅因州波特兰市的肖恩·威尔金森（Sean Wilkinson，负责绘制并耐心修改地图）；以及文字编辑凯西·德克斯特（Cathy Dexter，无论你身在何方）。

读者朋友们，感谢你们同我一道开启这段旅程。如果你喜欢这次旅行，请一定要告诉自己的朋友。

2011 年 4 月
缅因州波特兰

注　释

序言

1. Miriam Horn, "How the West Was Really Won," *U.S. News & World Report*, 21 May 1990, p. 56; Samuel L. Huntington, *Who Are We? The Challenges to America's National Identity*, New York: Simon & Schuster, 2004, pp. 67–70; James Allen Smith, *The Idea Brokers: Think Tanks and the Rise of the New Policy Elite*, New York: Free Press, 1991, pp. 179–181; Barack Obama, "Remarks on Iowa Caucus Night," Des Moines, IA, 3 January 2008.
2. Jim Webb, *Born Fighting*, New York: Broadway Books, 2004, pp. 13, 255; Angela Brittingham and C. Patricia de la Cruz, *Ancestry: 2000*, Washington, D.C.: U.S. Census Bureau, 2004, p. 8.
3. Michael Adams, *Fire and Ice: The United States, Canada, and the Myth of Converging Values*, Toronto: Penguin Canada, 2003, pp. 81–83.
4. Oscar J. Martinez, *Troublesome Border*, Tucson: University of Arizona Press, 1988, pp. 107–108.
5. Haya El Nasser, "U.S. Hispanic Population to Triple by 2050," *USA Today*, 12 February 2008; Sebastian Rotella, "Eyewitness: Carlos Fuentes," *Los Angeles Times*, 28 September 1994.
6. Hans Kurath, *A Word Geography of the Eastern United States*, Ann Arbor, MI: University of Michigan Press, 1949, p. 91; Henry Glassie, *Pattern in the Material Folk Culture of the Eastern United States*, Philadelphia: University of Pennsylvania Press, 1968, p. 39; Raymond D. Gastil, *Cultural Regions of the United States*, Seattle: University of Washington Press, 1975, pp. 11, 49, 83, 107, 139; Wilbur Zelinsky, "An Approach to the Religious Geography of the United States," *Annals of the Association of American Geographers*, Vol. 51, No. 2, 1961, p. 193; Kevin Phillips, *The Emerging Republican Majority*, New Rochelle, NY: Arlington House, 1969, pp. 47, 209, 299; Frederick Jackson Turner, *The United States: 1830–1850*, New York: Holt, Rinehart & Winston, 1935 (appended map); Frank Newport, "State of the States: Importance of Religion" (press release), Gallup Inc., 28 January 2009, available at http://www.gallup.com/poll/114022/State-States -Importance-Religion.aspx; U.S. Census Bureau, "Table 228: Educational Attainment by State: 1990 to 2007" in *Statistical Abstract of the United States 2010*, available online via http://www.census.gov/compendia/statab/2010/tables/ 10s0228.pdf.
7. U.S. Census Bureau, *Profile of General Demographic Characteristics: 2000, Geographic Area: New York, N.Y.*, Table DP-1, p. 2, online at http://censtats.census .gov/data/NY/1603651000.pdf.
8. Wilbur Zelinsky, *The Cultural Geography of the United States*, Englewood Cliffs, NJ: Prentice-Hall, 1973, pp. 13–14.

9. Bill Bishop, *The Big Sort*, New York: Houghton Mifflin Harcourt, 2008, pp. 9–10, 45.

10. Donald W. Meinig, *Imperial Texas: An Interpretive Essay in Cultural Geography*, Austin: University of Texas Press, 1969, pp. 110–124; Zelinsky (1973), pp. 114–115.

11. Serge Schmemann, "The New French President's Roots Are Worth Remembering," *New York Times*, 15 May 2007.

第一章　打造北方

1. John H. Burns, "The Present Status of the Spanish-Americans of New Mexico," *Social Forces*, December 1949, pp. 133–138.

2. Charles C. Mann, *1491: New Revelations of the Americas Before Columbus*, New York: Knopf, 2005, pp. 102–103.

3. Alan Taylor, *American Colonies: The Settling of North America*, New York: Penguin, 2001, p. 53–54; Mann, pp. 102–103.

4. Mann (2005), pp. 140–141; Taylor (2001), p. 57.

5. Thomas Campanella, *A Discourse Touching the Spanish Monarchy* [1598], London: William Prynne, 1659, pp. 9, 223.

6. David J. Weber, *The Mexican Frontier, 1821–1846*, Albuquerque: University of New Mexico Press, 1982, p. 232; David J. Weber, *The Spanish Frontier in North America*, New Haven, CT: Yale University Press, 1992, p. 322.

7. Taylor (2001), pp. 460–461; Weber (1992), pp. 306–308; Weber (1982), pp. 45–46.

8. Taylor (2001), p. 61.

9. James D. Kornwolf and Georgiana Kornwolf, *Architecture and Town Planning in Colonial North America, Vol. 1*, Baltimore: Johns Hopkins University, 2002, pp. 122, 140; Robert E. Wright, "Spanish Missions," in *Handbook of Texas Online* at http://www.tshaonline.org/handbook/online/ articles/SS/its2.html.

10. Weber (1992), p. 306; Jean Francois Galaup de La Perouse (1786) as quoted in James J. Rawls, "The California Mission as Symbol and Myth," *California History*, Fall 1992, p. 344.

11. Russell K. Skowronek, "Sifting the Evidence: Perceptions of Life at the Ohlone (Costanoan) Missions of Alta California," *Ethnohistory*, Fall 1998, pp. 697–699.

12. Weber (1982), pp. 123–124, 279.

13. Weber (1992), pp. 15, 324.

14. Clark S. Knowlton, "Patron-Peon Pattern among the Spanish Americans of New Mexico," *Social Forces*, October 1962, pp. 12–17; Gastil (1975), p. 249.

15. Phillips (1969), pp. 282–283; Andrew Gumbel, *Steal This Vote: Dirty Elections and the Rotten History of Democracy in America*, New York: Nation Books, 2005, pp. 17–22.

16. Weber (1982), pp. 243, 284; Martinez (1988), pp. 107–111.

17. Taylor (2001), pp. 82, 458–460; Paul Horgan, *Great River: The Rio Grande in North American History*, Vol. I, New York: Holt, Rinehart & Winston, 1954, pp. 225–226; Weber (1982), pp. 92, 123.

18. Weber (1992), pp. 326–328; Manuel G. Gonzalez, *Mexicanos: A History of Mexicans in the United States*, Bloomington: Indiana University Press, 1999, p. 53; Martinez (1988), p. 107.

19. Edward Larocque Tinker, "The Horsemen of the Americas," *Hispanic American Historical Review*, May 1962, p. 191; Odie B. Faulk, "Ranching in Spanish Texas," *Hispanic American Historical Review*, May 1965, pp. 257, 166; C. Allan Jones, *Texas Roots: Agricultural and Rural Life Before the Civil War*, College Station: Texas A&M University, 2005, pp. 12–16; Peter Tamony, "The Ten-Gallon or Texas Hat," *Western Folklore*, April 1965, pp. 116–117.

20. Hubert Howe Bancroft, *The Works of Hubert Howe Bancroft*, Vol. 19, San Francisco: The History Company, 1886, p. 162; C. Wayne Hanselka and D. E. Kilgore, "The Nueces Valley: The Cradle of the Western Livestock Industry," *Rangelands*, October 1987, p. 196.

第二章　打造新法兰西

1. Samuel Eliot Morison, *Samuel de Champlain: Father of New France*, Boston: Little, Brown & Co., 1972, p. 41.

2. David Hackett Fischer, *Champlain's Dream*, New York: Simon & Schuster, 2008, pp. 21, 37–45, 134.

3. Ibid., pp. 118, 134, 342, 528–529.

4. Samuel de Champlain, *Voyages of Samuel de Champlain, 1604-1618*, Vol. 4, New York: Scribner & Sons, 1907, pp. 54–55; Helena Katz, "Where New France Was Forged," *The Globe & Mail* (Toronto), 26 July 2004.

5. Fischer (2008), pp. 210–217.

6. Morison (1972), pp. 94–95; Fischer (2008), pp. 212–219. 这三个人分别是夏尔·德比安古（Charles de Biencourt，未来的阿卡迪亚总督和副海军上将）、夏尔·拉图尔（Charles La Tour，未来的阿卡迪亚总督），以及罗贝尔·迪蓬-格拉夫（Robert du Pont-Grave，后来成了圣约翰谷的主要毛皮贸易商）。

7. Fischer (2008), pp. 380, 401, 457; Cornelius J. Jaenan, "Problems of Assimilation in New France, 1603-1645," *French Historical Studies*, Spring 1966, p. 275.

8. Sigmund Diamond, "An Experiment in 'Feudalism': French Canada in the Seventeenth Century," *William and Mary Quarterly*, January 1961, pp. 5–13.

9. 其中的一位是我的八世祖母。她于1671年来到魁北克，嫁给另一位新移民并有至少四个孩子。

10. Peter N. Moogk, "Reluctant Exiles: Emigrants from France in Canada before 1760," *William and Mary Quarterly*, July 1989, pp. 471, 477–484, 488; Stanislas A. Lortie and Adjutor Rivard, *L'Origine et le parler de Canadiens-français*, Paris: Honoré Champion, 1903, p. 11; Fischer (2008), pp. 472–488.

11. Moogk (1989), pp. 497; John Ralston Saul, *A Fair Country: Telling Truths About Canada*, Toronto: Penguin Canada, 2008, pp. 9, 11; Diamond (1961), pp. 25, 30.

12. Diamond (1961), p. 30; Saul (2008), pp. 10–11; Alaric and Gretchen F. Faulkner, "Acadian Settlement 1604-1674," in Richard W. Judd et al., eds., *Maine: The Pine Tree State from Prehistory to the Present*, Orono: University of Maine Press, 1994, p. 93; Owen Stanwood, "Unlikely Imperialist: The Baron of Saint-Castin and the Transformation of the Northeastern Borderlands," *French Colonial History*, Vol. 5, 2004, pp. 48–49.

13. Diamond (1961), pp. 21–23.

14. Ibid., pp. 22–23, 28–29; Robert Forster, "France in America," *French Historical Studies*, Spring 2000, pp. 242–243.
15. Moogk (1989), p. 464.

第三章 打造沿海低地

1. Taylor (2001), pp. 129–131; John Smith, "A True Relation (1608)" in Lyon Gardiner Tyler, ed., *Narratives of Early Virginia*, New York: Scribner & Sons, 1907, pp. 136–137; Cary Carson et al., "New World, Real World: Improvising English Culture in Seventeenth-Century Virginia," *Journal of Southern History*, February 2008, p. 40.
2. Carson et al., pp. 40, 68; Jack P. Greene, *Pursuits of Happiness: The Social Development of Early Modern British Colonies and the Formation of American Culture*, Chapel Hill: University of North Carolina Press, 1988, p. 9.
3. Carson et al., p. 69.
4. Taylor (2001), pp. 125–136.
5. Greene (1988), p. 12.
6. Oscar and Mary F. Handlin, "Origins of the Southern Labor System," *William and Mary Quarterly*, April 1950, p. 202; Bernard Bailyn, *Voyagers to the West: A Passage in the Peopling of America on the Eve of the Revolution*, New York: Knopf, 1986, pp. 345–348; David Hackett Fischer, *Albion's Seed: Four British Folkways in America*, New York: Oxford University Press, 1989, pp. 401–402.
7. Greene (1988), p. 84; Handlin & Handlin, pp. 202–204; James H. Brewer, "Negro Property Owners in Seventeenth-Century Virginia," *William and Mary Quarterly*, October 1955, pp. 576, 578.
8. Taylor (2001), pp. 136–137; Robert D. Mitchell, "American Origins and Regional Institutions: The Seventeenth Century Chesapeake," *Annals of the Association of American Geographers*, Vol. 73, No. 3, 1983, pp. 411–412.
9. Warren M. Billings, *Sir William Berkeley and the Forging of Colonial Virginia*, Baton Rouge: Louisiana State University Press, 2004, pp. 97–109; Kevin Phillips, *The Cousins' Wars: Religion, Politics, and the Triumph of Anglo-America*, New York: Basic Books, 1999, pp. 58–59.
10. Billings (2004), p. 107; Douglas Southall Freeman, *Robert E. Lee: A Biography*, New York: Charles Scribner, 1934, p. 160; Fischer (1989), pp. 212–219; David Hackett Fischer, "Albion and the Critics: Further Evidence and Reflection," *William and Mary Quarterly*, April 1991, p. 287; Willard Sterne Randall, *George Washington: A Life*, New York: Holt, 1998, pp. 9–13.
11. Wallace Notestein, *The English People on the Eve of Colonization*, New York: Harper & Row, 1954, pp. 45–60; John Toland, ed., *The Oceana and other works of James Harrington, with an account of his life*, London: T. Becket & T. Cadell, 1737, p. 100.
12. Martin H. Quitt, "Immigrant Origins of the Virginia Gentry: A Study of Cultural Transmission and Innovation," *William and Mary Quarterly*, October 1988, pp. 646–648.
13. Daniel J. Boorstin, *The Americans: The Colonial Experience*, New York: Vintage, 1958, pp. 106–107.

14. Carson et al., p. 84.
15. Fischer (1989), pp. 220–224.
16. Ibid., pp. 398–405; Rhys Isaac, *The Transformation of Virginia*, New York: W. W. Norton, 1982, pp. 134–135.
17. David Hackett Fischer, *Liberty and Freedom*, New York: Oxford University Press, 2005, pp. 5–9.
18. Isaac (1982), pp. 35–39, 66; Kornwolf and Kornwolf (2002), Vol. 2, pp. 578–588, 725; Fischer (1989), p. 412.
19. Fischer (1989), p. 388; Greene (1988), pp. 82–84.

第四章　打造新英格兰

1. Boorstin (1958), pp. 1–9; Greene (1988), p. 19; William D. Williamson, *The History of the State of Maine*, Vol. 1, Hallowell, ME: Glazier, Masters & Co., 1839, pp. 380–381; Fischer (1989), p. 55; Alice Morse Earle, *The Sabbath in Puritan New England*, New York: Charles Scribner & Sons, 1902, pp. 246–247.
2. Greene (1988), pp. 20–21.
3. Alexis de Tocqueville, *Democracy in America* [1835], *Vol. 1*, New York: Knopf, 1945, pp. 32–33.
4. Thomas Jefferson Wertenbaker, *The Puritan Oligarchy*, New York: Charles Scribner's Sons, 1947, pp. 44–47; Fischer (1989), p. 38n.
5. Fischer (1989), pp. 130–131.
6. Taylor (2001), pp. 195, 202.
7. Emerson W. Baker, *The Devil of Great Island: Witchcraft and Conflict in Early New England*, New York: Palgrave MacMillan, 2007, pp. 134–139.
8. Richard Baxter, *Life and Times*, London: M. Sylvester, 1696, p. 51; D. E. Kennedy, *The English Revolution, 1642–1649*, New York: St. Martin's Press, 2000, p. 75 (quoting John Wildman).

第五章　打造新尼德兰

1. Robert C. Ritchie, *The Duke's Province: A Study of New York Politics and Society, 1664–1691*, Chapel Hill: University of North Carolina Press, 1977, pp. 26–29; H. L. Mencken, *The American Language*, New York: Alfred Knopf, 1921, p. 348.
2. "Relation of 1647" in Reuben Gold Thwaites, ed., *The Jesuit Relations and Allied Documents*, Vol. 31, Cleveland: Burrows Brothers, 1898, p. 99
3. R. R. Palmer and Joel Colton, *A History of the Modern World to 1815*, New York: Alfred Knopf, 1983, pp. 159–163; Els M. Jacobs, *In Pursuit of Pepper and Tea: The Story of the Dutch East India Company*, Amsterdam: Netherlands Maritime Museum, 1991, pp. 11–18.
4. Russell Shorto, *Island at the Center of the World*, New York: Doubleday, 2004, pp. 94–100; James H. Tully, ed., *A Letter Concerning Toleration* [1689], Indianapolis, IN: Hackett Publishing, 1983, p. 1.
5. Joep de Koning, "Governors Island: Lifeblood of American Liberty," paper given at the AANS/NNS Conference, Albany, NY, 9 June 2006, pp. 3–4, 8–10; Shorto, (2004) pp. 94–96; William Bradford, "History of Plymouth Plantation [1648]" in

William T. Davis, ed., *Bradford's History of Plymouth Plantation 1606-1646*, New York: Charles Scribner's & Sons, 1920, p. 46.

6. Oliver A. Rink, *Holland on the Hudson: An Economic and Social History of Dutch New York*, Ithaca, NY: Cornell University Press, 1986, p. 156.

7. Ibid., pp. 98–115; Taylor (2001), p. 255.

8. Rink (1986), pp.233–235; Koning (2006), pp. 12–14; Thomas J. Archdeacon, *New York City, 1664-1710: Conquest and Change*, Ithaca, NY: Cornell University Press, 1979, p. 45.

9. Rink (1986), p. 227; p. 169; Laurence M. Hauptman and Ronald G. Knapp, "Dutch-Aboriginal interaction in New Netherland and Formosa: An historical geography of empire," *Proceedings of the American Philosophical Society*, April 1977, pp. 166–175; Shorto (2004), p. 124.

10. Ritchie (1977), pp. 150–151; William S. Pelletreau, *Genealogical and Family History of New York*, Vol. 1, New York: Lewis Publishing Co., 1907, pp. 147–153; Cuyler Reynolds, *Genealogical and Family History of Southern New York*, Vol. 3, New York: Lewis Publishing Co., 1914, p. 1371; Lyon Gardiner Tyler, *Encyclopedia of Virginia Biography*, Vol. 4, New York: Lewis Historical, 1915, p. 5.

11. Rink (1986), pp. 160–164, 169; Archdeacon (1979), p. 34.

12. Taylor (2001), pp. 259–60.

13. Shorto (2004), pp. 293–296; Ritchie (1977), pp. 31–33; Taylor (2001), p. 260.

第六章　殖民地的第一次叛乱

1. Chief Justice Joseph Dudley, quoted in John Gorham Palfrey, *History of New England*, Vol. 3, Boston: Little, Brown & Co, 1882, pp. 514–531.

2. Quote on troops from Palfrey, pp. 517n, 521–522; David S. Lovejoy, *The Glorious Revolution in America*, New York: Harper & Row, 1972, pp. 180–181, 189–193; "Declaration of the Gentlemen, Merchants, and Inhabitants of Boston and the Country adjacent, April 18, 1689," in Nathanael Byfield, *An Account of the Late Revolution in New England*, London: Richard Chitwell, 1689, pp. 12–24.

3. "Declaration," in Byfield, pp. 11–12.

4. Lovejoy (1972), p. 182; Increase Mather, "Narrative of the Miseries of New England, By Reason of an Arbitrary Government Erected There" (December 1688), in *Collections of the Massachusetts Historical Society*, 4th series, Vol. 9, Boston: Massachusetts Historical Society, 1871, p. 194.

5. Byfield (1689), p. 24.

6. Palfrey (1882), pp. 576–583; Lovejoy (1972), 240; David Lyon, *The Sailing Navy List*, London: Conway, 1993, p. 13.

7. "Depositions of Charles Lodowyck, New York: 25 July 1689," in J. W. Fortescue, ed., *Calendar of State Papers, Colonial Series, America and West Indies: 1689-1692*, London: His Majesty's Stationery Office, 1901, p. 108.

8. "Letter from members of the Dutch Church in New York to the Classis of Amsterdam," 21 October 1698, in *Collections of the New York Historical Society for the Year 1868*, New York: Trow-Smith, 1873, p. 399; Adrian Howe, "The Bayard Treason Trial: Dramatizing Anglo-Dutch Politics in Early Eighteenth-

Century New York City," *William and Mary Quarterly*, Third Series, 47:1 (January 1990), p. 63.

9. "Declarations of the freeholders of Suffolk, Long Island," in Fortescue, p. 35; "Lt. Governor Nicholson to the Lords of Trade, New York, 15 May 1689," in Fortescue, p. 38; Stephen Saunders Webb, *Lord Churchill's Coup: The Anglo-American Empire and the Glorious Revolution of 1688 Reconsidered*, Syracuse, NY: Syracuse University Press, 1998, pp. 199-200.

10. "Address of the Militia of New York to the King and Queen, June 1689," in Fortescue, p. 76; "Letter from members of the Dutch Church . . . ," pp. 399-400; "Deposition of Lt. Henry Cuyler, New York: 10 June 1689," in Fortescue, p. 65.

11. "Stephen van Cortland to Governor Andros, New York: 9 July 1689," in Fortescue, pp. 80-81; David W. Vorhees, "The 'Fervent Zeal' of Jacob Leisler," *William and Mary Quarterly*, Vol. 51, No. 3, 1994, p. 471.

12. "Minutes of the Council of Maryland, 24 March 1689," in Fortescue, p. 18; "Minutes of the Council of Virginia, 26 April 1689," in Fortescue, p. 32; Thomas Condit Miller and Hu Maxwell, *West Virginia and Its People, Vol. 3*, New York: Lewis Historical Publishing Co., 1913, p. 843; "Nicholas Spencer to William Blatwayt, Jamestown, Va.: 27 April 1689," in Fortescue, p. 32; "Nicholas Spencer to Lord of Board and Plantations, Jamestown, Va.: 29 April 1689," in Fortescue, p. 33.

13. Lovejoy (1972), pp. 266-267; "Declaration of the reasons and motives for appearing in arms on behalf of the Protestant subjects of Maryland, 25 July 1689," in Fortescue, pp. 108-109; Michael Graham, "Popish Plots: Protestant Fears in Early Colonial Maryland, 1676-1689," *Catholic Historical Review*, Vol. 75, No. 2, April 1993, pp. 197-199, 203; Beverly McAnear, "Mariland's Grevances Wiy the Have taken Op Arms," *Journal of Southern History*, Vol. 8, No. 3, August 1942, pp. 405-407.

14. Lovejoy (1972), pp. 256-257; Howe (1990), p. 64; Taylor (2001), pp. 284-285.

15. "The case of Massachusetts colony considered in a letter to a friend at Boston, 18 May 1689," in Fortescue, p. 40; Taylor (2001), pp. 283-284.

第七章　打造南方腹地

1. Richard S. Dunn, *Sugar and Slaves: The Rise of the Planter Class in the English West Indies 1624-1713*, Chapel Hill: University of North Carolina Press, 1972, p. 77; Taylor (2001), pp. 215-216; David Robertson, *Denmark Vesey*, New York: Alfred Knopf, 1999, p. 15.

2. Dunn (1972), pp. 69, 72.

3. Ibid., pp. 73; Richard S. Dunn, "English Sugar Islands and the Founding of South Carolina," *South Carolina Historical Magazine*, Vol. 101, No. 2 (April 1971), pp. 145-146.

4. Robertson (1999), p. 14; Greene (1988), p. 147; Robert Olwell, *Masters, Slaves and Subjects: The Culture of Power in the South Carolina Low Country, 1740-1790*. Ithaca, NY: Cornell University Press, 1998, pp. 34-35, 37.

5. Olwell (1998), pp. 79, 81; Dunn (2000), p. 153.

6. Fischer (2005), pp. 70-71.

7. Maurie D. McInnis, *The Politics of Taste in Antebellum Charleston*, Chapel Hill: University of North Carolina Press, 2005, p. 324; Taylor (2001), p. 226; Kurath (1949), p. 5.
8. M. Eugene Sirmans, "The Legal Status of the Slave in South Carolina, 1670–1740," *Journal of Southern History*, Vol. 28, No. 4, November 1962, pp. 465–467; "An Act for the Better Ordering and Governing of Negroes and Slaves" [1712 reenactment of the 1698 law] in David J. McCord, *The Statutes at Large of South Carolina, Vol. 7*, Columbia, SC: A. B. Johnston, 1840, pp. 352–365.
9. 关于不同奴隶制的精彩叙述，参见Ira Berlin, "Time, Space, and the Evolution of Afro-American Society on British Mainland North America," *American Historical Review*, Vol. 85, No. 1, February 1980, pp. 44–78。
10. Greene (1998), pp. 191–192; Berlin (1980), pp. 68–69, 72, 74.
11. Greene (1998), pp. 191–192; Berlin (1980), p. 56, 66; Robertson (1999), p. 18.
12. Allison Davis et al., *Deep South: A Social Anthropological Study of Caste and Class*, Chicago: University of Chicago Press, 1941, pp. 15–44.
13. Ibid., pp. 244–250; Martha Elizabeth Hodes, *Sex, Love, Race: Crossing Boundaries in North American History*, New York: New York University Press, 1999, p. 119; Caryn E. Neumann, *Sexual Crime: A Reference Book*, Santa Barbara, CA: ABC-Clio, 2010, p. 6; Josiah Quincy quoted in Olwell (1998), p. 50.
14. Olwell (1998), pp. 21–25.
15. Greene (1988), p. 142; Betty Smith, *Slavery in Colonial Georgia, 1730–1775*, Athens: University of Georgia Press, 1984, p. 5; Taylor (2001), pp. 241–242.
16. Taylor (2001), pp. 243–244; Allan Gallay, "Jonathan Bryan's Plantation Empire: Law, Politics and the Formation of a Ruling Class in Colonial Georgia," *William and Mary Quarterly*, Vol. 45, No. 2, April 1988, pp. 253–279.

第八章 打造内陆地区

1. Cara Gardina Pestana, "The Quaker Executions as Myth and History," *Journal of American History*, Vol. 80, No. 2, September 1993, pp. 441, 460–461; Taylor (2001), pp. 264–265; Theophilus Evans, *The History of Modern Enthusiasm, from the Reformation to the Present Times*, London: W. Owen, 1757, p. 84; Boorstin (1958), pp. 35–39.
2. E. Digby Baltzell, *Puritan Boston and Quaker Philadelphia*, New York: Free Press, 1979, pp. 94–106.
3. Samuel Pepys, journal entry of 30 August 1664; "Sir William Penn" and "William Penn," in Hugh Chisholm, ed., *Encyclopedia Britannica*, 11th edition, Vol. 21, New York: Encylopaedia Britannica Co., 1911, pp. 99–104; Richard S. Dunn, "An Odd Couple: John Winthrop and William Penn," *Proceedings of the Massachusetts Historical Society*, 3rd Series Vol. 99, 1987, pp. 7–8.
4. Dunn (1987), p. 3.
5. Ibid., pp. 3–4; Fischer (1989), pp. 453–455, 461; Kornwolf and Kornwolf, Vol. 2, pp. 1175–1177.
6. Taylor (2001), p. 267; Dunn (1987), pp. 10–12; John Alexander Dickinson and Brian J. Young, *A Short History of Quebec*, Montreal: McGill-Queen's University Press, 2003, pp. 65–66.

7. Walter Allen Knittle, *Early Eighteenth Century Palatine Emigration*, Philadelphia: Dorrance & Co., 1936, pp. 1–81; Dunn (1987), p. 16; Charles R. Haller, *Across the Atlantic and Beyond: The Migration of German and Swiss Immigrants to America*, Westminster, MD: Heritage Books, 1993, p. 200; Oscar Kuhns, *The German and Swiss Settlements of Colonial Pennsylvania*, New York: Abingdon Press, 1914, p. 57.

8. Fischer (1989), p. 432; Richard H. Shryock, "British Versus German Traditions in Colonial Agriculture," *Mississippi Valley Historical Review*, Vol. 26, No. 1, June 1939, pp. 46–49.

9. Shryock, pp. 49–50; Fischer (1989), pp. 601–602; "The German Protest Against Slavery, 1688," *The Penn Monthly*, February 1875, p. 117.

10. Baltzell (1979), pp. 127–132; Boorstin (1958), p. 68; John Fanning Watson, *Annals of Philadelphia and Pennsylvania, in the Olden Time*, Vol. 1, Philadelphia: Elijah Thomas, 1857, p. 106.

11. R. J. Dickson, *Ulster Emigration to Colonial America, 1718–1775*, Belfast, U.K.: Ulster Historical Foundation, 1976, p. 225; James Leyburn, *The Scotch-Irish: A Social History*, Chapel Hill: University of North Carolina Press, 1962, pp. 175, 180, 192.

12. Boorstin (1958), pp. 51–53.

13. Ibid., pp. 54–66; Taylor (2001), p. 430.

第九章　打造大阿巴拉契亚

1. "State of the Commonwealth of Scotland" in William K. Boyd, ed., *Calendar of State Papers, Scotland, 1547–1603: Vol. 5, 1574–1581*, Edinburgh: H. M. General Register House, 1907, p. 564; Fischer (1989), p. 628; Jonathan Swift, *Proposal for Universal Use of Irish Manufacture*, Dublin: E. Waters, 1720.

2. Phillips (1999), p. 179.

3. Charles Knowles Bolton, *Scotch Irish Pioneers in Ulster and America*, Boston: Bacon & Brown, 1910, pp. 44–45.

4. "Abstract of the receipts on the hereditary and additional duties [in Ireland]," in Richard Arthur Roberts, ed., *Calendar of Home Papers, 1773–1775*, London: Her Majesty's Stationery Office, 1899, pp. 513–514; Bailyn (1986), pp. 36–42.

5. Patrick Griffin, *The People with No Name*, Princeton, NJ: Princeton University Press, 2001, pp. 102–105.

6. Ibid., pp. 593–596; Warren R. Hofstra, "The Virginia Backcountry in the Eighteenth Century," *Virginia Magazine of History and Biography*, Vol. 101, No. 4, October 1993, pp. 490, 493–494; Fischer (1989), pp. 740–741.

7. Grady McWhiney, *Cracker Culture: Celtic Ways in the Old South*, Tuscaloosa: University of Alabama Press, 1988, pp. 52–57; Charles Woodmason, *The Carolina Backcountry on the Eve of the Revolution* [1768], Chapel Hill: University of North Carolina Press, 1953, p. 52.

8. Hofstra (1993), p. 499; Fischer (1989), pp. 765–771; Griffin (2001), p. 112.

9. Fischer (1989), pp. 749–757, 772–774; Leyburn (1962), pp. 261–269.

10. Bailyn (1986), pp. 13–29.

11. Joanna Brooks, "Held Captive by the Irish: Quaker Captivity Narratives in Frontier Pennsylvania," *New Hibernia Review*, Autumn 2004, p. 32; Rachel N. Klein,

"Ordering the Backcountry: the South Carolina Regulation," *William and Mary Quarterly*, Vol. 38, No. 4, October 1981, pp. 668–672.

12. Brooke Hindle, "March of the Paxton Boys," *William and Mary Quarterly*, Third Series, Vol. 3, No. 4, October 1946, pp. 461–486.

13. Ibid.; Merrill Jensen, *The Founding of a Nation: A History of the American Revolution*, New York: Oxford University Press, 1968, p. 27.

14. Charles Desmond Dutrizac, "Local Identity and Authority in a Disputed Hinterland: The Pennsylvania-Maryland Border in the 1730s," *Pennsylvania Magazine of History and Biography*, Vol. 115, No. 1, January 1991, pp. 35–61; Taylor (2001), p. 434; Klein (1981), pp. 671–680.

15. Klein (1981), pp. 671–679; Robert F. Sayre, ed., *American Lives: An Anthology of Autobiographical Writing*, Madison: University of Wisconsin, 1994, p. 171.

16. Walter B. Edgar, *South Carolina: A History*, Columbia: University of South Carolina Press, 1998, pp. 212–216; Klein (1981), p. 680.

17. Robert D. W. Connor, *History of North Carolina*, Vol. 1, Chicago: Lewis Publishing Co., 1919, pp. 302–320.

18. George D. Wolf, *The Fair Play Settlers of the West Branch Valley, 1769-1784*, Harrisburg, PA: BiblioBazaar, 1969, pp. 27–28, 46–48, 88.

19. Bailyn (1986), pp. 21–22, 536–541.

第十章　共同斗争

1. Linda Colley, *Britons: Forging the Nation, 1707-1737*, New Haven, CT: Yale University Press, 1994, p. 167; Fischer (1989), pp. 823–824.

2. Taylor (2001), pp. 438–442; Fischer (1989), pp. 824–826; Marshall Delancey Haywood, "The Story of Queen's College or Liberty Hall in the Province of North Carolina," *North Carolina Booklet*, Vol. 11, No. 1, July 1911, p. 171; Phillips (1999), pp. 86–88, 93; Joseph C. Morton, *The American Revolution*, Westport, CT: Greenwood Press, 2003, p. 31.

3. 即便如此，马萨诸塞还是有一座城镇和一所大学以他的姓氏命名。

4. Bernhard Knollenberg, "General Amherst and Germ Warfare," *Mississippi Valley Historical Review*, Vol. 41, No. 3, December 1954, pp. 489–494; Taylor (2001), pp. 433–437.

5. Phillips (1999), pp. 171–173; Edmund S. Morgan, "The Puritan Ethic and the American Revolution," *William and Mary Quarterly*, Vol. 24, No. 1, January 1967, pp. 3–43; Fischer (1989), p. 827; Capt. Levi Preston quoted in David Hackett Fischer, *Paul Revere's Ride*, New York: Oxford University Press, 1995, pp. 163–164.

6. John M. Murrin et al., eds., *Liberty, Equality, Power: A History of the American People*, Belmont, CA: Thompson Learning, 2009, pp. 148–149.

7. Marc Engal, "The Origins of the Revolution in Virginia: A Reinterpretation," *William and Mary Quarterly*, Vol. 37, No. 3, July 1980, pp. 401–428; Thad W. Tate, "The Coming of the Revolution in Virginia: Britain's Challenge to Virginia's Ruling Class, 1763-1776," *William and Mary Quarterly*, Third Series, Vol. 19, No. 3, July 1962, pp. 324–343.

8. A. Roger Ekirch, "Whig Authority and Public Order in Backcountry North Carolina, 1776-1783," in Ronald Hoffman et al., eds., *An Uncivil War: The*

Southern Backcountry During the American Revolution, Charlottesville: University Press of Virginia, 1985, pp. 99–103.

9. Phillips (1999), pp. 211–219; Baltzell (1979), p. 181.

10. Edward Countryman, "Consolidating Power in Revolutionary America: The Case of New York, 1775–1783," *Journal of Interdisciplinary History*, Vol. 6, No. 4, Spring 1976, pp. 650–670.

11. Robert A. Olwell, "'Domestic Enemies': Slavery and Political Independence in South Carolina, May 1775–March 1776," *Journal of Southern History*, Vol. 55, No. 1, Feb. 1989, pp. 21–22, 27–28.

12. Ibid., pp. 29–30.

13. Karen Northrop Barzilay, "Fifty Gentlemen Total Strangers: A Portrait of the First Continental Congress," doctoral dissertation, The College of William and Mary, January 2009, pp. 17–20.

14. John Adams quoted in Boorstin (1958), p. 404.

15. John E. Ferling, *A Leap in the Dark: The Struggle to Create the American Republic*, New York: Oxford University Press, 2003, p. 116.

16. "Letter of Noble Wimberly Jones, Archibald Bulloch, and John Houstoun to the President of the First Continental Congress, Savannah, Ga.: 6 April 1775," in Allen Candler, ed., *Revolutionary Records of the State of Georgia*, Vol. 1, Atlanta: Franklin Turner, 1908.

17. George Wilson, *Portrait Gallery of the Chamber of Commerce of the State of New York*, New York: Chamber of Commerce, 1890, pp. 30–32; Barzilay (2009), pp. 182–183; Carl Lotus Becker, *The History of Political Parties in the Province of New York, 1670–1776*, Madison: University of Wisconsin, 1907, pp. 143–146.

18. Barzilay (2009), pp. 291–295; "Plan of Union," in Worthington C. Ford et al., eds., *Journals of the Continental Congress, 1774–1789*, Vol. 1, Washington, D.C.: Government Printing Office, 1904, pp. 49–51; Becker, p. 143, n. 149.

19. Henry Laurens quoted in Olwell (1989), p. 29.

第十一章　六场解放战争

1. David Hackett Fischer, *Paul Revere's Ride*, New York: Oxford University Press, 1995, p. 151–154; Max M. Mintz, *The Generals of Saratoga*, New Haven, CT: Yale University Press, 1990, pp. 82–84; Joseph Ellis, *American Creation: Triumphs and Tragedies at the Founding of the Republic*, New York: Knopf, 2007, pp. 32–34.

2. Robert McCluer Calhoon, *The Loyalists in Revolutionary America, 1760–1781*, New York: Harcourt Brace, 1973, pp. 371–372; Oscar Barck, *New York City During the War for Independence*, Port Washington, NY: Ira J. Friedman Inc., 1931, pp. 41–44; Judith L. Van Buskirk, *Generous Enemies: Patriots and Loyalists in Revolutionary New York*, Philadelphia: University of Pennsylvania Press, 2002, p. 16.

3. Bart McDowell, *The Revolutionary War: America's Fight for Freedom*, Washington, D.C.: National Geographic Society, 1977, pp. 58–60; Calhoon, pp. 373–377; Countryman (1976), p. 657; Christopher Moore, *The Loyalists: Revolution, Exile, Settlement*, Toronto: Macmillan of Canada, 1984, pp. 93–101; Reverend Ewald Schaukirk quoted in Van Buskirk, p. 21; Barck, pp. 78, 192–195; Calhoon,

pp. 362–363; Edwin G. Burrows and Mike Wallace, *Gotham: A History of New York City to 1898*, New York: Oxford University Press, 2000, p. 194.

4. Calhoon (1973), pp. 356–358; Piers Mackesy, "British Strategy in the War of American Independence," in David L. Jacobson, ed., *Essays on the American Revolution*, New York: Holt, Rinehart and Winston, 1970, pp. 174–6.

5. Moore (1984), pp. 107–109; Buskirk (2002), pp. 179, 193.

6. Calhoon (1973), pp. 360, 382–390.

7. Ibid., pp. 390–395; McDowell (1977), pp. 66–81.

8. Anne M. Ousterhout, "Controlling the Opposition in Pennsylvania during the American Revolution," *Pennsylvania Magazine of History and Biography*, Vol. 105, No. 1, January 1981, pp. 4–5, 16–17, 30.

9. Olwell (1989), pp. 30–32, 38.

10. Ibid., pp. 37–48.

11. Zubly quoted in Gordon S. Wood, *The Creation of the American Republic, 1776–1787*, Chapel Hill: University of North Carolina Press, 1969, p. 95; Olwell (1989), p. 36; W. W. Abbot, "Lowcountry, Backcountry: A View of Georgia in the American Revolution," in Hoffman et al., (1985), pp. 326–328.

12. 在标志七年战争结束的1763年《巴黎条约》中，西班牙将佛罗里达割让给英国。

13. Calhoon (1973), p. 474.

14. Leyburn (1962), p. 305.

15. Richard R. Beeman, "The Political Response to Social Conflict in the Southern Backcountry" in Hoffman et al., (1985), p. 231; Ekrich in Hoffman et al., pp. 99–100, 103–111; Crow in Hoffman et al., pp. 162, 168–169; Fischer (2005), pp. 82–84.

16. Olwell (1989), pp. 32, 37; British Maj. George Hanger quoted in Robert M. Weir, "The Violent Spirit: the Reestablishment of Order and the Continuity of Leadership in Post-Revolutionary South Carolina," in Hoffman et al., (1985), p. 74; Henry Lee to Gen. Greene, 4 June 1781, in Richard K. Showman, ed., *The Papers of General Nathanael Greene*, Vol. 8, Chapel Hill: University of North Carolina Press, 2005, pp. 300–311.

17. Weir in Hoffman et al., (1985), p. 71–78; Calhoon, pp. 491–495.

18. Weir in Hoffman et al., (1985), pp. 76–77.

19. Olwell (1989), pp. 36, 40–41.

20. Gary B. Nash, *The Unknown American Revolution: The Unruly Birth of Democracy and the Struggle to Create America*, New York: Penguin, 2006, pp. 335–339.

第十二章　独立或革命？

1. Jack P. Greene, "The Background of the Articles of Confederation," *Publius*, Vol. 12, No. 4, Autumn 1982, pp. 32, 35–36.

2. Jack Rakove, "The Legacy of the Articles of Confederation," *Publius*, Vol. 12, No. 4, Autumn 1982, pp. 45–54; Greene (1982), pp. 37–40, 42.

3. Calvin C. Jillson, "Political Culture and the Pattern of Congressional Politics Under the Articles of Confederation," *Publius*, Vol. 18, No. 1, Winter 1988, pp. 8–10; H. James Henderson, "Factional relationships between the Continental

Congress and State Legislatures; a new slant on the politics of the American Revolution," *Proceedings of the Oklahoma Academy of Sciences for 1966* [Vol. 47], Oklahoma Academy of Sciences, 1967, pp. 326–327.

4. Jillson, pp. 11–12, 17.

5. Paul Wentworth, "Minutes respecting political Parties in America and Sketches of the leading Persons in each Province [1778]" in B. F. Stevens, ed., *Facsimiles of Manuscripts in European Archives*, London: Malby & Sons, 1889; "London, January 6," *South-Carolina Weekly Gazette*, 10 April 1784, p. 2; Bancroft quoted in Joseph Davis, *Sectionalism in American Politics, 1774–1787*, Madison: University of Wisconsin Press, 1977, p. 67.

6. J. R. Pole, "Historians and the Problem of Early American Democracy" in Jacobson (1970), pp. 236–237.

7. Merrill Jensen, "Democracy and the American Revolution" in Jacobson, pp. 219–225.

8. Jensen in Jacobson, pp. 218, 226–227; quotes from Howard Zinn, *A People's History of the United States*, New York: HarperCollins, 1999, pp. 70, 75, 81, 83, 85, 88–89; J. R. Pole, "Historians and the Problem of Early American Democracy" in Jacobson (1970), p. 238; Phillips (1999), p. 324.

9. Alexander Hamilton, "Federalist No. 8" and "Federalist No. 15," in Clinton Rossiter, ed., *The Federalist Papers*, New York: Penguin, 1961, pp. 66–71, 107; Washington quoted in Richard B. Morris, "The Confederation Period and the American Historian," *William and Mary Quarterly*, 3rd Series, Vol. 13, No. 2, April 1956, p. 139.

10. John P. Roche, "The Founding Fathers: A Reform Caucus in Action," in Jacobson (1970), pp. 267–271; Calvin Jillson and Thornton Anderson, "Voting Bloc Analysis in the Constitutional Convention: Implications for an Interpretation of the Connecticut Compromise," *Western Political Quarterly*, Vol. 31, No. 4, December 1978, pp. 537–547.

11. Shorto (1983), pp. 304–305, 315–316.

12. See Orin Grant Libby, "The Geographical Distribution of the Vote of the Thirteen States on the Federal Constitution, 1787–8," *Bulletin of the University of Wisconsin*, Vol. 1, No. 1, June 1894, pp. 1–116.

13. Roche in Jacobson (1970), pp. 267–275; Jillson and Anderson (1978), pp. 542–545.

第十三章　北方民族

1. John Bartlett Brebner, *The Neutral Yankees of Nova Scotia*, New York: Russell & Russell, 1970, pp. 24–29, 54–57, 312–319; Ann Gorman Condon, *The Envy of the American States: The Loyalist Dream for New Brunswick*, Fredericton, NB: New Ireland Press, 1984, p. 78; Worthington Chauncey Ford, ed., *Journals of the Continental Congress 1774–1789*, Vol. 3, Washington, D.C.: Government Printing Office, 1905, p. 315; Phillips (1999), pp. 141–145.

2. Jack P. Greene, "The Cultural Dimensions of Political Transfers," *Early American Studies*, Spring 2008, pp. 12–15.

3. Justin H. Smith, *Our Struggle for the Fourteenth Colony: Canada and the American Revolution*, Vol. 1, New York: G. P. Putnam's Sons, 1907, p. 474.

4. "Thomas Dundas to the Earl Cornwallis, Saint John, N.B., 28 December 1786," in Charles Ross, ed., *Correspondence of Charles, first Marquis Cornwallis*, Vol. 1, London: John Murray, 1859, p. 279; Condon (1984), pp. 85–89.

5. Condon (1984), pp. 85–89, 190–192; Stephen Kimber, *Loyalists and Layabouts: The Rapid Rise and Faster Fall of Shelburne, Nova Scotia*, Scarborough, Ont.: Doubleday Canada, 2008, pp. 3, 10, 291–295, 301.

6. Alan Taylor, "The Late Loyalists: Northern Reflections of the Early American Republic," *Journal of the Early Republic*, Vol. 27, Spring 2007, p. 23.

7. Ibid., pp. 3–31.

8. Ibid.

第十四章　第一批分裂主义者

1. Terry Bouton, *Taming Democracy: "The People," The Founders, and the Troubled Ending of the American Revolution*, New York: Oxford University Press, 2007, pp. 178–179.

2. Ibid., pp. 181–183.

3. Ibid., pp. 76–77, 83–87.

4. Ibid., pp. 83–87.

5. 关于富兰克林国，参见 Samuel Cole Williams. *History of the Lost State of Franklin*, Johnson City, TN: Watauga Press, 1933; John C. Fitzpatrick, *Journals of the Continental Congress*, Vol. 28, Washington, D.C.: Government Printing Office, 1933, pp. 384–385。

6. Bouton, pp. 197–215.

7. Ibid., pp. 224–226.

8. William Hogeland, *The Whiskey Rebellion*, New York: Scribner, 2006, pp. 172–176, 181–183, 205–208; Bouton (2007), pp. 234–241.

9. James M. Banner Jr., *To the Hartford Convention: The Federalists and the Origins of Party Politics in Massachusetts, 1789-1815*, New York: Alfred A. Knopf, 1970, pp. 89–92.

10. David McCullough, *John Adams*, New York: Simon & Schuster, 2001, pp. 504–505; *Courier of New Hampshire*, 22 August 1797.

11. McCullough, pp. 505–506; Vanessa Beasley, *Who Belongs in America?*, College Station, TX: Texas A&M University Press, 2006, pp. 45–46, 53; H. Jefferson Powell, "The Principles of '98: An Essay in Historical Retrieval," *Virginia Law Review*, Vol. 80, No. 3, April 1994, p. 704.

12. James P. Martin, "When Repression Is Democratic and Constitutional: The Federalist Theory of Representation in the Sedition Act of 1798," *University of Chicago Law Review*, Vol. 66, No. 1, Winter 1999, pp. 146–148; *The Patriotick Proceedings of the Legislature of Massachusetts*, Boston: Joshua Cushing, 1809, p. 116.

13. Beasley (2006), p. 47; Kevin R. Gutzman, "A Troublesome Legacy: James Madison and 'The Principles of '98,'" *Journal of the Early Republic*, Vol. 15, No. 4, Winter 1995, pp. 580–581; Birte Pflegler, "'Miserable Germans' and Fries's Rebellion," *Early American Studies*, Fall 2004, pp. 343–361.

14. McCullough (2001), p. 521; Fischer (1989), p. 843.

15. McCullough (2001), pp. 521–525.

16. Donald W. Meinig, "Continental America, 1800-1915: The View of a Historical Geographer," *The History Teacher*, Vol. 22, No. 2, February 1989, p. 192; Edmund Quincy, *Life of Josiah Quincy*, Boston: Ticknor & Fields, p. 91; Banner (1970), p. 100.

17. Banner (1970), pp. 13-14, 34-35, 37; *Patriotick Proceedings*, p. 90; Alison LaCroix, "A Singular and Awkward War: The Transatlantic Context of the Hartford Convention," *American Nineteenth Century History*, Vol. 6, No. 1, March 2005, p. 10.

18. Banner (1970), pp. 41-42; J. S. Martell, "A Side Light on Federalist Strategy During the War of 1812," *American Historical Review*, Vol. 43, No. 3, April 1938, pp. 555-556; Samuel Eliot Morison, ed., *The Life and Letters of Harrison Gray Otis*, Vol. 2, Boston: Houghton Mifflin, 1913, pp. 5-8; "Federal Project of Secession from the Union," *The Democrat* [Boston], 1 February 1809, p. 3.

19. 新英格兰的第六个州缅因州直至1820年才从马萨诸塞重获独立;Samuel Eliot Morison, "Our Most Unpopular War," *Proceedings of the Massachusetts Historical Society*, Third Series, Vol. 80 (1968), pp. 39-43。

20. Donald R. Hickey, *The War of 1812: A Forgotten Conflict*, Urbana: University of Illinois Press, p. 256; Martell (1938), pp. 559-564; Meinig (1989), p. 199.

21. Morison (1968), pp. 47-52; "The Crisis," *Columbian Centinel* [Boston], 17 December 1814, p. 1.

22. Morison (1968), pp. 52-54; "Report and the Resolutions of the Hartford Convention," *Public Documents Containing the Proceedings of the Hartford Convention*, Boston: Massachusetts Senate, 1815.

第十五章　新英格兰向西扩张

1. Frederick Merk, *History of the Westward Movement*, New York: Knopf, 1978, pp. 112-114; Howard Allen Bridgman, *New England in the Life of the World*, Boston: Pilgrim Press, 1920, pp. 30, 34-35.

2. Bridgman, pp. 49, 51, 64-66; Lois Kimball Matthews, *The Expansion of New England*, Boston: Houghton Mifflin, 1909, p. 180.

3. "Marietta College," in James J. Burns, *The Educational History of Ohio*, Columbus: Historical Publishing Co., 1905, p. 370; Albert E. E. Dunning, *The Congregationalists in America*, New York: J. A. Hill, 1894, pp. 368-377.

4. Matthews (1909), pp. 207, 231; Ellis B. Usher, "The Puritan Influence in Wisconsin," *Proceedings of the State Historical Society of Wisconsin* [for 1898], Madison, WI, 1899, pp. 119, 122; *Portrait and Biographical Record of Sheboygan County, Wisconsin*, Chicago: Excelsior, 1894, pp. 125-184; Bridgman (1920), p. 112.

5. Phillips (1969), pp. 331-332.

6. Rev. M. W. Montgomery, "The Work Among the Scandinavians," *Home Missionary*, March 1886, p. 400.

7. Paul Kleppner, *The Third Electoral System, 1853-1892*, Chapel Hill: University of North Carolina Press, 1979, p. 48; John H. Fenton, *Midwest Politics*, New York: Holt, Rinehart & Winston, 1966, p. 77; Paul Kleppner, *The Cross of Culture: A Social Analysis of Midwestern Politics, 1850-1900*, New York: Free Press, 1970, pp. 76-78.

8. 经典研究是 Kleppner (1979)。See also Phillips (1969); Fenton; Kleppner (1 970).
9. Stewart H. Holbrook, *The Yankee Exodus*, Seattle: University of Washington Press, 1950, pp. 68–72.
10. Merk (1978), p. 119.
11. Kevin Phillips, *American Theocracy*, New York: Viking, 2006, pp. 110–111; D. Michael Quinn, *Early Mormonism and the Magic World View*, Salt Lake City: Signature Books, 1998, pp. 64–128.
12. Phillips (2006), p. 109.

第十六章　内陆地区向西扩张

1. Albert Bernhardt Faust, *The German Element in America*, Vol. 1, Boston: Houghton-Mifflin, 1901, p. 421–422; Robert Swierenga, "The Settlement of the Old Northwest: Ethnic Pluralism in a Featureless Plain," *Journal of the Early Republic*, Vol. 9, No. 1, Spring 1989, pp. 82–85.
2. *Federal Gazette* [Philadelphia], 5 March 1789, p. 2; Kleppner (1979), pp. 57–59.
3. Swierenga, pp. 89–90, 93; Faust, Vol. 1, pp. 447–448, 461; Richard Sisson et al., eds., *The American Midwest: An Interpretive Encyclopedia*, Bloomington: Indiana University Press, 2007, p. 741.
4. Faust, Vol. 1, pp. 90–104; John A. Hawgood, *The Tragedy of German America*, New York: G. P. Putnam & Sons, 1950, p. 219.
5. Thomas D. Hamm, *The Quakers in America*, New York: Columbia University Press, 2003, pp. 38–39, 50.
6. Richard Pillsbury, "The Urban Street Pattern as a Culture Indicator: Pennsylvania, 1682–1815," *Annals of the Association of American Geographers*, Vol. 60, No. 3, September 1970, p. 437; Faust, Vol. 2, pp. 28–30.
7. Krista O'Donnell et al., *The Heimat Abroad: The Boundaries of Germanness*, Ann Arbor: University of Michigan Press, 2005, pp. 144–145; Hawgood (1950), p. 41.
8. Kleppner (1979), pp. 180–187; Phillips (1999), p. 436.
9. Phillips (1999), pp. 434–436.

第十七章　大阿巴拉契亚向西扩张

1. Robert E. Chaddock, *Ohio Before 1815*, New York: Columbia University, 1908, p. 240; p. 173; David Walker Howe, *What Hath God Wrought?: The Transformation of America, 1815–1848*: New York: Oxford University Press, 2007, p. 239; Richard Power, *Planting Corn Belt Culture: The Impress of the Upland Southerner and Yankee in the Old Northwest*, Indianapolis: Indiana Historical Society, 1953, p. 41.
2. *Narrative of Richard Lee Mason in the Pioneer West*, 1819, New York: C. F. Heartman, 1915, p. 35; Frederick Law Olmsted, *The Cotton Kingdom*, Vol. 2, New York: Mason Brothers, 1862, p. 309; Nicole Etcheson, *The Emerging Midwest: Upland Southerners and the Political Culture of the Old Northwest, 1787–1861*, Bloomington: Indiana University Press, 1996, p. 5; Howe (2007), p. 137.
3. Merk (1978), pp. 125–126; Allan Kulikoff, *Agrarian Origins of American Capitalism*, Charlottesville: University Press of Virginia, 1992, p. 218.

注 释 / 377

4. *Journal of the Senate of Illinois*, Springfield: Illinois Journal, 1869, p. 373; Etcheson (1996), pp. 6, 12; Howe (2007), p. 139.
5. Power (1953), pp. 35–36.
6. Ibid., pp. 115–119.
7. Ibid., pp. 112–115.
8. Ibid., pp. 97–124.
9. Frank L. Klement, "Middle Western Copperheadism and the Genesis of the Granger Movement," *Mississippi Valley Historical Review*, Vol. 38, No. 4, March 1952, p. 682; Etcheson (1996), p. 7.
10. Etcheson (1996), pp. 36, 44.
11. Phillips (1969), p. 293; Clement Vallandigham, *Speeches, Arguments, Addresses, and Letters*, New York: J. Walter, 1864, pp. 101, 104; Kleppner (1979), pp. 235–236; Merk (1978), p. 120–122, 408–409.
12. C. C. Royce, *Map of the Territorial Limits of the Cherokee Nation of Indians [and] Cessions*, Washington, D.C.: Smithsonian Institution, 1884; Jeff Biggers, *The United States of Appalachia*, Emeryville, CA: Shoemaker & Hoard, 2006, pp. 34–35.
13. Biggers, pp. 29–44; Patrick Minges, "Are You Kituwah's Son? Cherokee Nationalism and the Civil War," paper presented at the American Academy of Religion Annual Meeting, Philadelphia: November 1995; Howe (2007), pp. 343–346.
14. Andrew Jackson, *Fifth Annual Address to Congress*, 3 December 1833.
15. Merk (1978), p. 121; Fischer (1989), pp. 849–850; Margaret Bayard Smith, *The First Forty Years of Washington Society*, New York: Scribner, 1906, pp. 295–296; Edward L. Ayers, Lewis L. Gould, David M. Oshinsky, and Jean R. Soderlund, *American Passages: A History of the United States*, Boston: Wadsworth Cengage, 2009, pp. 282–283.
16. Howe (2007), pp. 344–357, 414–416.
17. Elliott J. Gorn, "Gouge and Bite, Pull Hair and Scratch: The Social Significance of Fighting in the Southern Backcountry," *American Historical Review*, Vol. 90, No. 1, February 1985, pp. 18–43.
18. Phillips (2006), pp. 108–113.

第十八章　南方腹地向西扩张

1. Merk (1978), pp. 205–207.
2. Howe (2007), pp. 127–129; Frank L. Owsley, "The Pattern of Migration and Settlement on the Southern Frontier," *Journal of Southern History*, Vol. 11, No. 2, March 1945, pp. 147–176; Merk (1978), p. 199.
3. Howe (2007), p. 130.
4. Francis Butler Simkins, "The South," in Merrill Jensen, ed., *Regionalism in America*, Madison: University of Wisconsin Press, 1951, pp. 150–151; Missouri Deep Southerner William P. Napton quoted in Robert E. Shalope, "Race, Class, Slavery and the Antebellum Southern Mind," *Journal of Southern History*, Vol. 37, No. 4, Nov. 1971, pp. 565–566; Peter Kolchin, "In Defense of Servitude," *American Historical Review*, Vol. 85, No. 4, October 1980, p. 815; William Peterfield Trent, *Cambridge History of American Literature*, Vol. 17, Cambridge, UK: Cambridge University Press, 1907–1921, p. 389; Alexander H. Stephens, "Cornerstone

Address, March 21, 1861," in Frank Moore, ed., *The Rebellion Record*, Vol. 1, New York: G. P. Putnam, 1862, pp. 44–46.

5. Fred A. Ross, *Slavery Ordained of God*, Philadelphia: J. B. Lippincott, 1857, pp. 5, 29–30.

6. "The Message, the Constitution, and the Times" *DeBow's Review*, Vol. 30, Issue 2, February 1861, pp. 162, 164; "What Secession Means," *Liberator*, 11 July 1862, p. 1.

7. William W. Freehling, *The Road to Disunion*, Vol. 2: *Secessionists Triumphant, 1854–1861*, New York: Oxford University Press, 2007, pp. 149–151; Thomas N. Ingersoll, "Free Blacks in a Slave Society: New Orleans, 1718–1812," *William and Mary Quarterly*, 3rd Series, Vol. 48, No. 2 , April 1991, pp. 173–200.

8. Lewis William Newton, "Americanization of Louisiana," doctoral thesis, University of Chicago, 1929, pp. 122, 163, 170–173.

9. Phillips (1999), pp. 341–349.

10. Robert E. May, *The Southern Dream of a Caribbean Empire: 1854–1861*, Baton Rouge: Louisiana State University Press, 1973, pp. 15–65.

11. Ibid., pp. 27–33, 60–62, 70–71, 75, 168–196; Freehling (2007), pp. 153–155.

12. May, pp. 78–133.

13. Ibid.

14. Ibid., pp. 149–154.

第十九章　征服北方

1. Weber (1982), pp. 20–32.

2. Ibid., pp. 34, 44, 47, 63, 124–125, 157, 188–189.

3. Ibid., pp. 158–162.

4. Ibid.; Howe (2007), pp. 658–9; Merk (1978), p. 267.

5. Weber (1982), pp. 162–172; T. R. Fehrenbach, *Lone Star: A History of Texas and the Texans*, New York: Da Capo Press, 2000, pp. 163–164.

6. Weber (1982), pp. 170–177, 184.

7. Ibid., pp. 255–272, 266; Howe (2007), p. 661.

8. Weber (1982), pp. 247–254; Howe (2007), pp. 661–667; Merk (1978), p. 275; Jordan (1969), pp. 88–103.

9. Weber (1992), p. 339.

10. Juan Nepomuceno Seguín, *Personal Memoirs of John N. Seguín*, San Antonio, TX: Ledger Book and Job Office, 1858, pp. 29–32; Leobardo F. Estrada et al., "Chicanos in the United States: A History of Exploitation and Resistance," *Daedalus*, Vol. 110, No. 2, pp. 105–109; Martinez (1988), pp. 88–91; D. W. Meinig, *Imperial Texas: An Interpretive Essay in Cultural Geography*, Austin: University of Texas Press, 1969, pp. 44.

11. Terry G. Jordan, "Population Origins in Texas, 1850," *Geographical Review*, Vol. 59, No. 1, January 1969, pp. 83–103.

12. Frederick Merk, "Dissent in the Mexican War," in Samuel Eliot Morison et al., eds., *Dissent in Three American Wars*, Cambridge, MA: Harvard University Press, 1970, pp. 35–44, 49.

13. Louise A. Mayo, *President James K. Polk: The Dark Horse President*, New York: Nova Science Publishers, 2006, pp. 110–133; Merk (1978).

14. Day, p. 15; Merk (1970), pp. 51–52.

15. Martinez (1988), p. 108–109.

第二十章　打造西海岸

1. 俄勒冈的阿斯托里亚（Astoria）是太平洋沿岸的第一个"美利坚人"移民点，由新尼德兰人约翰·雅各布·阿斯特（John Jacob Astor）创建，但由苏格兰人和法裔加拿大雇员负责管理。1813年，仅仅运营两年之后，它就被卖给了一家英国公司，这家英国公司又同哈德孙湾公司合并。从文化上讲，阿斯特创建的前哨基地并未产生什么重大影响。

2. W. H. Gray, *History of Oregon, 1792-1849*, Portland, OR: Harris & Holman, 1870, p. 19; Samuel Eliot Morison, *The Maritime History of Massachusetts*, Boston: Houghton Mifflin, 1921, pp. 52–53.

3. Lyman Beecher, *A Plea for the West*, Cincinnati: Truman and Smith, 1835, pp. 30, 37, 48–61; Kevin Starr, *Americans and the California Dream, 1850-1915*, New York: Oxford University Press, 1973, p. 93.

4. Gray (1870), pp. 312–318; Holbrook (1950), pp. 226–227; Bridgman (1920), pp. 208–215.

5. David Alan Johnson, *Founding the Far West: California, Oregon, and Nevada, 1840-1890*, Berkeley: University of California Press (1950), 1992, pp. 56–57.

6. D. A. Johnson, pp. 64, 139–149, 162–163; Holbrook (1950), pp. 227–230.

7. Holbrook (1950), pp. 235, 237, 252–253; Phillips (1969), p. 418; *Japanese Immigration: An Exposition of Its Real Status*, Seattle: Japanese Association of the Pacific Northwest, 1907, pp. 11, 46; Alexander Rattray, *Vancouver Island and British Columbia*, London: Smith, Elder & Co.: 1863, pp. 9, 16, 159, 171–173; Merk (1978), pp. 327, 417.

8. Starr (1973), pp. 26–27; D. A. Johnson (1992), pp. 20–22; Gerald Foster, *American Houses*, Boston: Houghton Mifflin, 2004, pp. 212–215.

9. D. A. Johnson (1992), pp. 20–22.

10. "Missionary Correspondence: California, August 1st, 1849," *The Home Missionary*, Vol. 22, No. 7, November 1849, pp. 163–168; Malcolm J. Rohrbough, *Days of Gold: The California Gold Rush and the American Nation*, Berkeley: University of California Press, 1997, p. 156; Kevin Starr and Richard J. Orsi, *Rooted in Barbarous Soil: People, Culture, and Community in Gold Rush California*, Berkeley: University of California Press, 2000, pp. 25, 50.

11. "Mission to California," *The Home Missionary*, Vol. 21, No. 9, January 1849, pp. 193–196.

12. Starr (1973), p. 86.

13. Bridgman (1920), pp. 180–195; Starr (1973), p. 87; Holbrook (1950), pp. 151–156.

14. Starr (1973), p. 87; D. A. Johnson (1992), pp. 35–36; S. R. Rockwell, "Sabbath in New England and California," *San Francisco Bulletin*, 1 September 1860, p. 1.

15. Starr, pp. 93–94; D. A. Johnson, pp. 104–108. 加利福尼亚首位州长彼得·哈德曼·伯内特（Peter Hardeman Burnett）出生于纳什维尔的一个贫穷的家庭；他的继任者约翰·麦克杜格尔（John McDougall）是一名退伍军人，来自大阿巴拉契亚地区的俄亥俄州罗斯县。

第二十一章　西部之战

1. Edith Abbott, *Historical Aspects of the Immigration Problem: Select Documents*, Chicago: University of Chicago Press, 1926, p. 330.
2. *American Slavery as It Is*, New York: American Anti-Slavery Society, 1839, pp. 16, 97, 169–170.
3. See http://atlas.lib.niu.edu/Website/Election_1860/; Fischer (1989), p. 857.
4. Freehling (2007), pp. 27–30; John Henry Hammond, *Two Letters on Slavery in the United States*, Columbia, SC: Allen, McCarter & Co., 1845, p. 10.
5. Freehling (2007), pp. 30–32; Hammond (1845), p. 15.
6. *London Times*, 28 May 1851, p. 10.
7. Ibid.
8. Phillips (1999), p. 372; Marc Engal, "Rethinking the Secession of the Lower South: The Clash of Two Groups," *Civil War History*, Vol. 50, No. 3, 2004, pp. 261–290; Dunbar Rowland, *Encyclopedia of Mississippi History*, Vol. 1, Madison, WI: Selwyn A. Brant, 1907, pp. 216–217.
9. William C. Wright, *The Secession Movement in the Middle Atlantic States*, Rutherford, NJ: Fairleigh Dickinson University Press, 1973, pp. 210–212.
10. Phillips (1999), pp. 424–427; Burrows and Wallace (2000), pp. 560–562.
11. Wright (1973), pp. 176–178; "Mayor Wood's Recommendation on the Secession of New York City," 6 January 1861; "The Position of New York," *New York Herald*, 3 April 1861, p. 1.
12. Wright (1973), pp. 191, 203–205.
13. Phillips (1999), pp. 435–436; Wright (1973), pp. 34–46.
14. Wright (1973), pp. 40, 161–162.
15. Freehling (2007), pp. 35–38.
16. 在英国内战期间，议会支持者因其非同寻常的短发而得名"圆颅党"。
17. Robert B. Bonner, "Roundheaded Cavaliers? The Context and Limits of a Confederate Racial Project," *Civil War History*, Vol. 58, No. 1, 2002, pp. 34–35, 42, 44–45, 49; "A Contest for the Supremacy of Race, as between the Saxon Puritan of the North and the Norman of the South," *Southern Literary Messenger*, Vol. 33, July 1861, pp. 23–24; J. Quitman Moore, "Southern Civilization, or the Norman in America," *DeBow's Review*, Vol. 32, January 1862, pp. 11–13; Jan C. Dawson, "The Puritan and the Cavalier: The South's Perceptions of Contrasting Traditions," *Journal of Southern History*, Vol. 64, No. 4, November 1978, pp. 600, 609–612.
18. Etcheson (1996), pp. 109–110.
19. Ibid., pp. 110–111, 115–117.
20. Engal (2004), pp. 262, 285–286; Freehling (2007), pp. 501–506; Richard Nelson Current, *Lincoln's Loyalists: Union Soldiers from the Confederacy*, Boston: Northeastern University Press, 1992, pp. 1–8.
21. Current, pp. 14–20, 29–60; Etcheson (1996), pp. 137–129.
22. Freehling (2007), pp. 527–541.

23. Eric Foner, *Reconstruction: America's Unfinished Revolution, 1863–1877*, New York: Harper & Row, 1988, pp. 354–355; Fischer (1989), pp. 862–863.
24. Fischer (1989), p. 863.

第二十二章 打造远西地区

1. Walter Griffith quoted in John Phillip Reid, "Punishing the Elephant: Malfeasance and Organized Criminality on the Overland Trail," *Montana: The Magazine of Western History*, Vol. 47, No. 1, Spring 1997, p. 8.
2. D. A. Johnson (1992), pp. 72–76.
3. Ibid., pp. 223–225.
4. Ibid., pp. 313–331.
5. Marc Reisner, *Cadillac Desert: The American West and Its Disappearing Water*, New York: Viking, 1987, p. 37; James B. Hedges, "The Colonization Work of the Northern Pacific Railroad," *Mississippi Valley Historical Review*, Vol. 13, No. 3, December 1926, p. 313.
6. Hedges (1926), pp. 311–312, 329–331, 337; Reisner, pp. 37–39.
7. Reisner (1987), pp. 35–43.
8. Ibid., pp. 46–48.
9. Ibid., pp. 105–110; Bernard DeVoto, "The West Against Itself," *Harper's Magazine*, January 1947, pp. 2–3; DeVoto (1934), p. 364.
10. John Gunther, *Inside USA*, New York: Harper, 1947, p. 152.
11. Tom Kenworthy, "Mining Industry Labors to Drown Montana Water Quality Initiative," *Washington Post*, 30 October 1996, p. A3; Gunther, pp. 166–174; Carl B. Glasscock. *The War of the Copper Kings*, New York: Bobbs-Merrill Co., 1935.
12. Morris E. Garnsey, "The Future of the Mountain States," *Harper's Magazine*, October 1945, pp. 329–336.
13. Amy Bridges, "Managing the Periphery in the Gilded Age: Writing Constitutions for the Western States," *Studies in American Political Development*, Vol. 22, Spring 2008, pp. 48–56; Phillips (1969), pp. 399–402.
14. Michael Lind, "The New Continental Divide," *The Atlantic*, January 2003, pp. 87–88; Thomas Burr, "Senators Form New Western Caucus," *Salt Lake Tribune*, 24 June 2009; Transcript of Republican Senator's News Conference, Washington, D.C., 24 June 2009, *CQ Transcripts*, 24 June 2009; Tom Kenworthy, "'Self-Reliant' Westerners Love Federal Handouts," *Salt Lake Tribune*, 4 July 2009.

第二十三章 移民和身份

1. Phillips (1999), pp. 588–589; Peter D. Salins, *Assimilation, American Style*, New York: Basic Books, 1997, pp. 22–30; Huntington (2004), pp. 45, 57.
2. Howard Odum and Harry Estill Moore, *American Regionalism*, New York: Henry Holt, 1938, p. 438; Salins, p. 148; U.S. Bureau of the Census, "Nativity of the Population, for Regions, Divisions, and States: 1850 to 1990," Internet Release: 9 March 1999.

3. Nathan Glazer and Daniel Patrick Moynihan, *Beyond the Melting Pot*, Cambridge, MA: MIT Press and Harvard University Press, 1964, pp. 138–139, 185, 217–219; Leonard Dinnerstein and David M. Reimers, *Ethnic Americans: A History of Immigration and Assimilation*, New York: Dodd, Mead & Co., 1977, pp. 41–45.
4. Salins (1997), p. 69.
5. Maris A. Vinovskis, *Education, Society, and Economic Opportunity*, New Haven, CT: Yale University Press, 1995, pp. 109–110; John Dewey, *Schools of Tomorrow*, New York: E. P. Dutton, 1915, pp. 313–316; Salins (1997), pp. 64–66.
6. Horace Mann, *Annual Reports of the Secretary of the Board of Education of Massachusetts for the Years 1845-1848*, Boston: Lee and Shepard, 1891, pp. 36–37; H. H. Wheaton, "Education of Immigrants," in Winthrop Talbot, ed., *Americanization*, 2nd ed., New York: H. W. Wilson Company, 1920, pp. 207–208.
7. Salins (1997), pp. 46–48; Huntington (2004), pp. 129–135; Stephen Mayer, "Adapting the Immigrant to the Line: Americanization in the Ford Factory, 1914–1921," *Journal of Social History*, Vol. 14, No. 1 (Autumn 1980), pp. 67–82.
8. Huntington (2004), pp. 11–20, 30–42.
9. Ibid., pp. 221–255; Pew Hispanic Center, *Mexican Immigrants in the United States, 2008* [fact sheet], 15 April 2009.
10. Juan Enriquez, *The Untied States of America*, New York: Crown, 2002, pp. 171–191; Associated Press, "Professor Predicts Hispanic Homeland," 31 January 2000.

第二十四章 神明和使命

1. David M. Chalmers, *Hooded Americans: The History of the Ku Klux Klan*, Durham, NC: Duke University Press, 1987, p. 16.
2. Clifford J. Clarke, "The Bible Belt Thesis: An Empirical Test of the Hypothesis of Clergy Overrepresentation," *Journal for the Scientific Study of Religion*, Vol. 29, No. 2, June 1990, pp. 213–216; Martin E. Marty, *Righteous Empire: The Protestant Experience in America*, New York: Dial Press, 1970, pp. 178–206; Phillips (2006), pp. 142–148; Charles Reagan Wilson, *Baptized in Blood: The Religion of the Lost Cause, 1865-1920*, Athens, GA: University of Georgia Press, 1980, pp. 64–65, 71.
3. Wilson, pp. 41–43.
4. Chalmers, pp. 16–21.
5. Davis et al., (1941), p. 392–400; Webb (2004), pp. 238–252.
6. Marty (1970), pp. 178–206.
7. James C. Klotter, "The Black South and White Appalachia," *Journal of American History*, Vol. 66, No. 4, March 1980, pp. 832–849.
8. K. Austin Kerr, "Organizing for Reform: The Anti-Saloon League and Innovation in Politics," *American Quarterly*, Vol. 32, No. 1, 1980, pp. 37–53; Ruth B. A. Bordin, *Frances Willard: A Biography*, Chapel Hill: University of North Carolina Press, 1986, pp. 14–27; Harold Underwood Faulkner, *The Quest for Social Justice: 1898-1914*, New York: Macmillan, 1931, pp. 222–227.
9. Faulkner, pp. 178–184; Herbert J. Doherty Jr., "Alexander J. McKelway: Preacher to Progressive," *Journal of Southern History*, Vol. 24, No. 2 (May 1958), pp. 177–190.
10. Fischer (2004), p. 451; Alma Lutz, *Susan B. Anthony: Rebel, Crusader, Humanitarian*, Washington, D.C., Zenger Publications, 1976, pp. 21–40; Elisabeth

Griffith, *In Her Own Right: The Life of Elizabeth Cady Stanton*, New York: Oxford University Press; 1985, pp. 4–7; 227–228; Andrea Moore Kerr, *Lucy Stone: Speaking Out for Equality*, New Brunswick, NJ: Rutgers University Press, 1992, pp. 20–28; Nate Levin, *Carrie Chapman Catt: A Life of Leadership*, Seattle: BookSurge, 2006.

11. Ross Wetzsteon, *Republic of Dreams*, New York: Simon & Schuster, 2002, pp. 1–14.

12. Noah Feldman, *Divided by God: America's Church-State Problem and What We Should Do About It*, New York: Farrar, Straus and Giroux, 2005, pp. 52, 115–117, 127–132, 138.

13. Marty (1970), pp. 215–226.

14. R. Halliburton Jr., "Reasons for Anti-Evolutionism Succeeding in the South," *Proceedings of the Oklahoma Academy of Sciences*, Vol. 46 (1965), pp. 155–158.

15. Feldman (2005), pp. 146–149, Phillips (2006), pp. 113–119.

第二十五章　文化冲突

1. 虽然迪克西集团内部反对"吉姆·克劳"的运动是甘地式的，但北方联盟对非正式种族主义的不满引发了底特律的武装起义和其他许多城市的暴力骚乱，特别是在马丁·路德·金惨遭暗杀之后。

2. Jason Sokol, *There Goes My Everything: White Southerners in the Age of Civil Rights, 1945–1975*, New York: Knopf, 2006, pp. 97, 100–103, 293; Jim Crow examples from the website of the National Park Service's Martin Luther King Jr. National Historic Site at http://www.nps.gov/malu/forteachers/ jim_crow_laws.htm.

3. Sokol, pp. 58–59, 86–88, 104, 116–123, 163–171, 196–197, 213, 243.

4. Ibid., pp. 204–205; Claude Sitton, "Civil Rights Act: How South Responds," *New York Times*, 12 July 1964, p. E7; Comer Vann Woodward, *The Strange Career of Jim Crow*, New York: Oxford University Press, 2002, pp. 175–176; Nikitta A. Foston, "Strom Thurmond's Black Family," *Ebony*, March 2004, pp. 162–164; Rick Perlstein, *Nixonland*, New York: Scribner, 2008, p. 131; Charles Joyner et al., "The flag controversy and the causes of the Civil War—A statement by historians," *Callaloo*, Vol. 24, No. 1, 2001, pp. 196–198.

5. John C. Jeffries and James E. Ryan, "A Political History of the Establishment Clause," *Michigan Law Review*, Vol. 100, No. 2, November 2001, pp. 282–283, 328–338; Phillips (2006), p. 215; Daniel K. Williams, "Jerry Falwell's Sunbelt Politics: The Regional Origins of the Moral Majority," *Journal of Policy History*, Vol. 22, No. 2, 2010, pp. 129–140; Robert D. Woodberry and Christian S. Smith, "Fundamentalists et al.: Conservative Protestants in America," *Annual Review of Sociology*, Vol. 24, 1998, pp. 31, 44, 47.

6. Tom Hayden, *The Port Huron Statement*, New York: Thunder's Mouth Press, 2005, pp. 44–180; Tom Hayden and Dick Flacks, "The Port Huron Statement at 40," *The Nation*, 5 August 2002.

7. John Robert Howard, "The Flowering of the Hippie Movement," *Annals of the American Academy of Political and Social Science*, Vol. 382, March 1969, pp. 43–47, 54; James P. O'Brien, "The Development of the New Left," *Annals of*

the *American Academy of Political and Social Science*, Vol. 395, May 1971, pp. 17–20; Maurice Isserman and Michael Kazin, *America Divided: The Civil War of the 1960s*, New York: Oxford University Press, 2000, pp. 168–172.

8. Calvin Trillin, "U.S. Journal: Crystal City, Texas," *New Yorker*, 17 April 1971, pp. 102–107; Calvin Trillin, "U.S. Journal: San Antonio," *New Yorker*, 2 May 1977, pp. 92–100; Joel Garreau, *The Nine Nations of North America*, Boston: Houghton Mifflin, 1981, pp. 240–244; Matt S. Meir, *The Chicanos: A History of Mexican Americans*, New York: Hill & Wang, 1972, pp. 249–250.

9. John Dickinson and Brian Young, *A Short History of Quebec*. Montreal: McGill-Queen's University Press, 2003, pp. 305–360; Garreau (1981), pp. 371–384.

10. D. T. Kuzimak, "The American Environmental Movement," *Geographical Journal*, Vol. 157, No. 3, November 1991, pp. 265–278; Curt Meine, *Aldo Leopold: His Life and Work*, Madison: University of Wisconsin Press, pp. 1–20.

11. See http://politics.nytimes.com/congress/votes/111/house/1/477.

12. 截至2010年中的同性婚姻法摘要参阅全国州立法会议网站上的信息：www.ncsl.org; http:// www.latimes.com/news/local/la-2008election-california-results,0,3304898.htmlstory; National Conference of State Legislatures, "Same Sex Marriage, Civil Unions and Domestic Partnerships," April 2010, Web document accessed 2 July 2010 via http://www.ncsl.org/IssuesResearch/HumanServices/SameSexMarriage/tabid/16430/Default.aspx; Susan Page, "*Roe v. Wade*: The Divided States of America," *USA Today*, 17 April 2006。

13. Michael Lind, "The Southern Coup," *New Republic*, 19 June 1995; Michael Lind, "The Economic Civil War," Salon.com, 18 December 2008.

第二十六章 帝国、战争和军事

1. Frank Friedel, "Dissent in the Spanish-American War and the Philippine Insurrection," in Samuel Eliot Morison et al., *Dissent in Three American Wars*, Cambridge: Harvard University Press, 1970, pp. 67–68, 76–93; E. Berkeley Tompkins, *Anti-Imperialism in the United States: The Great Debate, 1890–1920*, Philadelphia: University of Pennsylvania Press, 1970, pp. 2–3, 115–116, 124–133, 144–147; Robert L. Beisner, *Twelve Against Empire: The Anti-Imperialists, 1898–1900*, New York: McGraw-Hill, 1968, pp. 107–108, 160; Colin Woodard, "The War Over Plunder: Who Owns Art Stolen in War?," *MHQ: The Quarterly Journal of Military History*, Summer 2010, pp. 48–51.

2. Beisner, p. 160; Tompkins, pp. 107–113.

3. Anthony Gaughan, "Woodrow Wilson and the Rise of Militant Interventionism in the South," *Journal of Southern History*, Vol. 65, No. 4, November 1999, pp. 789–808; Henry Blumenthal, "Woodrow Wilson and the Race Question," *Journal of Negro History*, Vol. 48, No. 1, January 1963, pp. 5–7.

4. Jim Webb (2004), pp. 48, 192, 254–255.

5. Michael Lind, "Civil War by Other Means," *Foreign Affairs*, Vol. 78, No. 5, September 1999, pp. 126–127.

6. John Peter, Horst Grill, and Robert L. Jenkins, "The Nazis and the American South in the 1930s: A Mirror Image?" *Journal of Southern History*, Vol. 58, No. 4,

November 1922, pp. 667-694; George L. Grassmuck, *Sectional Biases in Congress on Foreign Policy*, Baltimore: Johns Hopkins University Press, 1951, pp. 36-41, 122-127; Gaughan (1999), p. 772; Carl N. Degler, "Thesis, Antithesis, Synthesis: The South, The North, and the Nation," *Journal of Southern History*, Vol. 53, No. 1, February 1987, p. 17; Lind (1999), p. 128.

7. Grassmuck, pp. 36-41, 122-127.

8. Jim Webb (2004), p. 300; Fischer (1989), p. 877.

9. DeVoto (1947), pp. 6-7; Fred M. Shelley, *Political Geography of the United States*, New York: Guilford Press, 1996, pp. 219-222.

10. Matt S. Meier and Feliciano Rivera, *The Chicanos: A History of Mexican Americans*, New York: Hill & Wang, 1972, pp. 202-221.

11. Randall Bennett Woods, "Dixie's Dove: J. William Fulbright, the Vietnam War, and the American South," *Journal of Southern History*, Vol. 60, No. 3, August 1994, pp. 533-552; A. J. Bauer, "Ralph Yarborough's Ghost," *Texas Observer*, 21 September 2007; Phillips (1969), p. 259; Lind (1999), p. 131; Roy Reed, "F.B.I. Investigating Killing of 2 Negroes in Jackson," *New York Times*, 16 May 1970.

12. Clark Akatiff, "The March on the Pentagon," *Annals of the Association of American Geographers*, Vol. 61, No. 1, March 1974, pp. 29-30; Mitchell K. Hall, "The Vietnam Era Antiwar Movement," *OAH Magazine of History*, Vol. 18, No. 5, October 2004, pp. 13-17; Robert E. Lester, ed., *A Guide to the Microfilm Edition of the President's Commission on Campus Unrest*, Bethesda, MD.: Congressional Information Service, 2003, pp. v-vi, 10-24.

13. Akatiff, pp. 29-30; http://afsc.org/story/peoples-park-berkeley.

14. 终止在柬埔寨行动的投票参见 http://www.govtrack.us/congress/vote.xpd?vote=h1970-294]; Ernesto Chávez, *"Mi raza primero!" Nationalism, Identity, and Insurgency in the Chicano Movement in Los Angeles, 1966-1978*, Los Angeles: University of California Press, 2002, pp. 64-71。

15. Sandy Maisel and Mark D. Brewer, *Parties and Elections in America*, Lanham, MD: Rowman & Littlefield, 2008, p. 426.

16. Michael Lind, *Made in Texas: George W. Bush and the Southern Takeover of American Politics*, New York: Basic Books, 2003, pp. 147-148.

17. John B. Judis, "The War Resisters," *The American Prospect*, 6 October 2002; Congressional votes (H Conf 63 and 2002 Iraq War Resolution) as per http://www.govtrack.us/congress/vote.xpd?vote=h2002-455.

18. Lind (1999), pp. 133, 142.

第二十七章 权力之争一：蓝色民族

1. Richard Franklin Bensel, *Sectionalism and American Political Development, 1880-1980*, Madison: University of Wisconsin Press, 1984, pp. 63-67.

2. Ibid., p. 119.

3. Robert Sobel, "Coolidge and American Business," [online document] at http://web.archive.org/web/20060308075125/http://www.jfklibrary.org/coolidge_sobel.html.

4. Alan Greenblat, "The Changing U.S. Electorate," *CQ Researcher*, 30 May 2008, p. 469.

5. 1960年新英格兰分裂为支持（爱尔兰天主教徒）约翰·F.肯尼迪还是支持理查德·尼克松这两派。1976年，新英格兰分裂为支持吉米·卡特还是支持杰拉尔德·福特这两派。盟友们对此类分歧并无同感。1968年，新英格兰和西海岸在支持休伯特·汉弗莱还是支持尼克松的问题上出现分歧，新尼德兰则支持汉弗莱。在1948年杜鲁门和杜威的竞选中，这三个民族和全国的大部分地区都出现了分歧。

6. 奥巴马出生并成长于"民族"之外（出生于夏威夷，后来在印度尼西亚长大），但他担任总统前的整个成年生活几乎都是在北方联盟度过的。他就读于哥伦比亚大学和哈佛大学法学院，生活在纽约市，然后搬到芝加哥，在（明显的新英格兰）芝加哥大学任教，开启了自己的家庭生活和政治生涯。

7. Bensel (1984), pp. 300–301.

8. Jerold G. Rusk, *A Statistical History of the American Electorate*, Washington, D.C.: CQ Press, 2001, pp. 230–231, 305, 315; http://en.wikipedia.org/wiki/Political_party _strength_in_U.S._states.

9. Jessica Reaves, "James Jeffords," *Time*, 24 May 2001.

10. Bensel (1984), pp. 296–297, 300–301.

11. See http://politics.nytimes.com/congress/votes/111/house/1/887 and http://politics .nytimes.com/congress/ votes/111/house/2/413.

12. 浏览 http://www.washingtonpost.com/wp-srv/politics/ special/clinton/ housevote/all.htm 和 http://politics.nytimes.com/congress/votes/111/senate/ 2/206后得出的计算结果。

第二十八章　权力之争二：红色民族和紫色民族

1. Stephen D. Cummings, *The Dixification of America: The American Odyssey into the Conservative Economic Trap*, Westport, CT: Praeger, 1998, p. 193.

2. Doug Monroe, "Losing Hope," *Atlanta Magazine*, September 2003, p. 259; Richard B. Drake, *A History of Appalachia*, Lexington: University of Kentucky Press, 2001, pp. 158–161.

3. Foner (1988), pp. 178–187.

4. Thomas Frank, *What's the Matter with Kansas?*, New York: Henry Holt, 2004, p. 7.

5. Bensel (1984), pp. 74–82.

6. Robert Dallek, *Lyndon B. Johnson: Portrait of a President*, New York: Oxford University Press, 2004, p. 170; http://www.pbs.org/wgbh/amex/wallace/sfeature/ quotes.html; Arthur Bremer, *An Assassin's Diary*, New York: Pocket Books, 1973.

7. Peter Applebome, *Dixie Rising*, New York: New York Times Books, 1996, p. 121; Todd J. Gillman, "McCain Campaign Co-chairman Phil Gramm Says America in 'Mental Recession,'" *Dallas Morning News*, 11 July 2008; Bob Dart, "Helms: True Believer to Some, Senator 'No' to Others," Cox News Service, 21 August 2001.

8. Lind (2003), pp. 1–8, 92–108, 118; Emmanuel Saez, "Striking It Richer: The Evolution of Top Incomes in the United States," unpublished manuscript, 17 July 2010.

9. Garreau (1981), pp. 301–327.

10. John M. Broder, "L.A. Elects Hispanic Mayor for First Time in Over 100 Years," *New York Times*, 18 May 2005; Huntington (2004), pp. 242–246; Enriquez (2000), pp. 183–189.

11. Michael Adams, (2003), pp. 79–85; Edward Grabb and James Curtis, *Regions Apart: The Four Societies of Canada and the United States*, Toronto: Oxford University Press, 2004, pp. 146, 212.

尾声

1. Enriquez (2000), p. 171.
2. Author interview, Aleqa Hammond, foreign minister of Greenland, Nuuk, Greenland, 11 September 2007; Edmund Searles, "Food and the Making of the Inuit Identity," *Food & Foodways*, Vol. 10, No. 1–2, 2002, pp. 55–78.
3. Doug Struck, "Canada Sets Aside Vast Northern Wilderness," *Washington Post*, 22 November 2007, p. A30; Canadian Boreal Initiative, press release, 7 April 2008; author telephone interview, Larry Innes, Canadian Boreal Initiative, Portland, ME, and Ottawa, 20 May 2008; author telephone interview, Valerie Courtois, environmental planner, Innu Nation, 22 May 2008, Portland, ME, and Sheshatshiu, Labrador.
4. Author interview, Sheila Watt-Cloutier, Ilulissat, Greenland, 9 September 2007; Randy Boswell, "Canadian a Favorite for Nobel Peace Prize," *Ottawa Citizen*, 6 October 2007, p. A6.
5. Author interview, Aleqa Hammond; Sarah Lyall, "Fondly, Greenland Loosens Danish Rule," *New York Times*, 22 June 2009, p. 4; Colin Woodard, "As Land Thaws, So Do Greenland's Aspirations for Independence," *Christian Science Monitor*, 16 October 2007; Greenland Home Rule Act, Kingdom of Denmark Act No. 577 of 29 November 1978.

索　引

(以下页码为原书页码，即本书的页边码)

Indiana:
 and Civil War, 234, 238
 and Greater Appalachia, 8, 184, 189, 191, 192
 Hoosiers in, 184, 190, 193, 236, 238
 and Midlands, 7, 183, 184, 185
 and Northwest Territory, 166
 Quaker settlers in, 185–86
 and Yankeedom, 5, 192
Indian Removal Bill, 196–97
Innes, Larry, 320
Inquisition, 68, 229
Inuit, 319–21
Iowa:
 and Midlands, 7, 183
 and Yankeedom, 5, 173, 177
Iraq war, 293–94, 306
Ireland, British rule in, 45, 102–3
Irish immigrants, 254, 255, 257
Iroquois tribes, 38, 41, 70, 155, 194
Italian immigrants, 254, 255, 257

Jackson, Andrew, 8, 170, 194, 195–97
Jackson State killings, 291
James II, king of England, 73–74, 75, 76, 78–79, 80, 117
Jamestown, 44–46, 52, 55
Jefferson, Thomas, 54, 120, 162, 164, 165, 166, 167, 194, 201, 228
Jeffords, Jim, 300
Jesuit missionaries, 38, 39, 79
Jews:
 anti-Semitism, 66, 68, 69–70
 immigrants, 257
Johnson, Anthony, 48–49
Johnson, Lyndon B., 30–31, 276, 277, 291, 303, 305
Johnson, Thomas, 124
Judiciary Act (1801), 165

Kansas, 248, 249, 304
 and Far West, 12, 243
 and Midlands, 7, 183
 and slavery, 187, 226
Kansas Pacific Railroad, 247
Kelley, Hall Jackson, 217
Kennedy, John F., 276, 299, 305
Kennedy, John Pendleton, 233
Kennedy, Robert F., 276, 279
Kent State shootings, 292

Kentucky:
 Borderlanders in, 110, 161, 184, 189, 190
 and Civil War, 237
 and democracy, 160, 164
 religious revival in, 198
 and slavery, 202
 and Tidewater, 17, 121
Kerry, John, 299, 306
King, Martin Luther Jr., 1, 275, 279, 281, 307
Knox, Henry, 139
Koerner, Gustave, 186
Kristol, Irving, 1
Ku Klux Klan, 239, 266, 272, 275, 277

Labrador, 13, 320
La Follette, Robert, 288
Lathers, Richard, 231, 232
Laurens, Henry, 123, 134
League of Nations, 288
Lee, Henry, 138
Lee, Rev. Jason, 217, 218
Lee, Richard, 51
Lee, Richard Henry, 124, 142
Left Coast:
 and Blue Nations, 295–301
 defining characteristics of, 11–12, 14
 Dixie vs., 263
 founding of, 216–23
 geographical area of, 11
 immigrants in, 256, 257
 and Northern alliance, 263, 301
 and social engineering, 267–71
 and technology, 284, 295
 and Vietnam War, 291
 and World War II, 290
 and Yankeedom, 216–18, 221–23, 225, 295–96
Leisler, Jacob, 77, 80
Lenni Lenape Indians, 99, 106, 107
Leopold, Aldo, 282
Lesage, Jean, 281
Letcher, John, 236
Lewis, John, 275
Lexington, Battle of, 66, 128, 130, 132, 133, 134
liberty vs. freedom, 54–56, 58, 163–64, 276, 297

图书在版编目（CIP）数据

美利坚的民族：一部北美地区文化史／（美）科林
·伍达德（Colin Woodard）著；邓德东译．——北京：
社会科学文献出版社，2021.9
　　书名原文：American Nations：A History of the
Eleven Rival Regional Cultures of North America
　　ISBN 978 - 7 - 5201 - 7885 - 3

　　Ⅰ.①美…　Ⅱ.①科…②邓…　Ⅲ.①文化史 - 研究
- 北美洲　Ⅳ.①K710.03

中国版本图书馆 CIP 数据核字（2021）第 171679 号

地图审图号：GS（2021）1726 号（书中地图系原文插附地图）

美利坚的民族：一部北美地区文化史

著　　者／〔美〕科林·伍达德（Colin Woodard）
译　　者／邓德东

出 版 人／王利民
组稿编辑／董风云
责任编辑／张　骋　成　琳
责任印制／王京美

出　　版／社会科学文献出版社·甲骨文工作室（分社）（010）59366527
　　　　　　地址：北京市北三环中路甲29号院华龙大厦　邮编：100029
　　　　　　网址：www.ssap.com.cn
发　　行／市场营销中心（010）59367081　59367083
印　　装／三河市东方印刷有限公司

规　　格／开　本：889mm × 1194mm　1/32
　　　　　　印　张：13.75　字　数：315千字
版　　次／2021 年 9 月第 1 版　2021 年 9 月第 1 次印刷
书　　号／ISBN 978 - 7 - 5201 - 7885 - 3
著作权合同
登 记 号／图字 01 - 2017 - 9458 号
定　　价／79.00 元